中等职业教育国家规划教材
全国中等职业教育教材审定委员会审定

Qiche Fadongji Gouzao yu Weixiu
汽车发动机构造与维修

（第三版）

张 嫣 苏 畅 主编

人民交通出版社股份有限公司
China Communications Press Co.,Ltd.

内 容 提 要

本书是中等职业教育国家规划教材，内容包括发动机总体构造与维修、曲柄连杆机构的构造与维修、配气机构的构造与维修、汽油机燃料供给系统的构造与维修、柴油机燃料供给系统的构造与维修、润滑系统的构造与维修和冷却系统的构造与维修。

本书可作为中等职业学校汽车专业教材，汽车维修企业的技术人员也可参考学习。

图书在版编目(CIP)数据

汽车发动机构造与维修／张嫣，苏畅主编. —3版. —北京：人民交通出版社股份有限公司，2016.5

中等职业教育国家规划教材

ISBN 978-7-114-12902-5

Ⅰ.①汽… Ⅱ.①张… ②苏… Ⅲ.①汽车－发动机－构造－中等专业学校－教材②汽车－发动机－车辆修理－中等专业学校－教材 Ⅳ.①U472.43

中国版本图书馆CIP数据核字(2016)第061566号

书　　名：汽车发动机构造与维修(第三版)
著 作 者：张　嫣　苏　畅
责任编辑：时　旭　李　良
出版发行：人民交通出版社股份有限公司
地　　址：(100011)北京市朝阳区安定门外外馆斜街3号
网　　址：http://www.ccpress.com.cn
销售电话：(010)59757973
总 经 销：人民交通出版社股份有限公司发行部
经　　销：各地新华书店
印　　刷：北京市密东印刷有限公司
开　　本：787×1092　1/16
印　　张：15.25
字　　数：346千
版　　次：2002年7月　第1版
　　　　　2011年2月　第2版
　　　　　2016年5月　第3版
印　　次：2017年11月　第3版　第3次印刷　总第39次印刷
书　　号：ISBN 978-7-114-12902-5
定　　价：35.00元

第三版前言

本套中等职业教育国家规划教材,自2002年首次出版以来,获得师生的一致好评,被国内多所中等职业院校选为教学用书;2011年,根据教学需求本套教材进行了修订,使之在结构和内容上与教学内容更加吻合,更注重对学生实践能力的培养。

为了体现现代职业教育理念,贴近汽车运用与维修专业实际教学目标,促进"教、学、做"更好结合,突出对学生技能的培养,使之成为技能型人才,故人民交通出版社股份有限公司组织相关老师再次对本套教材进行了修订。本次教材的修订,吸收了教材使用院校教师的意见和建议,经过与编者的认真研究和讨论,确定了修订方案。

《汽车发动机构造与维修》的修订工作,是以本书"新编版"为基础,在修订方案的指导下完成的。修订内容主要体现在以下几个方面:

(1)删去化油器式燃料供给系统、可燃混合气浓度对发动机性能影响的内容。

(2)更新汽油选用、机油分类的内容。

(3)部分实训车型更改为科鲁兹,以更好地适应中职技能大赛的要求。

(4)更换部分图片,并纠正原版教材中的错误。

本书由张嫣、苏畅担任主编,陈凡主、吴高飘、范海飞担任副主编,参加编写的还有张立新、朱福顺、孙永江、侯建党、韩希国、李培军、杨艳芬、孙立军、康爱琴、项仁峰、李春芳等。

限于编者水平,书中难免有疏漏和错误之处,恳请广大读者提出宝贵建议,以便进一步修改和完善。

编　者

2016年1月

第二版前言

为了贯彻《中共中央国务院关于深化教育改革全面推进素质教育的决定》，落实《面向21世纪教育振兴行动计划》中提出的"职业教育课程改革和教材建设规划"，教育部全面启动了中等职业教育国家规划教材建设工作。交通职业教育教学指导委员会汽车运用与维修学科委员会组织全国交通职业学校(院)的教师，根据教育部最新颁布的汽车运用与维修专业的主干课程教学基本要求，编写了中等职业教育汽车运用与维修专业国家规划教材共7册，并通过了全国中等职业教育教材审定委员会审定。

本套教材的编写融入了全国各交通职业学校(院)汽车运用与维修专业近20年来的教学改革成果，并结合了汽车维修企业的生产实践，具有较强的针对性。新教材较好地贯彻了素质教育的思想，力求体现以人为本的现代理念，从交通行业岗位群的知识和技能要求出发，并结合对培养学生创新能力、职业道德方面的要求，提出教学目标并组织教学内容，在教材的理论体系、组织结构、内容描述上与传统教材有了明显的区别。为使教师和学生明确教学目的，培养学生的实践能力，在教材各章开始提出本章的教学目标，在各章教学内容之后附有本章小结、复习与思考和实训要求，便于学生复习和各教学单位组织配套的实训课程。

教材建设是汽车运用与维修专业的学生适应社会需求的关键环节，按照《中等职业学校汽车运用与维修专业领域技能型紧缺人才培养指导方案》和《中等职业学校汽车运用与维修专业教学指导方案》的要求，我们编写了《汽车发动机构造与维修(新编版)》。此次教材的编写，以"创新职业教育理念、改革教育教学模式、提升学生职业素质、适应经济社会发展"的指导思想，采用职教专家、行业一线、学校、出版社"四结合"的编写模式。

教材具有准确体现职业教育特点(以工作岗位所需的知识和技能为出发点)、理论内容"必需、够用"、实训内容贴合工作一线实际和选图讲究、易懂易学等特点。

本书由张嫣、苏畅主编，陈凡主、吴高飘、范海飞担任副主编，参加编写的还有张立新、侯建党、韩希国、李培军、杨艳芬、孙立军等。

限于编者经历及水平，教材内容很难覆盖全国各地的实际情况，希望教学单位在积极选用和推广国家规划教材的同时，注意总结经验，及时提出修改意见和建议，以便再版修订时改正。

交通职业教育教学指导委员会
汽车运用与维修学科委员会
二〇一一年二月

第一版前言

为了贯彻《中共中央国务院关于深化教育改革全面推进素质教育的决定》，落实《面向21世纪教育振兴行动计划》中提出的“职业教育课程改革和教材建设规划”，教育部全面启动了中等职业教育国家规划教材建设工作。交通职业教育教学指导委员会汽车运用与维修学科委员会组织全国交通职业学校(院)的教师，根据教育部最新颁布的汽车运用与维修专业的主干课程教学基本要求，编写了中等职业教育汽车运用与维修专业国家规划教材共7册，并通过了全国中等职业教育教材审定委员会的审定。

本套教材的编写融入了全国各交通职业学校(院)汽车运用与维修专业近20年来的教学改革成果，并结合了汽车维修企业的生产实践，具有较强的针对性。新教材较好地贯彻了素质教育的思想，力求体现以人为本的现代理念，从交通行业岗位群的知识和技能要求出发，并结合对培养学生创新能力、职业道德方面的要求，提出教学目标并组织教学内容，在教材的理论体系、组织结构、内容描述上与传统教材有了明显的区别。为使教师和学生明确教学目的，培养学生的实践能力，在教材各章开始提出本章的教学目标，在各章教学内容之后，附有本章小结、复习与思考和实训要求，便于学生复习和各教学单位组织配套的实训课程。

《汽车发动机构造与维修》是中等职业教育汽车运用与维修专业国家规划教材之一，内容包括：总论，发动机总体构造，曲柄连杆机构的构造与维修，配气机构的构造与维修，汽油机燃料供给系的构造与维修，柴油机燃料供给系的构造与维修，润滑系构造与维修，冷却系构造与维修，发动机拆装工艺与磨合，发动机常见故障的判断与排除共九章。

参加本书编写工作的有：上海交通职业技术学院汤定国(编写总论、第一、八、九章)、吕坚(编写第二、六、七章)、周亚(编写第三、四章)、左适够(编写第五章)，全书由汤定国担任主编，浙江交通职业技术学院陈文华担任责任编委。

本书由山东交通学院冯晋祥教授担任责任主审，李仁光教授、张建俊教授审稿。他们对书稿提出了宝贵意见，在此，表示衷心感谢。

限于编者经历及水平，教材内容很难覆盖全国各地的实际情况，希望各教学单位在积极选用和推广国家规划教材的同时，注意总结经验，及时提出修改意见和建议，以便再版修订时改正。

交通职业教育教学指导委员会
汽车运用与维修学科委员会
二〇〇二年五月

目　录

总　论

1. 掌握汽车定义；
2. 熟悉汽车基本组成和各部分作用；
3. 了解汽车行驶的基本原理。

一、汽车的组成

汽车是指由动力驱动，具有 4 个或 4 个以上车轮的非轨道承载的车辆，主要包括用于运载人员和货物、牵引载运人员和货物的车辆以及特殊用途的车辆。

汽车通常由发动机、底盘、车身、电气设备组成。汽车总体构造如图 0-1 所示。

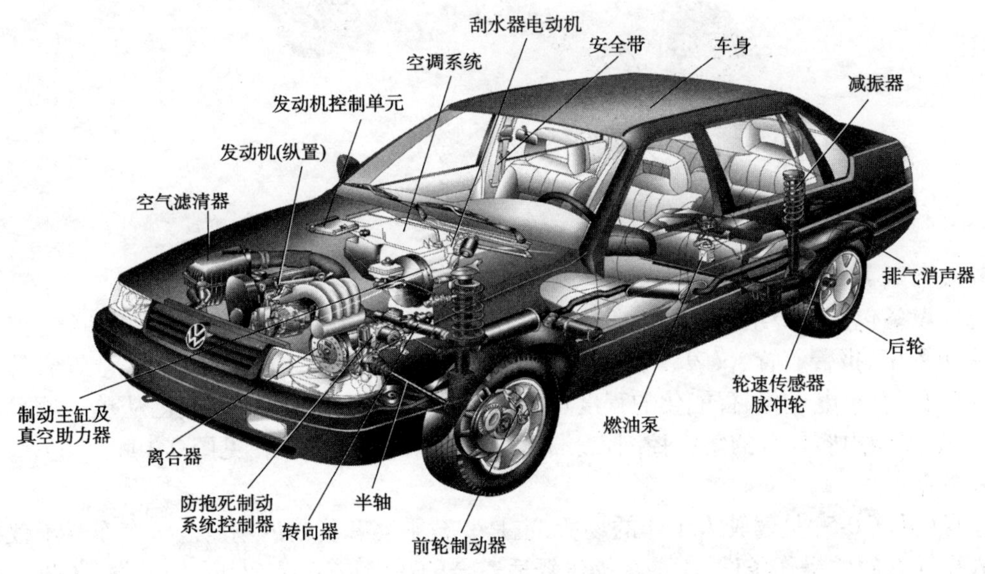

图 0-1　桑塔纳 2000GSi 车型整车透视图

1. 发动机

发动机（见图 0-2）是汽车的动力源，其功用是使供入其中的燃料燃烧而发出动力。现代汽车发动机主要采用的是往复活塞式内燃机，它一般由曲柄连杆机构、配气机构、燃料供给系统、冷却系统、润滑系统、点火系统（汽油发动机采用，柴油机没有）和起动系统等组成。

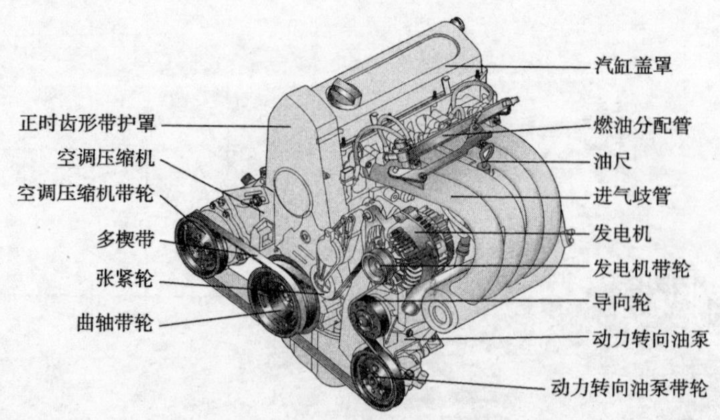

图 0-2　桑塔纳 2000GSi 车型 AJR 发动机

2. 底盘

底盘（见图 0-3）的功用是支撑、安装汽车发动机及其各部件、总成，形成汽车的整体造型，并接受发动机的动力，使汽车产生运动，保证正常行驶。底盘由传动系统、行驶系统、转向系统和制动系统组成。

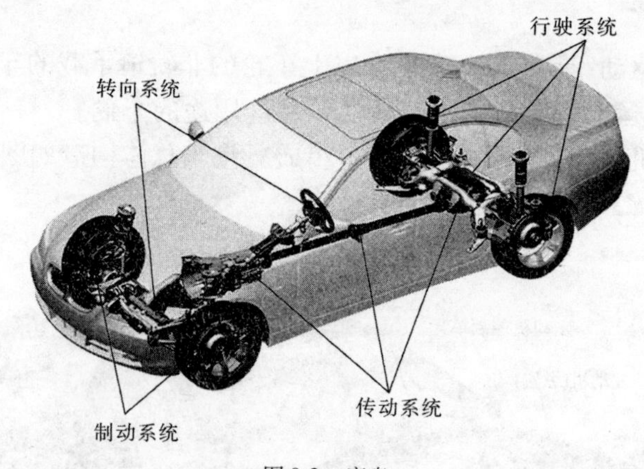

图 0-3　底盘

3. 电气设备

电气设备包括电源组（蓄电池、发电机和调节器）、发动机起动系统和点火系统（仅汽油机）、照明系统、报警装置、仪表装置、刮水与洗涤系统、空调系统以及音响、安全气囊等。在现代汽车上，汽车电子化、智能化的程度也越来越高。现代汽车电子控制已从单一项目的控制，发展到多项内容复合的集中控制，逐渐形成一个整车电子控制（见图 0-4）。

4. 车身

车身（见图 0-5）是驾驶人工作的场所，也是装载乘客和货物的场所。汽车车身不仅要为驾驶人提供方便的操作条件、为乘客提供舒适安全的环境或保证货物完好无损，还要求其外形精致，给人以美的享受。

二、汽车行驶原理

1. 汽车行驶阻力

要想使汽车行驶，必须对其施加一个驱动力以克服各种阻力。汽车行驶阻力包括滚动阻力、空气阻力、上坡阻力和加速阻力。

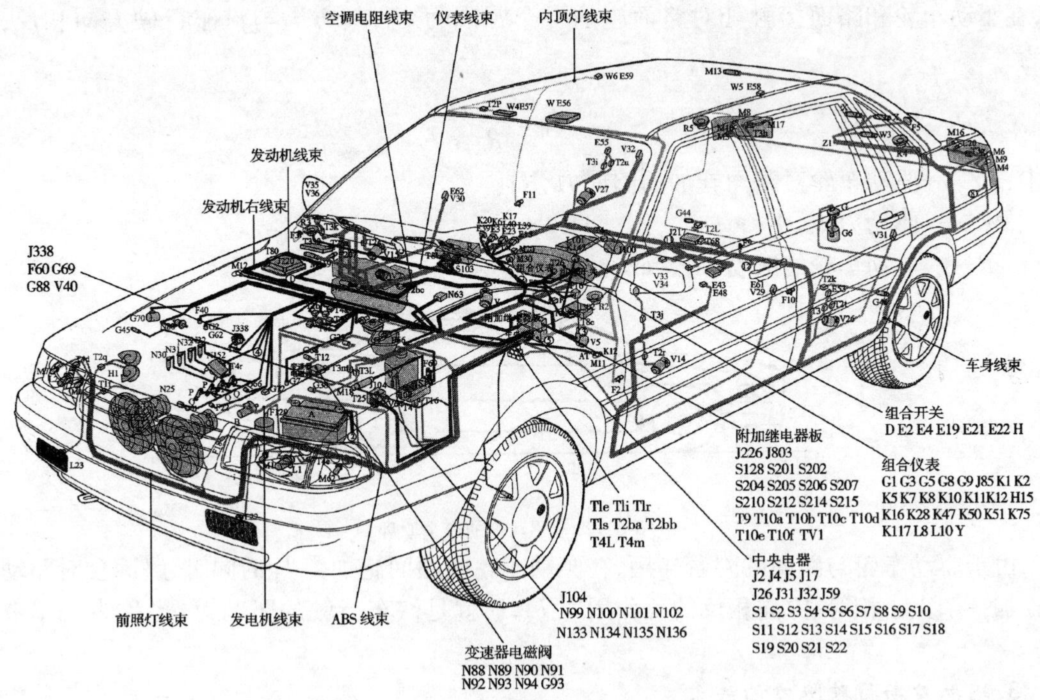

图 0-4　CAN 总线(控制器局域网络)

图 0-5　车身

(1)滚动阻力(F_f)。车轮滚动时,轮胎与地面的接触区域会产生轮胎与支撑路面的变形(当弹性轮胎在硬路面上滚动时,轮胎的变形是主要的),由此而引起的地面对轮胎的阻力,就是滚动阻力。滚动阻力等于滚动阻力系数与车轮负荷的乘积。滚动阻力系数由试验确定,滚动阻力系数与路面性质、汽车行驶速度以及轮胎的构造、材料、气压等有关。

(2)空气阻力(F_w)。汽车直线行驶时受到的空气作用在行驶方向上的分力称为空气阻力。空气阻力与汽车的形状、汽车正面投影面积有关,特别是与汽车和空气的相对速度的二次方成正比。当汽车高速行驶时,空气阻力的数值将显著增加。

(3)上坡阻力(F_i)。当汽车上坡时,汽车重力沿坡道的分力表现为汽车上坡阻力。

(4)加速阻力(F_j)。汽车加速行驶时,需要克服其质量加速运动的惯性力,也就是加速阻力。

2. 汽车的驱动力

为克服上述阻力,汽车必须有足够的驱动力。汽车驱动力的产生原理如图 0-6 所示。

发动机经由传动系统在驱动车轮上施加一个驱动力矩 M_t，力图使驱动车轮旋转。在 M_t 作用下，在驱动车轮和路面接触处对路面施加一个圆周力 F_0，其方向与汽车行驶方向相反，大小为

$$F_0=\frac{M_t}{R}$$

式中：F_0——驱动车轮对路面施加的圆周力，N；

M_t——驱动力矩，N · m；

R——驱动车轮的滚动半径，m。

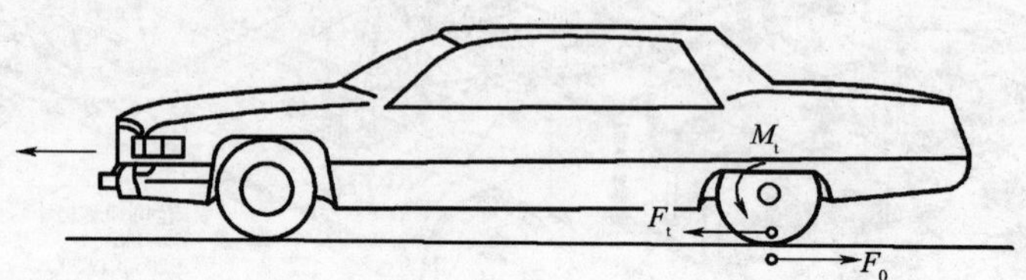

图 0-6　汽车驱动力的产生原理

由于驱动车轮与路面的附着作用，在驱动车轮向路面施加力 F_0 的同时，路面会对驱动车轮施加一个大小相等、方向相反的反作用力 F_t，F_t 就是汽车行驶的驱动力（也称为汽车牵引力）。

3. 驱动力与行驶阻力的关系

当驱动力逐渐增大到足以克服汽车所受到的阻力时，汽车便开始起步行驶。汽车起步后，其行驶情况取决于驱动力和行驶阻力之间的关系。当驱动力等于行驶阻力时，汽车将匀速行驶；当驱动力大于行驶阻力时，汽车将加速行驶；当驱动力小于行驶阻力时，汽车将减速行驶或静止不动。

但是汽车并不是在任何情况下都能产生足够的驱动力。驱动力的最大值固然取决于发动机的最大转矩和传动系统的传动比，而实际上驱动力还要受到轮胎与路面附着作用的限制。由附着作用所决定的阻碍车轮打滑的路面反力的最大值称为附着力，用 F_φ 表示。附着力与驱动车轮所承受垂直于地面的法向力 G 成正比，即

$$F_\varphi=\varphi G$$

式中：φ——附着系数，其数值与轮胎的类型及地面的性质有关；

G——汽车总重力 G_0 分配到驱动车轮上的分力。

由此可见，附着力限制了驱动力的发挥，即

$$F_t\leqslant F_\varphi=\varphi G$$

在冰雪、泥泞等不良路面上行驶时，因 φ 值很小，附着力很小，汽车的驱动力受到附着力的限制而不能克服较大的行驶阻力，导致汽车减速甚至不能前进。此时，即使加大节气门开度或换入低速挡，车轮也只会滑转而驱动力仍不能增大。因此，普通载货汽车在冰雪路面上行驶时，往往在驱动车轮上绕装防滑链，以增大附着系数和附着力。全轮驱动的越野汽车为了提高附着系数，采用特殊花纹轮胎、镶钉轮胎等。另外，普通载货汽车的附着力只是分配到驱动车轮上的那部分汽车重力；而全轮驱动的越野汽车，其附着力则是全车的总重力，因而其附着力比普通载货汽车显著增大。

小结

1. 汽车是指由动力驱动，具有4个或4个以上车轮的非轨道承载的车辆，主要用于载运人员或货物、牵引载运人员或货物的车辆以及特殊用途的车辆。

2. 汽车通常由发动机、底盘、车身、电气设备四部分组成。

3. 汽车行驶阻力包括滚动阻力、空气阻力、上坡阻力和加速阻力。

4. 汽车驱动力的最大值固然取决于发动机的最大转矩和传动系统的传动比，而实际上驱动力还要受到轮胎与路面附着作用的限制。

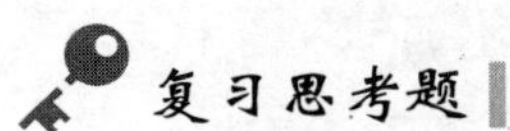

复习思考题

一、简答题

1. 发动机的作用是什么？它由哪几大机构和系统组成？

2. 汽车底盘的作用是什么？它由哪几部分组成？

3. 简述汽车行驶的基本原理。

二、选择题

1. (　　)是汽车的动力源。

A. 发动机　　B. 底盘　　C. 电气设备　　D. 车身

2. 汽车行驶阻力中，与汽车行驶速度二次方成正比的阻力是(　　)。

A. 滚动阻力　　B. 空气阻力　　C. 上坡阻力　　D. 加速阻力

三、判断题

1. 车身是驾驶人工作的场所，也是装载乘客和货物的场所。　(　　)

2. 汽车高速行驶时，空气阻力的数值将显著增加。　(　　)

3. 当汽车驱动力大于或等于行驶阻力时，汽车就能正常行驶。　(　　)

第一章 发动机总体构造与维修

学习目标

1. 掌握发动机的定义和发动机的基本术语含义；
2. 掌握四冲程汽油机和四冲程柴油机的工作原理；
3. 了解发动机工作循环的特点，了解多缸四冲程发动机的工作原理；
4. 掌握发动机总成的构造特点；
5. 了解发动机主要性能指标与特性；
6. 了解发动机总成维修的基本方法。

第一节 发动机的结构和工作原理

一、发动机的作用

发动机是将某一种形式的能量转换为机械能的机器。

汽车用发动机如图 1-1 所示，它是汽车的心脏，是汽车的动力源。汽车发动机一般是将液体燃料或气体燃料和空气混合后直接输入机器内部燃烧产生热能，热能再转变为机械能，因此又叫内燃机。现代汽车用发动机应用最广、数量最多的是水冷式四冲程往复活塞式内燃机。常见的车用发动机有汽油发动机和柴油发动机两种。

图 1-1　卡罗拉车型发动机

二、单缸发动机结构及常用术语

单缸四冲程汽油机的基本结构如图 1-2 所示，单缸四冲程柴油机的基本结构如图 1-3 所示。汽缸体内圆柱形腔体称为汽缸，内装有活塞，活塞通过活塞销、连杆与曲轴相连接。活塞在汽缸内做往复直线运动，通过连杆推动曲轴做旋转运动。在汽缸盖上装有进、排气门，通过凸轮轴控制进、排气门开启和关闭，实现向汽缸内充入新鲜可燃混合气（汽油机）或纯空气（柴油机），并将燃烧后的废气排出汽缸。

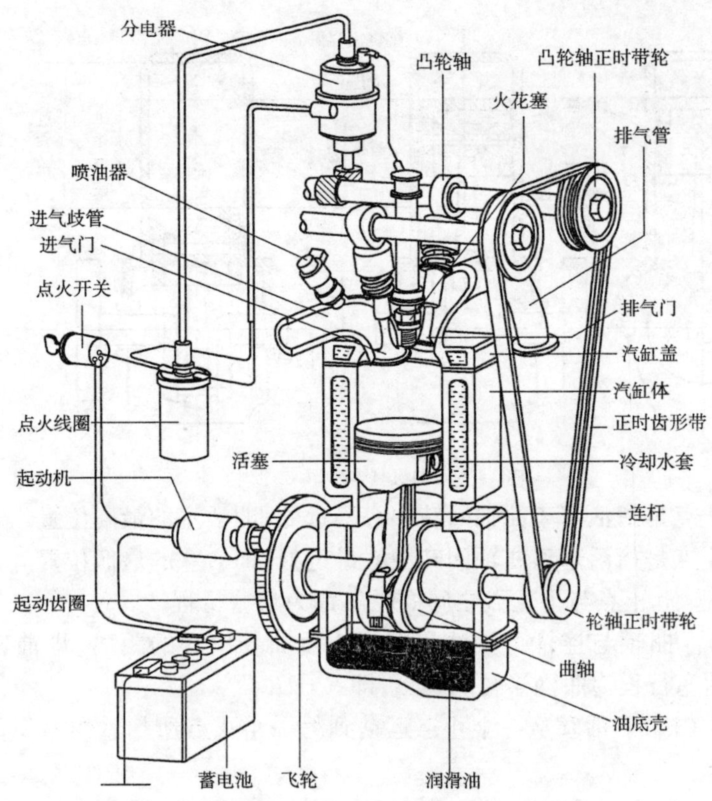

图 1-2　单缸四冲程汽油机结构示意图

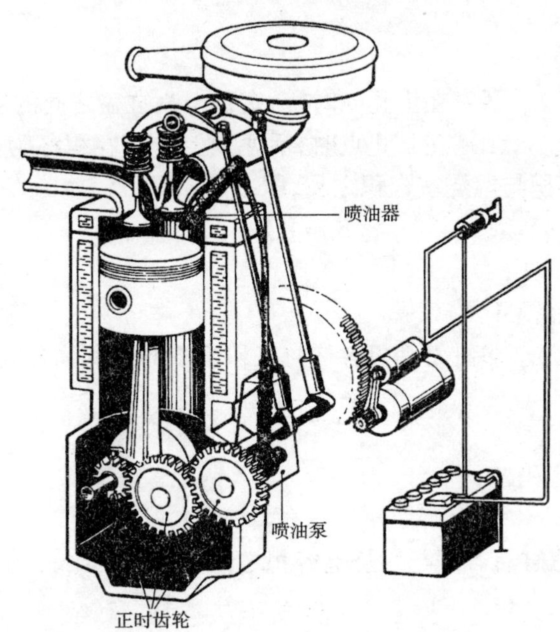

图 1-3　单缸四冲程柴油机结构示意图

发动机基本术语如图 1-4 所示。

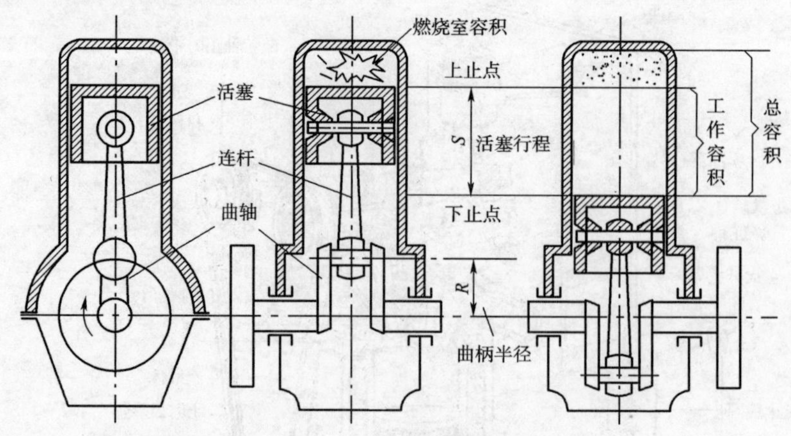

图 1-4 发动机基本术语

(1)上止点。上止点是指活塞离曲轴回转中心最远处,即活塞的最高位置。

(2)下止点。下止点是指活塞离曲轴回转中心最近处,即活塞的最低位置。

(3)活塞行程(S)。上止点与下止点之间的距离称为活塞行程。

(4)曲柄半径(R)。曲轴与连杆下端的连接中心至曲轴中心的距离(即曲轴的回转半径)称为曲柄半径。活塞行程为曲柄半径的两倍,即 $S=2R$。

(5)汽缸工作容积(V_h)。活塞从一个止点运动到另一个止点所扫过的容积称为汽缸工作容积或汽缸排量,即

$$V_h=\frac{\pi D^2 S}{4}\times 10^{-6}$$

式中:D——汽缸直径,mm;

S——活塞行程,mm。

(6)燃烧室容积(V_c)。活塞在上止点时,活塞顶与汽缸盖之间的容积称为燃烧室容积。

(7)汽缸总容积(V_a)。活塞在下止点时,活塞顶上方的容积称为汽缸总容积。显然,汽缸总容积是汽缸工作容积与燃烧室容积之和,即

$$V_a=V_c+V_h$$

式中:V_c——燃烧室容积,L;

V_h——汽缸工作容积,L。

(8)发动机排量(V_L)。多缸发动机各汽缸工作容积的总和称为发动机排量。即

$$V_L=V_h i=\frac{\pi D^2 S i}{4}\times 10^{-6}$$

式中:V_h——汽缸工作容积,L;

i——汽缸数目。

(9)压缩比(ε)。汽缸总容积与燃烧室容积之比称为压缩比。

$$\varepsilon=\frac{V_a}{V_c}=\frac{V_h+V_c}{V_c}=1+\frac{V_h}{V_c}$$

式中:V_a——汽缸总容积,L;

V_h——汽缸工作容积,L;

V_c——燃烧室容积,L。

压缩比表示活塞由下止点运动到上止点时,汽缸内的气体被压缩的程度。压缩比越大,压缩终了时汽缸内气体的压力和温度越高。目前,一般车用汽油机的压缩比约为6~11,柴油机的压缩比一般为16~22。

(10)工作循环。在汽缸内进行的每一次将燃料燃烧的热能转变成机械能的一系列连续过程(进气、压缩、做功、排气)称为发动机的一个工作循环。

三、发动机的基本工作原理

1. 四冲程汽油机的工作原理

四冲程汽油机每一个工作循环包括4个活塞行程,即进气行程、压缩行程、做功行程和排气行程,如图1-5所示。

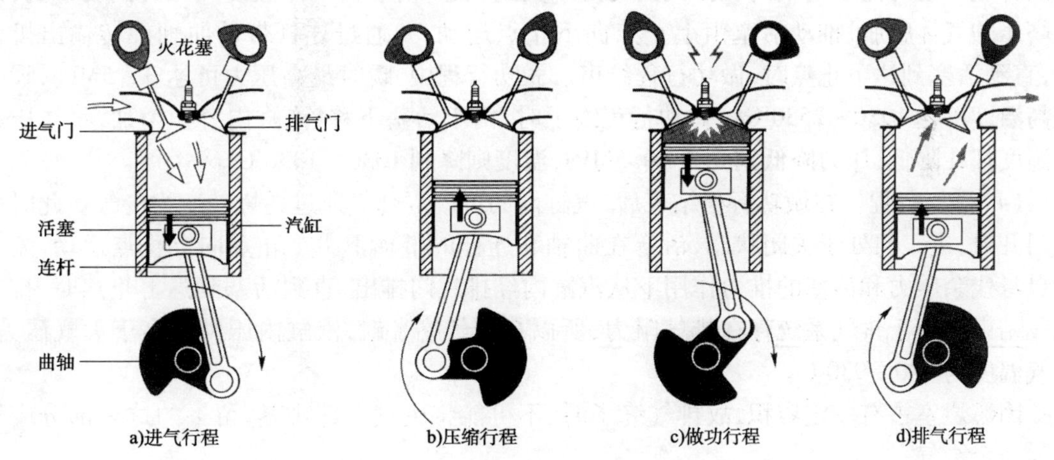

图1-5　四冲程汽油机工作原理示意图

(1)进气行程。在进气行程中,活塞在曲轴和连杆的带动下由上止点向下止点运行,这时进气门开启,排气门关闭。在活塞由上止点向下止点运动过程中,由于活塞上方汽缸容积逐渐增大,形成一定的真空度。这样,可燃混合气通过进气歧管、进气门被吸入汽缸。当活塞到达下止点时,进气门关闭,停止进气。由于进气系统有阻力,进气终了时汽缸内的气体压力略低于大气压力,约为0.074~0.093MPa。由于汽缸壁、活塞等高温机件及上一循环残留的高温残余废气的加热,气体的温度上升到80~130℃。

(2)压缩行程。活塞在曲轴和连杆的带动下由下止点向上止点运动,此时进、排气门处于关闭状态。由于活塞上方汽缸容积逐渐减小,进入汽缸内的可燃混合气被压缩,温度和压力不断升高,直到活塞到达上止点为止,此时,可燃混合气被压缩到活塞上方的很小空间,即燃烧室中。压缩终了时,可燃混合气压力为0.6~1.5MPa,可燃混合气的温度为330~430℃。

压缩终了时,可燃混合气的压力和温度取决于压缩比。压缩比越大,燃烧速度越快,因此发动机发出的功率越大,经济性越好。但压缩比过大时,不仅不能进一步改善燃烧,反而会出现爆震和表面点火等不正常燃烧现象。

爆震是由于气体压力和温度过高，在燃烧室内离点火中心较远及具有高温处（如排气门头部、火花塞电极和积炭处）可燃混合气自燃而造成的一种不正常燃烧。爆震时，火焰以极高的速率向外传播，由于温度和压力急剧升高，形成压力波，以声速向外推进。这种压力波撞击燃烧室壁时便发出尖锐的敲击声。爆震还会引起发动机过热、功率下降、工作不稳定、燃油消耗率增加等一系列不良后果。严重时会造成气门烧毁、轴承破裂、火花塞绝缘体击穿等机件损坏现象。

表面点火是由于燃烧室内炽热表面与炽热处（如排气门头部、火花塞绝缘体、零件表面炽热的沉积物等）点燃混合气的现象。表面点火发生时，会伴有沉闷的金属敲击声音，所产生的高压会使发动机机件负荷增加，活塞和连杆损坏及气门、火花塞、活塞等零件过热将导致发动机寿命降低。

（3）做功行程。当活塞运动到接近压缩行程上止点附近时，火花塞跳火点燃汽缸内的可燃混合气。这时由于进气门和排气门均处于关闭状态，使缸内气体温度和压力同时升高，高温高压的气体膨胀，推动活塞由上止点向下止点运动，并通过连杆带动曲轴旋转输出机械能，直到活塞到达下止点时，做功行程结束。做功行程中，瞬时最高压力可达 3 ~ 5MPa，瞬时最高温度可达 1930 ~ 2530℃。做功行程终了时，由于活塞下移，汽缸内容积增加，气体压力和温度都在降低，压力降低到 0.3 ~ 0.5MPa，温度则降到 1030 ~ 1330℃。

（4）排气行程。在做功行程结束后，汽缸内的可燃混合气通过燃烧转变为废气。此时排气门开启，进气门处于关闭状态，活塞在曲轴和连杆的带动下由下止点向上止点运动，废气在自身残余压力和活塞的推力作用下从汽缸内经排气门排出，直到活塞到达上止点时，排气行程结束。由于排气系统存在排气阻力，所以在排气终了时，汽缸内压力稍高于大气压力，废气温度为 630 ~ 930℃。

因燃烧室占有一定容积，故排气终了时，不可能将废气全部排尽，留下的这一部分废气称为残余废气。

排气行程结束后，进气门再次开启，又开始下一个工作循环。如此周而复始，发动机就连续运转了。发动机工作时，需要连续不断地进行循环，在每个循环中都是依次完成进气、压缩、做功、排气 4 个活塞行程。

2. 四冲程柴油机的工作原理

四冲程柴油机工作原理如图 1-6 所示。与四冲程汽油机一样，四冲程柴油机每个工作循环也是由进气、压缩、做功和排气 4 个活塞行程组成。但由于柴油和汽油使用性能的不

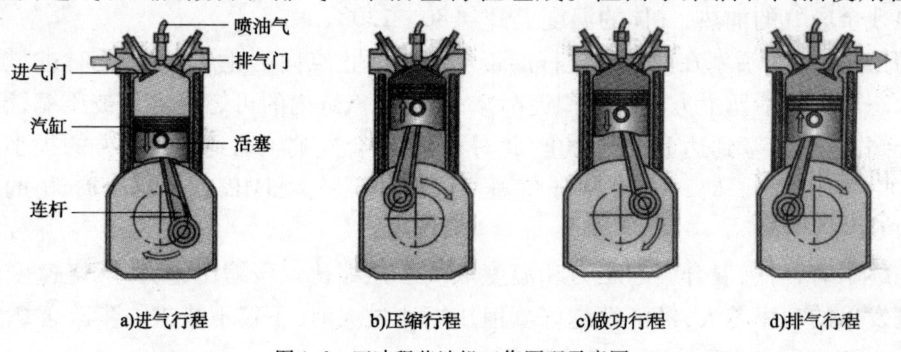

图 1-6　四冲程柴油机工作原理示意图

同,柴油机在可燃混合气的形成方式、着火方式等方面与汽油机有着较大的区别。这里主要介绍四冲程柴油机与四冲程汽油机工作原理的不同之处。

(1)进气行程。柴油机在进气行程中进入汽缸的是纯空气,而不是可燃混合气。

(2)压缩行程。柴油机在压缩行程中压缩的是进气行程进入汽缸内的纯空气。由于柴油机压缩比高,压缩终了时缸内气体的温度和压力均高于汽油机,汽缸内空气压力为3.5～4.5MPa,温度为480～730℃。

(3)做功行程。柴油机做功行程与汽油机做功行程有很大区别。在压缩行程接近上止点时,喷油泵泵出的高压柴油(10MPa以上)经喷油器呈雾状喷入汽缸内的高温空气中,柴油迅速吸热、蒸发、扩散与空气混合形成可燃混合气。由于此时汽缸内的温度远高于柴油的自燃温度(约220℃),形成的可燃混合气自行着火燃烧,随后的一段时间内边喷油、边混合、边燃烧,汽缸内气压急剧上升到6～9MPa,温度也升至1730～2230℃。在高压气体推动下,活塞向下运动并带动曲轴旋转而做功。

(4)排气行程。柴油机与汽油机的排气行程基本相同。

与汽油机相比,柴油机压缩比高,燃油消耗率低,故燃油经济性较好,环保性也较好,且柴油机没有电气和点火系的故障。但柴油机转速低、质量大、制造和维修费用高。柴油机的这些缺点已逐渐得到克服,其应用越来越广。

3. 工作循环的特点

由上述单缸四冲程汽油机和单缸四冲程柴油机的工作原理可知,四冲程发动机工作循环具有以下特点。

(1)每完成一个工作循环曲轴旋转2圈(720°),每一个行程曲轴旋转半圈(180°)。进气行程中进气门开启,排气门关闭;排气行程中排气门开启,进气门关闭;其余两个行程进、排气门均关闭。

(2)在4个活塞行程中,只有做功行程产生动力,其余3个活塞行程则是为做功行程做准备的辅助行程,都要消耗动力。虽然做功行程是主要的,但其他3个行程也是必不可少的。

(3)发动机起动时(第一个工作循环),必须借助外力带动曲轴旋转以完成进气、压缩行程,在混合气着火做功行程开始后,依靠曲轴和飞轮储存的能量,使发动机转入正常运转状态。

4. 多缸四冲程发动机的工作原理

单缸四冲程发动机每个工作循环所经历的4个活塞行程中,只有做功行程为有效行程,其他3个行程为消耗机械功的辅助行程。这样,发动机曲轴在做功行程中的转速快,在其他行程中转速慢。所以,一个工作循环中曲轴的转速是不均匀的。为了保证发动机运转平稳,现代汽车发动机都采用多缸四冲程发动机,应用最多的是四缸、六缸和八缸发动机。

多缸四冲程发动机每个汽缸所经历的工作循环与单缸四冲程发动机相同,但各缸的做功行程并非同时进行,而是按一定顺序进行。因此,对多缸四冲程发动机来说,曲轴每转两周,各缸分别做功一次,且各缸做功间隔角(以曲轴转角表示)保持一致。对于缸数为i的四冲程直列式发动机而言,做功间隔角为$720°/i$。汽缸数越多,发动机工作越平稳,但结构也越复杂。

四、发动机的总体构造

汽油发动机通常由两大机构、五大系统组成，而柴油机由两大机构、四大系统组成。两大机构是指曲柄连杆机构和配气机构，五大系统是指燃料供给系统、冷却系统、润滑系统、点火系统（柴油机无此系统）和起动系统。下面以桑塔纳2000GSi轿车的AJR汽油发动机（图1-7和图1-8）为例，介绍四冲程汽油发动机的构造。

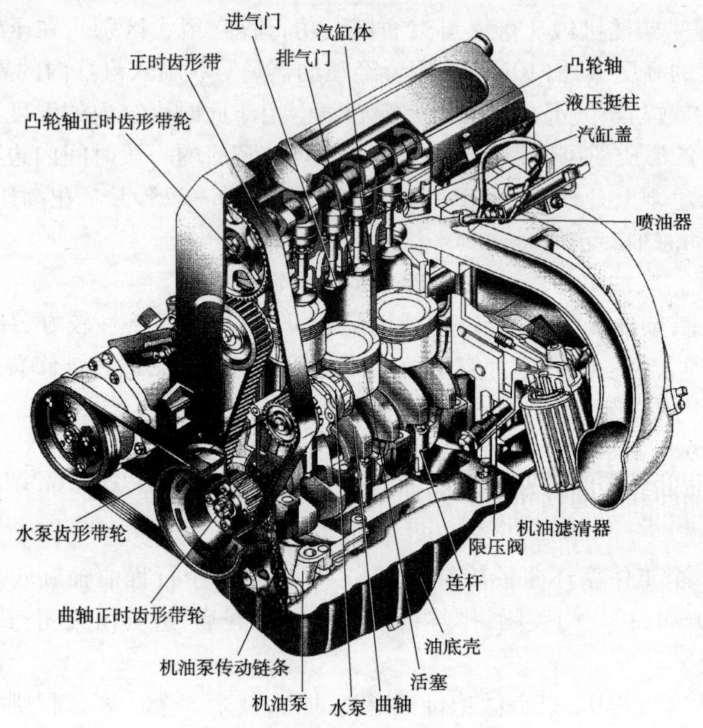

图1-7　AJR汽油发动机纵剖图

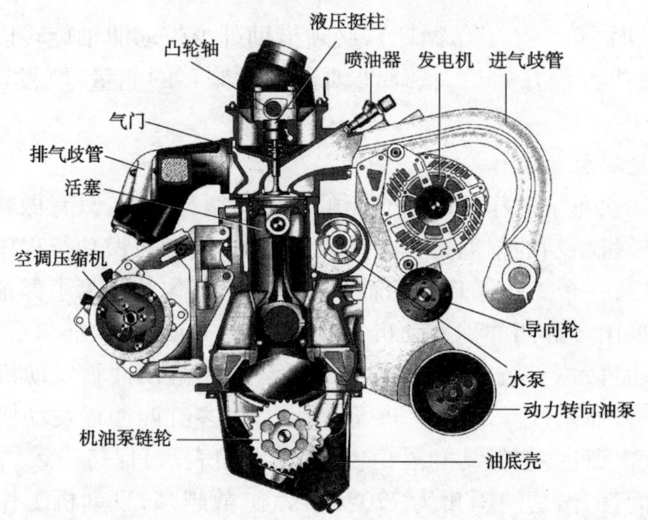

图1-8　AJR汽油发动机横剖图

(1)曲柄连杆机构。曲柄连杆机构是发动机借以产生动力,并将活塞的往复直线运动转变为曲轴的旋转运动而输出动力的机构。

曲柄连杆机构主要由汽缸盖、汽缸体、活塞、连杆、曲轴和飞轮等组成。

(2)配气机构。配气机构的功用是根据发动机的工作需要,适时地打开进气门或排气门,使可燃混合气及时地充入汽缸,或使废气及时地从汽缸内排出;而在发动机不需要进气或排气时,则利用气门将进气通道或排气通道关闭,以保持汽缸密封。

配气机构主要由气门、气门弹簧、液压挺柱、凸轮轴、正时齿形带轮等组成。

(3)燃料供给系统。汽油机燃料供给系统的功用是向汽缸内供给已配好的可燃混合气(缸内喷射式发动机为空气),并控制进入汽缸内可燃混合气的数量,以调节发动机的输出功率,最后将燃烧后的废气排出汽缸。

汽油机的燃料供给系由燃油箱、燃油滤清器、燃油泵、节气门体、喷油器、空气滤清器、进/排气歧管和排气消声器等组成。

(4)点火系统。汽油机点火系统的功用是按一定时刻向汽缸内提供电火花,及时地点燃汽缸中被压缩的可燃混合气。

点火系统通常由电源(蓄电池和发电机)、点火开关、点火线圈、火花塞等组成。

(5)冷却系统。冷却系统的功用是利用冷却液冷却高温零件,并通过散热器将热量散发到大气中去,以保证发动机正常工作。

水冷式冷却系统通常由水泵、散热器、风扇、节温器、水套等组成。

(6)润滑系统。润滑系统的功用是将清洁的润滑油分送至各个摩擦表面,以减小摩擦和磨损,并清洗、冷却摩擦表面,从而延长发动机的使用寿命。

润滑系统一般由机油泵、机油滤清器、集滤器、限压阀、润滑油道、油底壳等组成。

(7)起动系统。起动系统的功用是带动飞轮旋转以获得必要的动能和起动转速,使静止的发动机起动并转入自行运转状态。

起动系统包括起动机及其附属装置。

五、发动机的主要性能指标与特性

1. 发动机的主要性能指标

发动机的主要性能指标有动力性指标(有效转矩和有效功率)和经济性指标(燃油消耗率)。

(1)有效转矩。发动机通过飞轮对外输出的转矩称为有效转矩,以 T_e 表示。有效转矩与外界施加于发动机曲轴上的阻力矩相平衡。

(2)有效功率。发动机通过飞轮对外输出的功率称为发动机的有效功率,用 P_e 表示,它等于有效转矩与曲轴角速度的乘积,即

$$P_e = T_e \cdot n/9550$$

式中:T_e——有效转矩,N·m;

n——曲轴转速,r/min。

(3)燃油消耗率。发动机每发出 1kW 有效功率,在 1h 内所消耗的燃油质量(以 g 为单位),称为燃油消耗率,用 g_e 表示。很明显,燃油消耗率越低,经济性越好。

2. 发动机特性

发动机的性能是随着许多因素而变化的,其变化规律称为发动机特性。

(1)发动机转速特性。发动机转速特性是指发动机的功率 P_e、转矩 T_e 和燃油消耗率 g_e 三者随曲轴转速 n 变化的规律。当节气门开到最大时,所得到的是总功率特性,也称为发动机外特性(见图 1-9),它代表了发动机所具有的最高动力性能。而把在节气门其他开度情况下得到的特性称为部分特性。

由图 1-9 中可以看出,当曲轴转速为 n_2 时,发动机发出最大转矩 T_e。当转速达到 n_3 时,有效功率 P_e 达到最大值。发动机最小燃油消耗率 g_e 的相应转速为 n_5,它的数值一般是介于最大转矩时的转速和最大功率时的转速之间。

要根据汽车实际工作情况来选择合适的发动机转速 n。如超车时一般选择发动机有效功率 P_e 最大值所对应的发动机转速,爬陡坡时选择发动机最大转矩 T_e 所对应的发动机转速,而一般情况下尽量选择最小燃油消耗率 g_e 所对应的发动机转速,以提高燃油经济性。

(2)发动机工作状况。发动机工作状况(简称发动机工况)一般是用其功率与曲轴转速来表征,有时也可用负荷与曲轴转速来表征。

发动机在某一转速之下的负荷,就是当时发动机发出的功率与同一转速下所可能发出的最大功率之比,以百分数表示。

图 1-10 表示某发动机的一组特性曲线,其中,Ⅰ表示相应于节气门全开时的外特性曲线,Ⅱ、Ⅲ分别表示节气门保持在开度依次减小的部分特性。

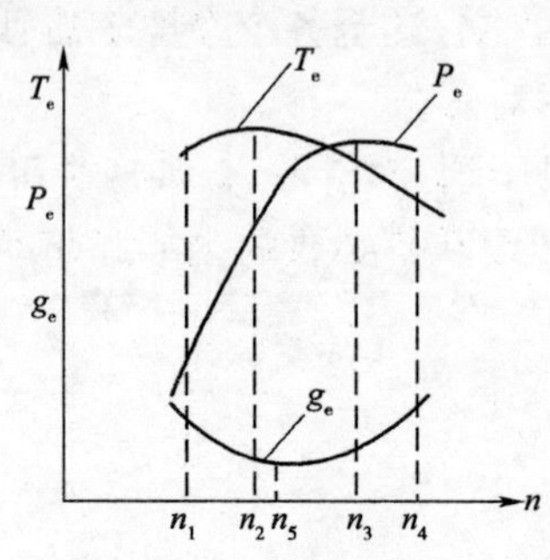

图 1-9　发动机外特性

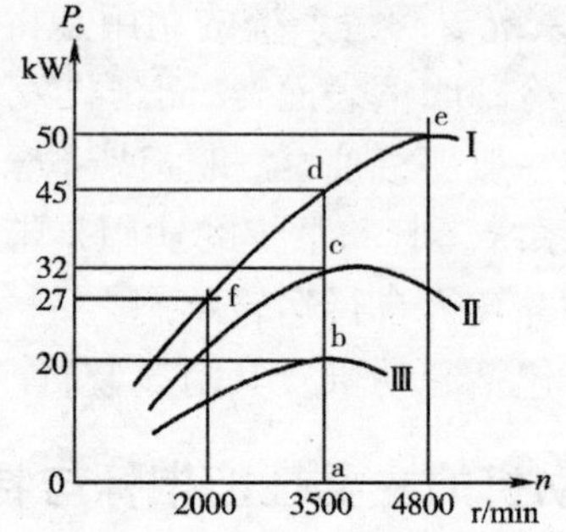

图 1-10　发动机的外特性曲线

由图 1-10 得知,在 $n=3500$r/min 时,若节气门全开,可得到该转速下所可能发出的最大功率 45kW。但如果不全开而开到Ⅱ或Ⅲ的位置,则同样的转速下只能发出 32kW 或 20kW。根据上述定义,可求出 a、b、c 和 d 这 4 个工况下的负荷值。

工况 a:负荷为零(称为发动机空转工况);

工况 b:负荷 $=20/45\times100\%=44.4\%$;

工况 c:负荷 $=32/45\times100\%=71.1\%$;

工况 d:负荷 $=45/45\times100\%=100\%$(即发动机全负荷)。

应当注意的是,不要把负荷和功率的概念相混淆。如某一转速时,全负荷(如 d 点)并不意味是发动机的最大功率。发动机的最大功率,应是工况 e 点的功率。又如在工况 f 点,虽然功率比工况 c 点时小,但却是全负荷。就是说,功率大小并不代表负荷的大小。

此外,在外特性曲线上,各点都表示在各转速下的全负荷工况,但在同一部分特性曲线上，各点的负荷值却并不相同。在同一转速下，节气门开度愈大表示负荷愈大，但两者并不成比例。

第二节 发动机总成的维修

本节以卡罗拉(1.6L)车型发动机总成的维修为例进行说明。

一、发动机总成的拆装

拆装发动机总成相关部件分解图如图1-11～图1-18所示。

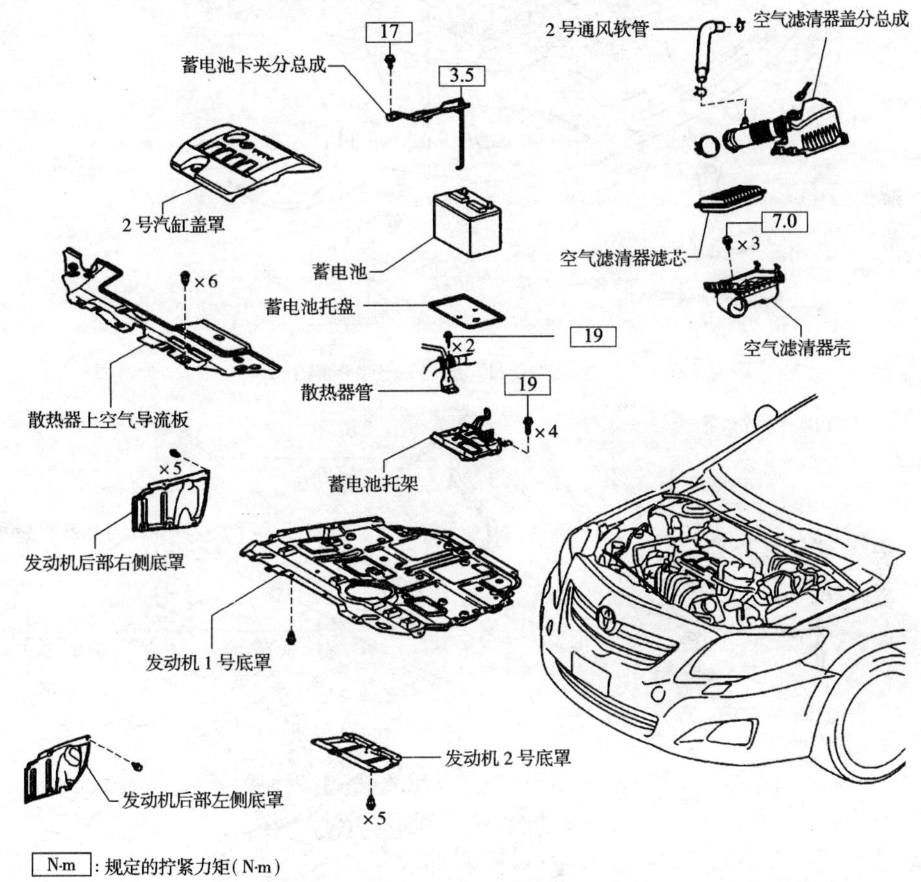

图1-11 拆装发动机总成相关部件分解图(1)

1. 实训器材

(1)车辆：卡罗拉(1.6L)车型。

(2)普通工具：举升机、磁力护裙、转向盘护套、变速杆手柄套、脚垫和座位套、组合扳手、螺丝刀、钳子、扭力扳手、棉丝抹布或一块布。

(3)专用工具：SST 09213-58013 曲轴传动带轮固定工具、09330-00021 结合凸缘固定工具、SST 09301-00110 离合器导向工具、09051-1C110 塑料锤 420g、"TORX"套筒扳手(E8)。

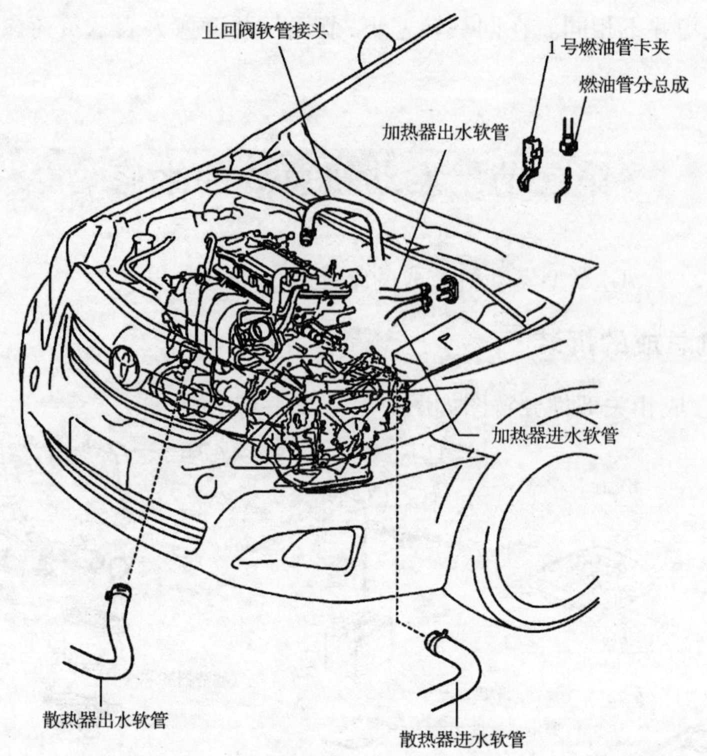

图1-12　拆装发动机总成相关部件分解图(2)

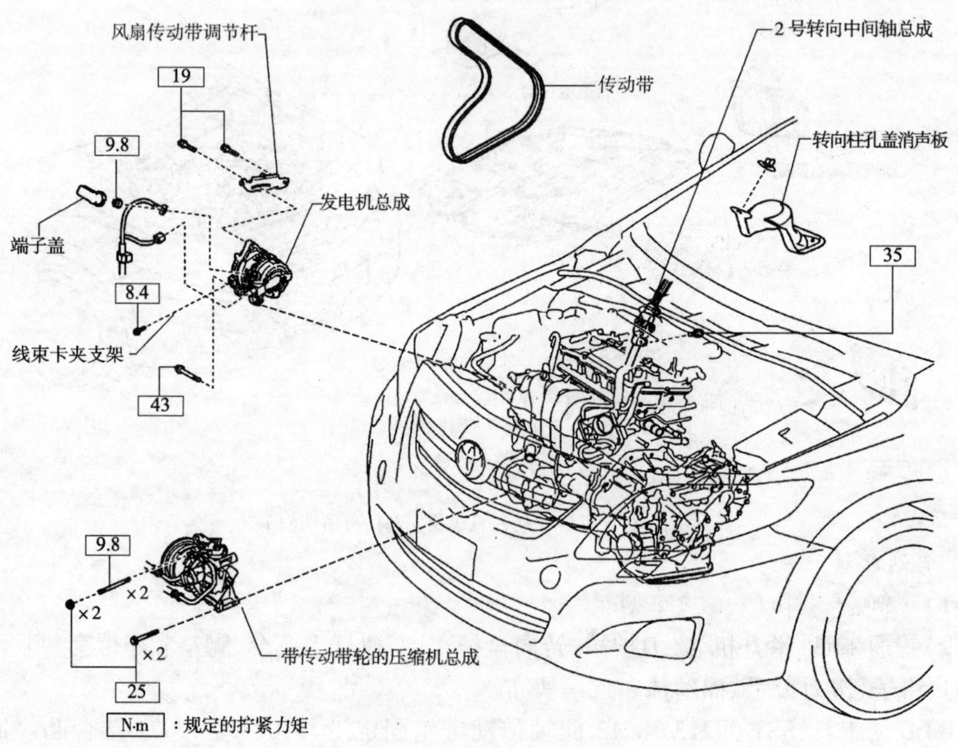

图1-13　拆装发动机总成相关部件分解图(3)

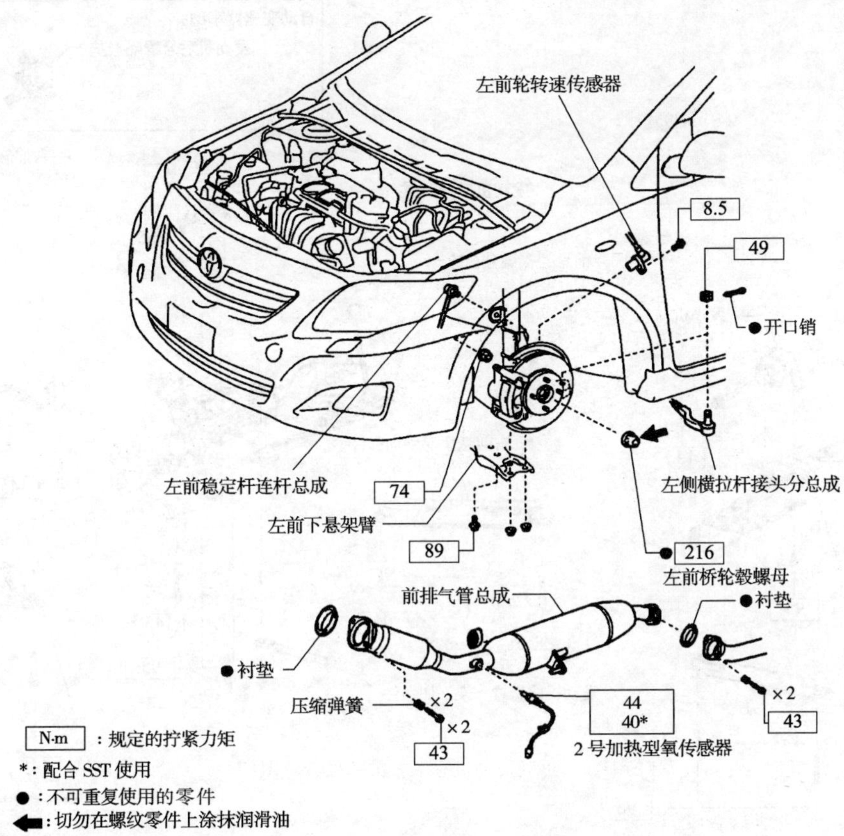

图1-14 拆装发动机总成相关部件分解图(4)

(4)其他：丰田原厂黏合剂(1324、Three Bond 1324或同等产品)、丰田原厂ATF WS(自动变速器车型)、丰田超长效冷却液(SLLC)。

2. 作业准备

(1)汽车进入工位前，将工位清理干净，准备好相关的器材。

(2)将汽车停放在举升机中央位置。

(3)拉紧驻车制动器操纵杆，并将变速杆置于空挡或驻车挡(P挡)位置(见图1-19)。

(4)套上转向盘护套、变速杆手柄套和座位套，铺设脚垫。

(5)在车内拉动发动机舱盖手柄，在车外打开并支撑发动机舱盖(见图1-20)。

(6)粘贴翼子板和前脸磁力护裙。

3. 操作步骤

1)发动机总成的拆卸

(1)燃油系统卸压。注意：拆下任何燃油系统零件之前，执行下列程序以防止燃油溅出。即使执行下列程序之后，压力仍保留在燃油管路内。断开燃油管路时，用棉丝抹布或一块布盖住，以防燃油喷出或涌出。

①拆下后排座椅坐垫总成。

②拆下后地板检修孔盖。

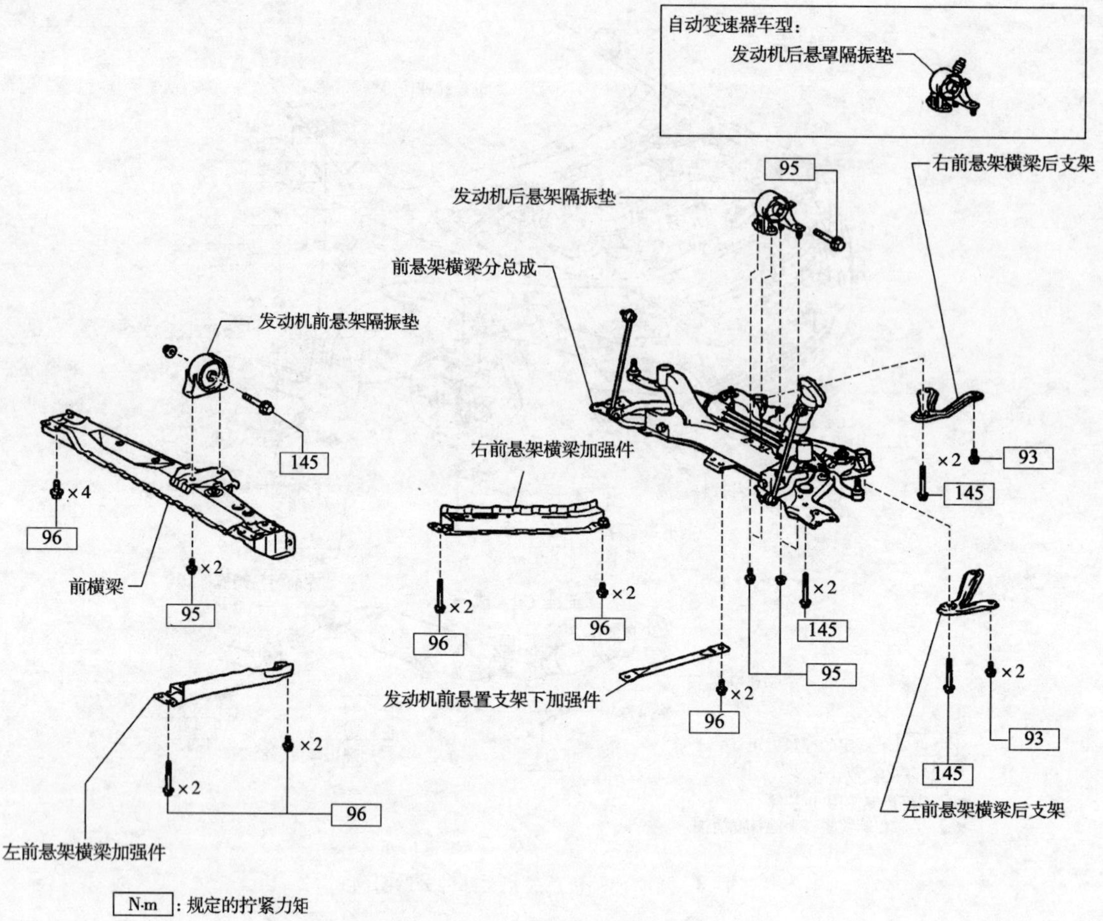

自动变速器车型：
发动机后悬罩隔振垫
95
右前悬架横梁后支架
发动机后悬架隔振垫
前悬架横梁分总成
发动机前悬架隔振垫
145
右前悬架横梁加强件
×4
96
×2
93
145
前横梁
×2
95
×2
96
×2
96
×2
145
95
发动机前悬置支架下加强件
×2
96
×2
93
145
×2
×2
96
左前悬架横梁后支架
左前悬架横梁加强件
N·m：规定的拧紧力矩

图 1-15　拆装发动机总成相关部件分解图(5)

9.8
95
56
95
×3
×4
95
发动机右悬架隔振垫
发动机左悬架隔振垫
52
N·m：规定的拧紧力矩

图 1-16　拆装发动机总成相关部件分解图(6)

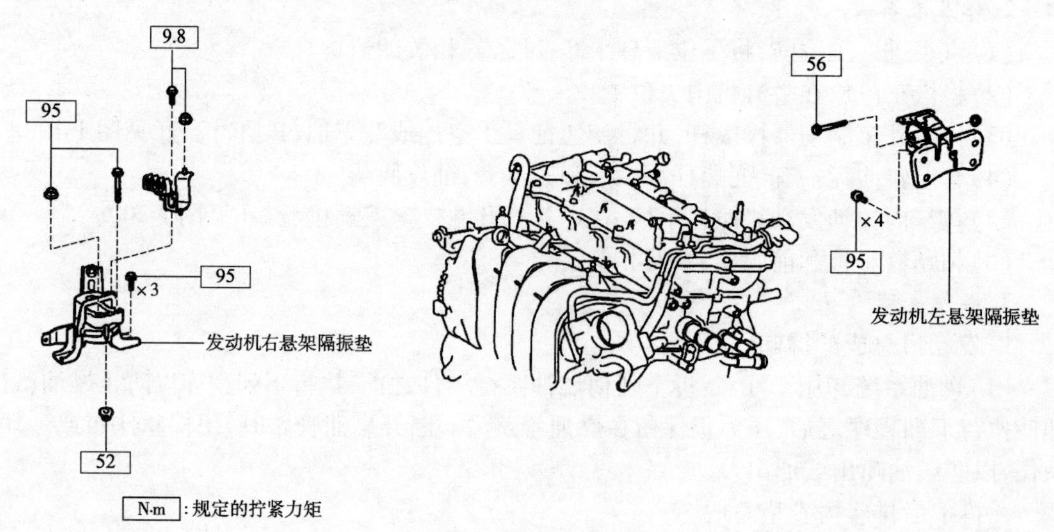

C50手动变速器车型：

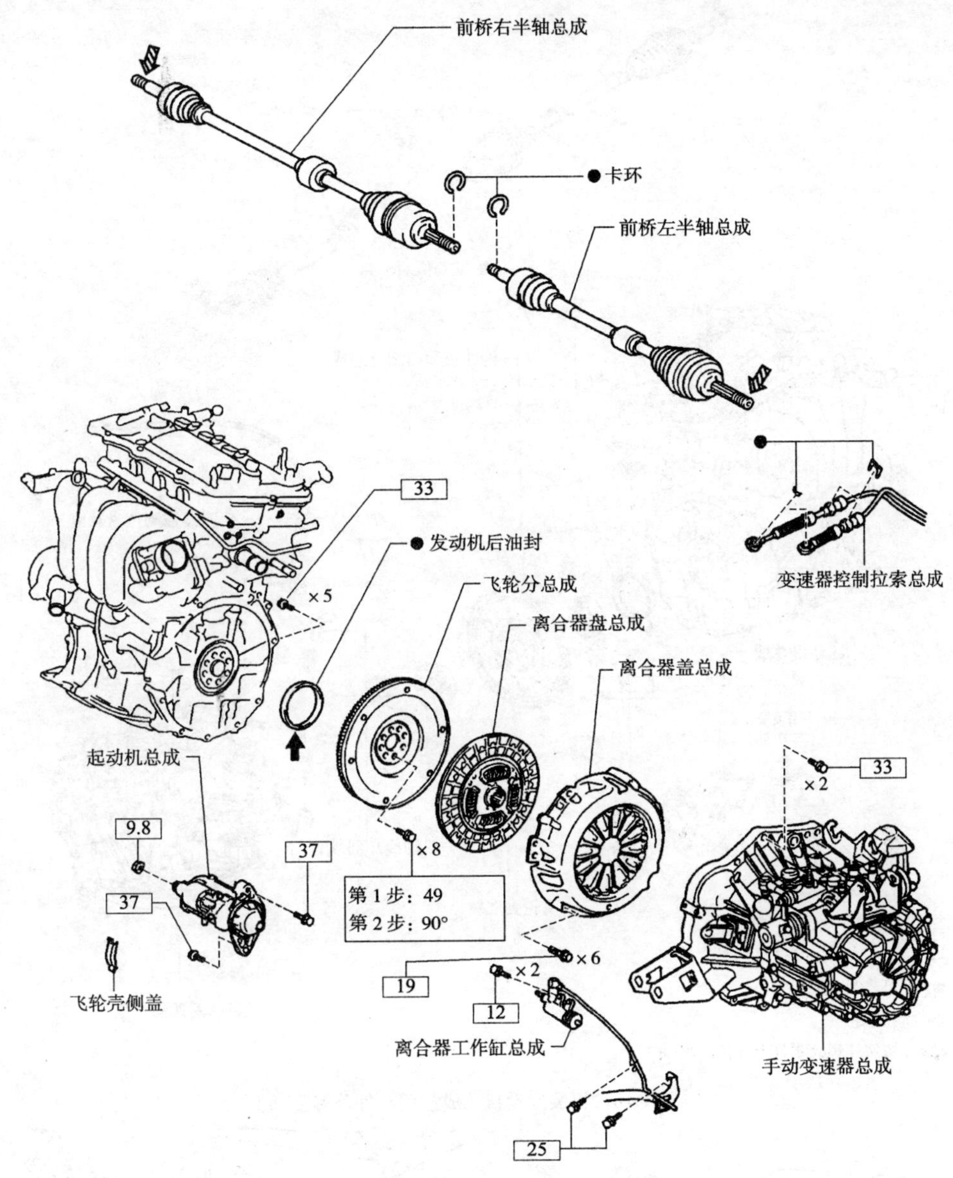

N·m ：规定的拧紧力矩

●：不可重复使用零件

⬅：润滑脂

⇐：切勿在螺纹零件上涂抹润滑油

图1-17 拆装发动机总成相关部件分解图(7)

U340E 自动变速器车型：

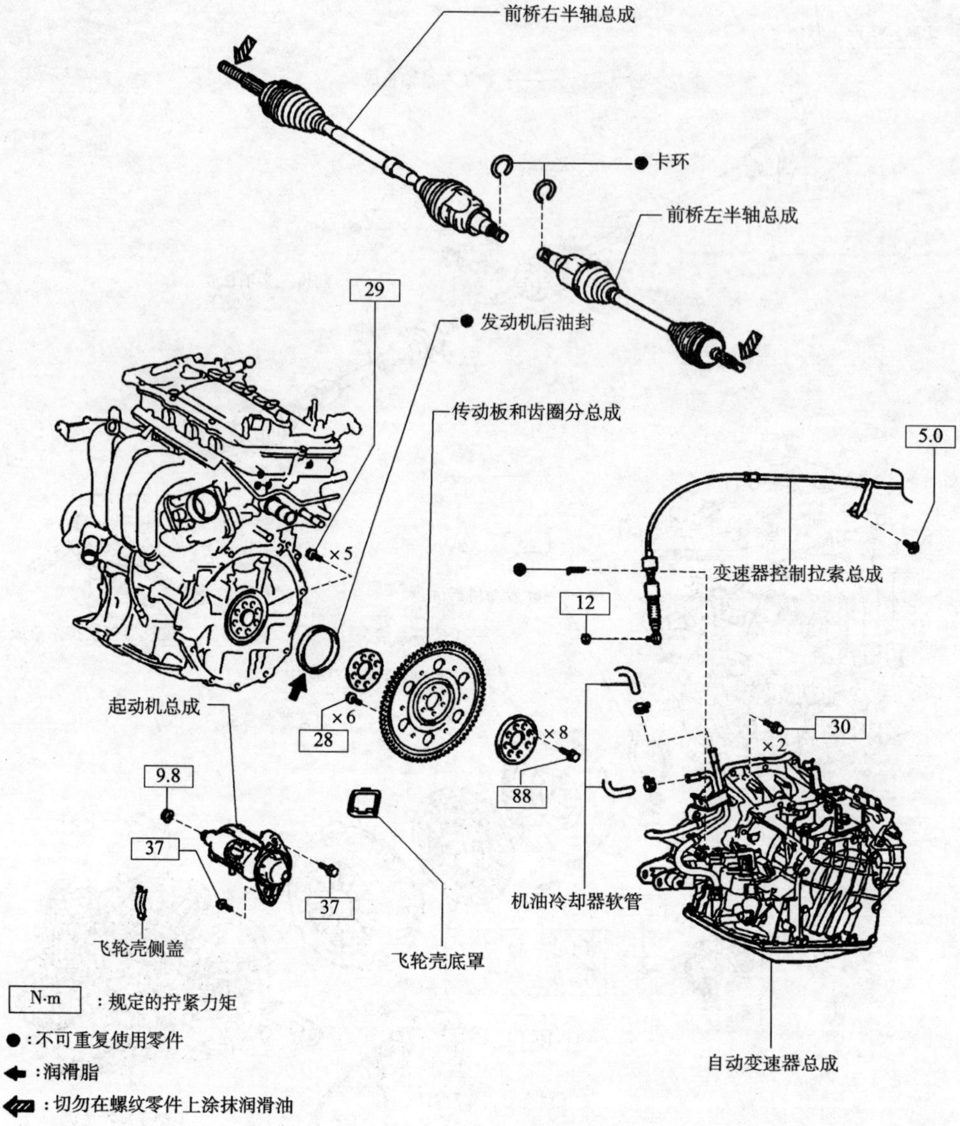

前桥右半轴总成
卡环
前桥左半轴总成
29
发动机后油封
传动板和齿圈分总成
5.0
×5
变速器控制拉索总成
12
起动机总成
×6
28
×8
88
30
×2
9.8
37
37
机油冷却器软管
飞轮壳侧盖
飞轮壳底罩
N·m ：规定的拧紧力矩
●：不可重复使用零件
：润滑脂
：切勿在螺纹零件上涂抹润滑油
自动变速器总成

图 1-18　拆装发动机总成相关部件分解图(8)

换入空挡
(手动变速器)
换入 P 挡
(自动变速器)

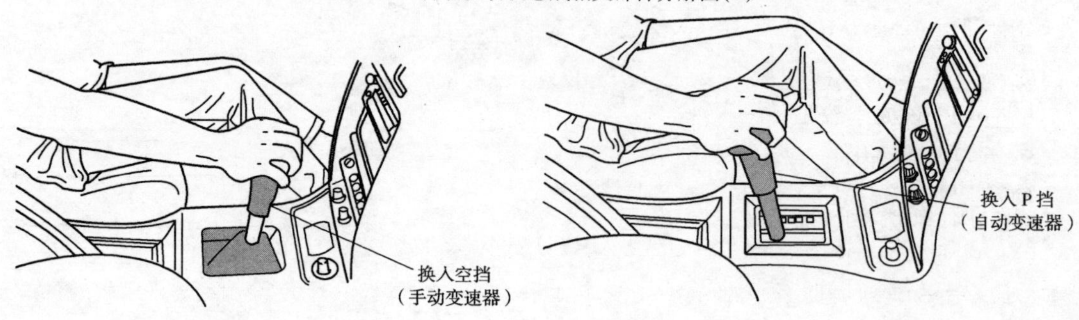

图 1-19　换入空挡

③如图 1-21 所示,从燃油泵总成上断开连接器。

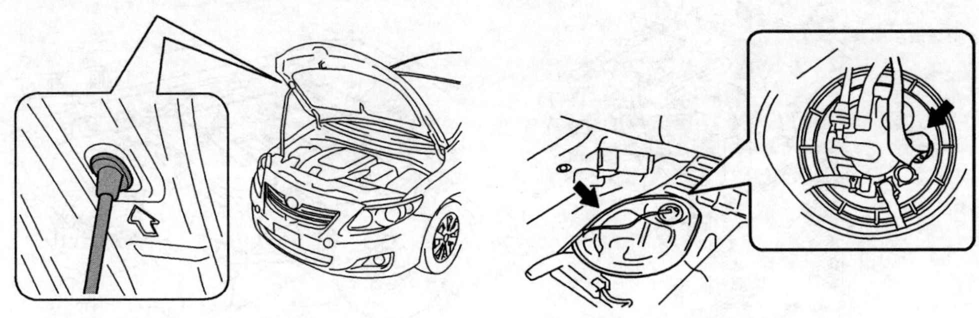

图 1-20　支撑发动机舱盖　　图 1-21　发动机总成的拆卸(1)

④起动发动机。在发动机自然停止后,将点火开关置于"OFF"位置。注意:在等待发动机自然停止时,不要提高发动机转速或行驶车辆。

⑤再次起动发动机,确认发动机不能起动。

⑥拆下燃油箱盖并释放燃油箱中的压力。

⑦从蓄电池负极端子上断开电缆。

⑧连接燃油泵总成连接器。

(2)定位前轮,使其面向正前位置。

(3)拆卸前轮。

(4)拆卸发动机后部左侧底罩。

(5)拆卸发动机后部右侧底罩。

(6)拆卸发动机 1 号底罩。

(7)拆卸发动机 2 号底罩。

(8)排空发动机冷却液。

①如图 1-22 所示,松开散热器放水螺塞。注意:将冷却液收集到容器中,根据所在地区的法规进行报废处理。

②拆下散热器储液罐盖。注意:在发动机和散热器还没有冷却下来时,不要拆下散热器储液罐盖。加压的发动机冷却液和蒸汽可能会释放出来并导致严重烫伤。

③松开汽缸体放水螺塞,放出冷却液。注意:螺塞在排气歧管侧的发电机后面。

(9)排空手动变速器油(手动变速器车型)。

①拆下注油螺塞和衬垫。

②拆下放油螺塞和衬垫,排净手动变速器油。

(10)排空自动变速器油(自动变速器车型)。

①拆下放油螺塞和衬垫,并排空自动变速器油(ATF)。

②安装衬垫和放油螺塞,拧紧力矩:49N·m。

(11)拆卸散热器上空气导流板。

(12)拆卸 2 号汽缸盖罩。如图 1-23 所示,握住罩的后端并提起,以脱开罩后端的 2 个卡子。继续提起罩,以脱开罩前端的 2 个卡子并拆下罩。注意:同时脱开前后卡子可能会使组盖破裂。

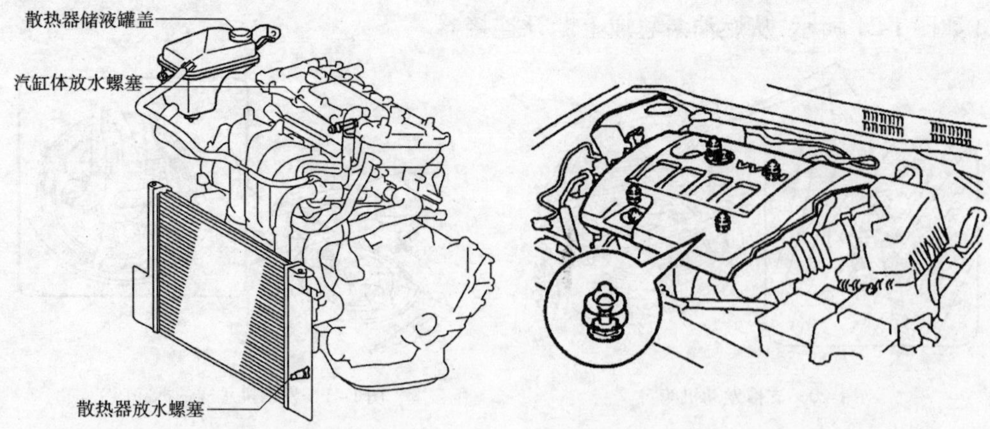

图 1-22　发动机总成的拆卸(2)　　图 1-23　发动机总成的拆卸(3)

(13)拆卸空气滤清器盖分总成。

①如图 1-24 所示,断开质量空气流量计连接器,断开 2 个卡夹。

②如图 1-25 所示,断开箍带和通风软管,并拆下空气滤清器盖分总成。

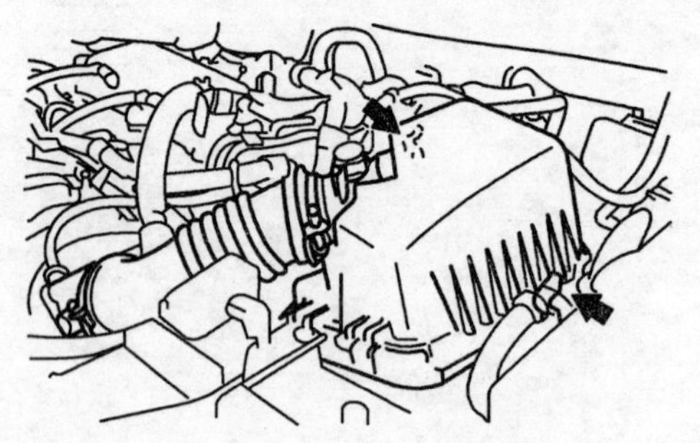

图 1-24　发动机总成的拆卸(4)

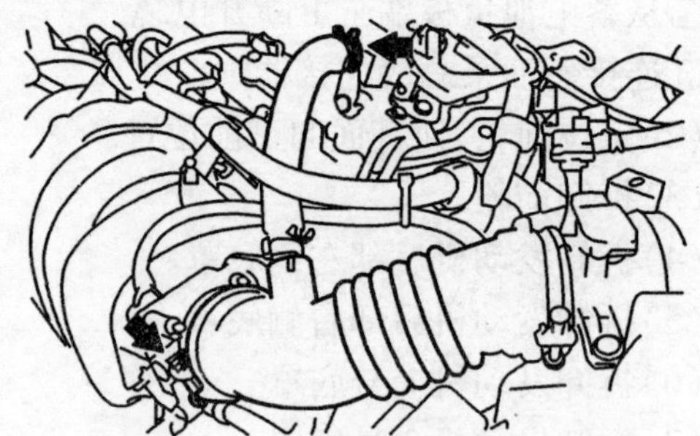

图 1-25　发动机总成的拆卸(5)

(14)拆卸空气滤清器壳。

①将空气滤清器滤芯从空气滤清器上分离。

②如图 1-26 所示,从空气滤清器壳上拆下 3 个螺栓。

(15)拆卸蓄电池。断开蓄电池端子。拆下螺栓并松开螺母。拆下蓄电池。注意:断开电缆时,重新连接电缆后需要对某些系统进行初始化。

(16)拆卸蓄电池托架。

①如图 1-27 所示,从蓄电池托架上分离 2 个线束卡夹。

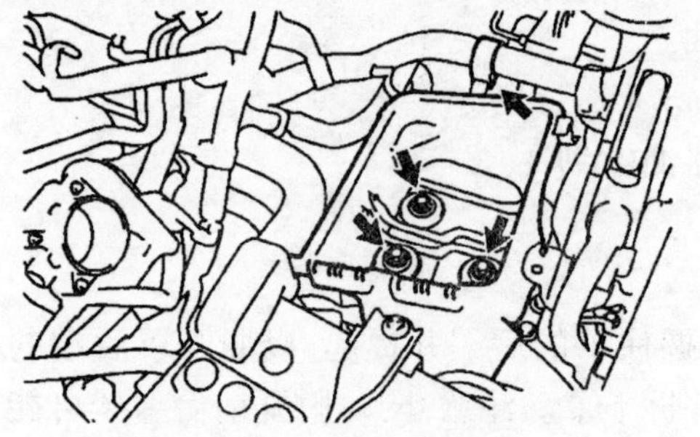

图 1-26　发动机总成的拆卸(6)

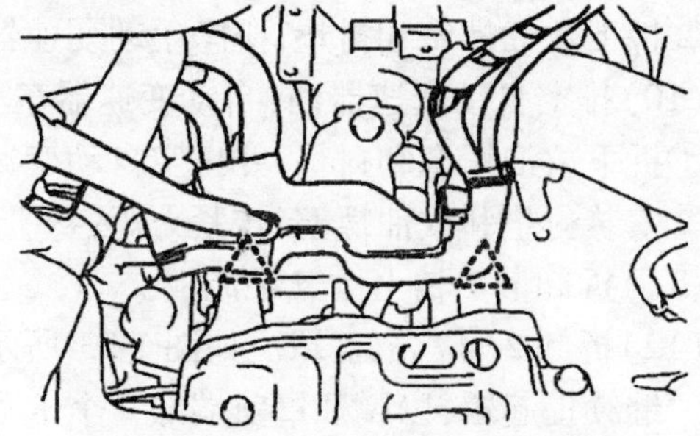

图 1-27　发动机总成的拆卸(7)

②如图 1-28 所示，拆下 2 个螺栓。

③从蓄电池托架上分离散热器管。

④拆下 4 个螺栓和蓄电池托架。

(17)分离散热器进水软管。如图 1-29 所示，将散热器进水软管从汽缸盖上分离。

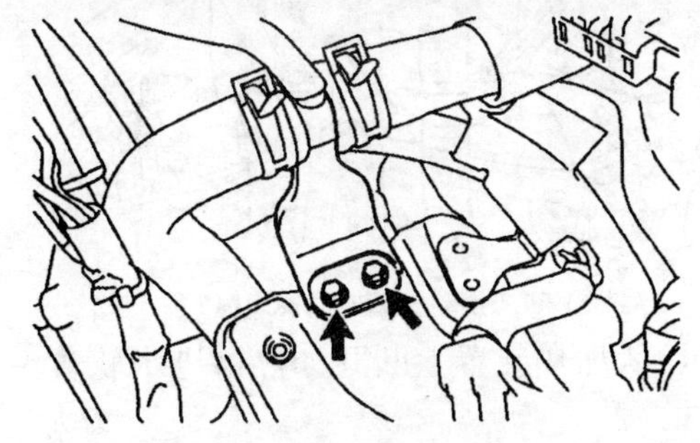

图 1-28　发动机总成的拆卸(8)

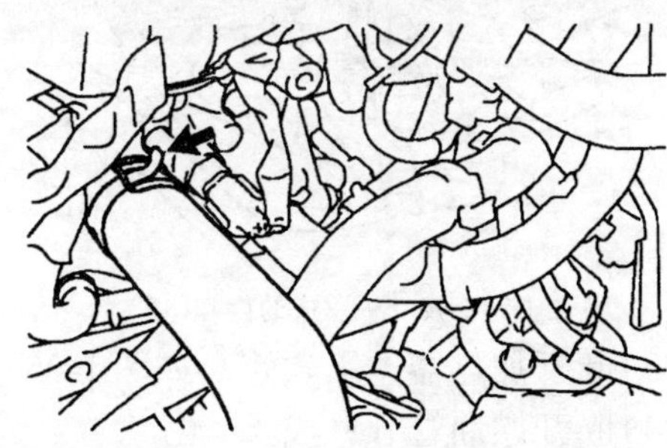

图 1-29　发动机总成的拆卸(9)

(18)分离散热器出水软管。如图 1-30 所示，将散热器出水软管从进水软管上分离。

(19)断开变速器控制拉索总成(手动变速器车型)。如图 1-31 所示，拆下 2 个卡子，并从手动变速器上断开 2 条拉索。拆下 2 个卡子，并从控制拉索支架上断开 2 条拉索。

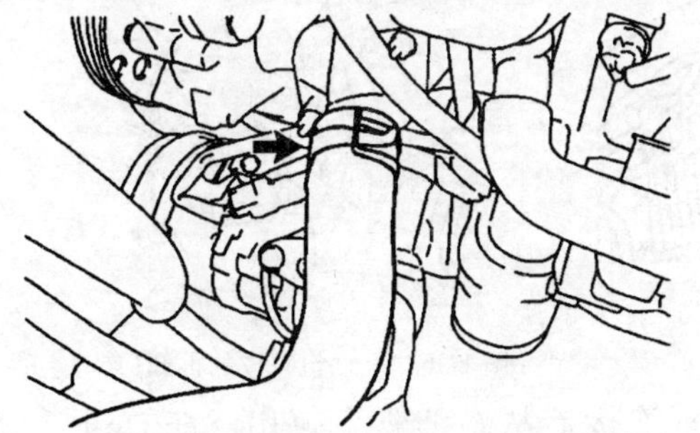

图 1-30　发动机总成的拆卸(10)

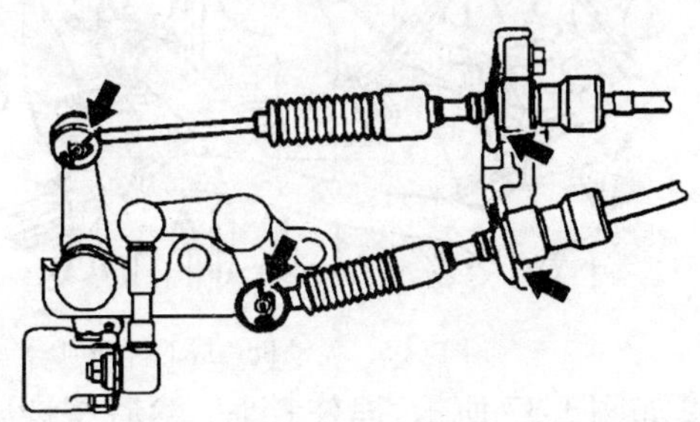

图 1-31　发动机总成的拆卸(11)

(20)断开变速器控制拉索总成(自动变速器车型)。如图 1-32 所示，从控制拉索支架上断开控制拉索。拆下螺母，并将控制拉索从控制杆上断开。拆下卡子并从控制拉索支架上断开控制拉索。拆下螺栓，并断开控制拉索的卡夹。

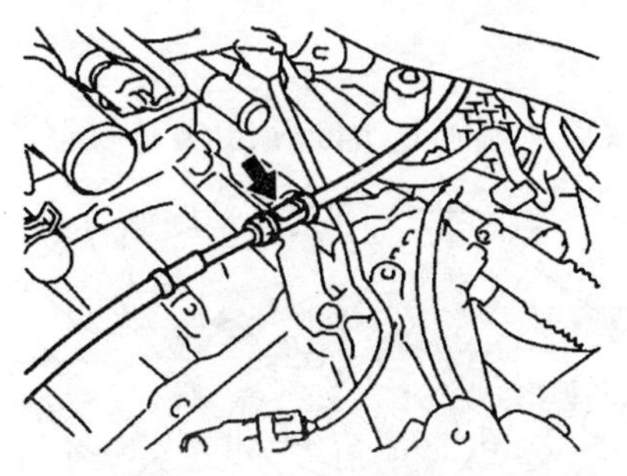

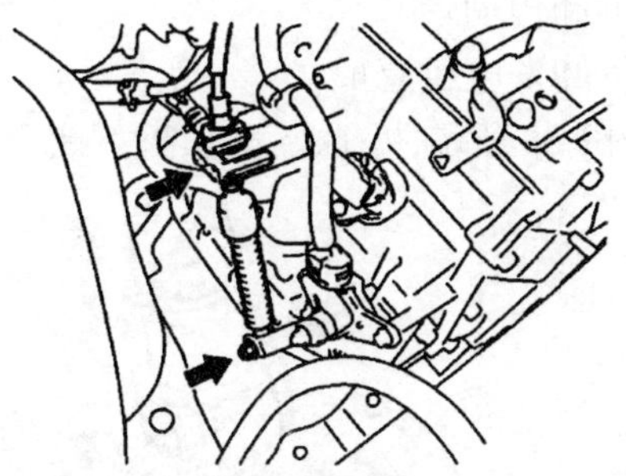

图 1-32　发动机总成的拆卸(12)

(21)断开机油冷却器软管(自动变速器车型)。如图 1-33 所示，从自动变速器上断开 2 个机油冷却器软管。

（22）断开加热器出水软管。如图 1-34 所示，从加热装置上断开加热器出水软管。

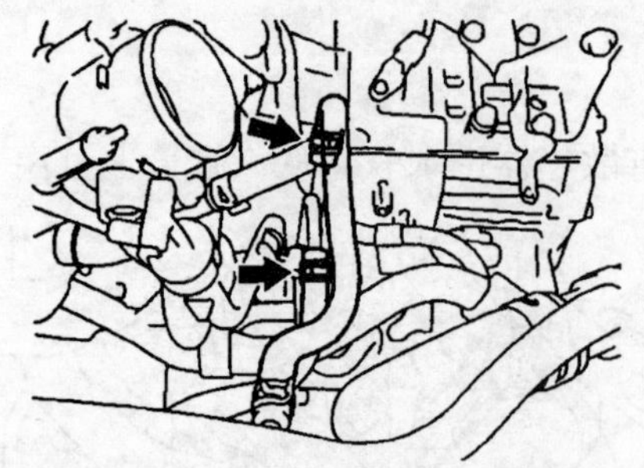

图 1-33　发动机总成的拆卸(13)

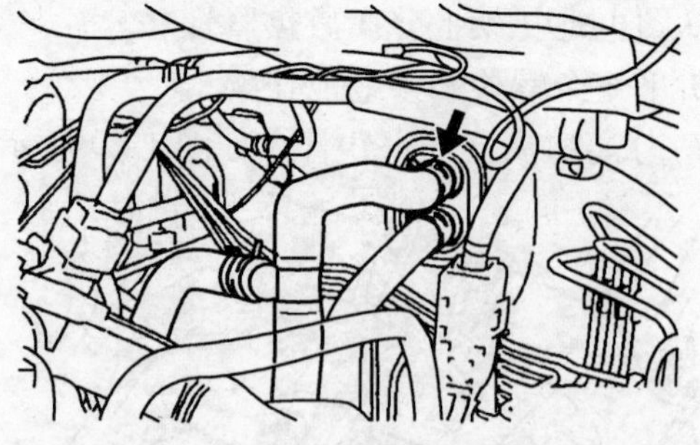

图 1-34　发动机总成的拆卸(14)

（23）断开加热器进水软管。如图 1-35 所示，从加热装置上断开加热器进水软管。

（24）断开燃油管分总成。

①如图 1-36 所示，松开卡爪并拆下 1 号燃油管卡夹。

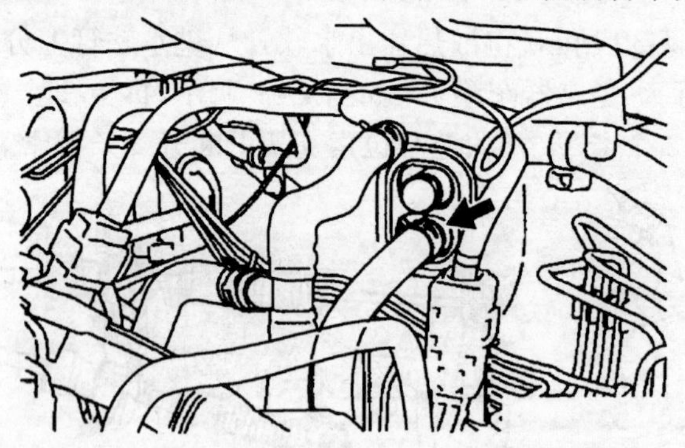

图 1-35　发动机总成的拆卸(15)

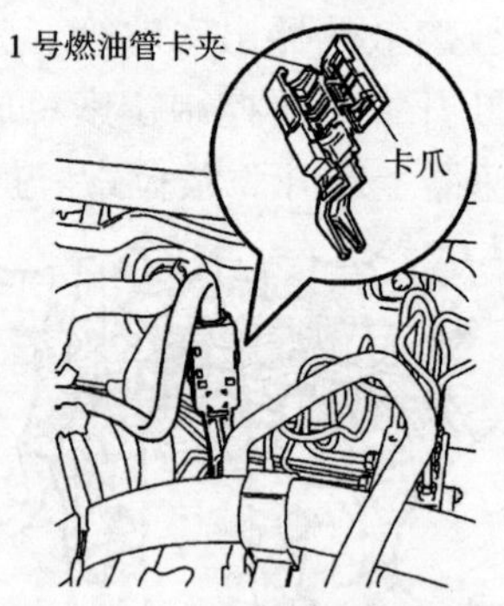

图 1-36　发动机总成的拆卸(16)

②如图 1-37 所示，捏住挡片，然后将燃油管连接器从燃油管上拉出。注意：进行操作前，清除燃油管连接器上的污垢和异物。由于燃油管连接器有用以密封油管的 O 形圈，所以在断开时不要刮伤零件或让任何异物进入。用手进行该操作，不要使用任何工具，不要用力使软管弯曲、打结或扭曲。断开燃油管后，用塑料袋盖上断开连接的零件以对其进行保护。如果燃油管连接器和油管粘在一起，推拉使其松开。

（25）拆卸传动带。

（26）拆卸发电机总成。

①如图 1-38 所示，拆下端子盖，拆下螺母并将线束从端子 B 上断开，断开连接器和线束卡夹。

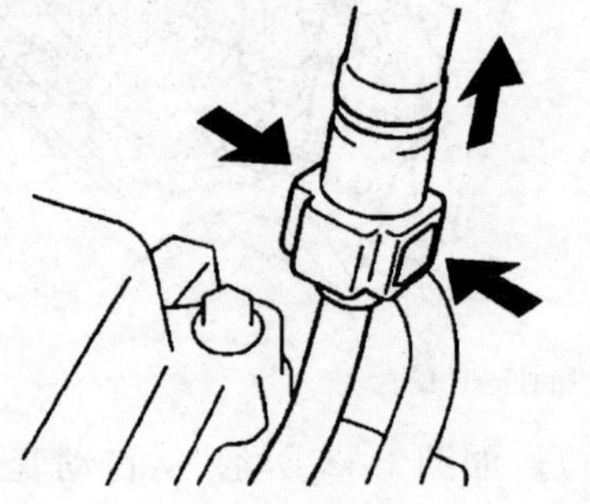

图 1-37　发动机总成的拆卸(17)

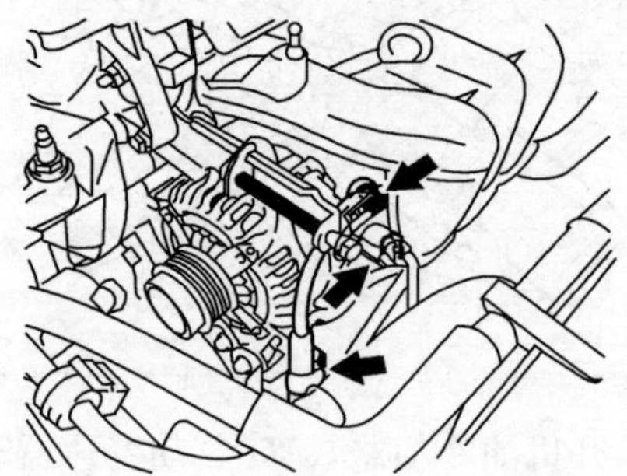

图 1-38　发动机总成的拆卸(18)

②如图 1-39 所示，拆下 2 个螺栓和发电机总成。

③如图 1-40 所示，拆下螺栓和线束卡夹支架。

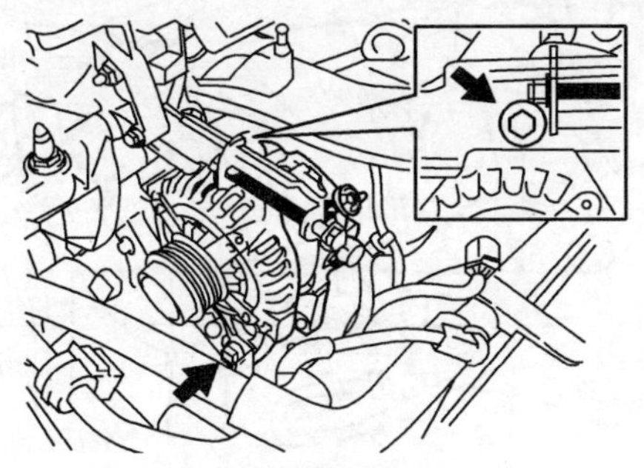
图 1-39　发动机总成的拆卸(19)

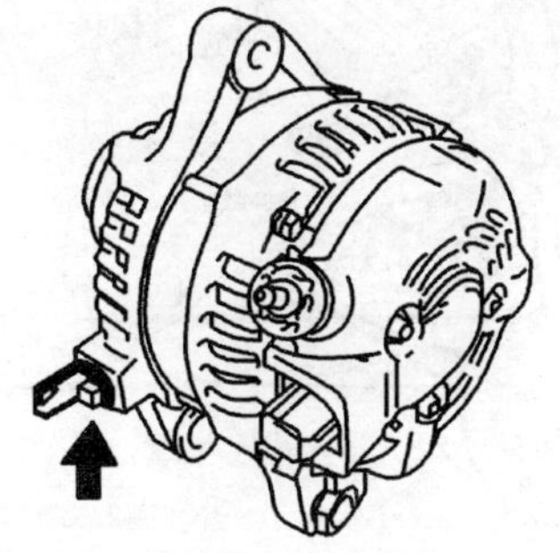
图 1-40　发动机总成的拆卸(20)

(27)分离带传动带轮的压缩机总成。

①断开连接器。

②如图 1-41 所示，拆下 2 个螺栓和 2 个螺母。

③如图 1-42 所示，用"TORX"套筒扳手(E8)拆下 2 个双头螺栓和带传动带轮的压缩机总成。注意：将压缩机和软管移至一旁，以避免空调系统排放。

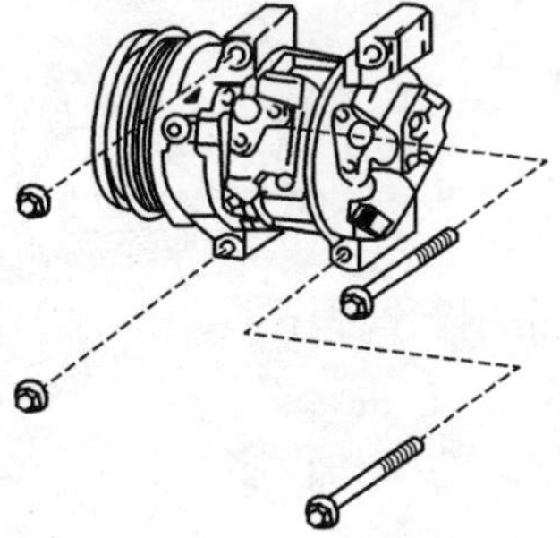
图 1-41　发动机总成的拆卸(21)

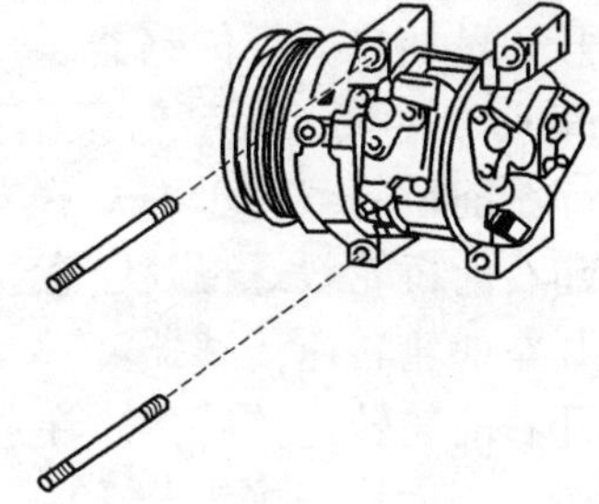
图 1-42　发动机总成的拆卸(22)

(28)分离离合器工作缸总成(手动变速器车型)。如图 1-43 所示，拆下 5 个螺栓和离合器管支架，并分离离合器工作缸总成。

(29)断开线束。

①如图 1-44 所示，将杆向上拉，并断开发动机控制计算机的连接器。

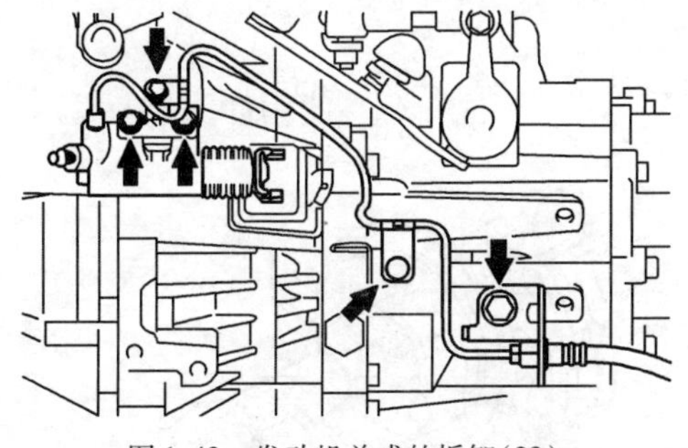
图 1-43　发动机总成的拆卸(23)

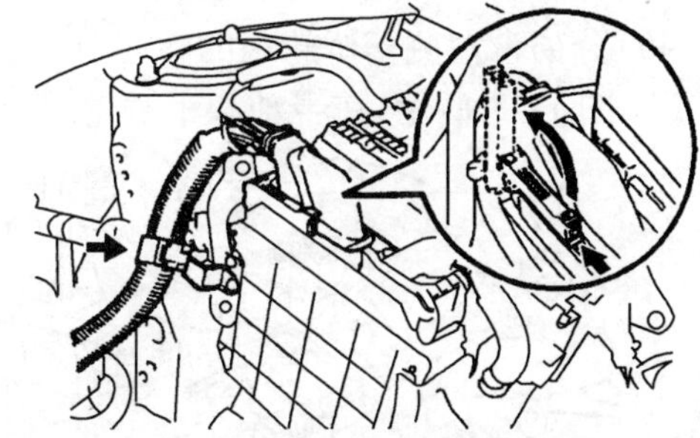
图 1-44　发动机总成的拆卸(24)

②如图 1-45 所示，拆下 2 个螺母，将连接器和 2 个卡夹从发动机舱接线盒上拆下，并断开线束。

③如图 1-46 所示,拆下螺栓和卡夹(手动变速器车型)。

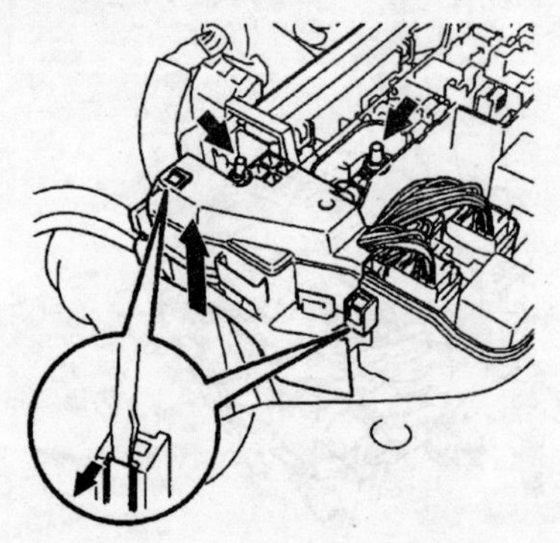

图 1-45　发动机总成的拆卸(25)

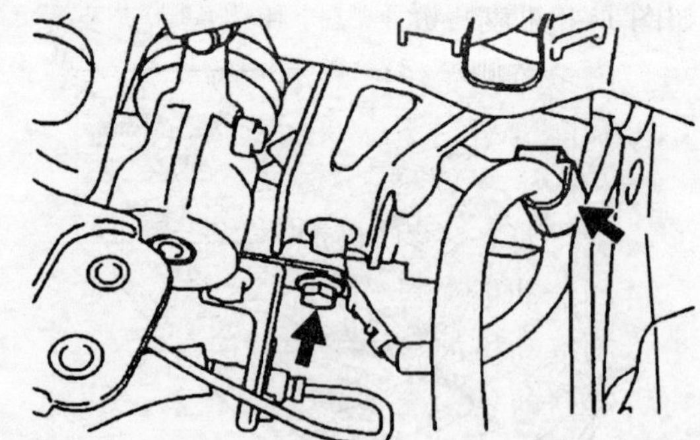

图 1-46　发动机总成的拆卸(26)

④如图 1-47 所示,拆下螺栓和卡夹(自动变速器车型)。

⑤断开所有线束和连接器,确保车身和发动机之间没有连接任何线束。

(30)固定转向盘。

(31)拆卸转向柱孔盖消声板。

(32)分离 2 号转向中间轴总成。

(33)断开 1 号转向柱孔盖分总成。

(34)断开 2 号加热型氧传感器。

(35)拆卸前排气管总成。

(36)拆卸左前桥轮毂螺母。

(37)拆卸右前桥轮毂螺母。注意:与左侧执行相同的操作程序。

(38)断开左前轮转速传感器。

(39)断开右前轮转速传感器。注意:与左侧执行相同的操作程序。

(40)分离左侧横拉杆接头分总成。

(41)分离右侧横拉杆接头分总成。注意:与左侧执行相同的操作程序。

(42)分离左前稳定杆连杆总成。

(43)分离右前稳定杆连杆总成。注意:与左侧执行相同的操作程序。

(44)分离左前下悬架臂。

(45)分离右前下悬架臂。注意:与左侧执行相同的操作程序。

(46)分离带左侧车桥轮毂的转向节。

①如图 1-48 所示,在半轴和车桥轮毂上做装配标记。注意:不要使用冲头做标记。

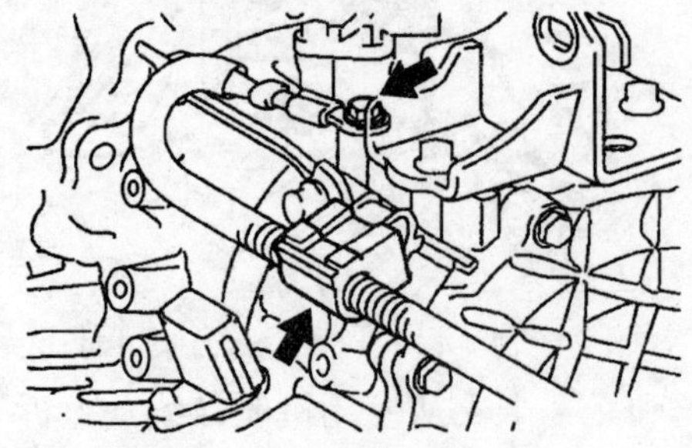

图 1-47　发动机总成的拆卸(27)

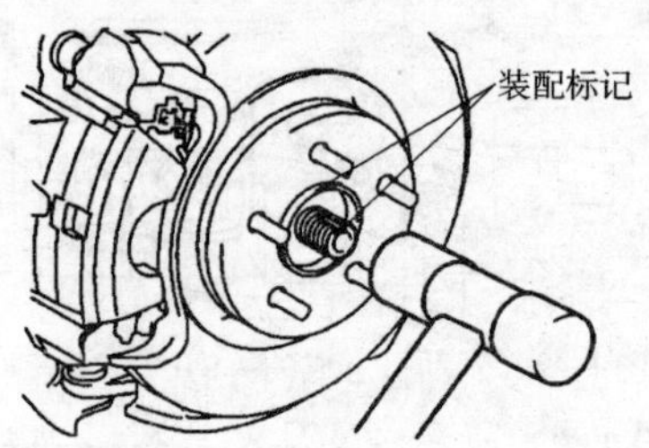

图 1-48　发动机总成的拆卸(28)

②使用塑料锤,断开左前桥总成。注意:不要损坏防尘套和转速传感器转子。不要将半轴从车桥总成上过度推出。

(47)分离带右侧车桥轮毂的转向节。注意:与左侧执行相同的操作程序。

(48)拆卸前桥左半轴总成。

(49)拆卸前桥右半轴总成。

(50)拆卸飞轮壳底罩(自动变速器车型)。

(51)拆卸传动板和变矩器固定螺栓(自动变速器车型)。

(52)拆卸发动机前悬架支架下加强件。

(53)拆卸左前悬架横梁加强件。

(54)拆卸右前悬架横梁加强件。

(55)拆卸左前悬架横梁后支架。

(56)拆卸右前悬架横梁后支架。注意:与左侧执行相同的操作程序。

(57)拆卸前悬架横梁分总成。

(58)拆卸前悬架横梁。

①如图 1-49 所示,拆下螺栓和螺母。

②将发动机前悬架隔振垫从发动机前悬架支架上拆下。

③如图 1-50 所示,拆下 4 个螺栓和前悬架横梁。

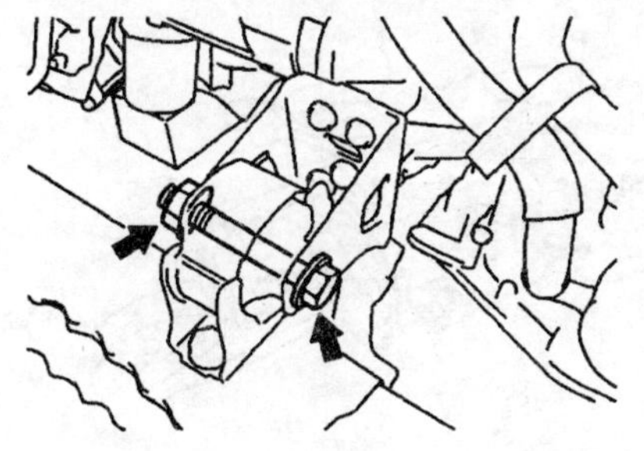

图 1-49　发动机总成的拆卸(29)

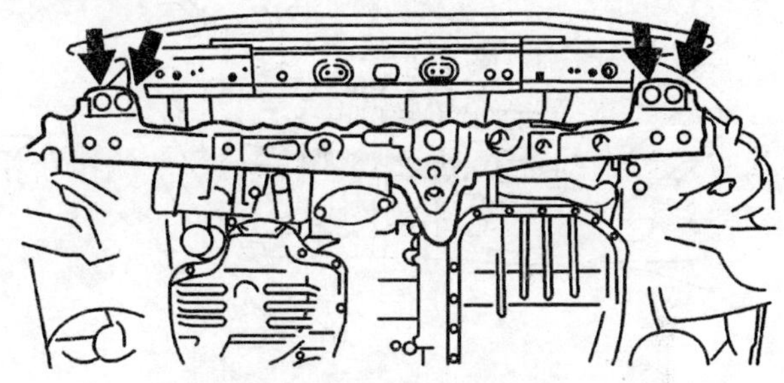

图 1-50　发动机总成的拆卸(30)

(59)拆卸带变速器的发动机总成。

①如图 1-51 所示,固定发动机升降机。注意:将发动机放置在木块或同等品上,使发动机水平放置。

②如图 1-52 所示,拆下 2 个螺栓和螺母,分离发动机右侧悬架隔振垫。

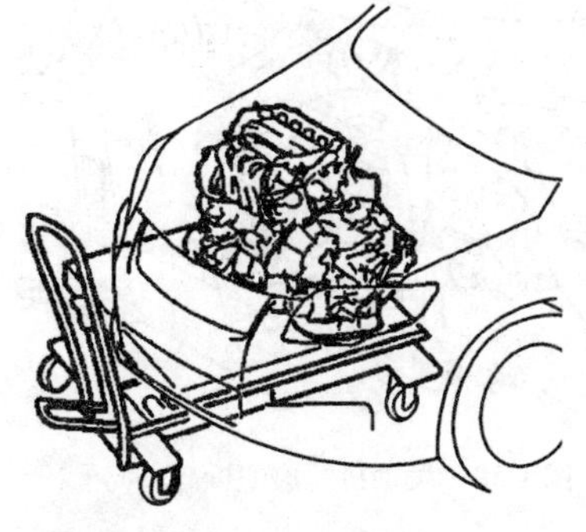

图 1-51　发动机总成的拆卸(31)

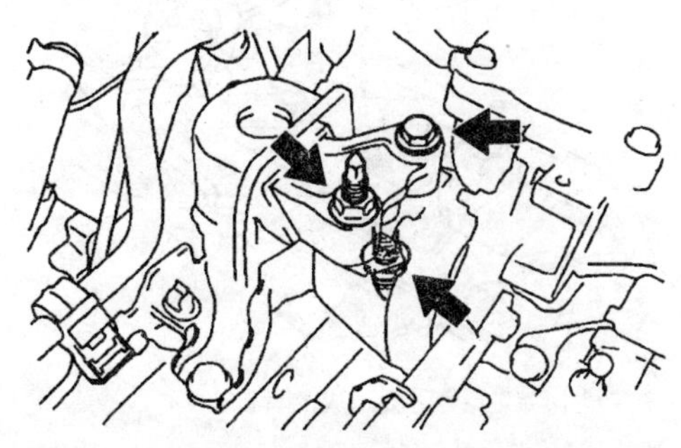

图 1-52　发动机总成的拆卸(32)

③如图 1-53 所示,拆下螺栓和螺母,分离发动机左侧悬架隔振垫。小心地将带变速器的发动机从车辆上拆下。

(60)拆卸发动机前悬架隔振垫。如图 1-54 所示,拆下 2 个螺栓和发动机前悬架隔振垫。注意:仅在发动机悬架隔振垫需要更换时执行该程序。

图 1-53　发动机总成的拆卸(33)

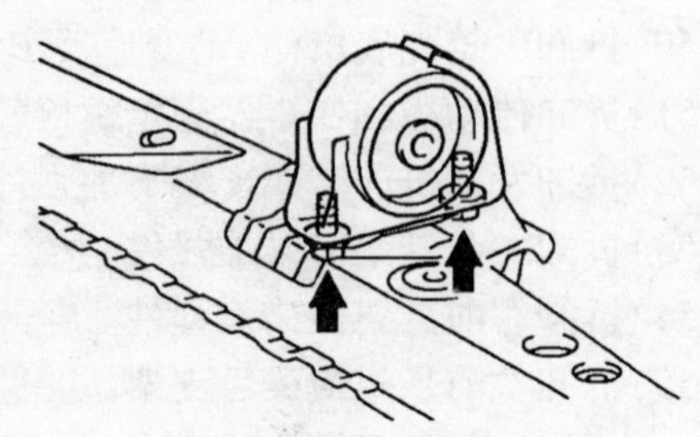

图 1-54　发动机总成的拆卸(34)

(61)拆卸发动机后悬架隔振垫。如图 1-55 所示,拆下螺栓和螺母,分离发动机后侧悬架隔振垫。

(62)拆卸发动机左侧悬架隔振垫。如图 1-56 所示,拆下 4 个螺栓和发动机左侧悬架隔振垫。注意:仅在发动机悬架隔振垫需要更换时执行该程序。

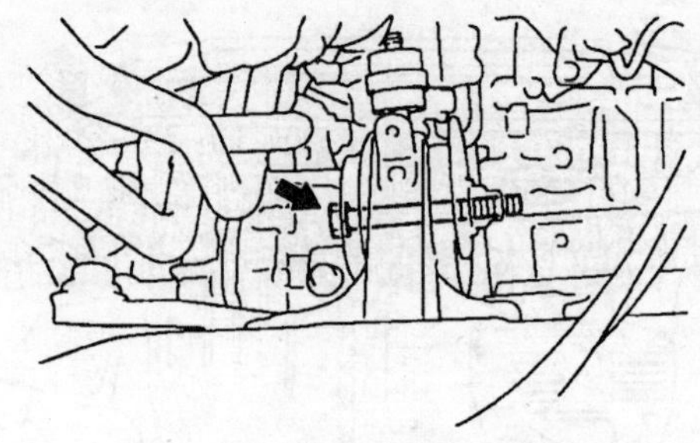

图 1-55　发动机总成的拆卸(35)

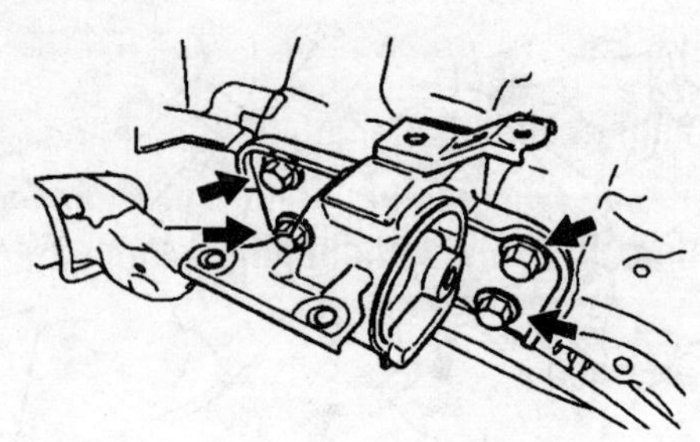

图 1-56　发动机总成的拆卸(36)

(63)拆卸发动机右侧悬架隔振垫。

①如图 1-57 所示,拆下螺栓和螺母,并分离空调支架。

②如图 1-58 所示,拆下 3 个螺栓和发动机右侧悬架隔振垫。注意:仅在发动机悬架隔振垫需要更换时执行该程序。

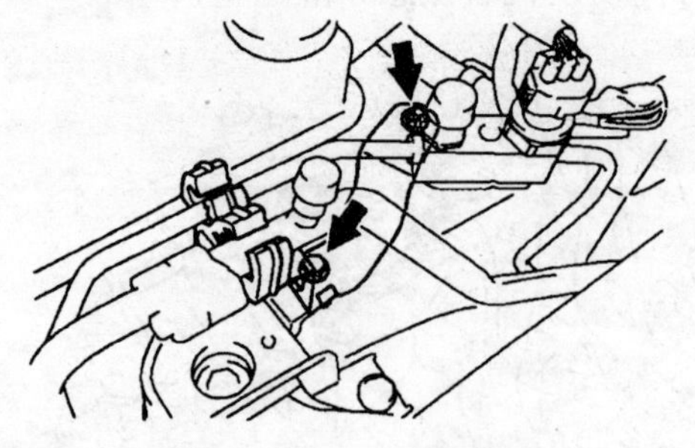

图 1-57　发动机总成的拆卸(37)

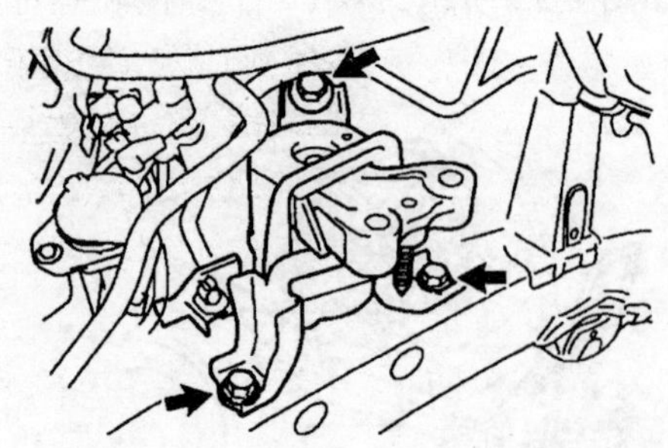

图 1-58　发动机总成的拆卸(38)

(64)安装发动机吊架。

①拆下质量空气流量计支架。

②如图 1-59 所示，用 2 个螺栓安装 2 个发动机吊架，拧紧力矩：43N · m。注意：1 号发动机吊架零件号为 12281-37020，2 号发动机吊架零件号为 12282-37010，螺栓零件号为 91552-81050。

(65)拆卸飞轮壳侧盖。

(66)拆卸起动机总成。如图 1-60 所示，分离 2 个线束卡夹，拆下螺栓和线束支架，拆下端子盖，拆下螺母并断开端子 30。断开连接器，拆下 2 个螺栓并拆下起动机总成。

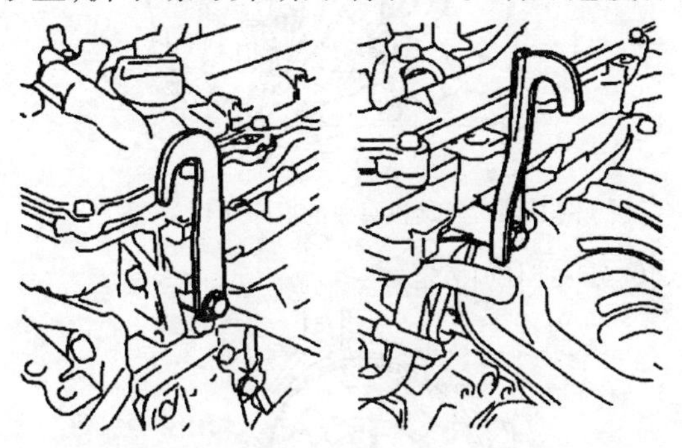

图 1-59　发动机总成的拆卸(39)

图 1-60　发动机总成的拆卸(40)

(67)拆卸手动变速器总成（手动变速器车型）。如图 1-61 所示，拆下 7 个螺栓和手动变速器总成。

(68)拆卸自动变速器总成（自动变速器车型）。如图 1-62 所示，拆下 7 个螺栓，从发动机上拆下自动变速器总成。

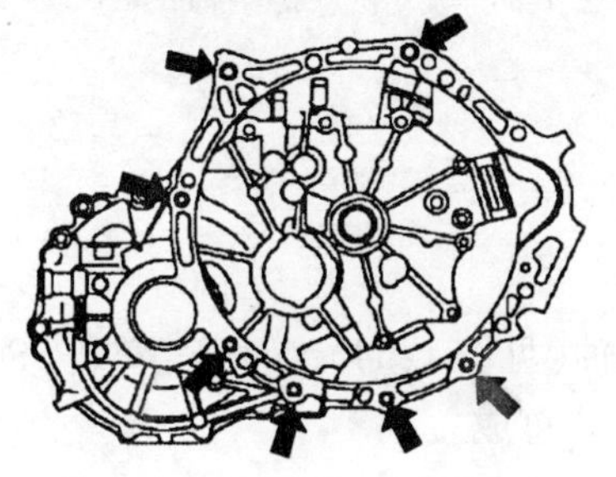

图 1-61　发动机总成的拆卸(41)

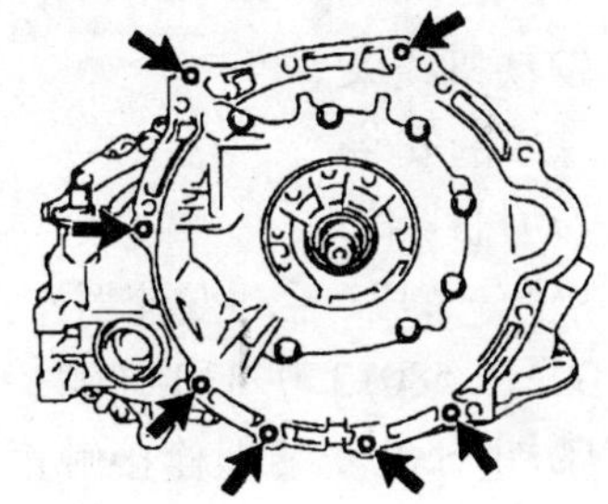

图 1-62　发动机总成的拆卸(42)

(69)拆卸离合器盖总成（手动变速器车型）。如图 1-63 所示，在离合器盖总成和飞轮分总成上做好装配标记。每次将各固定螺栓拧松一圈，直至弹簧张力被完全释放。拆下固定螺栓并拉下离合器盖。

(70)拆卸离合器盘总成（手动变速器车型）。

(71)拆卸飞轮分总成（手动变速器车型）。

①如图 1-64 所示，用 SST09213-58013、09330-00021 固定住曲轴。注意：安装 SST 时要检查其安装位置，以防止 SST 安装螺栓接触正时链条盖分总成。

②如图 1-65 所示，拆下 8 个螺栓和飞轮。

(72)拆卸传动板和齿圈分总成（自动变速器车型）。

①用 SST09213-58013、09330-00021 固定住曲轴（见图 1-64）。注意：安装 SST 时要检查

其安装位置,以防止 SST 安装螺栓接触正时链条盖分总成。

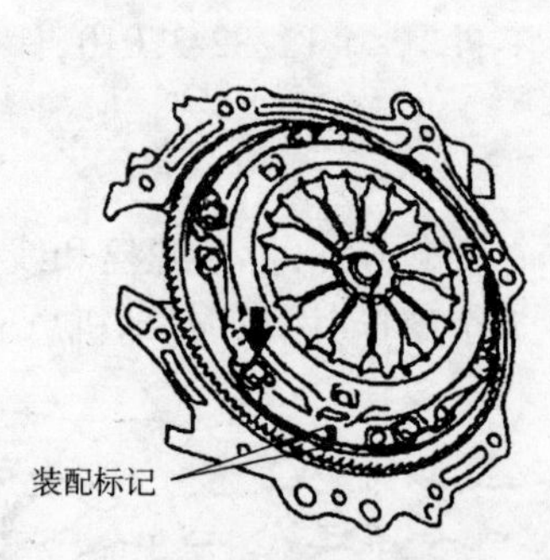

图 1-63　发动机总成的拆卸(43)

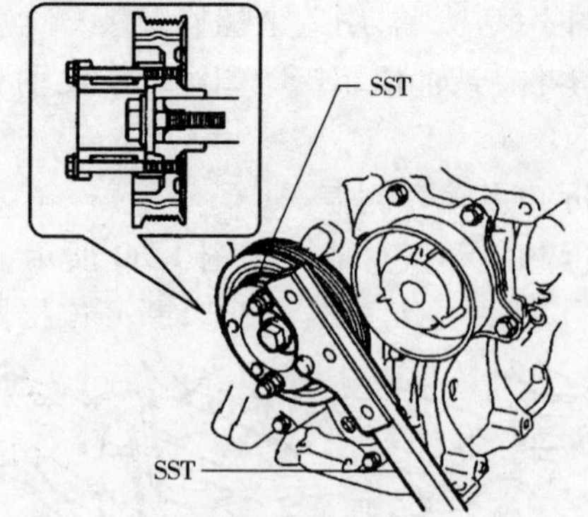

图 1-64　发动机总成的拆卸(44)

②如图 1-66 所示,拆下 8 个螺栓、后隔垫、传动板和前隔垫。

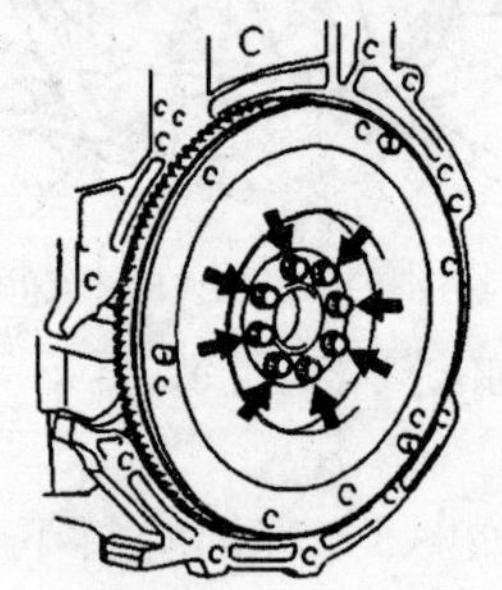
图 1-65　发动机总成的拆卸(45)

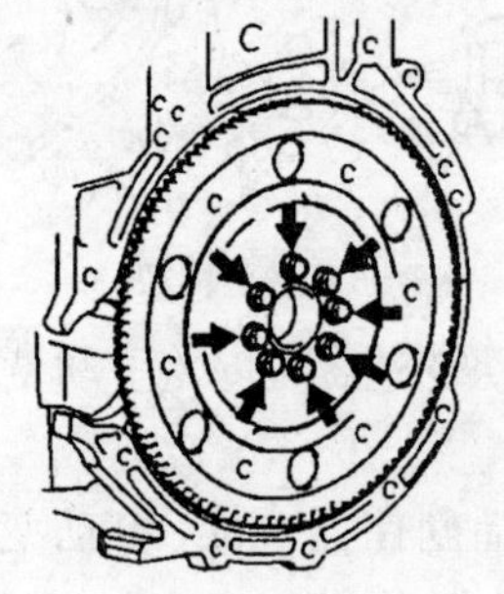
图 1-66　发动机总成的拆卸(46)

(73)拆卸发动机线束。

2)发动机总成的安装

(1)安装发动机线束。

(2)安装飞轮分总成(手动变速器车型)。

①用 SST 09213-58013、09330-00021 固定住曲轴(见图 1-64)。注意:安装 SST 时要检查其安装位置,以防止 SST 安装螺栓接触正时链条盖分总成。

②如图 1-67 所示,在新螺栓的2 个或3 个螺纹上涂抹黏合剂。黏合剂:丰田原厂黏合剂 1324、Three Bond 1324 或同等产品。

③按图 1-68 所示顺序,分几个步骤,均匀地安装和紧固 8 个螺栓。拧紧力矩:49N · m。

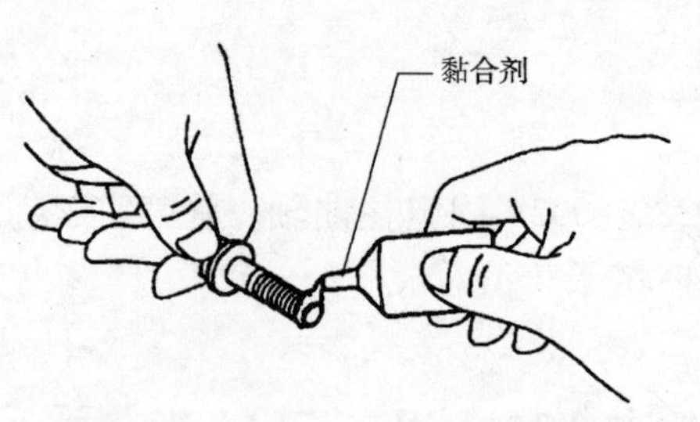

图 1-67　发动机总成的安装(1)

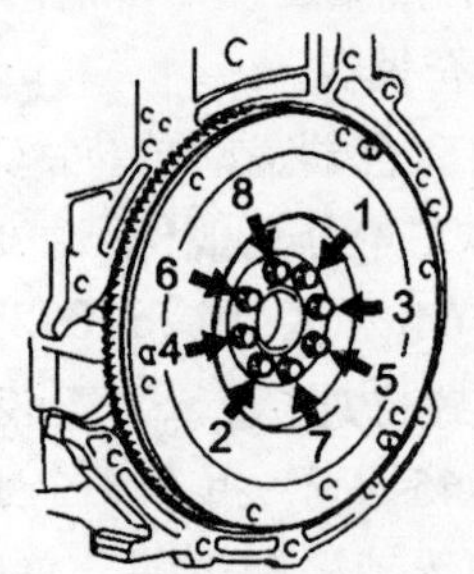

图 1-68　发动机总成的安装(2)

④如图 1-69 所示，用油漆在螺栓前端做标记。

⑤按相同顺序，将 8 个螺栓再紧固 90°。

⑥检查并确认油漆标记，现在与前端成 90°。

⑦检查并确认曲轴转动顺畅。

(3)安装传动板和齿圈分总成(自动变速器车型)。

①用 SST 09213-58013、09330-00021 固定住曲轴(见图 1-64)。注意：安装 SST 时要检查其安装位置，以防止 SST 安装螺栓接触正时链条盖分总成。

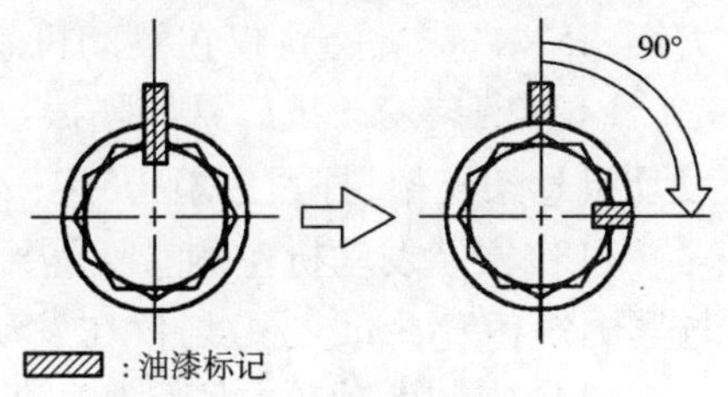

图 1-69　发动机总成的安装(3)

②清洁螺栓和螺栓孔。

③在螺栓末端的 2 个或 3 个螺纹上涂上黏合剂。黏合剂：丰田原厂黏合剂 1324、Three Bond 1324 或同等产品。

④用 8 个螺栓安装前隔垫、传动板和后隔垫。均匀地紧固 8 个螺栓(见图 1-66)，拧紧力矩：88N · m。

(4)安装离合器盘总成(手动变速器车型)。如图 1-70 所示，用 SST 09301-00110 插入离合器盘总成，然后将它们一起插入飞轮分总成。注意：按正确方向插入离合器盘总成。

(5)安装离合器盖总成(手动变速器车型)。将离合器盖总成上的装配标记和飞轮分总成上的装配标记对准。按照图 1-71 所示的步骤，从位于顶部锁销附近的螺栓开始，按顺序拧紧 6 个螺栓，拧紧力矩：19N · m。注意：按照图 1-71 所示的顺序，每次均匀拧紧一个螺栓。检查并确认离合器盘位于中心位置后，上下左右轻微地移动 SST 09301-00110，然后拧紧螺栓。

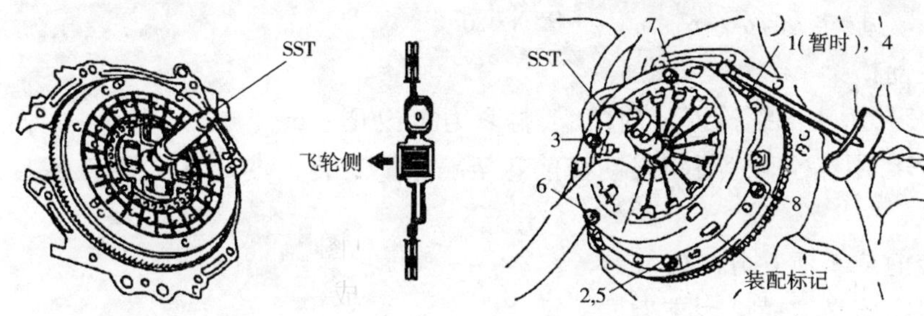

图 1-70　发动机总成的安装(4)　　图 1-71　发动机总成的安装(5)

(6)检查并调整离合器盖总成(手动变速器车型)。

(7)安装手动变速器总成(手动变速器车型)。使输入轴和离合器盘对齐，并将手动变速器安装至发动机。见图 1-61，安装 7 个螺栓，拧紧力矩：33N · m。

(8)安装自动变速器总成(自动变速器车型)。见图 1-62，用 7 个螺栓将自动变速器总成安装至发动机，拧紧力矩：30N · m。

(9)安装起动机总成。见图 1-60，用 2 个螺栓安装起动机总成，拧紧力矩：37N · m。连接连接器。用螺母连接端子 30，拧紧力矩：9.8N · m。合上端子盖。用螺栓安装线束支架，拧紧力矩：8.4N · m。安装 2 个线束卡夹。

(10)安装飞轮壳侧盖。

(11)安装前发动机悬架隔振垫。见图 1-54，用 2 个螺栓安装发动机前悬架隔振垫，拧紧力矩:95N·m。注意:仅在发动机悬架隔振垫需要更换时执行该程序。

(12)安装发动机后悬架隔振垫。见图1-55,用贯穿螺栓将发动机后悬架隔振垫安装至发动机悬架支架,拧紧力矩:95N·m。

(13)安装发动机左侧悬架隔振垫。见图1-56,用4个螺栓安装发动机左侧悬架隔振垫,拧紧力矩:95N·m。注意:仅在发动机悬架隔振垫需要更换时执行该程序。

(14)安装发动机右侧悬架隔振垫。

①见图1-58,用3个螺栓安装发动机右侧悬架隔振垫,拧紧力矩:95N·m。

②见图1-57,用螺栓和螺母将空调支架安装至发动机悬架隔振垫,拧紧力矩:9.8N·m。注意:仅在发动机悬架隔振垫需要更换时执行该程序。

(15)安装带变速器的发动机总成。

①将带变速器的发动机总成和前悬架横梁放置在发动机升降机上,见图1-51。

②操作发动机升降机,将带变速器的发动机总成和前悬架横梁举升至发动机左侧和右侧悬架隔振垫可以安装的位置。注意:不要使发动机举升过高。如果发动机举升过高,车辆也可能被举升。确保发动机上没有任何配线和软管。将发动机举升进入车辆时,不要使其接触车辆。

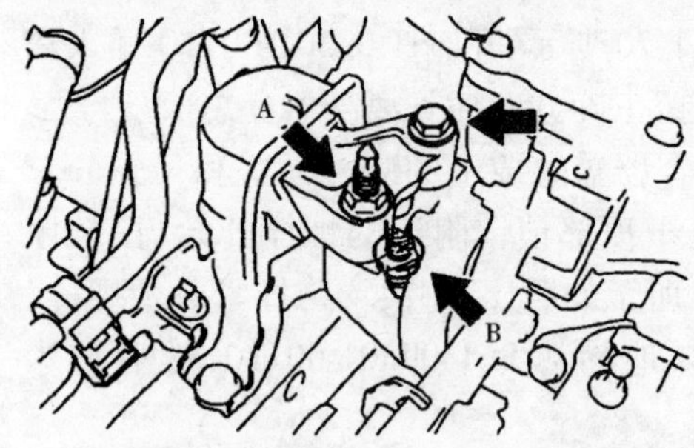

图1-72　发动机总成的安装(6)

③见图1-53,使用贯穿螺栓和螺母安装发动机左侧悬架隔振垫,拧紧力矩:56N·m。

④见图1-72,使用螺栓和2个螺母安装发动机右侧悬架隔振垫。螺母A的拧紧力矩:95N·m;螺母B的拧紧力矩:52N·m;螺栓的拧紧力矩:95N·m。

(16)安装前横梁。

①见图1-50,用4个螺栓安装前横梁,拧紧力矩:96N·m。

②见图1-51,用螺栓和螺母将发动机前悬架隔振垫安装至发动机前悬架支架,拧紧力矩:145N·m。

(17)安装前悬架横梁分总成。

(18)安装左前悬架横梁后支架。

(19)安装右前悬架横梁后支架。注意:与左侧执行相同的操作程序。

(20)安装左前悬架横梁加强件。

(21)安装右前悬架横梁加强件。

(22)安装发动机前悬架支架下加强件。

(23)安装传动板和变矩器固定螺栓(自动变速器车型)。

(24)安装飞轮壳底罩(自动变速器车型)。

(25)安装前桥左半轴总成。

(26)安装前桥右半轴总成。

(27)安装带左侧车桥轮毂的转向节。如图1-73所示,对准装配标记,并将前桥半轴总成连接至左前桥总成。

(28)安装带右侧车桥轮毂的转向节。注意:与左侧执行相同的操作程序。

（29）安装左前下悬架臂。

（30）安装右前下悬架臂。注意:与左侧执行相同的操作程序。

（31）安装左前稳定杆连杆总成。

（32）安装右前稳定杆连杆总成。注意:与左侧执行相同的操作程序。

（33）连接左侧横拉杆接头分总成。

（34）连接右侧横拉杆接头分总成。注意:与左侧执行相同的操作程序。

（35）安装左前轮转速传感器。

（36）安装右前轮转速传感器。注意:与左侧执行相同的操作程序。

（37）安装左前桥轮毂螺母。

（38）安装右前桥轮毂螺母。注意:与左侧执行相同的操作程序。

（39）安装前排气管总成。

（40）安装 2 号加热型氧传感器。

（41）安装 1 号转向柱孔盖分总成。

（42）安装 2 号转向中间轴总成。

（43）安装转向柱孔盖消声板。

（44）安装线束。

①见图 1-46,用螺栓和卡夹将搭铁线安装至发动机舱线束（手动变速器车型），拧紧力矩:13N · m。

②见图 1-47,用螺栓和卡夹将搭铁线安装至发动机舱线束（自动变速器车型），拧紧力矩:26N · m。

③如图 1-74 所示,用 2 个螺母安装线束,拧紧力矩:8.4N · m。将线束连接器和线束卡夹连接至发动机舱接线盒。

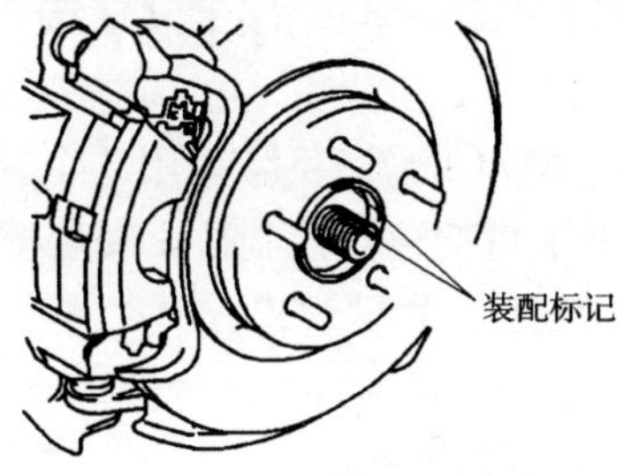

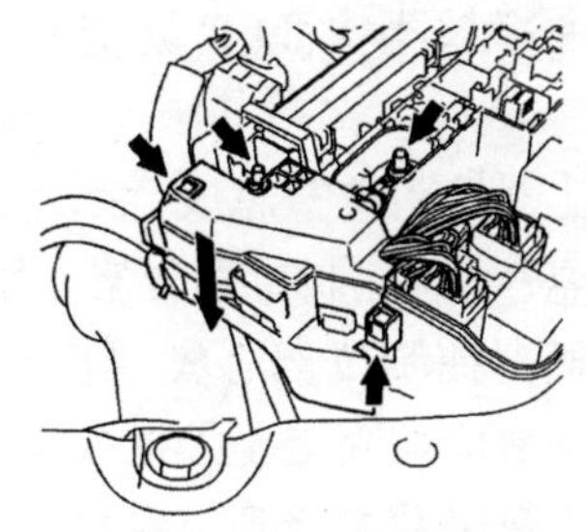

图 1-73　发动机总成的安装（7）　　图 1-74　发动机总成的安装（8）

④如图 1-75 所示,用卡夹和锁止杆将连接器连接至发动机控制计算机。

（45）安装离合器工作缸总成（手动变速器车型）。如图 1-76 所示,用 5 个螺栓和离合器管支架,安装离合器工作缸总成。螺栓 A 的拧紧力矩:12N · m;螺栓 B 的拧紧力矩:12N · m;螺栓 C 的拧紧力矩:8N · m。

（46）安装带传动带轮的压缩机总成。

（47）安装发电机总成。

①见图 1-40,用螺栓安装线束卡夹支架,拧紧力矩:8.4N · m。

②见图 1-39,用 2 个螺栓暂时安装发电机总成。

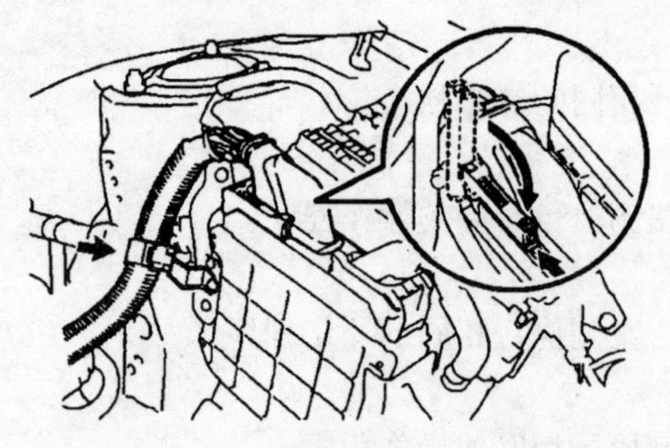

图 1-75　发动机总成的安装(9)

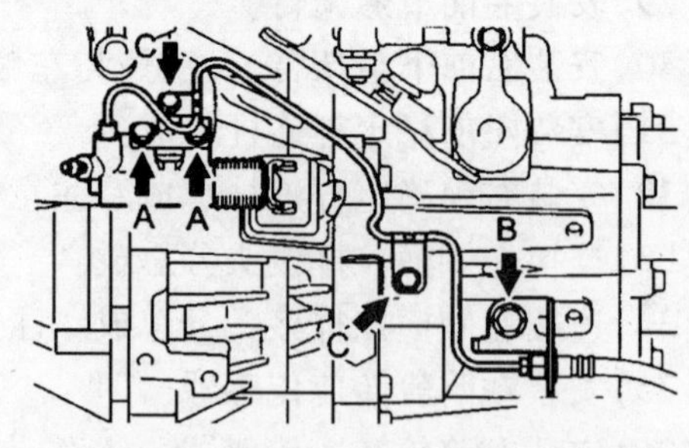

图 1-76　发动机总成的安装(10)

③见图 1-38,用螺母将线束安装到端子 B 并安装端子盖,拧紧力矩:9.8N·m。

④安装连接器和线束卡夹。

(48)安装传动带。

(49)调整传动带。

(50)检查传动带。

(51)连接燃油管分总成。

①连接燃油管连接器和燃油管。注意:将燃油管连接器和管对准,然后将燃油管连接器推入,直至夹持器发出“咔嗒”声。如果连接过紧,则在燃油管顶部涂抹少量发动机机油。连接后,拉动管和连接器,以确保连接牢固。

②接合卡爪并安装 1 号燃油管卡夹(见图 1-36)。

(52)连接加热器进水软管(见图 1-35)。用卡夹连接加热器进水软管。

(53)连接加热器出水软管。用卡夹连接加热器出水软管。

(54)连接止回阀软管接头(见图 1-34)。用卡夹将接头连接至止回阀软管。

(55)连接机油冷却器软管(自动变速器车型)(见图 1-33)。用卡夹连接 2 个机油冷却器软管。

(56)安装变速器控制拉索总成(手动变速器车型)(见图 1-31)。用 2 个新的卡子将变速器控制拉索安装至变速器控制拉索支架。用 2 个卡子将变速器控制拉索安装至手动变速器。

(57)安装变速器控制拉索总成(自动变速器车型)(见图 1-32)。

①用卡子将控制拉索固定至控制拉索支架。

②用螺母将控制拉索连接到控制杆上,拧紧力矩:12N·m。

③将控制拉索连接到拉索支架上。

④用螺栓连接控制拉索的卡夹,拧紧力矩:12N·m。

(58)连接散热器出水软管(见图 1-30)。用卡夹连接散热器出水软管。

(59)连接散热器进水软管(见图 1-29)。用卡夹连接散热器进水软管。

(60)安装蓄电池托架。

①用 4 个螺栓安装蓄电池托架,拧紧力矩:19N·m。

②见图 1-28,用 2 个螺栓连接水管,拧紧力矩:19N·m。

③连接 2 个线束卡夹(见图 1-27)。

(61)安装蓄电池。

①安装蓄电池卡夹,螺栓的拧紧力矩:17N·m;螺母的拧紧力矩:3.5N·m。

②安装蓄电池端子,拧紧力矩:5.4N·m。注意:断开电缆时,重新连接电缆后需要对某些系统进行初始化。

(62)安装空气滤清器壳。

①见图1-26,使用3个螺栓安装空气滤清器壳,拧紧力矩:7.0N·m。

②将线束卡夹安装至空气滤清器壳。

③安装空气滤清器滤芯。

(63)安装空气滤清器盖分总成。

①见图1-25,安装空气滤清器盖分总成,用箍带连接通风软管。

②见图1-24,连接2个卡夹,连接质量空气流量计连接器。

(64)添加手动变速器油(手动变速器车型)。

①安装新衬垫和放油螺塞,拧紧力矩:39N·m。

②添加手动变速器油。

③安装变速器注油螺塞和新衬垫,拧紧力矩:39N·m。

(65)检查并调整手动变速器油(手动变速器车型)。

①将车辆停放到平坦路面上。

②拆下变速器注油螺塞和衬垫。

③如图1-77所示,检查并确认油面在变速器注油螺塞开口最低点以下5mm范围内。

④油位低时,检查变速器油是否泄漏。

⑤安装变速器注油螺塞和新衬垫,拧紧力矩:39N·m。

(66)加注自动变速器油(自动变速器车型)。油液类型:丰田原厂ATF WS。加注量:2.9L。

(67)检查自动变速器油(自动变速器车型)。注意:驾驶车辆,使发动机和自动变速器处于正常工作温度下(70~80℃)。

①将车辆停放在水平地面上,并施加驻车制动。

②在发动机怠速且制动踏板踩下的情况下,将变速杆从P位置逐次换到L位置,然后回到P位置。

③拉出机油尺并将其擦干净。

④将机油尺完全推回到油管中。

⑤再次拉出机油尺,并检查液位是否在HOT范围内(见图1-78)。如果液位低于HOT范围,加注新机油并重新检查液位。如果液位超过HOT范围,排放一次,添加适量的新机油并重新检查液位。

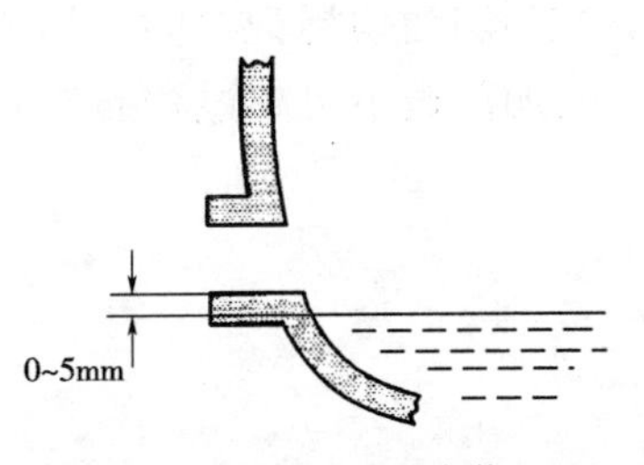

图1-77　发动机总成的安装(11)

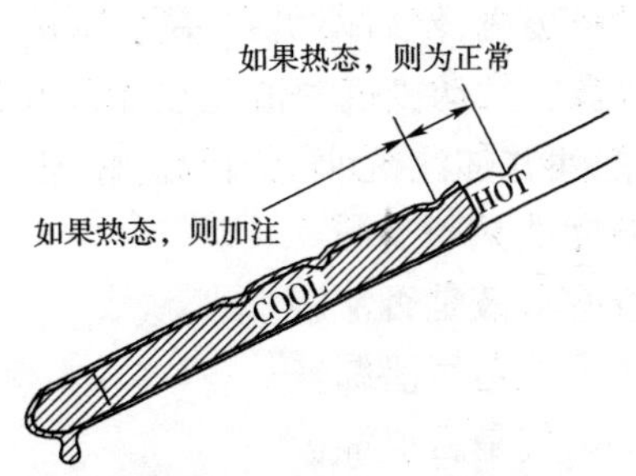

图1-78　发动机总成的安装(12)

(68)检查自动变速器油是否泄漏(自动变速器车型)。

(69)检查换挡杆位置(自动变速器车型)。

①当点火开关置于ON位置且踩下制动踏板时,将变速杆从P位置换至R位置,确保变速杆平稳地换挡至正确位置。

②起动发动机,确保将变速杆从N位置换至D位置时车辆向前行驶,将其换至R位置时车辆向后行驶。如果不能按规定执行操作,检查驻车挡/空挡位置开关总成,并检查变速杆总成的安装情况。

(70)调节变速杆位置(自动变速器车型)。

(71)添加发动机冷却液。

①紧固散热器放水螺塞。

②紧固汽缸体放水螺塞,拧紧力矩:13N·m。

③将丰田超长效冷却液(SLLC)添加至散热器储液罐加注口,手动变速器车型标准容量:5.6L,自动变速器车型标准容量:5.5L。

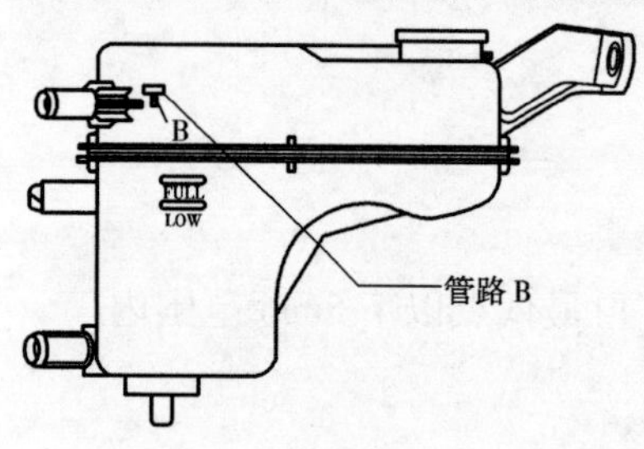

图1-79 发动机总成的安装(13)

④如图1-79所示,拆下散热器盖并将冷却液添加至储液罐B刻度线。

⑤用手按压散热器进水软管和出水软管数次,检查冷却液液位。如果冷却液液压过低,添加冷却液。

⑥安装盖子和阀门,使发动机充分暖机。

⑦排空冷却系统内的空气。注意:起动发动机前,关闭空调开关。将空调的温度调整为MAX(HOT)。将空调鼓风机设置调整LO。

a.发动机暖机至节温器打开。节温器打开时,使冷却液循环数分钟。

b.发动机暖机后,按照以下周期运行发动机至少7min:以3000r/min的转速运转5s,怠速运转45s(按相同周期重复操作至少8次)。

c.用手按压散热器进水软管和出水软管数次,以排空系统中的空气。

⑧发动机冷却后,检查并确认冷却液液位应在FULL和LOW刻度线之间(见图1-79)。如果冷却液液位低,则向储液罐内添加冷却液至FULL线。

(72)添加发动机机油。添加新的发动机机油并安装机油加注口盖。机油滤清器更换时放空后的重新加注量:4.2L;不更换机油滤清器时放空后的重新加注量:3.9L;净注入量:4.7L。

(73)检查发动机机油油位。

①使发动机暖机,然后停机并等待5min。

②检查并确认发动机机油油位在油位计的低油位和满油位标记之间。如果机油油位过低,检查是否漏油并加注机油至满油位标记处。注意:加注时不要超过满油位标记。

(74)检查燃油是否泄漏。

(75)检查冷却液是否泄漏。

(76)检查机油是否泄漏。

(77)检查废气是否泄漏。

(78)安装发动机2号底罩。

(79)安装发动机1号底罩。

(80)安装发动机后部左侧底罩。

(81)安装发动机后部右侧底罩。

(82)安装前轮,拧紧力矩:103N·m。

(83)检查点火正时。

(84)检查发动机怠速转速。

(85)检查CO/HC。

(86)调整前轮定位。

(87)安装2号汽缸盖罩(见图1-23)。接合4个卡子,以安装2号汽缸盖罩。注意:一定要牢固地接合卡子。不要施加过大的力或敲击汽缸组盖以接合卡子,这可能会导致汽缸组盖破裂。

(88)安装散热器上空气导流板。

(89)检查防抱死制动系统(ABS)转速传感器信号(不带车辆稳定控制系统(VSC)车型)。

(90)检查防抱死制动系统(ABS)转速传感器信号(带车辆稳定控制系统(VSC)车型)。

二、发动机总成的检查(车上检查)

1. 实训器材

(1)车辆:卡罗拉(1.6L)车型。

(2)普通工具:磁力护裙、转向盘护套、变速杆手柄套、脚垫和座位套、组合扳手、螺丝刀、钳子、扭力扳手。

(3)检测工具:智能检测仪、汽缸压力表、CO/HC测量仪。

2. 作业准备

(1)汽车进入工位前,将工位清理干净,准备好相关的器材。

(2)将汽车停放在举升机中央位置。

(3)拉紧驻车制动器操纵杆,并将变速杆置于空挡位置(见图1-19)。

(4)套上转向盘护套、变速杆手柄套和座位套,铺设脚垫。

(5)在车内拉动发动机舱盖手柄,在车外打开并支撑发动机舱盖(见图1-20)。

(6)粘贴翼子板和前脸磁力护裙。

3. 操作步骤

1)发动机怠速转速的检查

(1)暖机并停止发动机运转。

(2)将智能检测仪连接到DLC3上。

(3)将点火开关置于ON位置。

(4)选择以下菜单项:Powertrain/Engine and ECT/Data List/Engine Speed。

(5)检查发动机怠速转速。怠速转速:600~700r/min。注意:关闭所有电气系统和空调。在冷却风扇关闭时,检查怠速转速。检查怠速转速时,将变速器换至空挡或驻车挡。

(6)将点火开关置于OFF位置。

(7)从DLC3上断开智能检测仪。

2)汽缸压缩压力的检查

(1)暖机并停止发动机运转。

(2)拆下2号汽缸盖罩。

(3)拆下4个点火线圈。

(4)拆下4个火花塞。

(5)断开4个喷油器连接器。

(6)检查汽缸压缩压力。

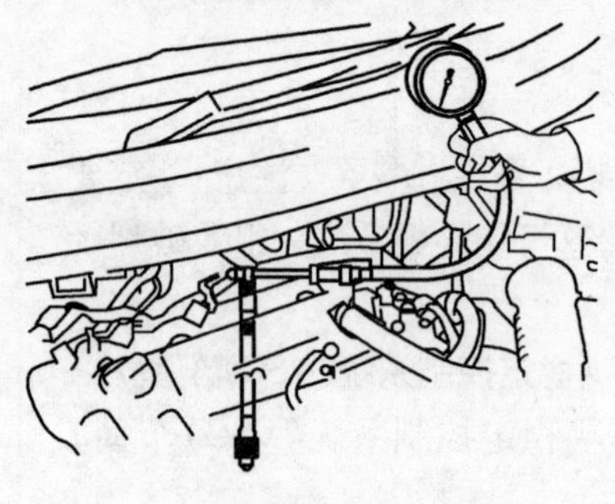

图1-80　汽缸压缩压力的检查

①如图1-80所示,将汽缸压力表插入火花塞孔。

②使节气门全开。

③发动机运转时,测量汽缸压缩压力。汽缸压缩压力:1373kPa;汽缸最小压缩压力:1079kPa;各汽缸压缩压力间的差异:98kPa或更低。注意:使用完全充电的蓄电池,以使发动机转速能提高到250r/min或更高。用同样的方法检查其他汽缸的压缩压力。在尽可能短的时间内测量汽缸压缩压力。

④如果汽缸压缩压力偏低,通过火花塞孔往汽缸中注入少量的发动机机油并再次检查。如果添加机油后压力增大,则活塞环和/或汽缸可能磨损或损坏。如果压力继续偏低,气门可能卡滞或未正确就位,或可能从衬垫漏气。

(7)连接4个喷油器连接器。

(8)安装4个火花塞。

(9)安装4个点火线圈,拧紧力矩:10N·m。

(10)安装2号汽缸盖罩。

3)CO/HC浓度的检查

注意:此项检查用于确定怠速运转时CO/HC浓度是否符合规定。

(1)起动发动机。

(2)以2500r/min的转速运转发动机约180s。

(3)怠速运转时,将CO/HC测量仪测试探针插入排气管至少400mm。

(4)在怠速转速和发动机转速为2500r/min时,检查CO/HC浓度。注意:当进行2种模式(发动机怠速转速和转速为2500r/min)测试时,遵循相应的地方法规所规定的测量程序。如果CO/HC浓度不符合规定,则按以下顺序进行故障排除。

①检查质量空气流量计和加热型氧传感器的工作情况。

②参见表1-1查找可能的原因,必要时检查相应的零件并维修。

CO/HC浓度不合格可能的原因　　表1-1

CO	HC	故　障	可能的原因
正常	高	怠速不稳	(1)点火系统故障。 ①正时不正确。 ②火花塞积炭、短路或间隙不合适。 (2)气门间隙不正确。 (3)进气门和排气门泄漏。 (4)汽缸泄漏

续上表

CO	HC	故　　障	可能的原因
低	高	怠速不稳(HC 读数波动)	(1)真空泄漏。 ①曲轴箱强制通风(PCV)软管泄漏。 ②进气歧管泄漏。 ③节气门体泄漏。 ④真空助力器管路泄漏。 (2)混合气过稀导致缺火
高	高	怠速不稳(排出黑烟)	(1)空气滤清器滤芯堵塞。 (2)曲轴箱强制通风(PCV)阀堵塞。 (3)电控燃油喷射(EFI)系统有故障。 ①压力调节器有故障。 ②发动机冷却液温度传感器故障。 ③质量空气流量计故障。 ④ECM 故障。 ⑤喷油器故障。 ⑥节气门体故障

小结

1. 发动机是将某一种形式的能量转换为机械能的机器。常见的车用发动机有汽油发动机和柴油发动机两种。

2. 四冲程发动机的每一个工作循环包括 4 个活塞行程,即进气行程、压缩行程、做功行程和排气行程。

3. 汽油发动机通常由两大机构、五大系统组成,而柴油机由两大机构、四大系统组成。两大机构是指曲柄连杆机构和配气机构,五大系统系是指燃料供给系统、冷却系统、润滑系统、点火系统(柴油机无此系统)和起动系统。

4. 发动机的主要性能指标有动力性指标(有效转矩和有效功率)和经济性指标(燃油消耗率)。

5. 发动机转速特性是指发动机的功率 P_e、转矩 T_e 和燃油消耗率 g_e 三者随曲轴转速 n 变化的规律。

6. 发动机在某一转速之下的负荷就是当时发动机发出的功率与同一转速下所可能发出的最大功率之比,以百分数表示。

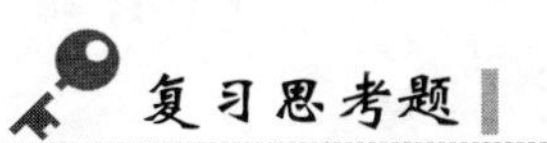

复习思考题

一、简答题

1. 四冲程汽油机每一个工作循环包括哪几个行程,各行程工作原理是什么?

2. 柴油机与汽油机的工作原理有何异同？

3. 为什么汽车发动机都采用多缸四冲程发动机？

4. 汽油发动机主要由哪几大机构和系统组成？各部分的主要作用是什么？

5. 发动机的主要性能指标有哪些？

6. 试分析发动机外特性。

二、选择题

1. 某发动机活塞行程为80mm，其曲轴的曲柄半径为(　　)mm。

A. 20　　B. 40　　C. 80　　D. 160

2. 柴油机依靠(　　)点燃燃油？

A. 压缩能量　　B. 火花塞　　C. 燃油喷射　　D. 点火器

3. 汽缸工作容积是指(　　)的容积。

A. 活塞运行到下止点时活塞上方　　B. 活塞运行到上止点时活塞上方

C. 活塞上、下止点之间　　D. 进气门从开到关所进空气

4. 发动机排量是指(　　)。

A. 一个汽缸的工作容积　　B. 多个汽缸的工作容积

C. 一个汽缸的总容积　　D. 多个汽缸的总容积

5. 汽油机由两大机构和五大系统组成，柴油机与汽油机相比，少了(　　)。

A. 曲柄连杆机构　　B. 燃料供给系统

C. 点火系统　　D. 冷却系统

6. 六缸发动机的做功间隔角为(　　)。

A. 720°　　B. 360°　　C. 180°　　D. 120°

三、判断题

1. 现在汽车上常用的发动机是汽油发动机和柴油发动机两种。(　　)

2. 活塞行程等于曲柄半径的2倍。(　　)

3. 压缩比是指汽缸总容积与汽缸工作容积之比。(　　)

4. 车用汽油机的压缩比大于车用柴油机的压缩比。(　　)

5. 柴油机与汽油机的工作原理相同。(　　)

6. 汽车发动机主要由曲柄连杆机构、配气机构、燃料供给系统、起动系统、冷却系统和润滑系统组成。(　　)

7. 发动机在同一转速下，节气门开度愈大表示负荷愈小。(　　)

第二章 曲柄连杆机构的构造与维修

1. 掌握曲柄连杆机构的组成和作用;
2. 熟悉机体组各部件的功用及结构特点;
3. 熟悉活塞连杆组各部件的功用及结构特点;
4. 了解汽油机燃烧室类型及结构特点;
5. 熟悉曲轴飞轮组各部件的功用及结构特点;
6. 了解多缸发动机曲拐布置形式、发火顺序和工作循环表;
7. 了解曲柄连杆机构维修的基本方法。

第一节 曲柄连杆机构的结构和工作原理

一、曲柄连杆机构的功用和组成

曲柄连杆机构是往复活塞式内燃机将热能转变为机械能的主要机构,其功用是把燃气作用在活塞顶面上的压力转变为曲轴的转矩,向外输出动力。

曲柄连杆机构由机体组、活塞连杆组和曲轴飞轮组等3部分组成。机体组主要包括汽缸盖罩、汽缸盖、汽缸垫、汽缸体及油底壳等;活塞连杆组主要包括活塞、活塞环、活塞销、连杆等;曲轴飞轮组主要包括曲轴、飞轮等。

二、曲柄连杆机构主要部件的构造

1. 机体组

发动机的机体组(见图2-1)主要由汽缸体、曲轴箱、汽缸盖、汽缸盖罩、汽缸垫、油底壳等组成。机体组是发动机的骨架,是发动机各机构和系统的装配基体。

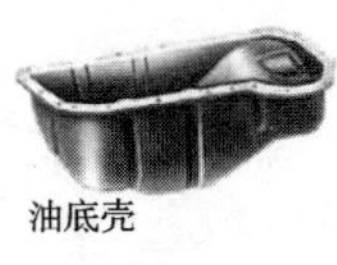

图2-1 机体组

1）汽缸体

水冷发动机的汽缸体和曲轴箱常制成一体，而且多缸发动机的各个汽缸也合铸成一个整体（见图2-2），称为汽缸体—曲轴箱，简称汽缸体。汽缸体上半部有若干个为活塞在其中运动导向的圆柱形空腔，称为汽缸。下半部为支撑曲轴的曲轴箱，其内腔为曲轴旋转的空间。

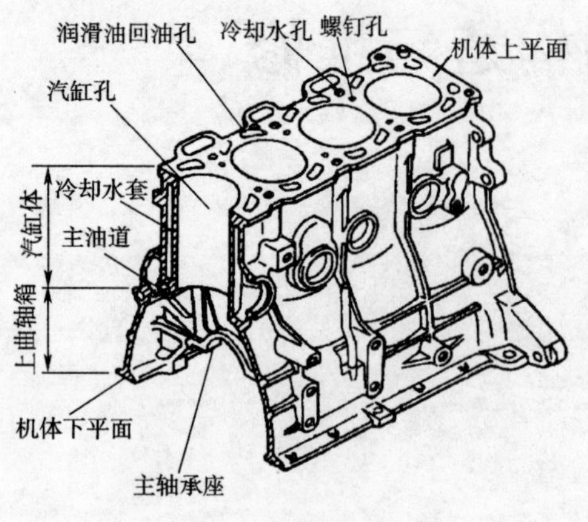

图2-2　水冷发动机的汽缸体

（1）汽缸的排列方式。根据汽缸排列形式不同，汽缸体分直列式、V形式、对置式等形式。

①直列式（见图2-3）。各汽缸排成一直列的称为直列式汽缸排列，其特点是机体的宽度小而高度和长度大，一般只用于六缸以下的发动机，通常把采用直列式汽缸排列的发动机称为直列式发动机。

②V形式（见图2-4）。两列汽缸排成V形的称为V形式汽缸排列，V形式发动机汽缸体宽度大，而长度和高度小，形状比较复杂。但汽缸体的刚度大，质量和外形尺寸较小，多用于六缸以上大功率发动机上，通常把此种发动机称为V形发动机。V形的打开角度被称为V形汽缸夹角，为了平衡，V6发动机的汽缸夹角最好为90°，V8发动机的汽缸夹角最好为60°。

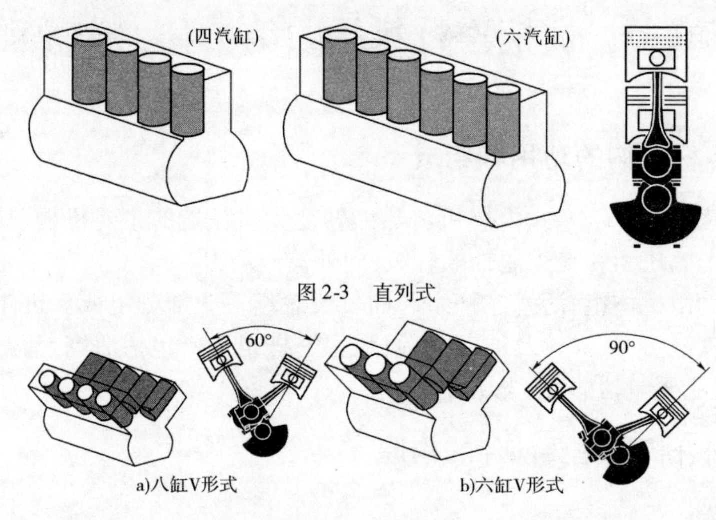

图2-3　直列式

图2-4　V形式

③对置式（见图2-5）。对置式发动机是指两列汽缸水平相对排列，其优点是重心低，而且对置式发动机的平衡性较好。

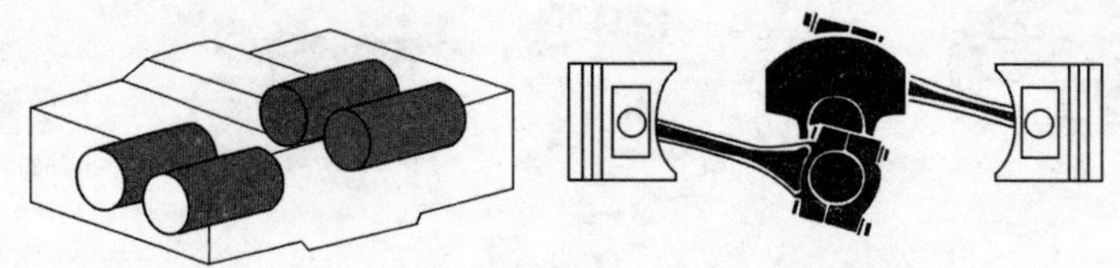

图2-5　对置式

(2)汽缸体的冷却。汽车发动机多采用水冷的方式(见图 2-2),利用水套中的冷却液流过高温零件的周围而带走多余的热量。风冷发动机一般将汽缸体与曲轴箱分开铸造,为增强散热效果,在汽缸体与汽缸盖的外表面铸有散热片,如图 2-6 所示。

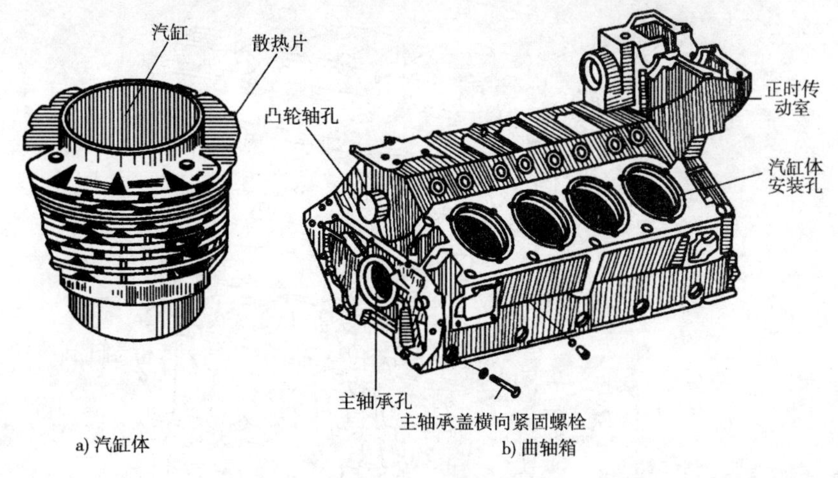

图 2-6　风冷发动机的汽缸体

(3)汽缸套。某些车型发动机采用合金铸铁无汽缸套式的汽缸体,即不镶嵌任何汽缸套,在汽缸体上直接加工出汽缸。这可以缩短汽缸中心距,使汽缸体的尺寸和质量减少,刚度大,工艺性好。但是为了保证汽缸的耐磨性,整个汽缸体必须采用耐磨的合金铸铁制造,成本较高。

现代汽车多采用在汽缸体内镶入耐磨性较好的汽缸套,延长汽缸的使用寿命。根据是否与冷却液相接触,汽缸套分为干式汽缸套和湿式汽缸套。

①干式汽缸套。汽缸套的外表面不直接与冷却液接触的称为干式汽缸套,如图 2-7a)所示。

②湿式汽缸套。湿式汽缸套的外表面直接与冷却液接触,如图 2-7b)所示。大多数湿式汽缸套装入后,其顶面一般高出汽缸体 0.05 ~0.15mm,这样在紧固汽缸盖螺栓时,可将汽缸垫压得更紧,以保证汽缸的密封性,防止漏水、漏气。

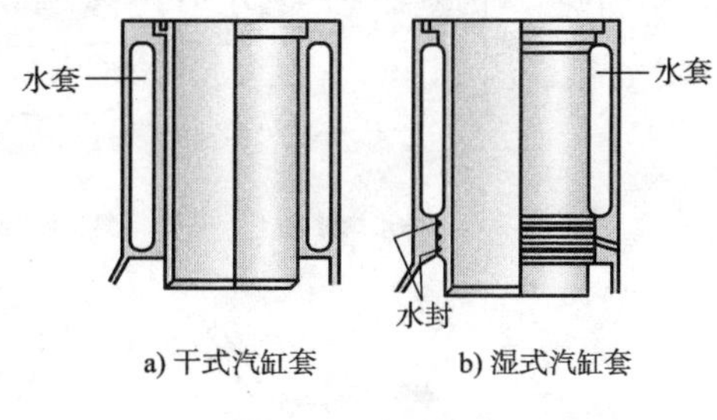

图 2-7　汽缸套

2)汽缸盖

汽缸盖用来封闭汽缸的上部,并与活塞顶、汽缸壁共同构成燃烧室。汽缸盖内有与汽缸体相通的冷却水套、燃烧室、火花塞座孔(汽油机)或喷油器座孔(柴油机)、进气道和排气道等。上置凸轮轴式发动机的汽缸盖上还有用以安装凸轮轴的轴承座。图 2-8 所示为发动机的汽缸盖分解图。

汽油机的燃烧室是当活塞位于上止点时,由活塞顶部及汽缸盖上相应的凹部空间组成。汽油机常用燃烧室如图 2-9 所示。

(1)盆形燃烧室。由于断面形状像澡盆,由此得名。盆形燃烧室上面有进气门、排气门。其具有弯曲的进气歧管和排气歧管,容易产生进气涡流,但进气效率较低。

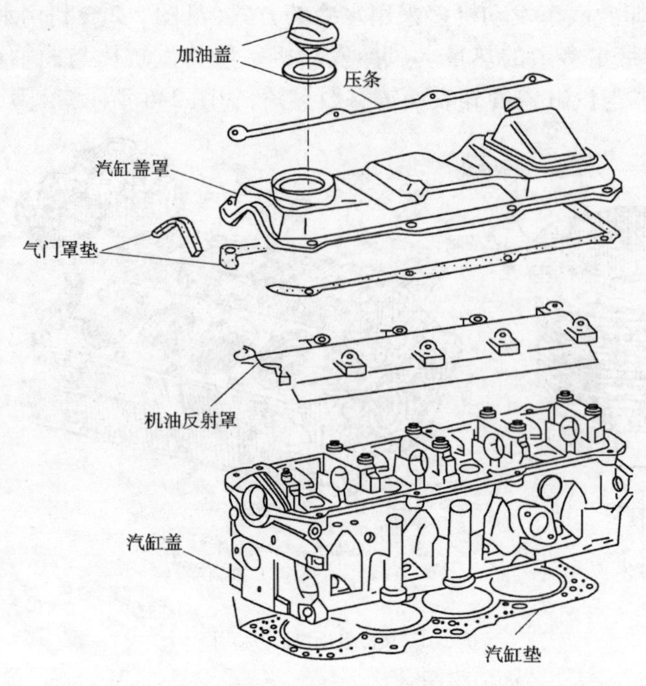

图 2-8　汽缸盖分解图

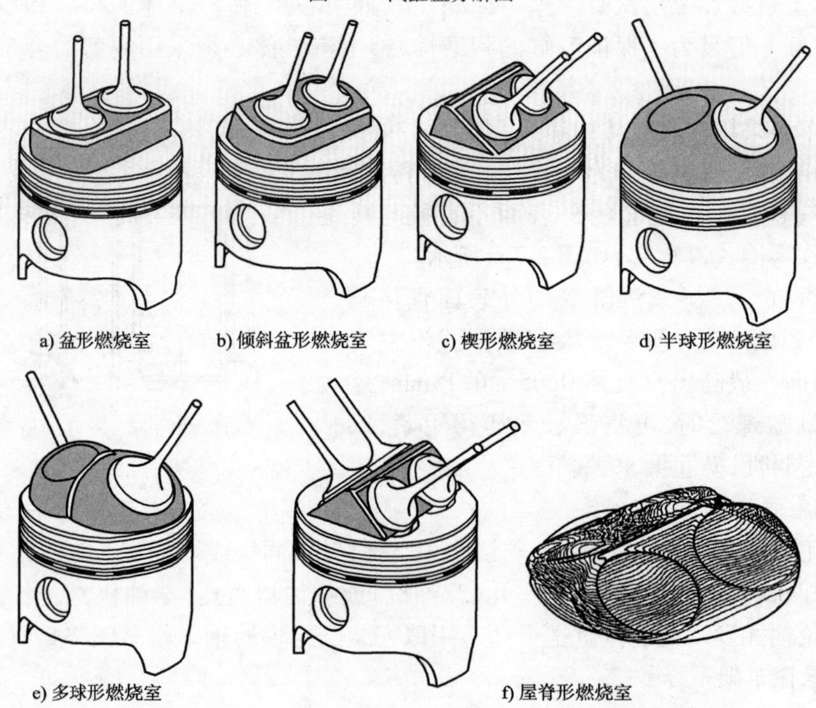

图 2-9　汽油机燃烧室

(2)倾斜盆形燃烧室。燃烧室上部是倾斜的,能产生较大的压缩比。

(3)楔形燃烧室。从前面看,它的形状为楔形。进、排气门是直立的,燃烧室具有可以产生高压缩比、容易形成进气涡流等优点。其燃烧室表面积大,可以防止异常燃烧,但热损失大。

(4)半球形燃烧室。在燃烧室容积相同的情况下,半球形燃烧室的表面积最小,因此具有良好的热效率。火花塞置于燃烧室最高点,因此能让火焰快速扩张并充满整个燃烧室,能防止爆震。

(5)多球形燃烧室。进、排气门大,易形成进气涡流,是由两个半球组合而成的。但是由于表面积增大了,热效率比半球形燃烧室差。

(6)屋脊形燃烧室。形状像三角房屋的屋顶一样。屋脊形燃烧室容积小、燃料经济性好、输出功率大,能产生强烈的进气涡流,是高压缩比、高性能的燃烧室。

3)汽缸垫

汽缸体与汽缸盖间装有汽缸垫(见图2-10),用来保证汽缸体与汽缸盖结合面间的密封,防止气体、冷却液和润滑油等的泄漏。汽缸垫有金属—石棉汽缸垫和纯金属汽缸垫等结构类型。

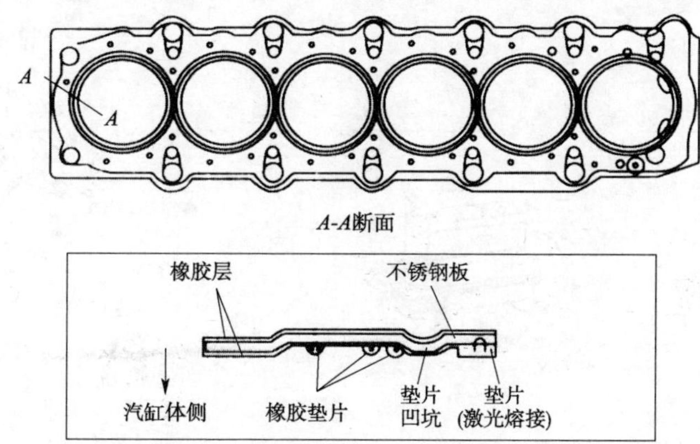

图2-10　汽缸垫

4)汽缸盖罩

汽缸盖罩(见图2-8)位于汽缸盖上部,起封闭及防尘作用,一般由薄钢板冲压而成,其上设有注油口。

5)油底壳

油底壳(见图2-11)的作用是储存机油并封闭曲轴箱。一般为薄钢板冲压而成。在有的发动机上,为达到良好的散热效果,采用了铝合金铸造的油底壳,在油底壳的底部还铸有散热片。为保证发动机纵向倾斜时机油泵仍能吸到机油,油底壳中部或后部做得较深。有时在油底壳中还设有挡油板,以减轻油面波动。底部装有磁性的放油螺栓,以吸附润滑油中的铁屑,减少发动机的磨损。

6)发动机支承件

发动机一般采用三点支承和四点支承两种方式,通过汽缸体和飞轮壳或变速器壳体上的支承件,支承在车架上。三点支承可布置成一前二后或二前一后;四点支承则前后各有两个支承点,如图2-12所示。

为消除或减小发动机传给底盘的振动及汽车在行驶过程中车架的扭转变形对发动机的影响,发动机在车架上采用橡胶支承。有时为防止汽车制动或加速时由于弹性元件的变形而产生发动机的纵向位移,设有纵向拉杆,通过橡胶垫块与车架纵梁和发动机相连。

2. 活塞连杆组

活塞连杆组主要由活塞、活塞环、活塞销和连杆等部件组成，如图 2-13 所示。

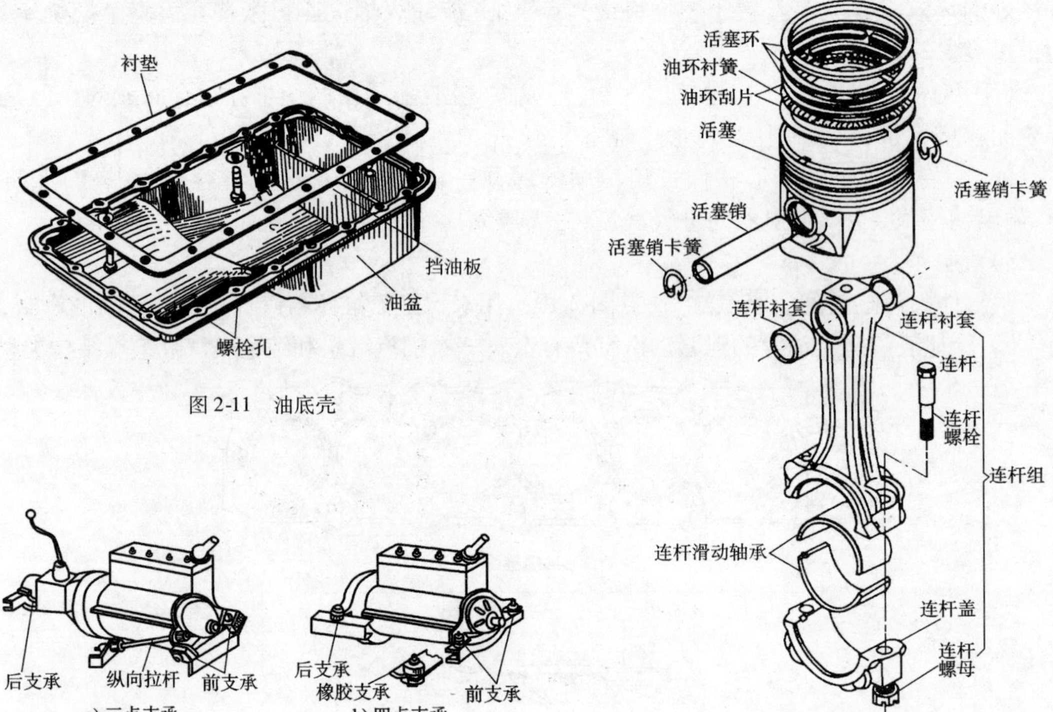

图 2-11　油底壳

图 2-12　发动机的支承

图 2-13　活塞连杆组

1）活塞

活塞的主要功用是承受汽缸中的燃烧压力，并将此力通过活塞销和连杆传给曲轴。此外，活塞还与汽缸盖、汽缸壁共同组成燃烧室。

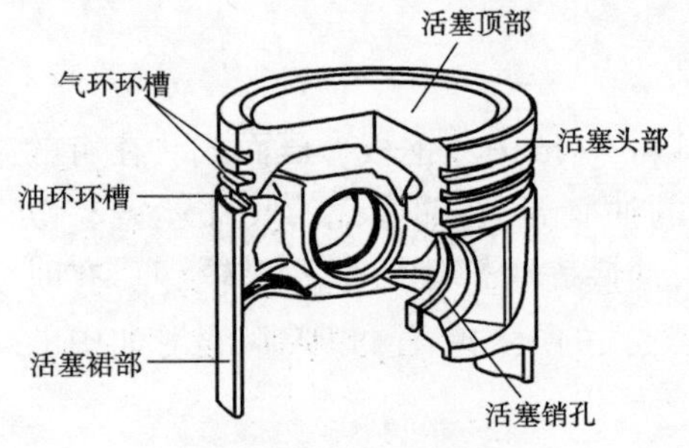

图 2-14　活塞的基本结构

活塞由活塞顶部、活塞头部和活塞裙部 3 部分组成，如图 2-14 所示。

（1）活塞顶部是燃烧室的组成部分，其形状与选用的燃烧室的形式有关。汽油机活塞顶有平顶、凹顶和凸顶等形式，如图 2-15 所示。

（2）活塞头部是指活塞顶至最下面一道活塞环槽之间的部分，其作用是承受气体压力、防止漏气、将热量通过活塞环传给汽缸壁。活塞头部切有若干环槽，用以安装活塞环。上面的 2 ~ 3 道槽用来安装气环，下面的一道用来安装油环。油环槽的底部钻有若干小孔，以使油环从汽缸壁上刮下的多余润滑油经此流回油底壳。

（3）活塞环槽以下的所有部分称为活塞裙部，其作用是引导活塞在汽缸中作往复运动，并承受侧压力。考虑轻量化和防止热膨胀，有些活塞裙部开了细长的一字形、T 形或 U 形槽。热膨胀的时候这些槽会变窄。

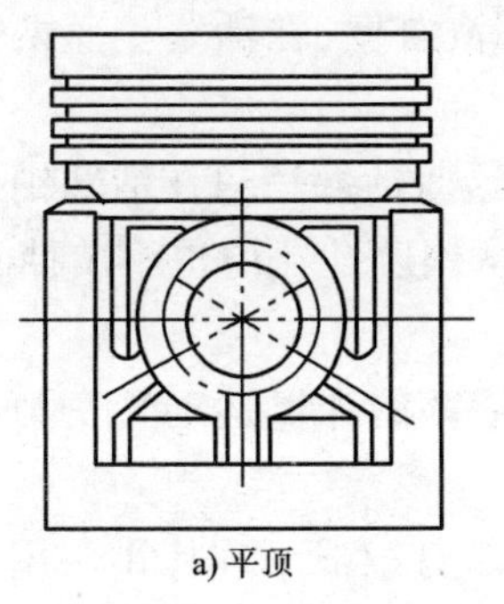
a) 平顶

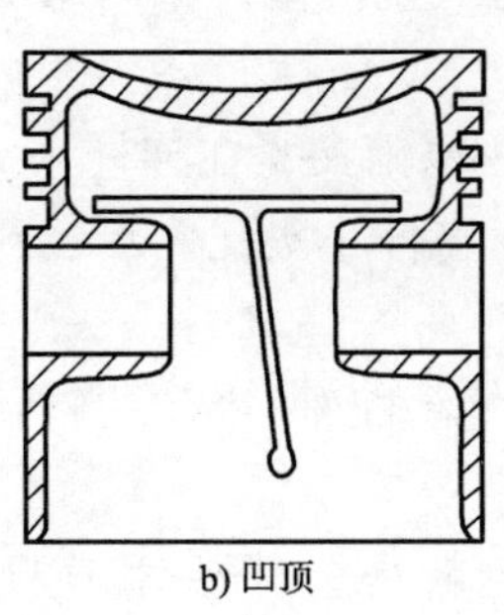
b) 凹顶

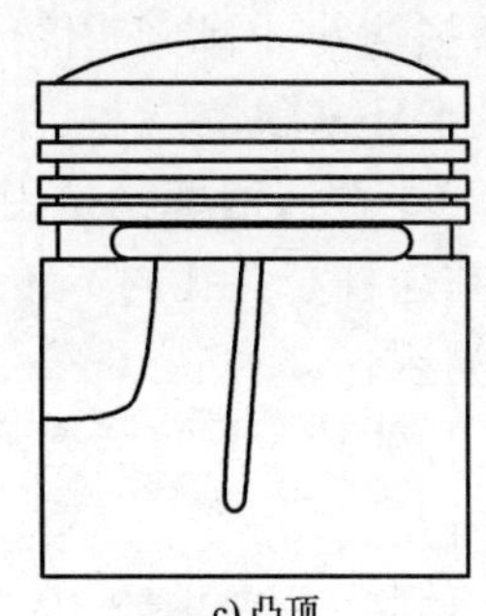
c) 凸顶

图 2-15　活塞顶的形式

2）活塞环

活塞环包括气环和油环两种，如图 2-16 所示。

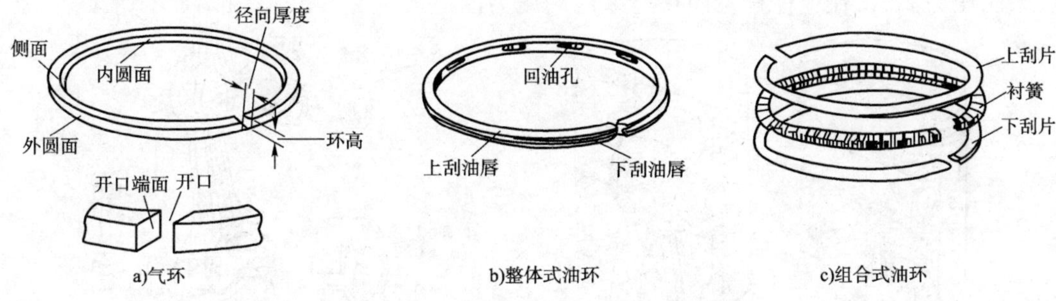

a)气环　b)整体式油环　c)组合式油环

图 2-16　活塞环

（1）气环又称为压缩环，其作用是保证活塞与汽缸壁间的密封，防止汽缸中的高温、高压燃气大量漏入曲轴箱，同时它还将活塞头的热量传导给汽缸壁。一般发动机上每个活塞装有 2 ~ 3 道气环。

（2）油环的作用是刮除汽缸壁上多余的机油，并在汽缸壁布油。通常发动机的每个活塞装有 1 道油环，也有个别发动机活塞在裙部上还装有 1 道油环。

3）活塞销

活塞销的功用是连接活塞和连杆小头，将活塞所承受的气体压力传给连杆。活塞销常见的结构形式如图 2-17 所示。

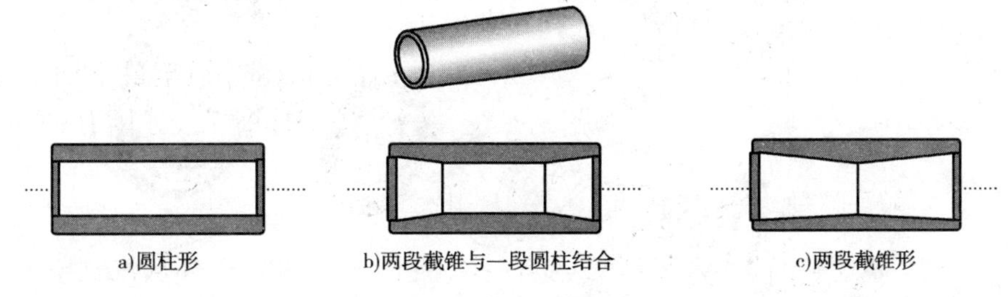
a)圆柱形　b)两段截锥与一段圆柱结合　c)两段截锥形

图 2-17　活塞销的结构

活塞销与活塞销座孔和连杆小头衬套孔的连接配合方式有两种，即全浮式和半浮式（见图 2-18）。

（1）全浮式活塞销能在连杆小头衬套孔和活塞销座孔内作自由转动，可以保证活塞销沿圆周磨损均匀,因此应用较普遍。为防止活塞销轴向窜动而损坏汽缸壁,在活塞销座两端装有弹性卡环来限位。

(2)半浮式活塞销是用螺栓将活塞销夹紧在连杆小头孔内,这时活塞销只在活塞销孔内转动,在连杆小头孔内不转动。因而连杆小头孔内不装衬套,活塞销座孔孔内也不装挡圈。

4)连杆

连杆的功用是将活塞承受的力传给曲轴,推动曲轴转动,将活塞的往复运动转变为曲轴的旋转运动。

连杆的结构如图2-19所示,由连杆小头、杆身和连杆大头3部分组成。连杆小头用来安装活塞销以连接活塞,在全浮式连接的连杆小头孔内有减磨的青铜衬套或铁基粉末冶金衬套。工作时,活塞销和衬套之间有相对转动。为了保证其间润滑,在连杆小头和衬套上钻有集油孔或铣出集油槽,用于收集发动机运转时被溅上来的机油,以便润滑。有的发动机连杆小头采用压力润滑,在连杆杆身内钻有纵向的压力油道。

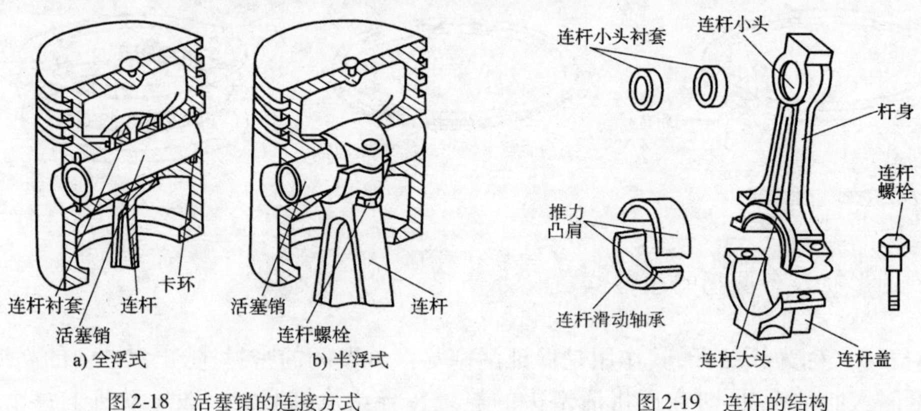

图2-18 活塞销的连接方式　　图2-19 连杆的结构

3. 曲轴飞轮组

曲轴飞轮组主要由曲轴、飞轮、正时齿轮或正时链轮、传动带轮及曲轴扭转减振器等组成,如图2-20所示为发动机的曲轴飞轮组结构图。

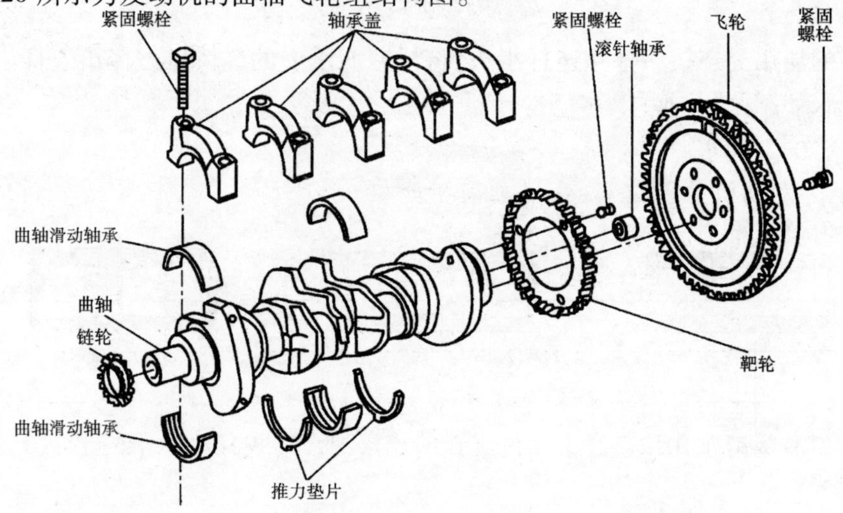

图2-20 发动机曲轴飞轮组

1）曲轴

曲轴的主要功用是将活塞连杆组传来的气体压力转变为转矩，然后通过飞轮输出。另外还用来驱动发动机的配气机构以及其他辅助装置，如发电机、风扇、水泵、转向油泵等。

曲轴一般由主轴颈、连杆轴颈、曲柄、平衡块、前端轴和后端凸缘等组成，如图2-21所示。一个连杆轴颈和它两端的曲柄及相邻两个主轴颈构成一个曲拐。曲拐的数目取决于发动机的汽缸数目及其排列方式，直列式发动机的曲拐数等于汽缸数，而V形式和对置式发动机的曲拐数为汽缸数的一半。

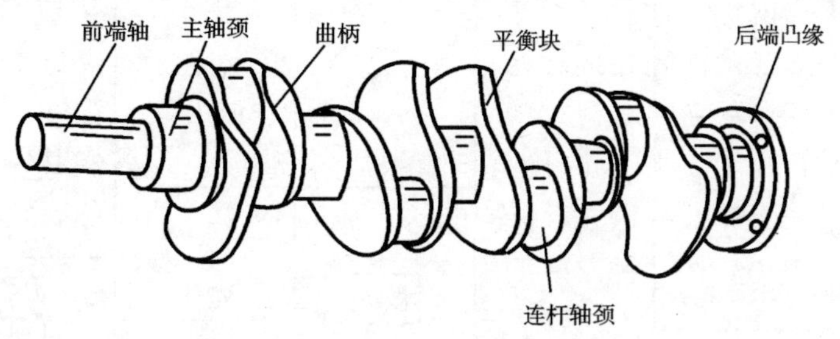

图2-21　曲轴的结构

曲轴前端是第一道主轴颈之前的部分，装有驱动其他装置的机件（正时齿轮、传动带轮）及其起动爪、推力垫片及扭转减振器等。曲轴后端是最后一道主轴颈之后的部分，在其后端为安装飞轮的凸缘盘。

曲轴的形状及各曲拐的相对位置取决于汽缸数、汽缸排列形式和发动机的工作顺序。在选择各缸的工作顺序时，应使各缸的做功间隔力求均衡，即发动机每完成一个工作循环，各缸都应发火做功一次。对于缸数为 i 的四冲程发动机，其发火间隔角为 $720°/i$，连续做功的两缸相距尽可能远些，以减轻主轴承负荷和避免进气行程中发生抢气现象；V形发动机左右两列应交替发火。

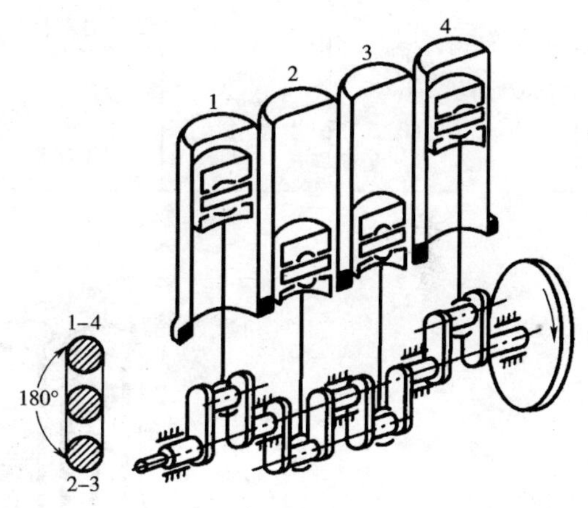

图2-22　直列四缸发动机的曲拐布置

（1）四冲程直列四缸发动机的发火间隔角为720°/4 = 180°。四个曲拐在同一个平面内，如图2-22所示。发动机的发火顺序为1-2-4-3或1-3-4-2。若以第一种为例，则其工作循环表见表2-1。

直列四缸发动机工作循环表（发火顺序1-2-4-3）　　表2-1

曲轴转角（°）	第1缸	第2缸	第3缸	第4缸
0～180	做功	压缩	排气	进气
180～360	排气	做功	进气	压缩
360～540	进气	排气	压缩	做功
540～720	压缩	进气	做功	排气

（2）四冲程直列六缸发动机的发火间隔角为 720°/6 = 120°。六个曲拐互成 120°，如图 2-23 所示。发动机的发火顺序多为 1-5-3-6-2-4，其工作循环表见表 2-2。

直列六缸发动机工作循环表（发火顺序 1-5-3-6-2-4） 表 2-2

<table>
<tr><th colspan="2">曲轴转角（°）</th><th>第1缸</th><th>第2缸</th><th>第3缸</th><th>第4缸</th><th>第5缸</th><th>第6缸</th></tr>
<tr><td rowspan="3">0~180</td><td>0~60</td><td rowspan="3">做功</td><td rowspan="2">排气</td><td>进气</td><td>做功</td><td rowspan="2">压缩</td><td rowspan="3">进气</td></tr>
<tr><td>60~120</td><td rowspan="3">压缩</td><td rowspan="3">排气</td></tr>
<tr><td>120~180</td><td rowspan="3">进气</td><td rowspan="3">做功</td></tr>
<tr><td rowspan="3">180~360</td><td>180~240</td><td rowspan="3">排气</td><td rowspan="3">压缩</td></tr>
<tr><td>240~300</td><td rowspan="3">做功</td><td rowspan="3">进气</td></tr>
<tr><td>300~360</td><td rowspan="3">压缩</td><td rowspan="3">排气</td></tr>
<tr><td rowspan="3">360~540</td><td>360~420</td><td rowspan="3">进气</td><td rowspan="3">做功</td></tr>
<tr><td>420~480</td><td rowspan="3">排气</td><td rowspan="3">压缩</td></tr>
<tr><td>480~540</td><td rowspan="3">做功</td><td rowspan="3">进气</td></tr>
<tr><td rowspan="3">540~720</td><td>540~600</td><td rowspan="3">压缩</td><td rowspan="3">排气</td></tr>
<tr><td>600~660</td><td rowspan="2">进气</td><td rowspan="2">做功</td></tr>
<tr><td>660~720</td><td>排气</td><td>压缩</td></tr>
</table>

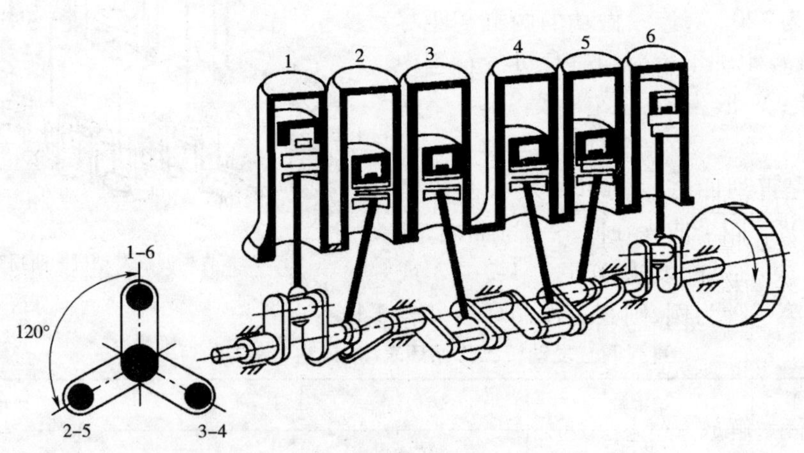

图 2-23 直列六缸发动机的曲拐布置

（3）四冲程 V 形八缸发动机的发火间隔角为 720°/8 = 90°。四个曲拐互成 90°，如图 2-24所示。发动机的发火顺序为 1-8-4-3-6-5-7-2，其工作循环表见表 2-3。

直列八缸发动机工作循环表(发火顺序 1-8-4-3-6-5-7-2)　　　表 2-3

<table>
<tr><th>曲轴转角(°)</th><th>第1缸</th><th>第2缸</th><th>第3缸</th><th>第4缸</th><th>第5缸</th><th>第6缸</th><th>第7缸</th><th>第8缸</th></tr>
<tr><td rowspan="2">0~180</td><td rowspan="2">做功</td><td>做功</td><td>进气</td><td rowspan="2">压缩</td><td>排气</td><td rowspan="2">进气</td><td rowspan="2">排气</td><td>压缩</td></tr>
<tr><td rowspan="2">排气</td><td rowspan="2">压缩</td><td rowspan="2">进气</td><td rowspan="2">做功</td></tr>
<tr><td rowspan="2">180~360</td><td rowspan="2">排气</td><td rowspan="2">做功</td><td rowspan="2">压缩</td><td rowspan="2">进气</td></tr>
<tr><td rowspan="2">进气</td><td rowspan="2">做功</td><td rowspan="2">压缩</td><td rowspan="2">排气</td></tr>
<tr><td rowspan="2">360~540</td><td rowspan="2">进气</td><td rowspan="2">排气</td><td rowspan="2">做功</td><td rowspan="2">压缩</td></tr>
<tr><td rowspan="2">压缩</td><td rowspan="2">排气</td><td rowspan="2">做功</td><td rowspan="2">进气</td></tr>
<tr><td rowspan="2">540~720</td><td rowspan="2">压缩</td><td rowspan="2">进气</td><td rowspan="2">排气</td><td rowspan="2">做功</td></tr>
<tr><td>做功</td><td>进气</td><td>排气</td><td>压缩</td></tr>
</table>

2)扭转减振器

在曲轴的前端加装扭转减振器(见图 2-25),其作用是吸收曲轴扭转振动的能量,消减扭转振动,避免发生共振。

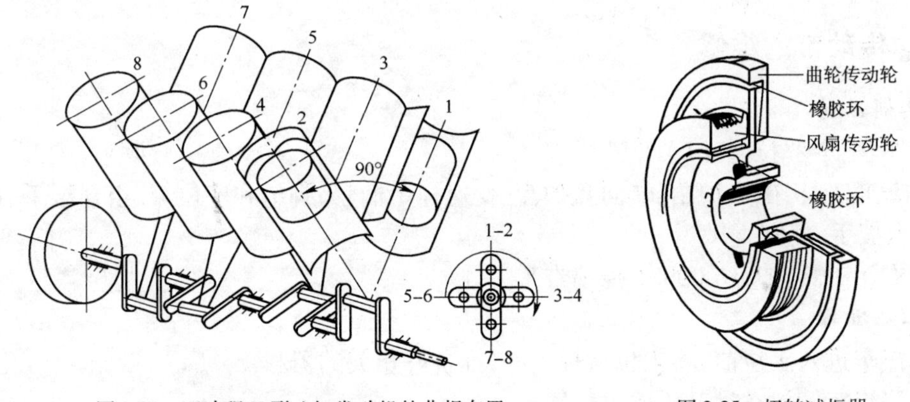

图 2-24　四冲程 V 形八缸发动机的曲拐布置　　　图 2-25　扭转减振器

3)飞轮

飞轮是一个转动惯量很大的圆盘,其主要功用是储存做功行程的一部分能量,以克服各辅助行程的阻力,使曲轴均匀旋转,使发动机具有克服短时超载的能力。此外,飞轮又常作为汽车传动系统中摩擦离合器的主动盘。

发动机飞轮的构造如图 2-26 所示。飞轮的外缘上镶有齿圈,起动时起动机上的齿轮与之啮合,供发动机起动用。

飞轮上通常刻有第一缸点火正时记号,以便调整和检验点火(喷油)正时和气门间隙。如图 2-27a)所示,解放 CA6102 型发动机飞轮的正时记号是$\frac{\text{上止点}}{\text{1-6}}$,当该记号与飞轮壳上的刻线对准时,即表示 1、6 缸的活塞在上止点位置;如图 2-27b)所示,东风 EQ6100 发动机有两处记号,一处是飞轮上的一个钢球与飞轮壳上的刻线对准时,另一处是当曲轴皮带轮上的小缺口和正时齿轮盖上的凸筋对准时,都表示 1、6 缸活塞在上止点位置,如图 2-27c)所示,奥迪 A6 四缸发动机在曲轴带轮上刻有凹槽,当凹槽对准正时齿轮壳上的箭头时,则表示 1、

4 缸的活塞在上止点位置。

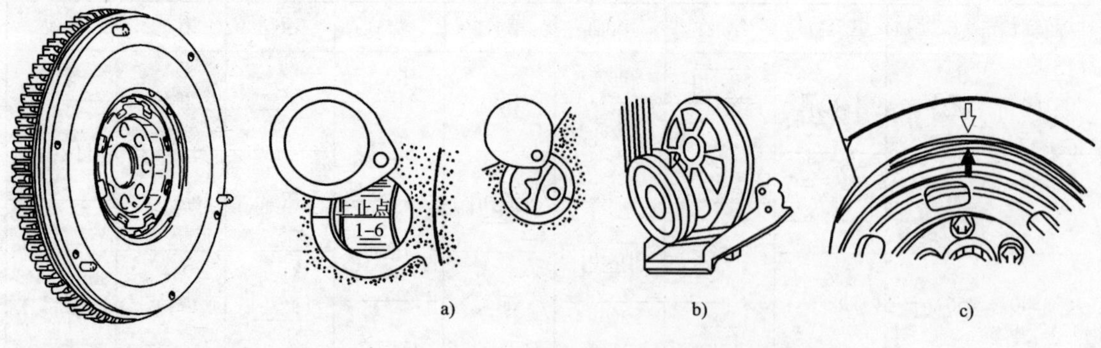

图 2-26　飞轮的构造

图 2-27　发动机点火正时标记

第二节　曲柄连杆机构的维修

本节以卡罗拉(1.6L)车型的曲柄连杆机构的维修为例进行说明。

一、传动带的维修

1. 实训器材

(1)车辆:卡罗拉(1.6L)车型。

(2)普通工具:磁力护裙、转向盘护套、变速杆手柄套、脚垫和座位套、组合扳手、螺丝刀、钳子、扭力扳手、精密直尺。

(3)专用工具:09216-00021 传动带张力计。

2. 作业准备

(1)汽车进入工位前,将工位清理干净,准备好相关的器材。

(2)将汽车停放在举升机中央位置。

(3)拉紧驻车制动器操纵杆,并将变速杆置于空挡或驻车挡(P 挡)位置(见图 1-19)。

(4)套上转向盘护套、变速杆手柄套和座位套,铺设脚垫。

(5)在车内拉动发动机舱盖手柄,在车外打开并支撑发动机舱盖(见图 1-20)。

(6)粘贴翼子板和前脸磁力护裙。

3. 操作步骤

1)传动带的检查(车上检查)

(1)如图 2-28 所示,目视检查传动带是否过度磨损、加强筋损坏等。如果发现有任何损坏,则更换传动带。注意:传动带的带棱侧出现一些裂纹是可以接受的。如果齿形带棱上有脱落,则更换传动带。

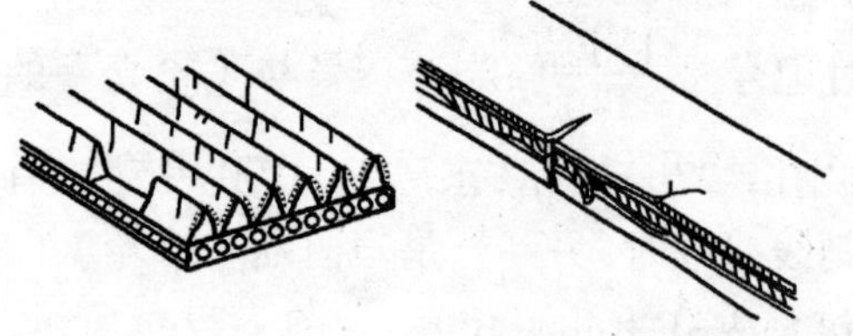

图 2-28　传动带的检查(1)

(2)如图 2-29 所示,安装好传动带后,检查并确认传动带应正确安装在楔形槽中。用手检查,以确认传动带没有从曲轴传动带轮底部的凹槽中滑脱。

（3）如图2-30所示，检查传动带的偏移量和张紧力。新传动带的偏移量：7.5～8.6mm；用过的传动带偏移量：8.0～10.0mm。新传动带的张紧力：637～735N；用过的传动带张紧力：392～588N。

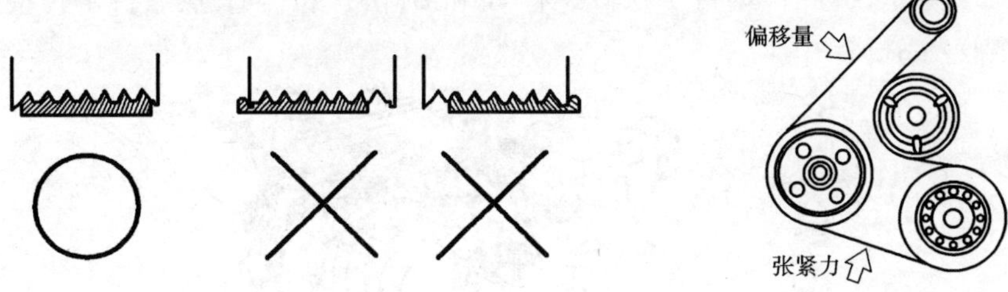

图2-29　传动带的检查（2）　　图2-30　齿形带的检查（3）

（4）注意事项。

①“新传动带”是指在发动机运转的情况下使用时间少于5min的传动带。“用过的传动带”是指在发动机运转的情况下使用时间长达5min或以上的传动带。安装新传动带后，运转发动机约5min，然后重新检查传动带偏移量和张紧力。

②在规定点处检查传动带的偏移量。在规定点处检查传动带的张紧力。检查传动带偏移量时，向其施加98N的张紧力。

③重新安装使用超过5min的传动带时，调整其偏移量和张紧力至各“用过的传动带”规格的中间值。

④发动机转动2圈后，应检查传动带张紧力和偏移量。

⑤使用传动带张力计时，首先用基准仪表确认其精确度。

2）传动带的拆装

拆装传动带相关部件分解图，如图2-31所示。

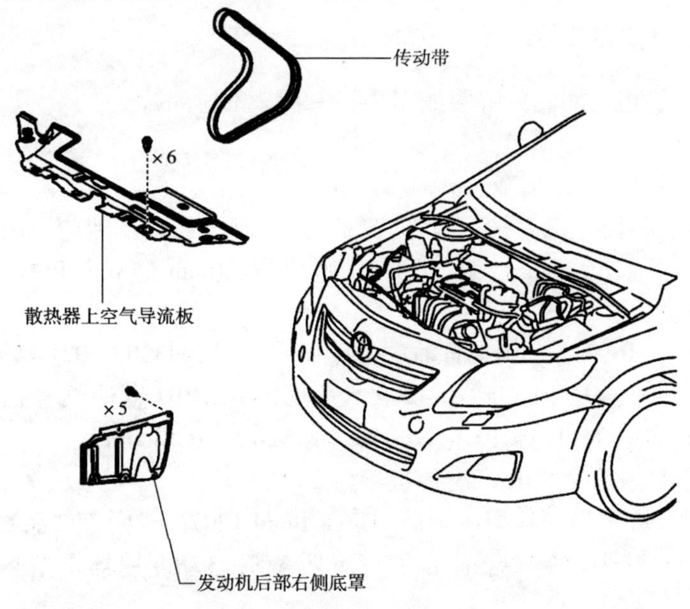

图2-31　拆装传动带相关部件分解图

(1)传动带的拆卸。

①拆卸散热器上空气导流板。

②拆卸发动机后部右侧底罩。

③如图 2-32 所示,拆卸传动带。松开螺栓 A 和 B,松开螺栓 C,然后拆下传动带。注意:不要松开螺栓 D 所示。

图 2-32 传动带的拆卸

(2)传动带的安装。

①安装传动带。

②调整传动带(见图 2-32)。转动螺栓 C,以调节传动带的张紧力。紧固螺栓 A 和 B,螺栓 A 的拧紧力矩:19N · m;螺栓 B 的拧紧力矩:43N · m。注意:确认螺栓 D 没有松动。

③检查传动带。

④安装发动机后部右侧底罩。

⑤安装散热器上空气导流板。

二、汽缸盖衬垫的拆装

拆装汽缸盖衬垫相关部件分解图如图 2-33 ~ 图 2-39 所示。

1. 实训器材

(1)车辆:卡罗拉(1.6L)车型。

(2)普通工具:举升机、磁力护裙、转向盘护套、变速杆手柄套、脚垫和座位套、组合扳手、螺丝刀、钳子、扭力扳手、发动机台架、起重机、塑料袋、10mm 的双六角扳手、棉丝抹布或一块布。

(3)专用工具:SST09213-58013 曲轴皮带轮固定工具、09330-00021 结合凸缘固定工具、SST 09301-00110、09051-1C110 塑料锤 420g、SST 09268-21010 燃油软管拉出器、SST 09950-50013 拉出器 C 组件、09951-05010 吊架 150、09952-05010 滑动臂、09953-05020 中心螺栓 150、09954-050212 号卡爪、"TORX"套筒扳手(E8)。

(4)其他:密封胶(丰田原厂黑密封胶、Three Bond 1207B 或同等产品)、丰田原厂黏合剂 1324、Three Bond 1324 或同等产品、丰田原厂 ATF WS(自动变速器车型)、丰田超长效冷却液(SLLC)。

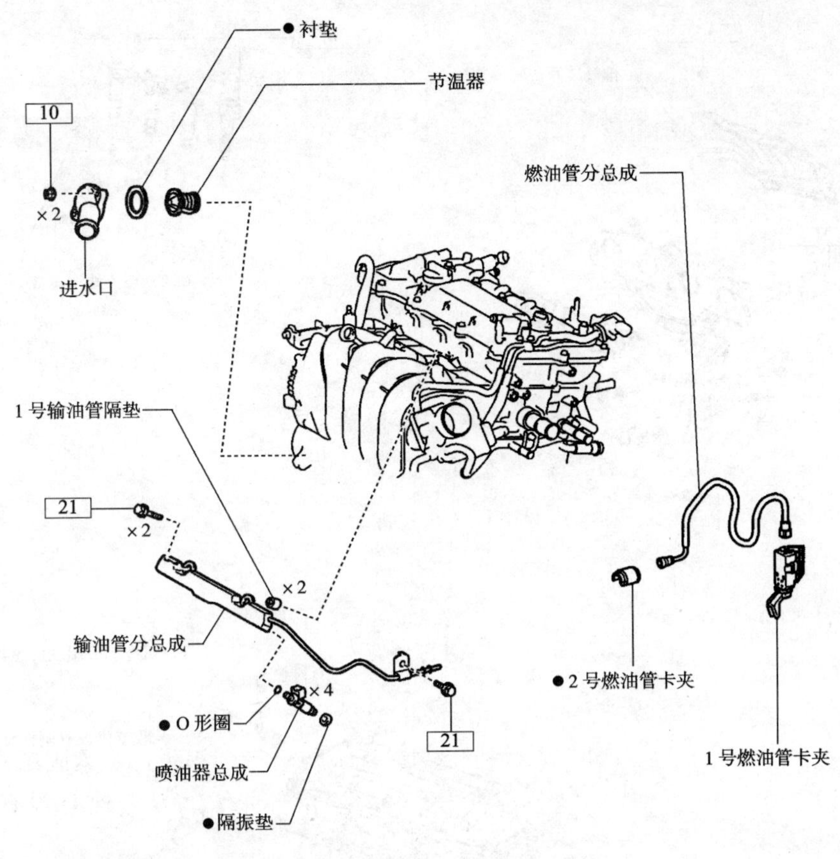

图2-33　拆装汽缸盖衬垫相关部件分解图(1)

2. 作业准备

(1)汽车进入工位前,将工位清理干净,准备好相关的器材。

(2)将汽车停放在举升机中央位置。

(3)拉紧驻车制动器操纵杆,并将变速杆置于空挡或驻车挡(P挡)位置(见图1-19)。

(4)套上转向盘护套、变速杆手柄套和座位套,铺设脚垫。

(5)在车内拉动发动机舱盖手柄,在车外打开并支撑发动机舱盖(见图1-20)。

(6)粘贴翼子板和前脸磁力护裙。

3. 操作步骤

1)汽缸盖衬垫的拆卸

(1)拆卸带变速器的发动机总成(参见“发动机总成的维修”部分)。

(2)安装发动机台架。将发动机放置在发动机台架上。

(3)拆卸进气歧管。

①如图2-40所示,拆下线束卡夹支架,拆下2个螺栓并断开进气歧管。将通风软管从进气歧管上断开。断开2根水旁通软管。

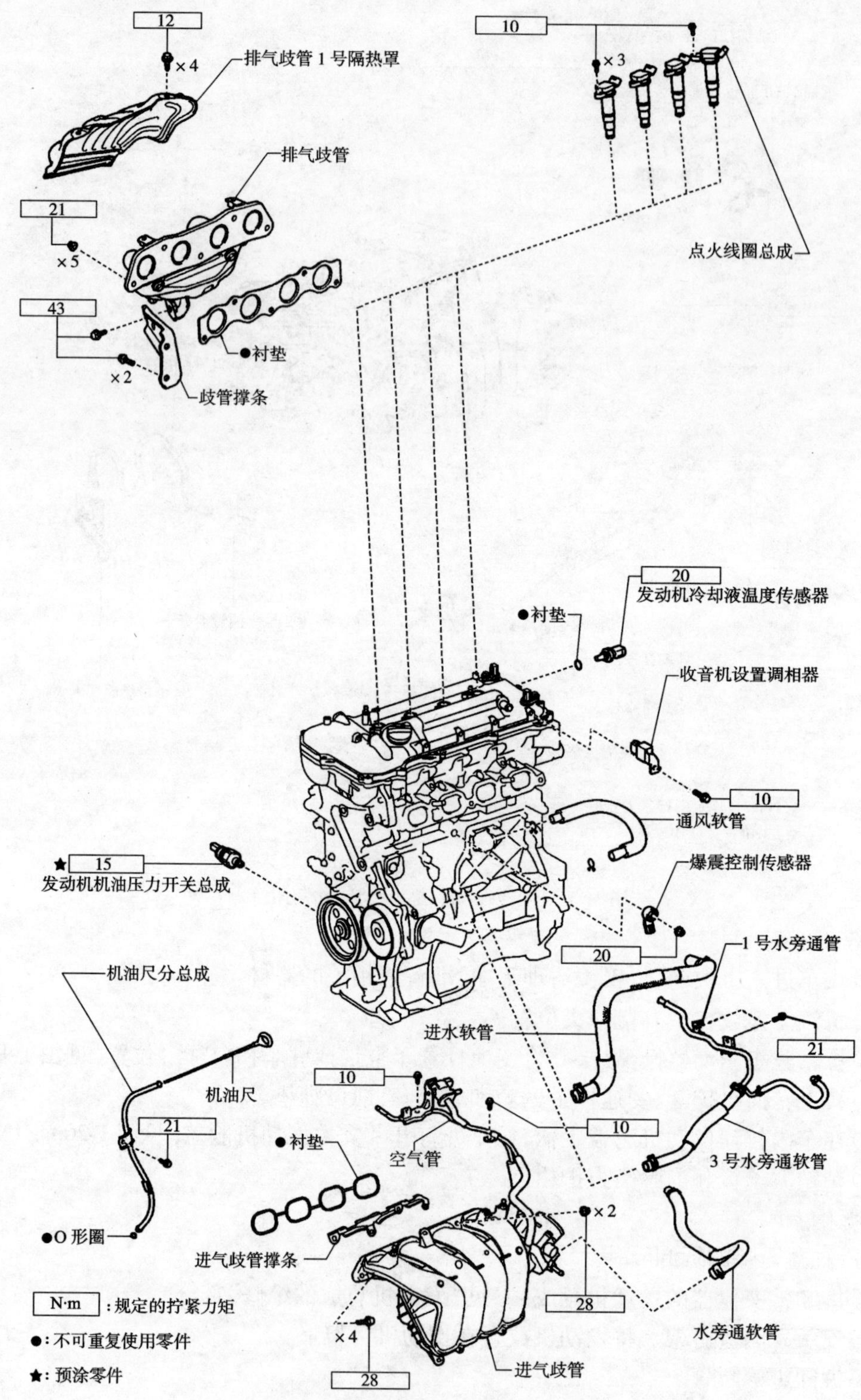

图2-34 拆装汽缸盖衬垫相关部件分解图(2)

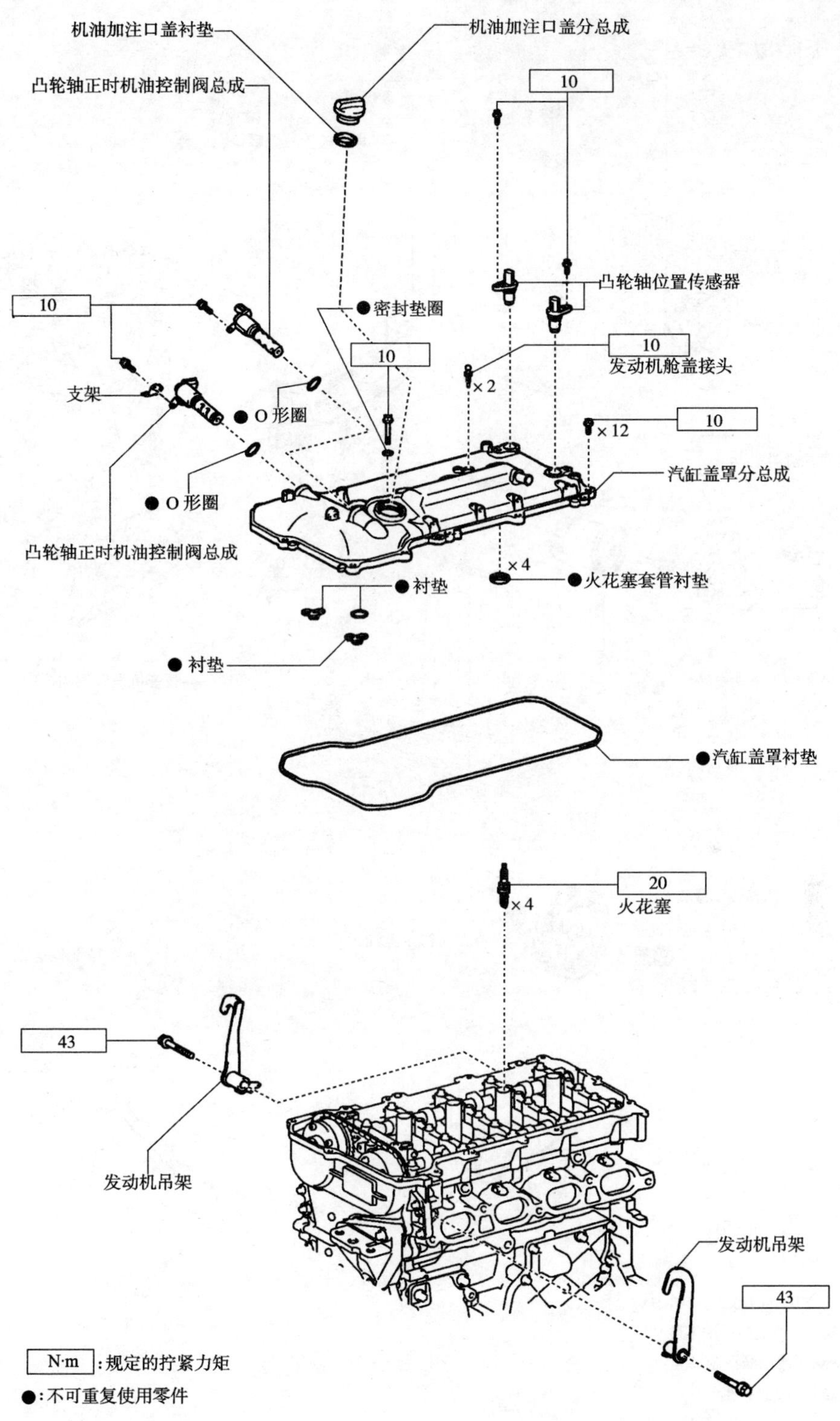

图 2-35　拆装汽缸盖衬垫相关部件分解图(3)

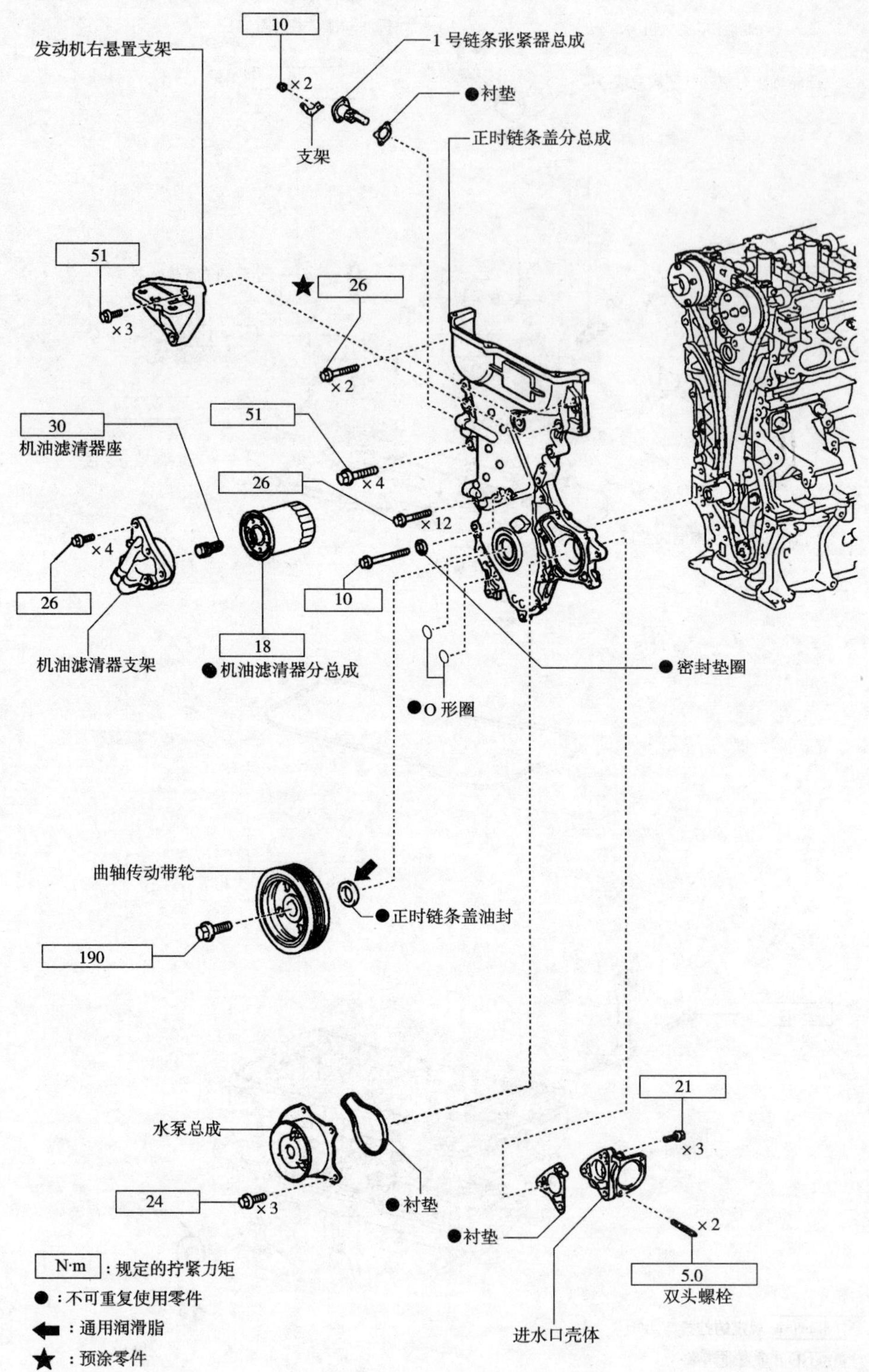

图2-36　拆装汽缸盖衬垫相关部件分解图(4)

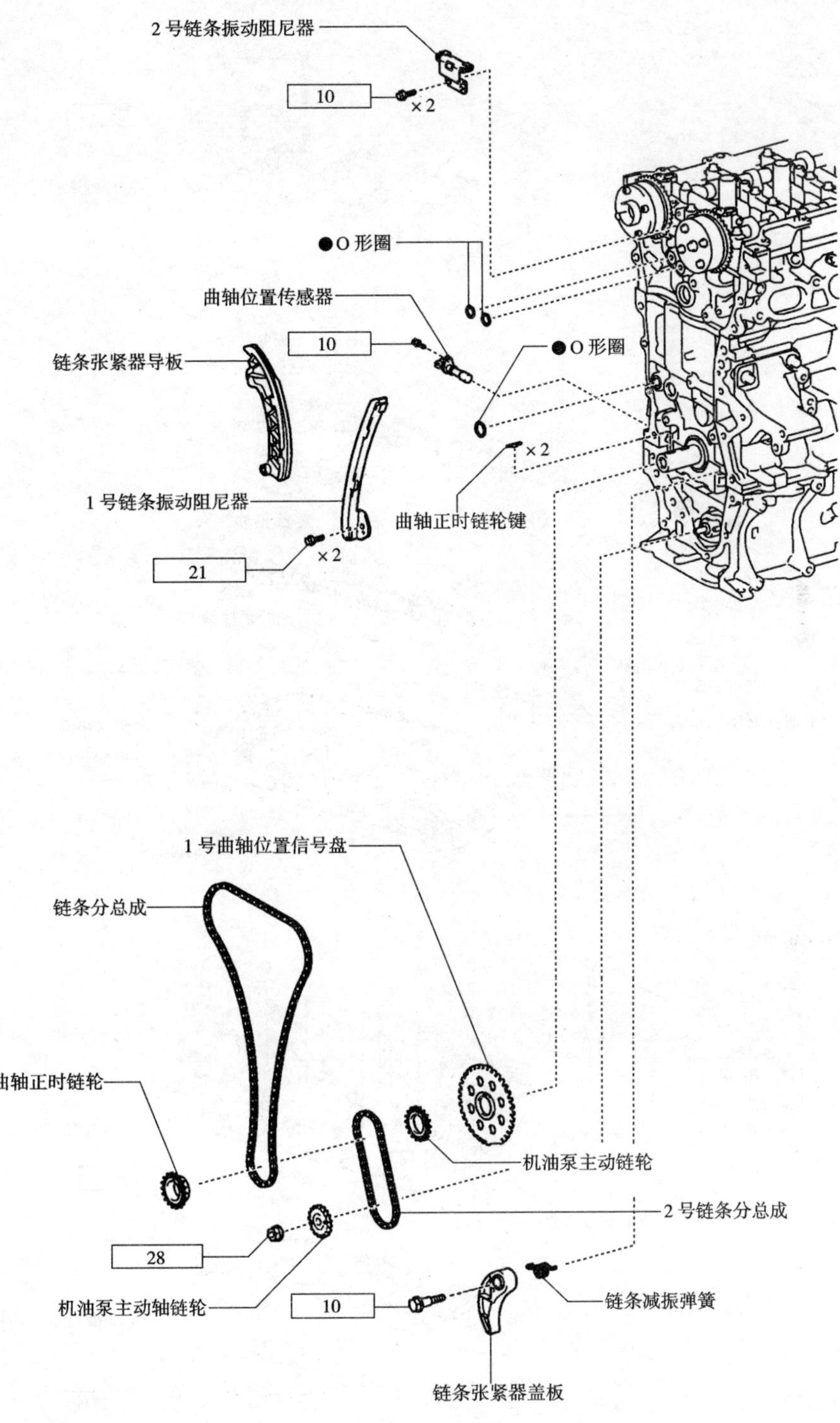

N·m：规定的拧紧力矩

●：不可重复使用零件

图2-37 拆装汽缸盖衬垫相关部件分解图(5)

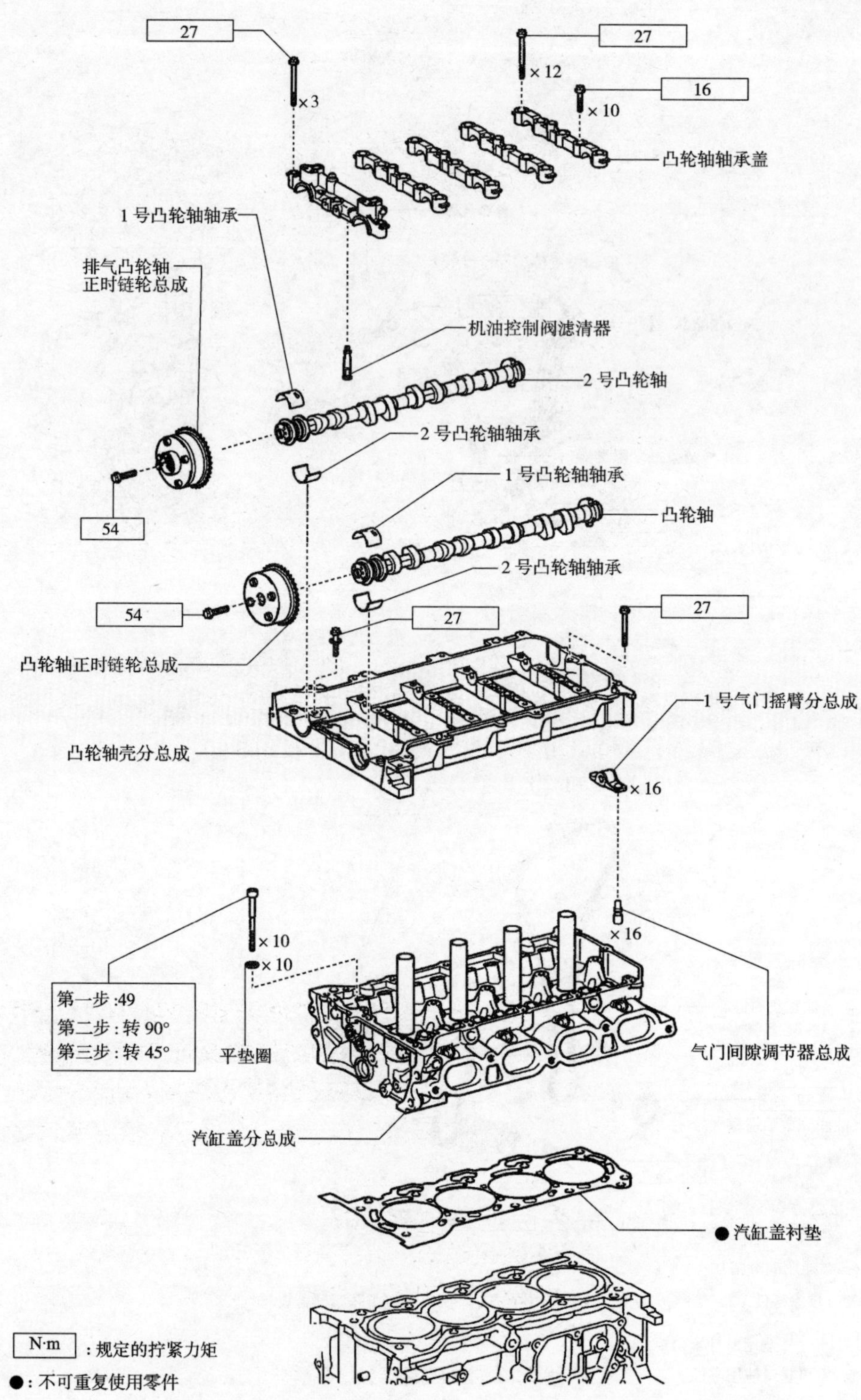

图 2-38　拆装汽缸盖衬垫相关部件分解图(6)

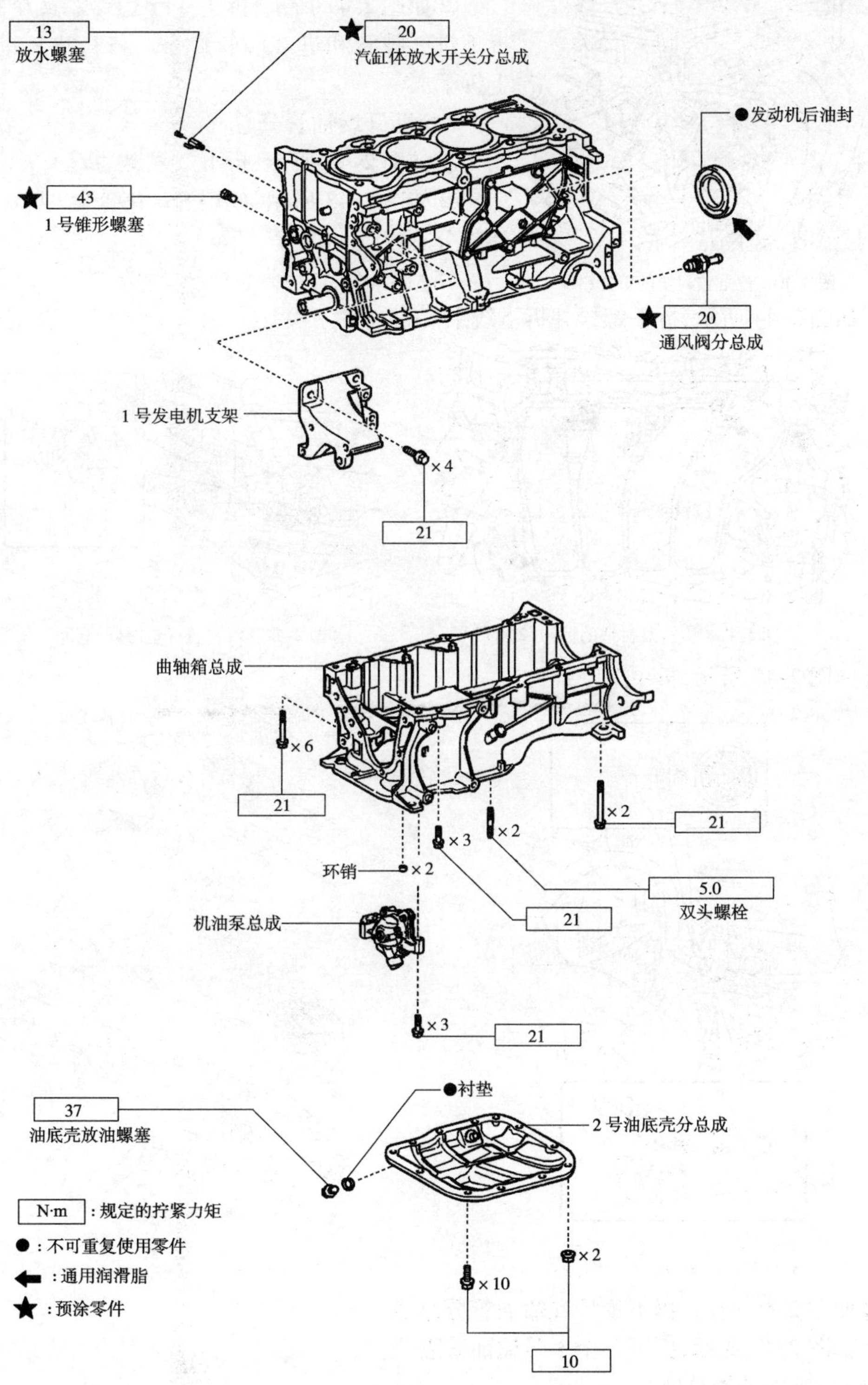

图 2-39　拆装汽缸盖衬垫相关部件分解图(7)

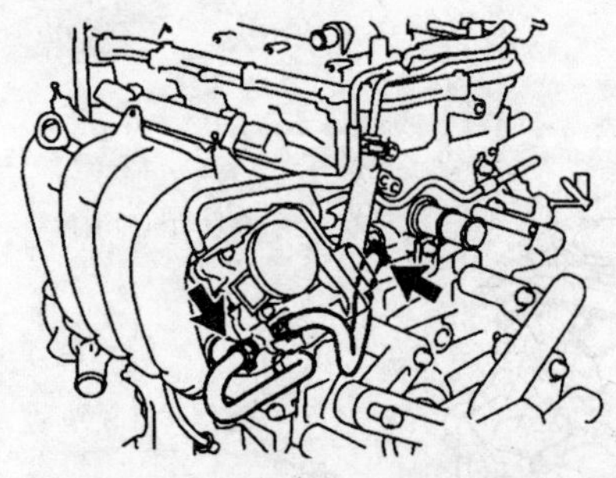
图 2-40　汽缸盖衬垫的拆卸(1)

②如图 2-41 所示,拆下 4 个螺栓和 2 个螺母,并拆下进气歧管和进气歧管撑条。将衬垫从进气歧管上拆下。

(4)断开燃油管分总成。

①如图 2-42 所示,拆下 2 号燃油管卡夹。

②如图 2-43 所示,使用 SST 09268-21010,断开燃油管分总成。

(5)拆卸输油管分总成。

①如图 2-44 所示,拆下螺栓并拆下线束支架。

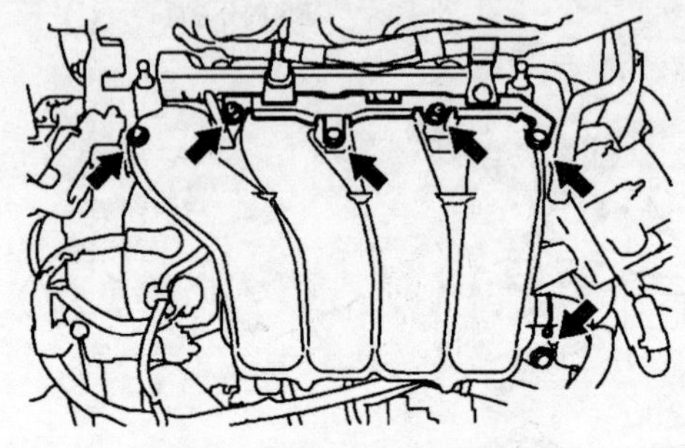
图 2-41　汽缸盖衬垫的拆卸(2)

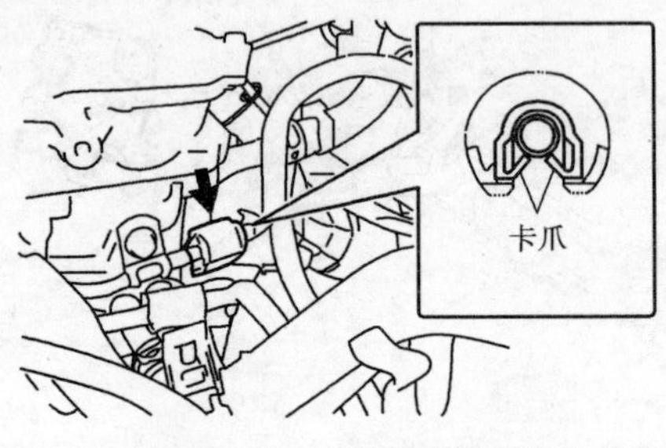

图 2-42　汽缸盖衬垫的拆卸(3)

②如图 2-45 所示,拆下 2 个螺栓。

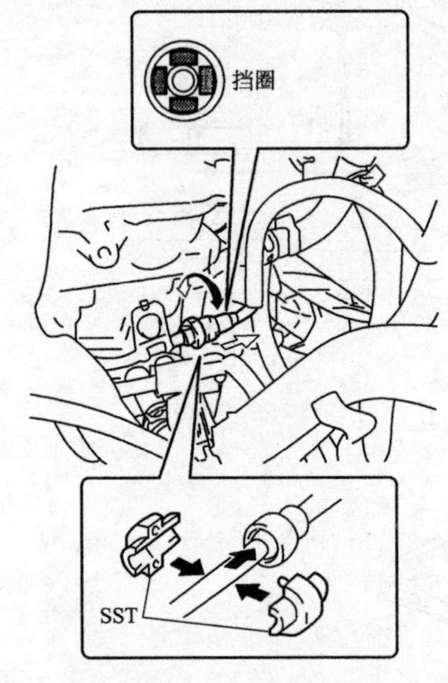

图 2-43　汽缸盖衬垫的拆卸(4)

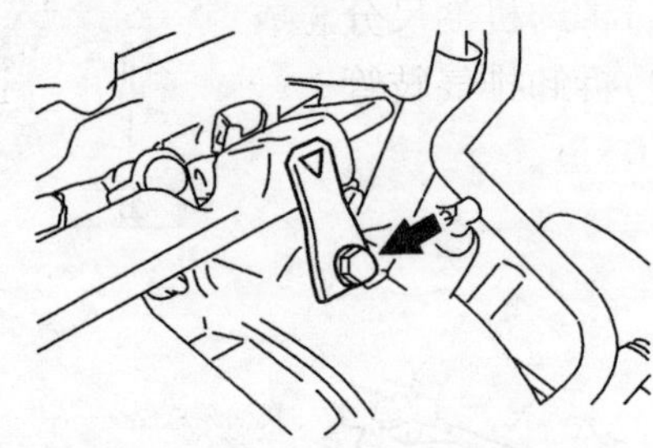
图 2-44　汽缸盖衬垫的拆卸(5)

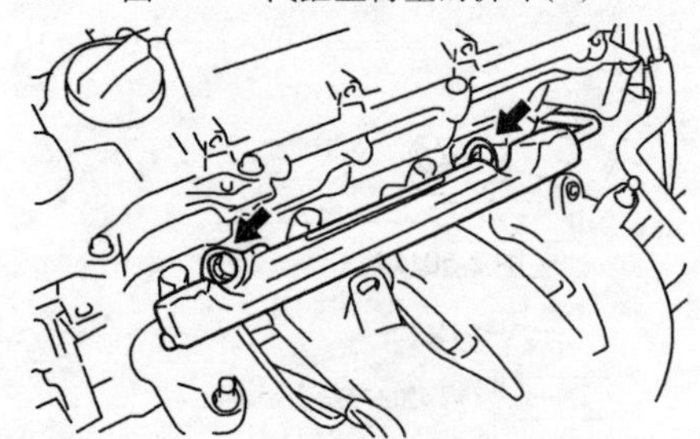
图 2-45　汽缸盖衬垫的拆卸(6)

③如图 2-46 所示,拆下螺栓和输油管分总成。

④如图 2-47 所示,拆下 2 个 1 号输油管隔垫。

(6)拆卸喷油器总成。

①如图 2-48 所示,从燃油输油管分总成中拉出 4 个喷油器总成。

②如图 2-49 所示,重新安装时,在喷油器轴上贴上标签。注意:用塑料袋将喷油器包起

来，以防异物进入。

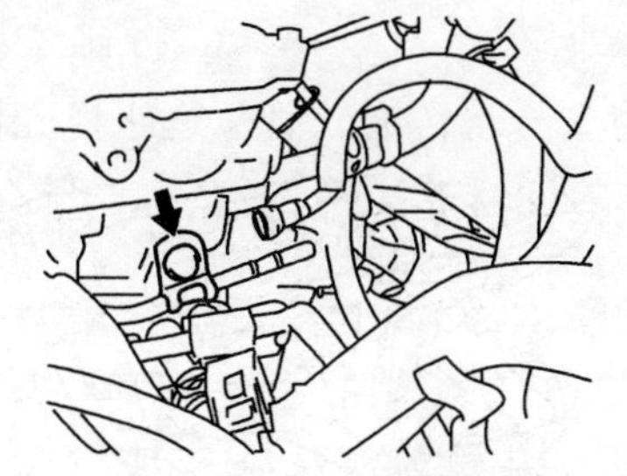

图 2-46　汽缸盖衬垫的拆卸(7)

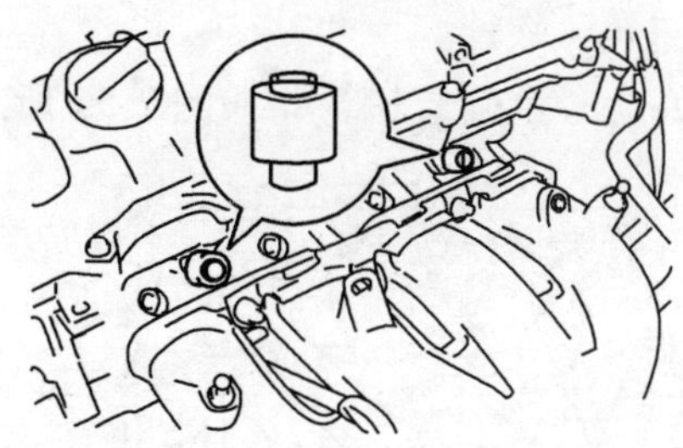

图 2-47　汽缸盖衬垫的拆卸(8)

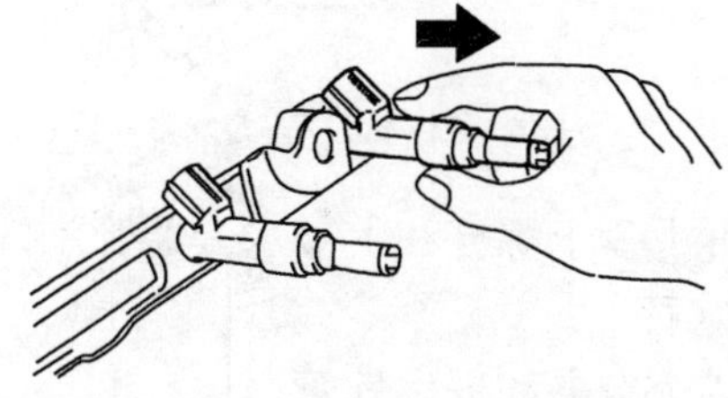

图 2-48　汽缸盖衬垫的拆卸(9)

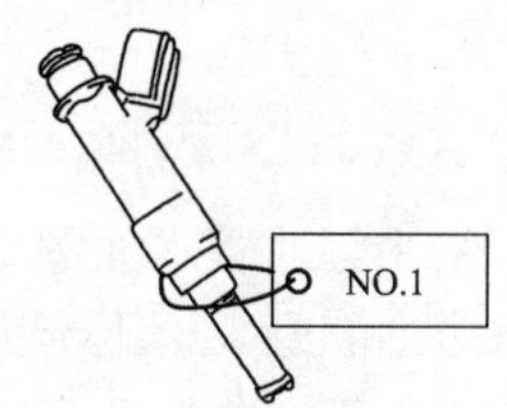

图 2-49　汽缸盖衬垫的拆卸(10)

③如图 2-50 所示，拆下 4 个喷油器隔振垫。

(7)拆卸点火线圈总成。拆下 4 个螺栓和 4 个点火线圈。

(8)拆卸机油尺分总成。如图 2-51 所示，拆下螺栓和机油尺，从机油尺上拆下 O 形圈。

(9)拆卸排气歧管 1 号隔热罩。如图 2-52 所示，拆下 4 个螺栓和排气歧管隔热罩。

(10)拆卸排气歧管撑条。如图 2-53 所示，拆下 3 个螺栓和排气歧管撑条。

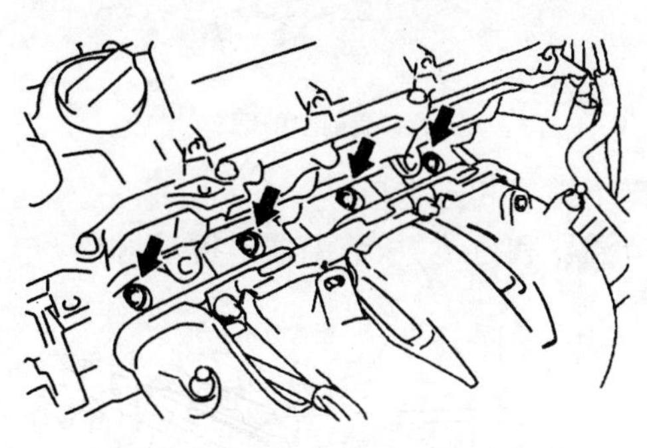

图 2-50　汽缸盖衬垫的拆卸(11)

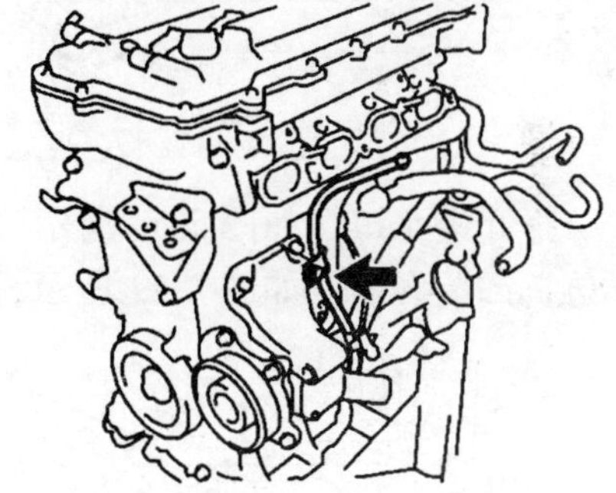

图 2-51　汽缸盖衬垫的拆卸(12)

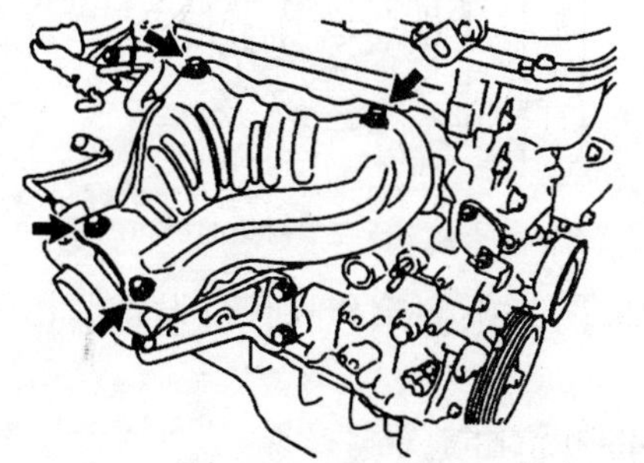

图 2-52　汽缸盖衬垫的拆卸(13)

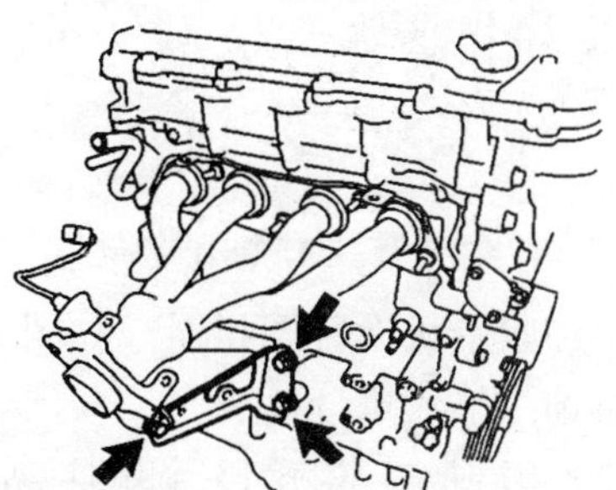

图 2-53　汽缸盖衬垫的拆卸(14)

(11)拆卸排气歧管。如图 2-54 所示,拆下 5 个螺母和排气歧管。

(12)拆卸通风软管。

(13)拆卸 3 号水旁通软管。如图 2-55 所示,将 3 号水旁通软管从进水口壳体上分离。

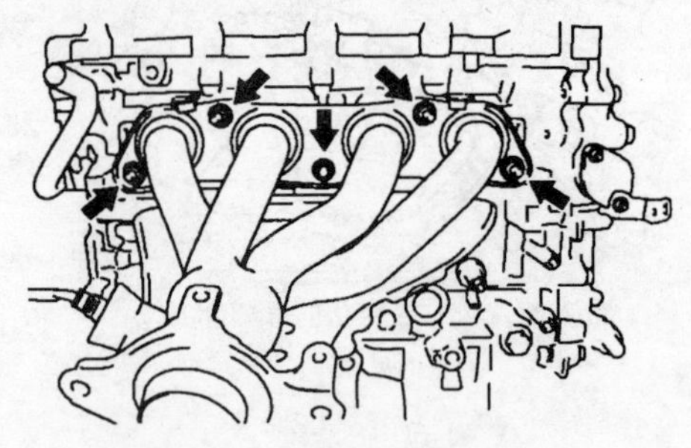

图 2-54　汽缸盖衬垫的拆卸(15)

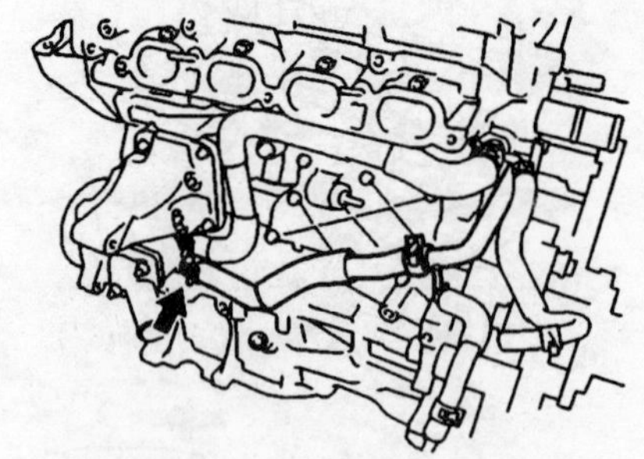

图 2-55　汽缸盖衬垫的拆卸(16)

(14)拆卸 1 号水旁通管。如图 2-56 所示,拆下 2 个螺栓和 1 号水旁通管。

(15)拆卸水旁通软管。拆下卡夹和水旁通软管。

(16)拆卸进水软管。如图 2-57 所示,拆下 2 个卡夹和进水软管。

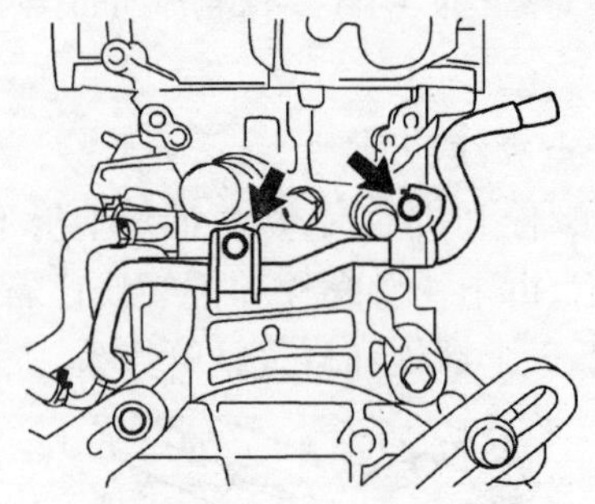

图 2-56　汽缸盖衬垫的拆卸(17)

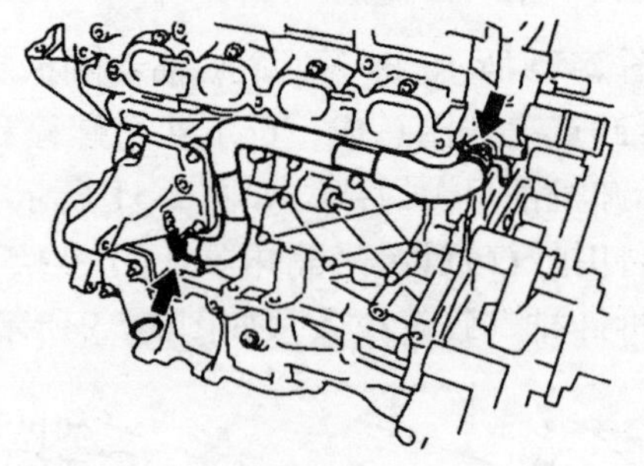

图 2-57　汽缸盖衬垫的拆卸(18)

(17)拆卸进水口。如图 2-58 所示,拆下 2 个螺母和进水口。

(18)拆卸节温器。如图 2-59 所示,拆下节温器和衬垫,从节温器上拆下衬垫。

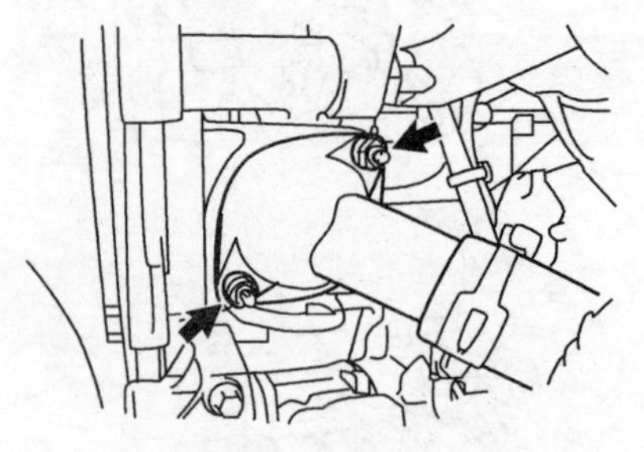

图 2-58　汽缸盖衬垫的拆卸(19)

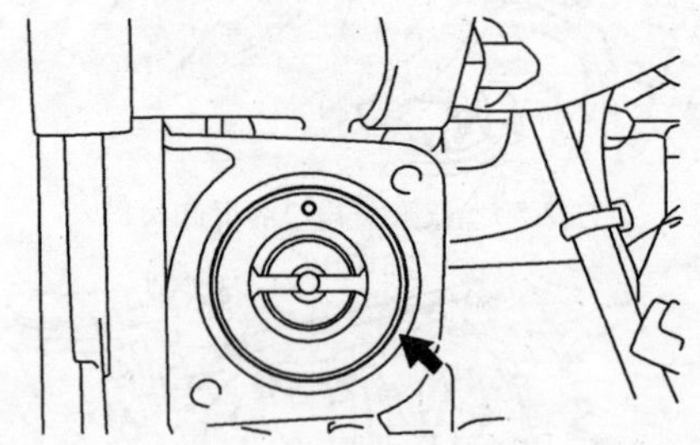

图 2-59　汽缸盖衬垫的拆卸(20)

(19)拆卸收音机设置调相器。如图 2-60 所示,拆下螺栓和收音机设置调相器。

(20)拆卸汽缸盖罩分总成。

①如图 2-61 所示,拆下 13 个螺栓、密封垫圈和汽缸盖罩。

②如图 2-62 所示,从凸轮轴轴承盖上拆下 3 个衬垫。注意:拆卸汽缸盖罩时小心不要

将衬垫掉进发动机,衬垫可能会黏附到汽缸盖罩上。

(21)如图 2-63 所示,拆卸汽缸盖罩衬垫。

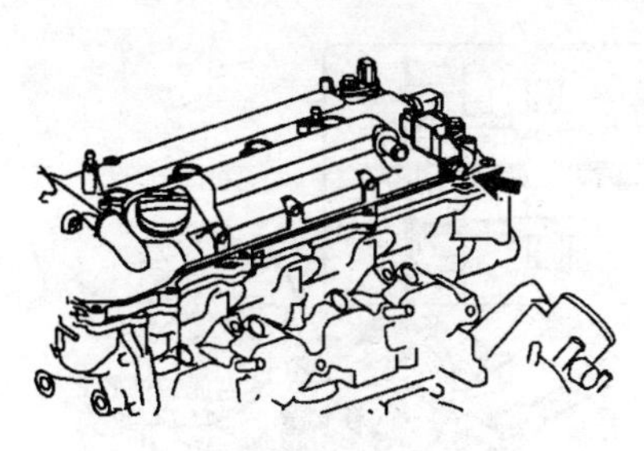

图 2-60　汽缸盖衬垫的拆卸(21)

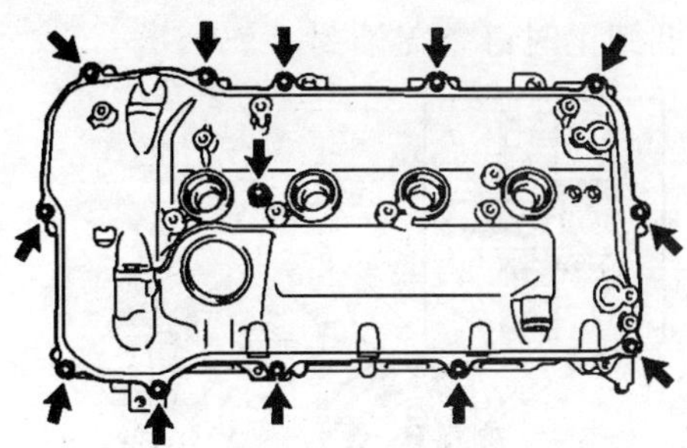

图 2-61　汽缸盖衬垫的拆卸(22)

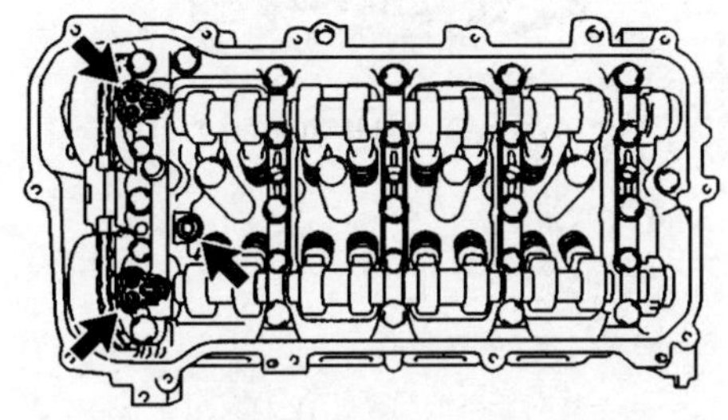

图 2-62　汽缸盖衬垫的拆卸(23)

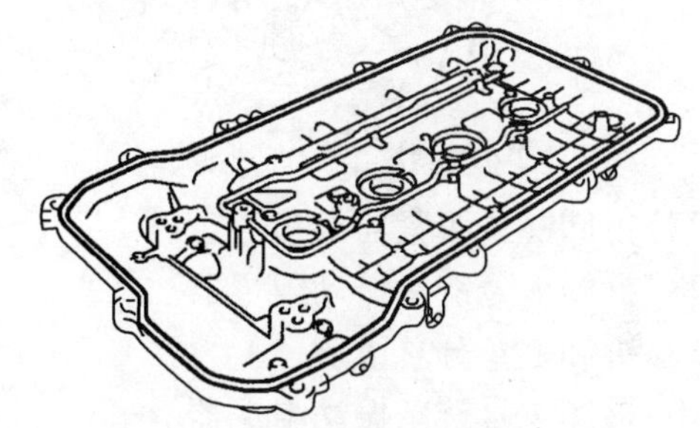

图 2-63　汽缸盖衬垫的拆卸(24)

(22)将 1 号汽缸设置到活塞压缩上止点(TDC)位置。

①转动曲轴传动带轮,直到其凹槽与正时链条盖上的正时标记"0"对准。

②如图 2-64 所示,检查并确认凸轮轴正时链轮上的各正时标记和位于 1 号和 2 号轴承盖上的各正时标记对准。如果没有对准,则转动曲轴 1 圈(360°)。如上所述对准正时标记,进行下一步骤。

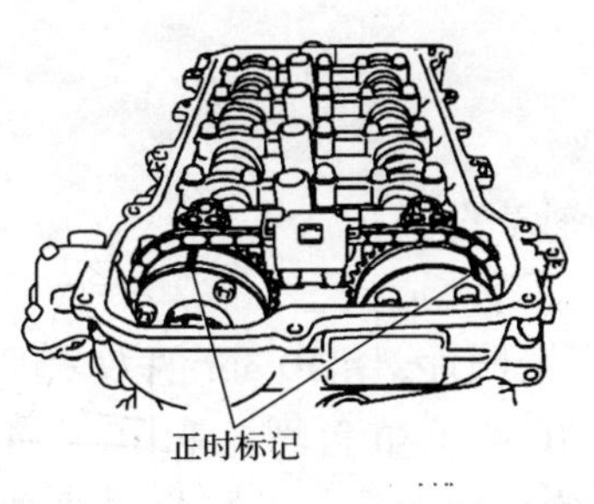

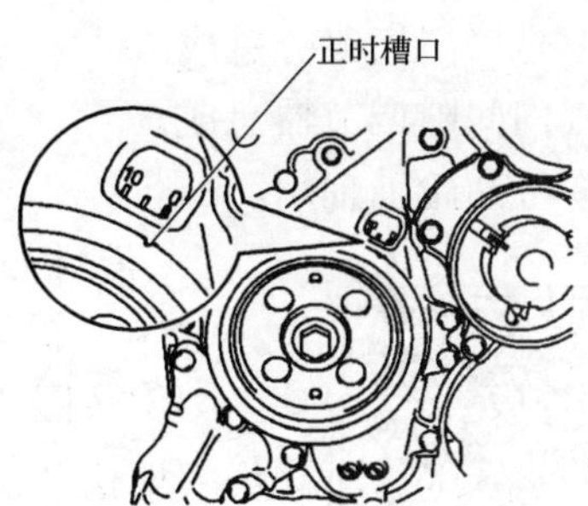

图 2-64　汽缸盖衬垫的拆卸(25)

(23)拆卸曲轴传动带轮。

①如图 2-65 所示,用 SST 09213-58013、09330-00021 固定传动带轮就位并松开齿形带轮螺栓。注意:安装 SST 时要检查其安装位置,以防止 SST 安装螺栓接触正时链条盖分总成。

②如图 2-66 所示,用 SST 09950-50013(09951-05010、09952-05010、09953-05020、09954-05021)拆下曲轴传动带轮和传动带轮螺栓。注意:如有必要,用 SST 拆下传动带轮和传动带轮螺栓。

(24)拆卸 1 号链条张紧器总成。注意:步骤(24)~(40)的具体内容,请参考"配气机构的维修”部分。

(25)拆卸正时链条盖分总成。

(26)拆卸正时链条盖油封。

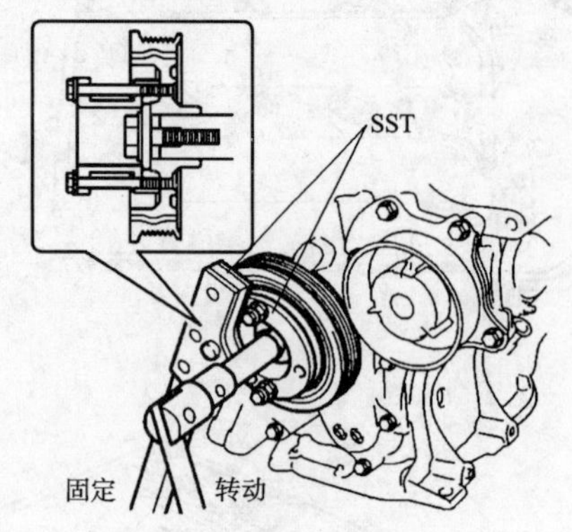

图 2-65　汽缸盖衬垫的拆卸(26)

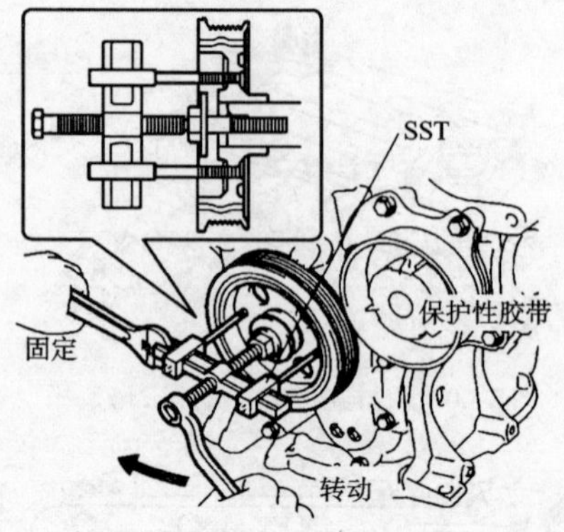

图 2-66　汽缸盖衬垫的拆卸(27)

(27)拆卸链条张紧器导板。

(28)拆卸 1 号链条振动阻尼器。

(29)拆卸链条分总成。

(30)拆卸 2 号链条振动阻尼器。

(31)拆卸凸轮轴正时链轮总成。

(32)拆卸排气凸轮轴正时链轮总成。

(33)拆卸凸轮轴轴承盖。

(34)拆卸凸轮轴。

(35)拆卸 2 号凸轮轴。

(36)拆卸 1 号凸轮轴轴承。

(37)拆卸 1 号气门摇臂分总成。

(38)拆卸气门间隙调节器总成。

(39)拆卸 2 号凸轮轴轴承。

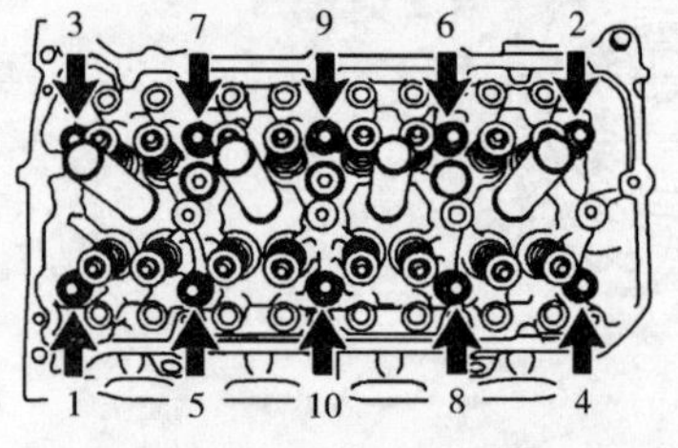

图 2-67　汽缸盖衬垫的拆卸(28)

(40)拆卸凸轮轴壳分总成。

(41)拆卸汽缸盖分总成。

①按图 2-67 所示顺序,用 10mm 的双六角扳手,分几步均匀地松开并拆下 10 个汽缸盖螺栓和 10 个平垫圈。注意:螺栓拆卸顺序不正确会导致汽缸盖翘曲或破裂。

②使用头部缠有胶带的螺丝刀,撬动汽缸盖和汽缸体之间的部位,拆下汽缸盖。注意:小心不要损坏汽缸盖和汽缸体的接触面。

(42)如图 2-68 所示,拆下汽缸盖衬垫。

2)汽缸盖衬垫的安装

(1)安装汽缸盖衬垫。如图 2-69 所示,将新衬垫放在汽缸体表面上,并使印有批次号的一面朝上。注意:清除接触面的所有机油,确保衬垫按正确的方向安装。

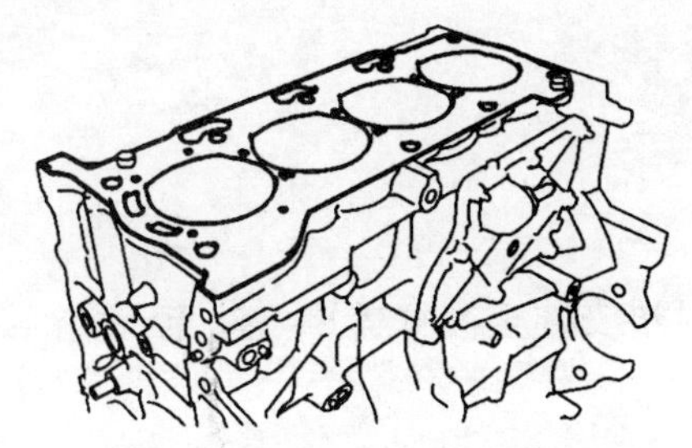
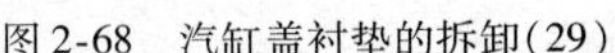

图 2-68　汽缸盖衬垫的拆卸(29)

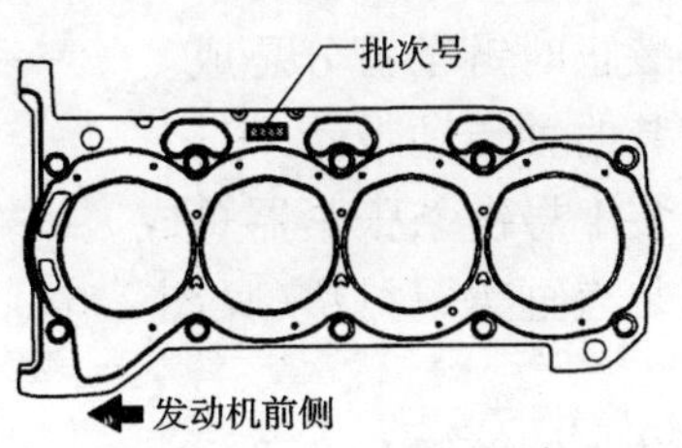

图 2-69　汽缸盖衬垫的安装(1)

(2)安装汽缸盖分总成。

①在螺栓的螺纹和与垫圈相接触的螺栓头下的部位,涂抹一薄层发动机机油。

②将螺栓和平垫圈安装至汽缸盖。注意:不要将垫圈掉到汽缸盖里。

③按图 2-70 所示顺序,用 10mm 的双六角扳手,分几步均匀地安装并紧固 10 个汽缸盖固定螺栓和平垫圈,拧紧力矩:49N · m。

④如图 2-71 所示,用油漆在汽缸盖螺栓前端作标记。将汽缸盖螺栓再次紧固 90°,然后再紧固 45°。

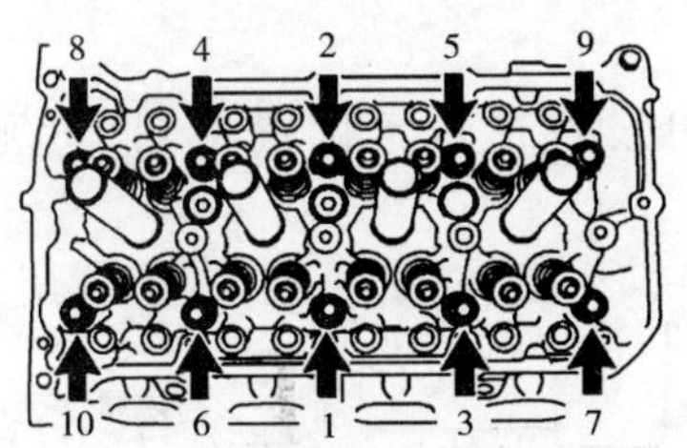

图 2-70　汽缸盖衬垫的安装(2)

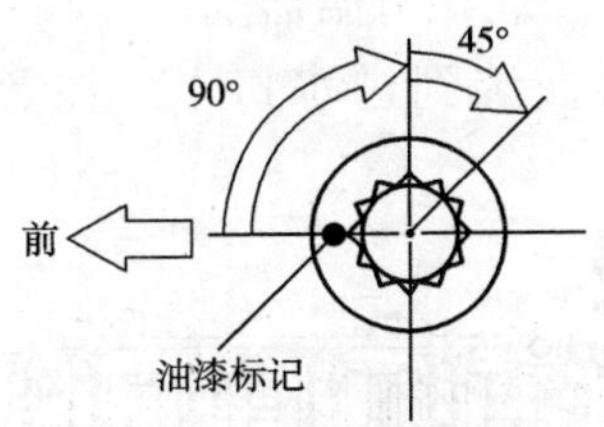

图 2-71　汽缸盖衬垫的安装(3)

⑤检查并确认油漆标记现在与前端成 135°。

(3)安装气门间隙调节器总成。注意:步骤(3)~(20)的具体内容,请参考“配气机构的维修”部分。

(4)安装 1 号气门摇臂分总成。

(5)安装 1 号凸轮轴轴承。

(6)安装 2 号凸轮轴轴承。

(7)安装 2 号凸轮轴。

(8)安装凸轮轴。

(9)安装凸轮轴轴承盖。

(10)安装凸轮轴壳分总成。

(11)安装凸轮轴正时链轮总成。

(12)安装排气凸轮轴正时链轮总成。

(13)安装 1 号链条振动阻尼器。

(14)安装 2 号链条振动阻尼器。

(15)安装链条分总成。

(16)安装链条张紧器导板。

(17)安装正时链条盖油封。

(18)安装正时链条盖分总成。

(19)安装曲轴传动带轮。

(20)安装1号链条张紧器总成。

(21)安装汽缸盖罩衬垫(见图2-63)。将衬垫安装至汽缸盖罩。注意:清除接触面的所有机油。

(22)安装汽缸盖罩分总成。

①将3个新衬垫安装至1号凸轮轴轴承盖(见图2-62)。

②如图2-72所示,涂抹密封胶。密封胶:丰田原厂黑密封胶、Three Bond 1207B或同等产品。注意:清除接触面的所有机油。涂抹密封胶后3min内安装汽缸盖罩,并在15min内紧固螺栓。安装后至少2h内不要起动发动机。

③见图2-61,用1个新密封垫圈和13个螺栓安装汽缸盖罩,拧紧力矩:10N·m。

(23)安装收音机设置调相器(见图2-60)。用螺栓安装收音机设置调相器,拧紧力矩:10N·m。

(24)安装节温器。

①将新衬垫安装在节温器上。

②将节温器安装到进水口上。注意:跳阀可设置在规定位置两侧10°范围内(见图2-73)。

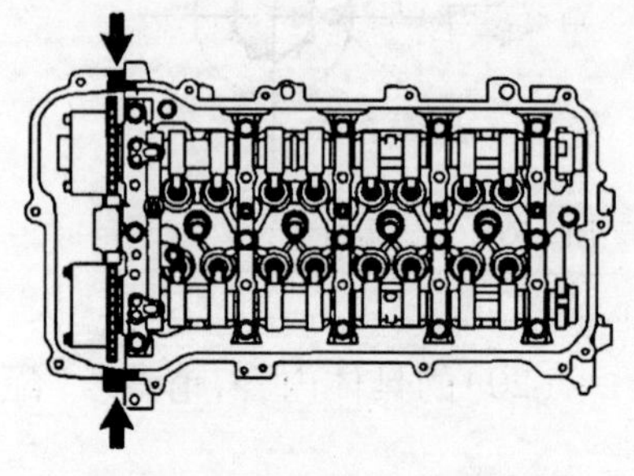

图2-72 汽缸盖衬垫的安装(4)

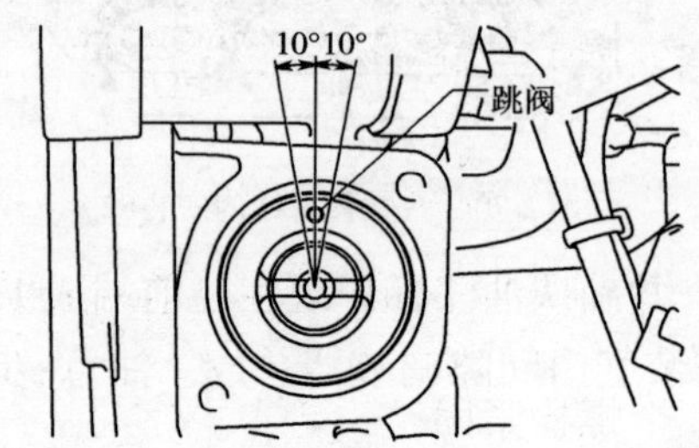

图2-73 汽缸盖衬垫的安装(5)

(25)安装进水口。见图2-58,用2个螺母安装进水口,拧紧力矩:10N·m。

(26)安装进水软管(见图2-57)。用2个卡夹安装进水软管。

(27)安装水旁通软管。用卡夹安装水旁通软管。

(28)安装1号水旁通管(见图2-56)。用2个螺栓安装1号水旁通管,拧紧力矩:21N·m。

(29)安装3号水旁通软管(见图2-55)。将3号水旁通软管连接至进水口壳体。

(30)安装通风软管。

(31)检查排气歧管。

(32)安装排气歧管(见图2-54)。将新衬垫安装到排气歧管上。用5个螺母安装排气歧管,拧紧力矩:21N·m。

(33)安装排气歧管撑条(见图2-53)。用3个螺栓安装歧管撑条,拧紧力矩:43N·m。

(34)安装排气歧管1号隔热罩(见图2-52)。使用4个螺栓安装排气歧管隔热罩,拧紧力矩:12N·m。

(35)安装机油尺分总成(见图2-51)。在新O形圈上涂抹发动机机油。用螺栓安装机油尺,使之穿过新O形圈,拧紧力矩:21N·m。

(36)安装点火线圈总成。用4个螺栓安装4个点火线圈,拧紧力矩:10N·m。

(37)安装喷油器总成。

①如图2-74所示,将新喷油器隔振垫安装到喷油器总成上。在喷油器总成O形圈接触面上涂抹一薄层汽油或锭子油。

②如图2-75所示,向左和向右转动喷油器总成,以将其安装到输油管分总成上。注意:不要扭曲O形圈。安装喷油器后,检查并确认它们可以平稳转动。如果不能平稳转动,换上新的O形圈。

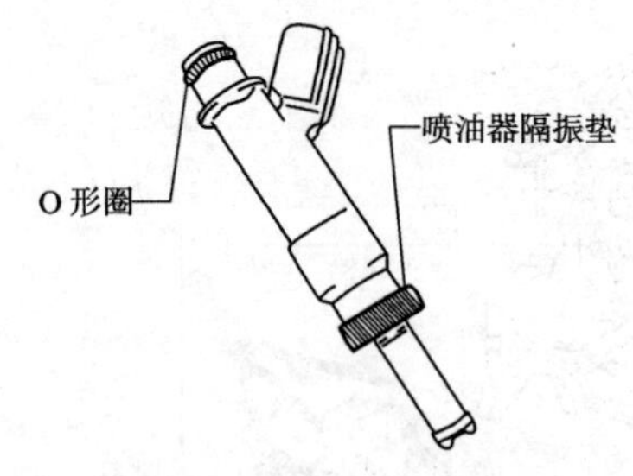

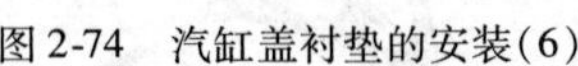
图2-74 汽缸盖衬垫的安装(6)

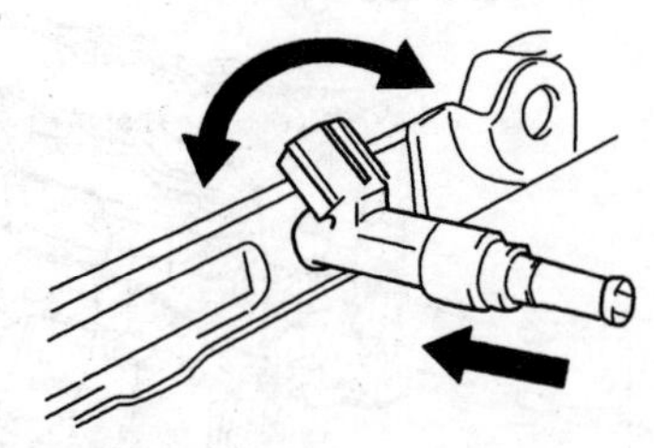

图2-75 汽缸盖衬垫的安装(7)

(38)安装1号输油管隔垫。见图2-47,将2个1号输油管隔垫安装到汽缸盖上。注意:以正确方向安装1号输油管隔垫。

(39)安装输油管分总成。

①见图2-45,安装输油管分总成和4个喷油器总成,然后暂时安装2个螺栓。注意:安装输油管分总成时不要掉落喷油器。安装输油管分总成后,检查并确认喷油器总成转动平稳。

②将2个螺栓紧固至规定力矩,拧紧力矩:21N·m。

③见图2-46,安装螺栓以固定输油管分总成,拧紧力矩:21N·m。

④见图2-44,用螺栓安装线束支架。

(40)安装燃油管分总成。

①如图2-76所示,将燃油管分总成连接器插入输油管,直到听到“咔嗒”声。

②见图2-42,安装新的2号燃油管卡夹。

(41)安装进气歧管。

①将新衬垫安装到进气歧管上。

②见图2-41,用4个螺栓和2个螺母安装进气歧管和进气歧管撑条,拧紧力矩:28N·m。

③连接2根水旁通软管。

④将通风软管连接到进气歧管上。

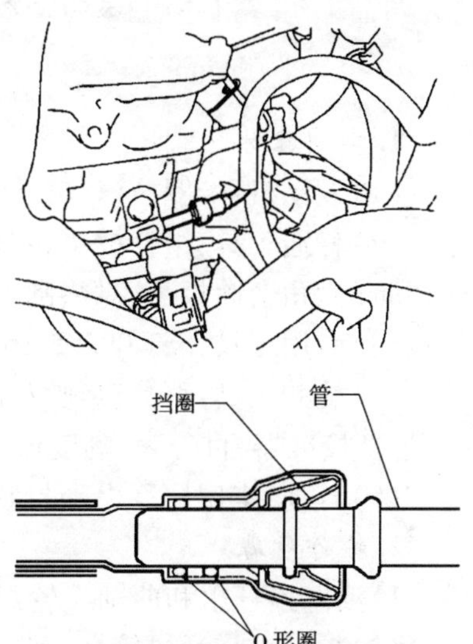

图2-76 汽缸盖衬垫的安装(8)

⑤见图 2-40,用 2 个螺栓安装进气歧管,拧紧力矩:10N · m。

⑥安装线束支架,拧紧力矩:10N · m。

(42)拆卸发动机台架。用起重机安装发动机吊链装置和发动机。从发动机台架上拆下发动机。

(43)安装带变速器的发动机总成(参见"发动机总成的维修"部分)。

三、活塞连杆组和曲轴飞轮组部件的维修

活塞连杆组和曲轴飞轮组部件分解图如图 2-77 和图 2-78 所示。

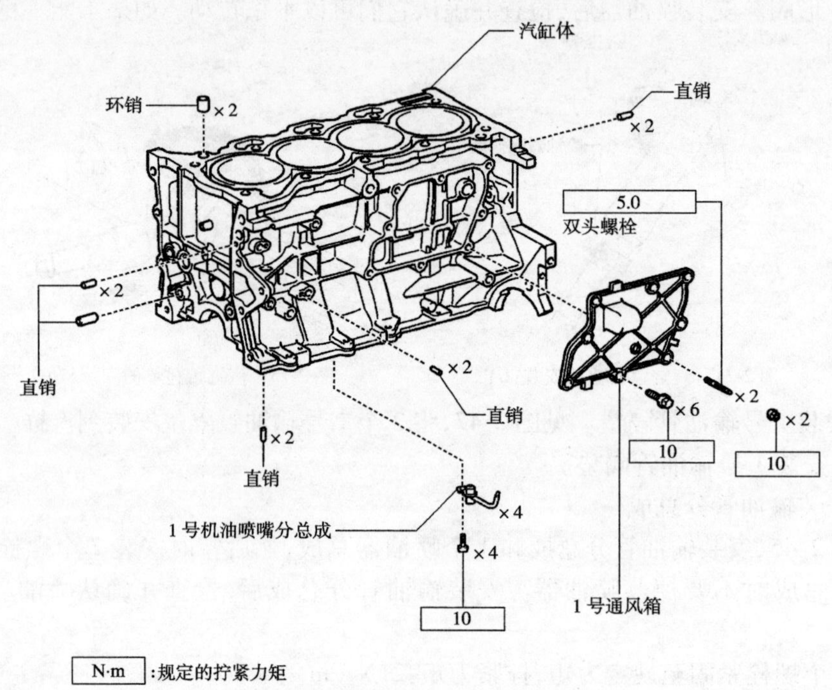

图 2-77　活塞连杆组和曲轴飞轮组部件分解图(1)

1. 实训器材

(1)发动机:卡罗拉(1.6L)车型发动机。

(2)普通工具:组合扳手、螺丝刀、钳子、扭力扳手、胶带、铰刀、活塞环扩张器、塑料锤、铜棒、5mm 六角套筒扳手、衬垫刮刀、环槽清洁工具、刷子和溶剂、V 形块。

(3)专用工具:SST 09205-16010 汽缸盖螺栓扳手。

(4)检测工具:百分表、塑料间隙规、精密直尺、量缸表、千分尺、测隙规、测径规、游标卡尺、连杆校准器、百分表、刻度尺。

(5)其他:丰田原厂黑密封胶、Three Bond 1207B 或同等产品等。

2. 操作步骤

1)活塞连杆组和曲轴飞轮组部件的拆解

(1)拆卸 1 号通风箱。

①如图 2-79 所示,拆下 6 个螺栓和 2 个螺母。

②如图 2-80 所示，用螺丝刀撬动 1 号通风箱和汽缸体之间的部位，拆下 1 号通风箱。注意：不要损坏汽缸体和 1 号通风箱的接触面。使用螺丝刀之前，需在螺丝刀头部缠上胶带。

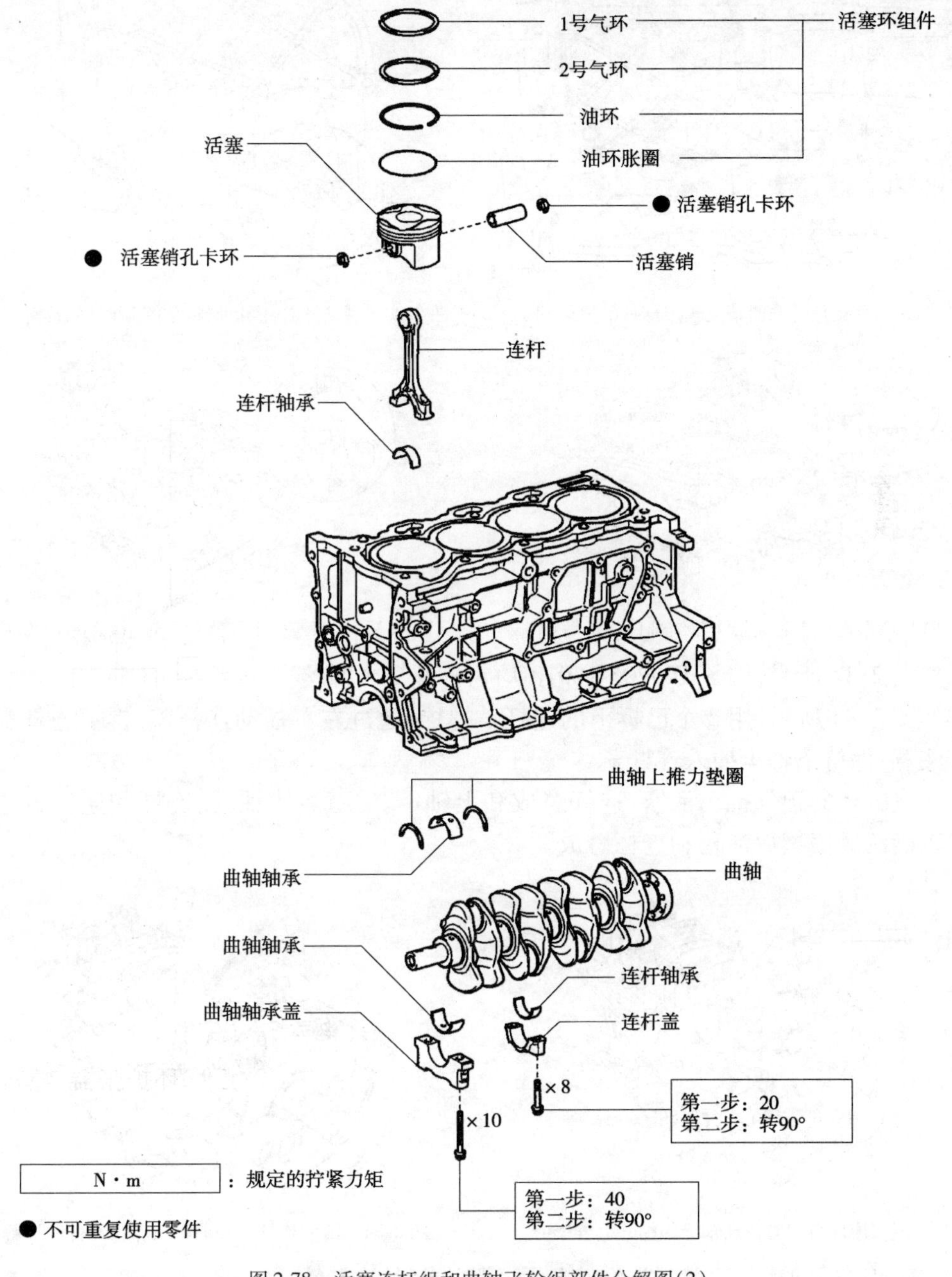

图 2-78　活塞连杆组和曲轴飞轮组部件分解图（2）

（2）拆卸带连杆的活塞分总成。

①如图 2-81 所示，用铰刀清除汽缸顶部的所有积炭。

②如图 2-82 所示，检查并确认连杆和连杆盖上的装配标记相互对准以确保正确的重新装配。注意：连杆和连杆盖的装配标记是为了确保正确地重新安装。

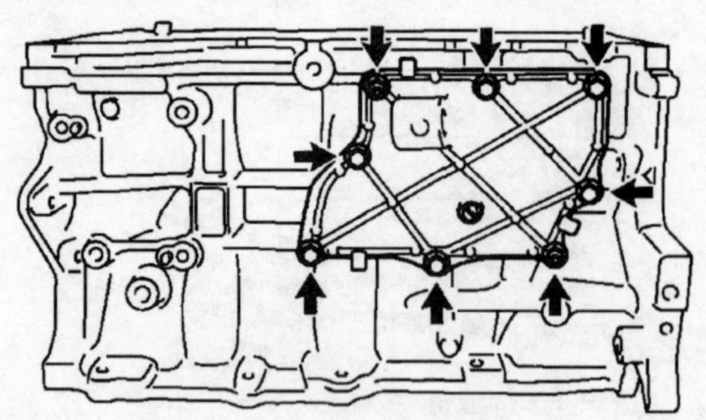

图 2-79　活塞连杆组和曲轴飞轮组部件的拆解(1)

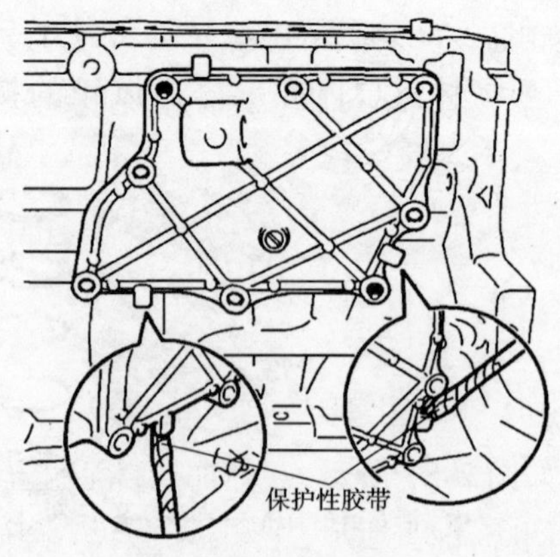

图 2-80　活塞连杆组和曲轴飞轮组部件的拆解(2)

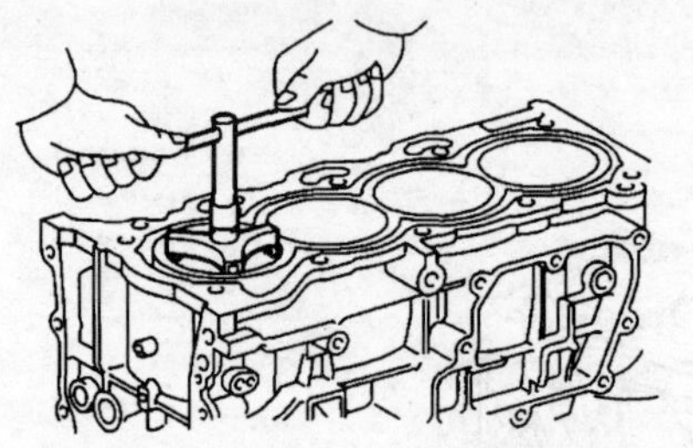

图 2-81　活塞连杆组和曲轴飞轮组部件的拆解(3)

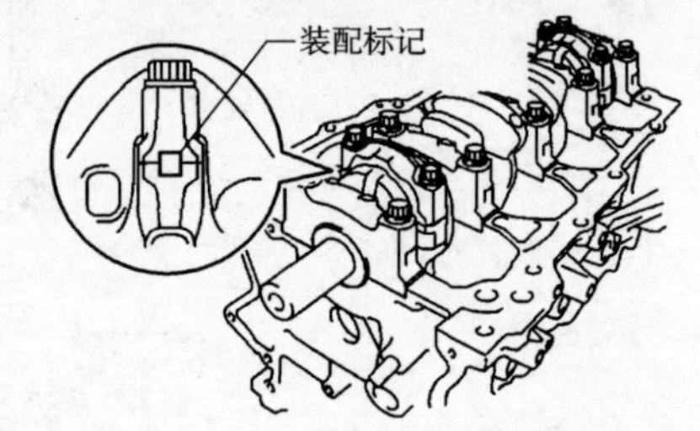

图 2-82　活塞连杆组和曲轴飞轮组部件的拆解(4)

③如图 2-83 所示,用 SST09205-16010 均匀松开 2 个螺栓。

④如图 2-84 所示,用 2 个已拆下的连杆盖螺栓,通过左右摇动连杆盖,拆下连杆盖和下轴承。注意:保持下轴承插入连杆盖。

⑤从汽缸体的顶部推出活塞、连杆总成和上轴承。注意:使轴承、连杆和连杆盖连在一起。按正确的顺序摆放活塞和连杆总成。

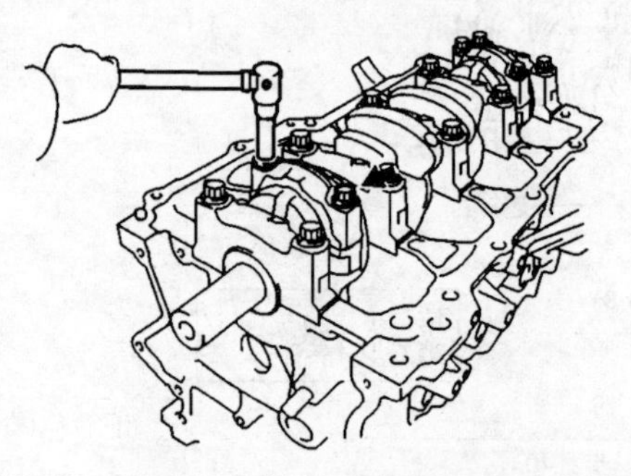

图 2-83　活塞连杆组和曲轴飞轮组部件的拆解(5)

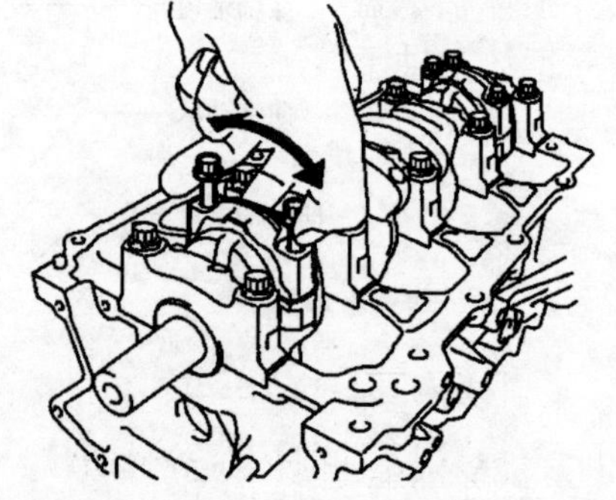

图 2-84　活塞连杆组和曲轴飞轮组部件的拆解(6)

(3)拆卸连杆轴承。注意:按正确的顺序摆放拆下的零件。

(4)拆卸活塞环组件。如图 2-85 所示,用活塞环扩张器拆下 2 个气环,用手拆下油环刮片和油环胀圈。注意:按正确的顺序摆放拆下的零件。

(5)拆卸活塞。

①如图 2-86 所示,使用螺丝刀撬出 2 个卡环。

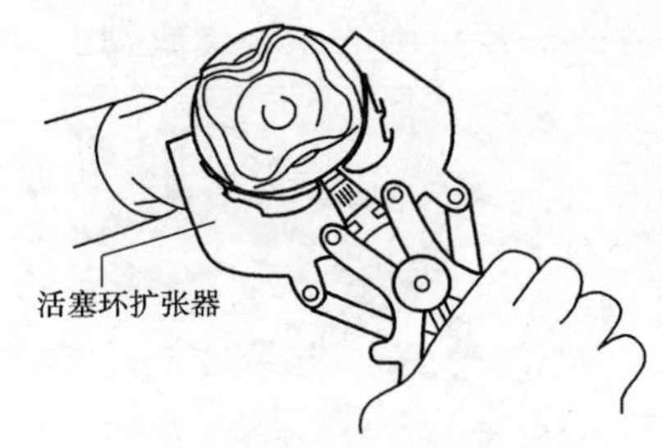
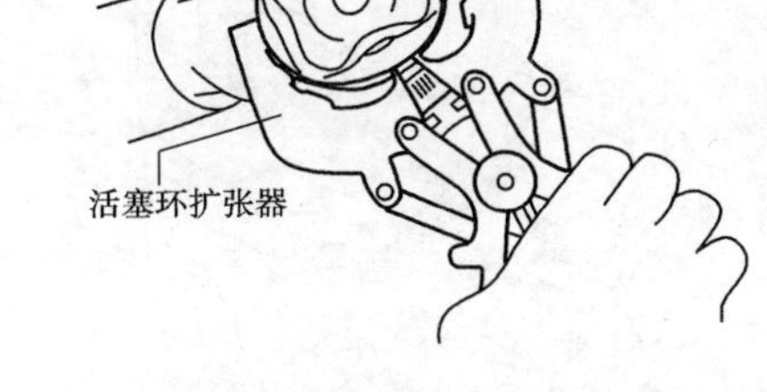

图 2-85　活塞连杆组和曲轴飞轮组部件的拆解(7)

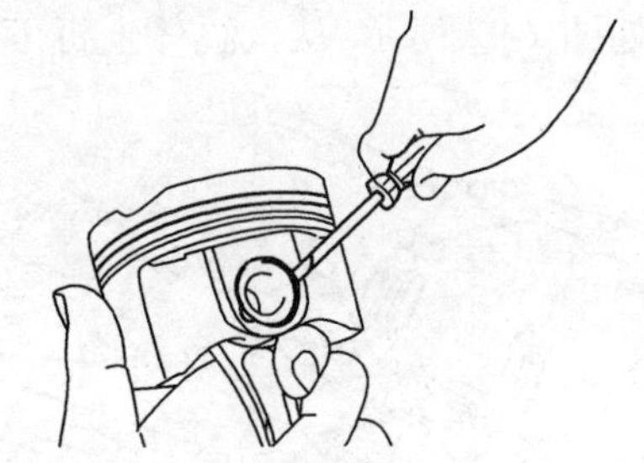

图 2-86　活塞连杆组和曲轴飞轮组部件的拆解(8)

②如图 2-87 所示,逐渐加热各活塞至 80～90℃。

③如图 2-88 所示,用塑料锤和铜棒,轻轻敲出活塞销并拆下连杆。注意:活塞和活塞销是一组配套件,按正确的顺序摆放活塞、活塞销、活塞环、连杆和轴承。

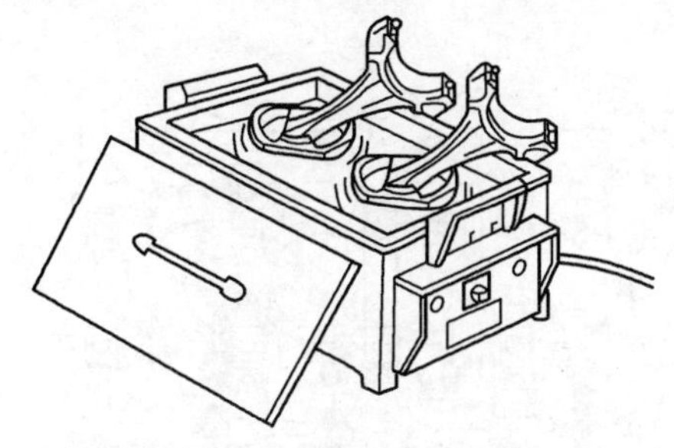

图 2-87　活塞连杆组和曲轴飞轮组部件的拆解(9)

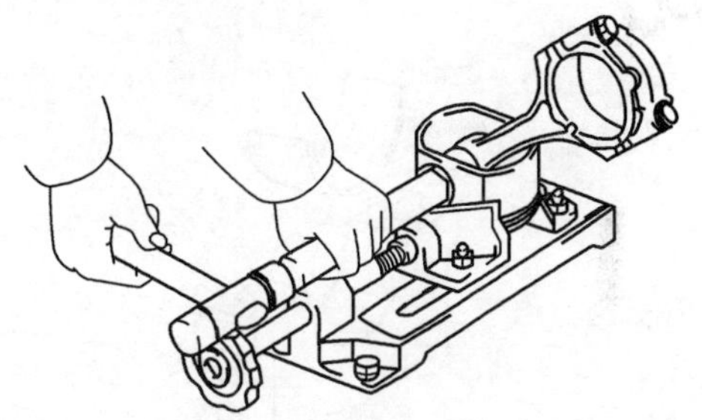

图 2-88　活塞连杆组和曲轴飞轮组部件的拆解(10)

(6)拆卸曲轴。

①按图 2-89 所示顺序,均匀地拧松并拆下 10 个主轴承盖螺栓。

②用 2 个已拆下的主轴承盖螺栓拆下 5 个主轴承盖和 5 个下轴承。注意:依次将螺栓插入轴承盖。如图 2-90 所示,轻轻地向上拉并向汽缸体的前、后侧施加力,将轴承盖拉出,小心不要损坏轴承盖和汽缸体的接触面。应将下轴承和主轴承盖作为一个组件保存,按正确的顺序摆放主轴承盖。

③提出曲轴。

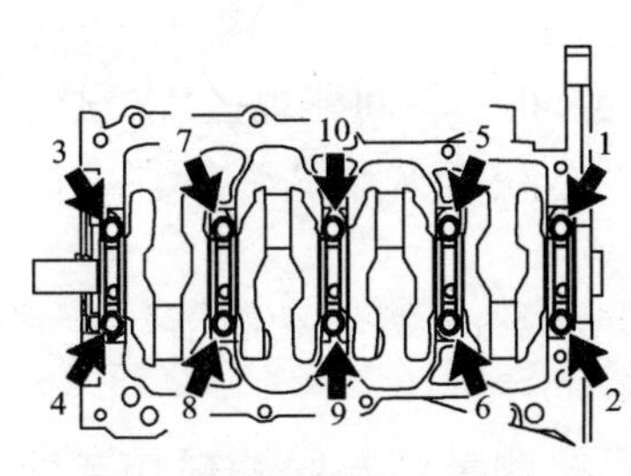

图 2-89　活塞连杆组和曲轴飞轮组部件的拆解(11)

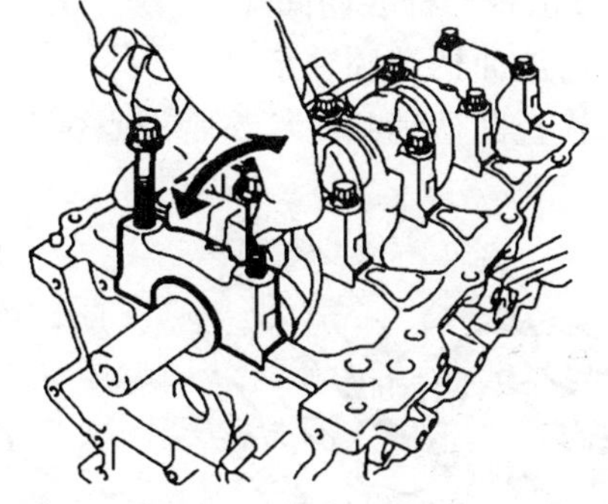

图 2-90　活塞连杆组和曲轴飞轮组部件的拆解(12)

(7)如图 2-91 所示,从汽缸体上拆下曲轴上推力垫圈。

(8)拆卸曲轴轴承。

①如图 2-92 所示,从汽缸体上拆下 5 个主轴承。注意:按正确的顺序摆放轴承。

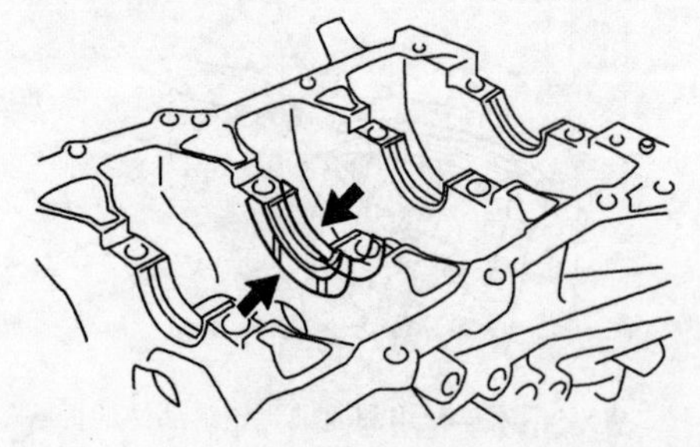

图 2-91 活塞连杆组和曲轴飞轮组部件的拆解(13)

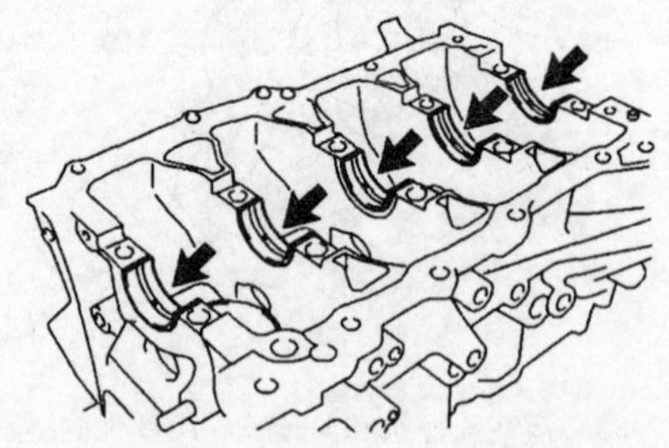

图 2-92 活塞连杆组和曲轴飞轮组部件的拆解(14)

②如图 2-93 所示,从 5 个主轴承盖上拆下 5 个下主轴承。注意:按正确的顺序摆放轴承。

(9)拆卸 1 号机油喷嘴分总成。如图 2-94 所示,用 5mm 六角套筒扳手拆下螺栓和机油喷嘴。

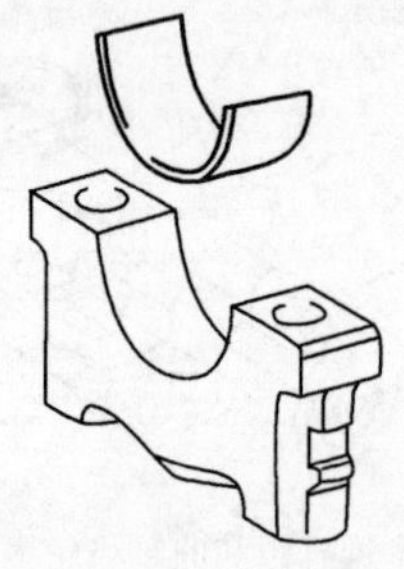

图 2-93 活塞连杆组和曲轴飞轮组部件的拆解(15)

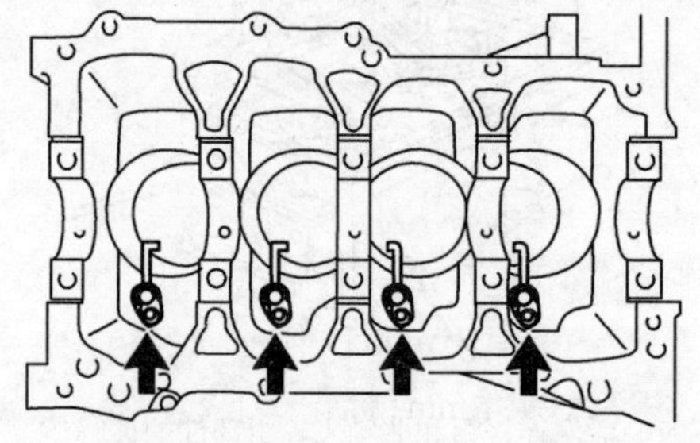

图 2-94 活塞连杆组和曲轴飞轮组部件的拆解(16)

2)活塞连杆组和曲轴飞轮组部件的检查

(1)检查连杆轴向间隙。

①安装连杆盖。

②如图 2-95 所示,来回移动连杆的同时,用百分表测量轴向间隙。标准轴向间隙:0.160 ~0.342mm,最大轴向间隙:0.342mm。如果轴向间隙大于最大值,则必要时更换连杆总成。如有必要,则更换曲轴。

(2)检查连杆径向间隙。

①清洁曲柄销和轴承。

②检查曲柄销和轴承是否有点蚀和划痕。

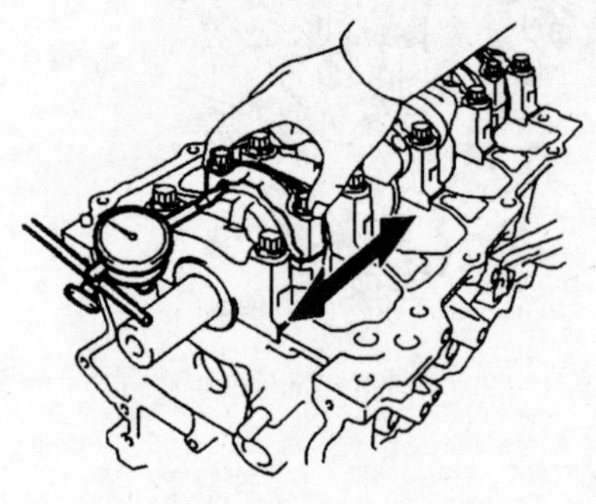

图 2-95 检查连杆轴向间隙

③如图 2-96 所示,将塑料间隙规摆放在曲柄销上。

④如图 2-97 所示,检查并确认连杆盖上的朝前标记应该朝前。

⑤安装连杆盖。注意:不要转动曲轴。

⑥拆下 2 个螺栓和连杆盖。

⑦如图 2-98 所示,测量塑料间隙规最宽处。标准径向间隙:0.030 ~0.062mm,最大径向间隙:0.07mm。如果径向间隙大于最大值,则更换连杆轴承。如有必要,检查曲轴。注意:测量后完全拆下塑料间隙规。

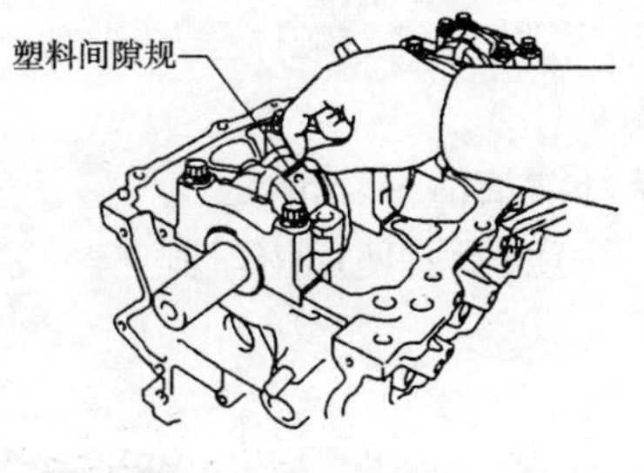

图 2-96 检查连杆径向间隙(1)

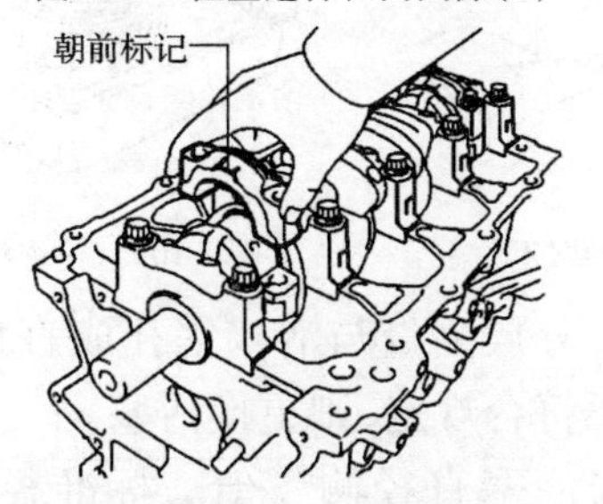

图 2-97 检查连杆径向间隙(2)

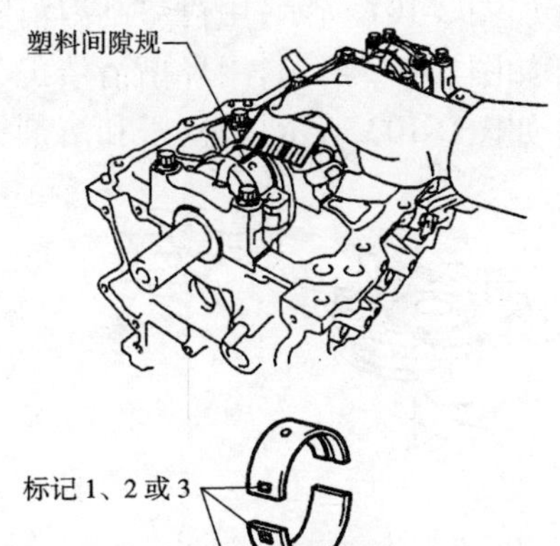

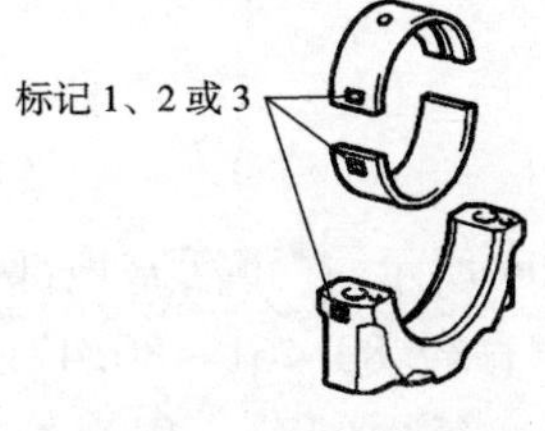

图 2-98 检查连杆径向间隙(3)

注意:如果更换轴承,则新轴承的编号应与各连杆盖的编号一致。通过各轴承表面的 1、2 或 3 指示其标准厚度。标准连杆大头孔径如下:标记 1 应为 47.000 ~ 47.008mm;标记 2 应为 47.009 ~ 47.016mm;标记 3 应为 47.017 ~ 47.024mm。标准连杆轴承厚度如下:标记 1 应为 1.489 ~ 1.493mm;标记 2 应为 1.494 ~ 1.497mm;标记 3 应为 1.498 ~ 1.501mm。标准曲柄销直径如下:标记 1、2、3 均应为 43.992 ~ 44.000mm。

(3)检查汽缸体的平面度。如图 2-99 所示,用精密直尺和测隙规,测量与汽缸盖衬垫接触的表面的平面度。最大平面度:0.05mm。如果平面度大于最大值,则更换汽缸体。

(4)检查汽缸缸径。如图 2-100 所示,用量缸表在位置 A 和 B 处测量推力方向与轴向的汽缸缸径。标准直径:80.500 ~ 80.513mm,最大直径:80.633mm。如果 4 个位置的平均缸径值大于最大值,则更换汽缸体。

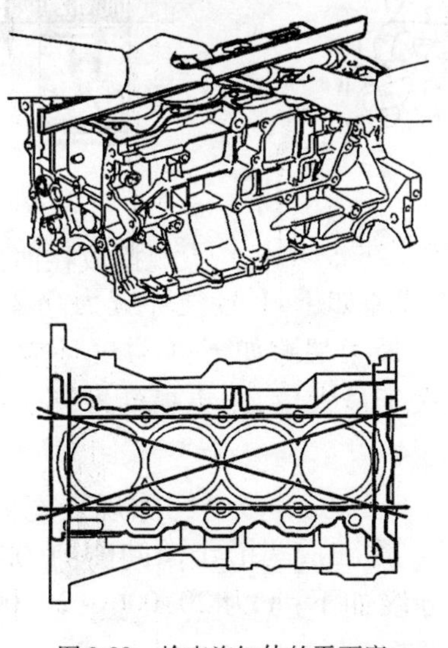

图 2-99 检查汽缸体的平面度

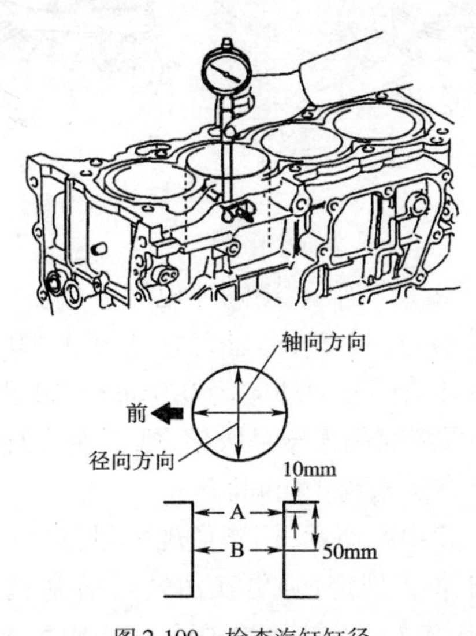

图 2-100 检查汽缸缸径

(5)检查活塞。

①如图 2-101 所示,用衬垫刮刀清除活塞顶部的积炭。

②如图 2-102 所示,用环槽清洁工具或折断的活塞环清洁活塞环槽。

③如图 2-103 所示,用刷子和溶剂彻底清洁活塞。注意:不要使用钢丝刷。

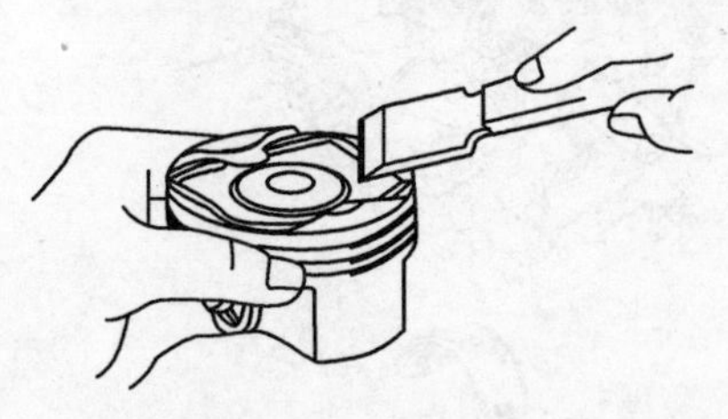

图 2-101　检查活塞(1)

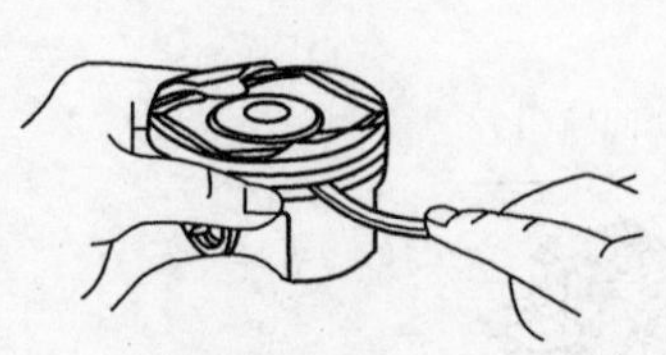

图 2-102　检查活塞(2)

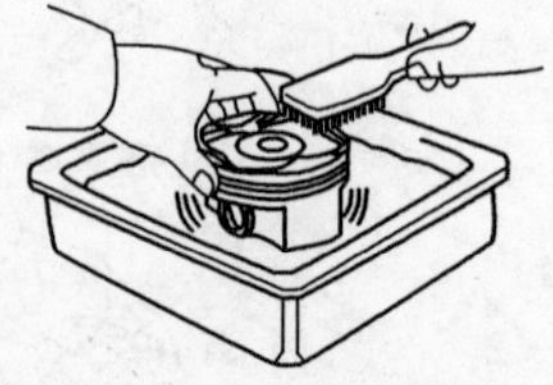

图 2-103　检查活塞(3)

④如图 2-104 所示,在距活塞顶部 12.6mm 处,用千分尺测量与活塞销孔成直角的活塞直径。标准活塞直径:80.461 ~80.471mm。如果直径不符合规定,则更换活塞。

(6)检查活塞径向间隙。用汽缸缸径测量值减去活塞直径测量值。标准径向间隙:0.029 ~0.052mm,最大径向间隙:0.09mm。如果径向间隙大于最大值,则更换所有活塞。如有必要,更换汽缸体。

(7)检查环槽间隙。如图 2-105 所示,使用测隙规测量新活塞环和环槽壁间的间隙。标准环槽间隙如下:1 号气环应为 0.02 ~0.07mm;2 号气环应为 0.02 ~0.06mm;油环应为 0.02 ~0.065mm。如果环槽间隙不符合规定,则更换活塞。

(8)检查活塞环端隙。

①如图 2-106 所示,用活塞从汽缸体的顶部将活塞环推至活塞环底部使其行程超过 50mm。

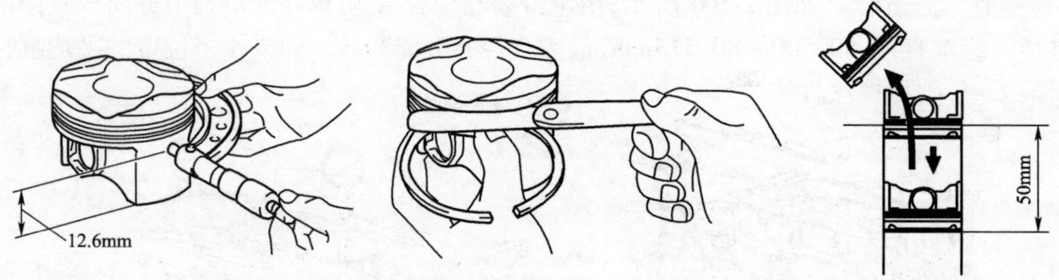

图 2-104　检查活塞(4)　　图 2-105　检查环槽间隙　　图 2-106　检查活塞环端隙(1)

②如图 2-107 所示,用测隙规测量端隙。标准端隙如下:1 号气环应为 0.2 ~0.3mm;2 号气环应为 0.3 ~0.5mm;油环应为 0.1 ~0.4mm。最大端隙如下:1 号气环应为 0.5mm;2 号气环应为 0.7mm;油环应为 0.7mm。如果端隙大于最大值,则更换活塞环。换上新的活塞环后,如果端隙仍大于最大值,则更换汽缸体。

(9)检查活塞销径向间隙。

①如图 2-108 所示,用测径规测量活塞销孔径。标准活塞销孔径:20.006 ~20.015mm。如果直径不符合规定,则更换活塞。活塞销孔径分级如下:A 为 20.006 ~20.009mm;B 为 20.010 ~20.012mm;C 为 20.013 ~20.015mm。

②如图 2-109 所示,用千分尺测量活塞销直径。标准活塞销直径:20.004 ~20.013mm。如果直径不符合规定,则更换活塞销。活塞销直径分级如下:A 为 20.004 ~20.007mm;B 为 20.008 ~20.010mm;C 为 20.011 ~20.013mm。

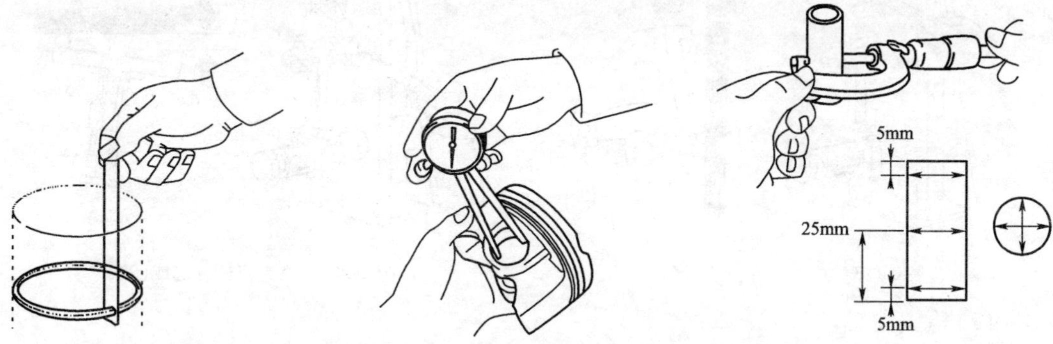

图 2-107 检查活塞环端隙(2) 图 2-108 检查活塞销径向间隙(1) 图 2-109 检查活塞销径向间隙(2)

③如图 2-110 所示,用测径规测量连杆小头孔径。标准连杆小头孔径:20.012 ~20.021mm。如果直径不符合规定,则更换连杆。连杆小头孔径分级如下:A 为 20.012 ~20.015mm;B 为 20.016 ~20.018mm;C 为 20.019 ~20.021mm。

④如图 2-111 所示,用活塞销孔直径测量值减去活塞销直径测量值。标准径向间隙:-0.001 ~0.005mm,最大径向间隙:0.010mm。如果径向间隙大于最大值,则更换连杆。如有必要,则成套更换活塞和活塞销。

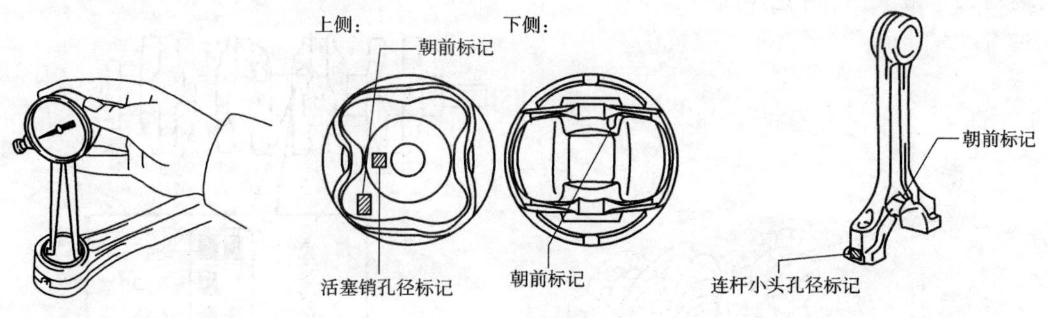

图 2-110 检查活塞销径向间隙(3)

图 2-111 检查活塞销径向间隙(4)

⑤用连杆小头孔径测量值减去活塞销直径测量值。标准径向间隙:0.005 ~0.011mm,最大径向间隙:0.014mm。如果径向间隙大于最大值,则更换连杆。如有必要,则成套更换连杆和活塞销。

(10)检查连杆螺栓。如图 2-112 所示,用游标卡尺测量螺栓受力部分的直径。标准直径:6.6 ~6.7mm,最小直径:6.4mm。如果直径小于最小值,则更换连杆螺栓。

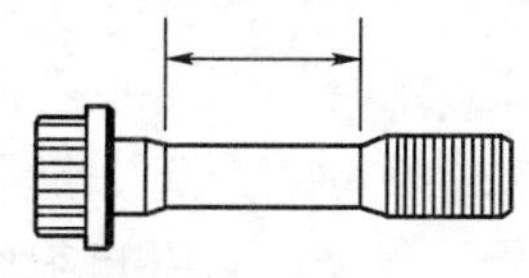

图 2-112 检查连杆螺栓

(11)检查连杆分总成。用连杆校准器和测隙规检查连杆弯曲度。

①如图 2-113 所示,检查连杆弯曲度。最大连杆弯曲度:0.05mm/100mm。如果连杆弯曲度大于最大值,则更换连杆。

②如图2-114所示,检查连杆扭曲度。最大连杆扭曲度:0.15mm/100mm。如果连杆扭曲度大于最大值,则更换连杆。

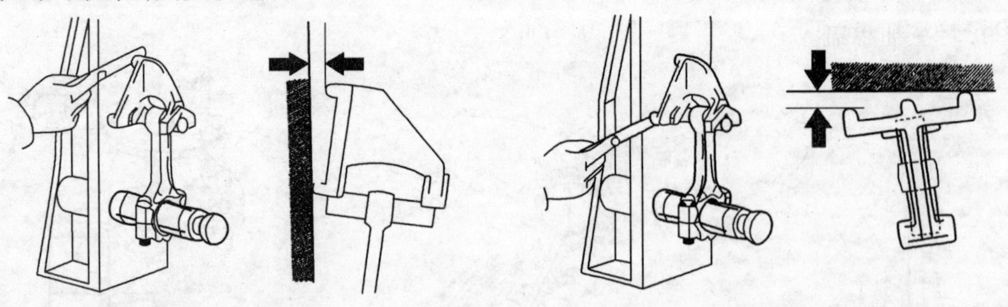

图2-113　检查连杆分总成(1)

图2-114　检查连杆分总成(2)

(12)检查曲轴。

①如图2-115所示,用百分表和V形块测量曲轴径向圆跳动。曲轴最大径向圆跳动:0.03mm。如径向圆跳动大于最大值,则更换曲轴。

②用千分尺测量各主轴颈的直径。标准直径:47.988~48.000mm。如果直径不符合规定,则检查曲轴径向间隙。标准直径(参考)如下:标记0应为47.999~48.000mm;标记1应为47.997~47.998mm;标记2应为47.995~47.996mm;标记3应为47.993~47.994mm;标记4应为47.991~47.992mm;标记5应为47.988~47.990mm。

③如图2-116所示,检查各主轴颈的径向圆跳动。最大径向圆跳动:0.004mm。如果径向圆跳动大于最大值,则更换曲轴。

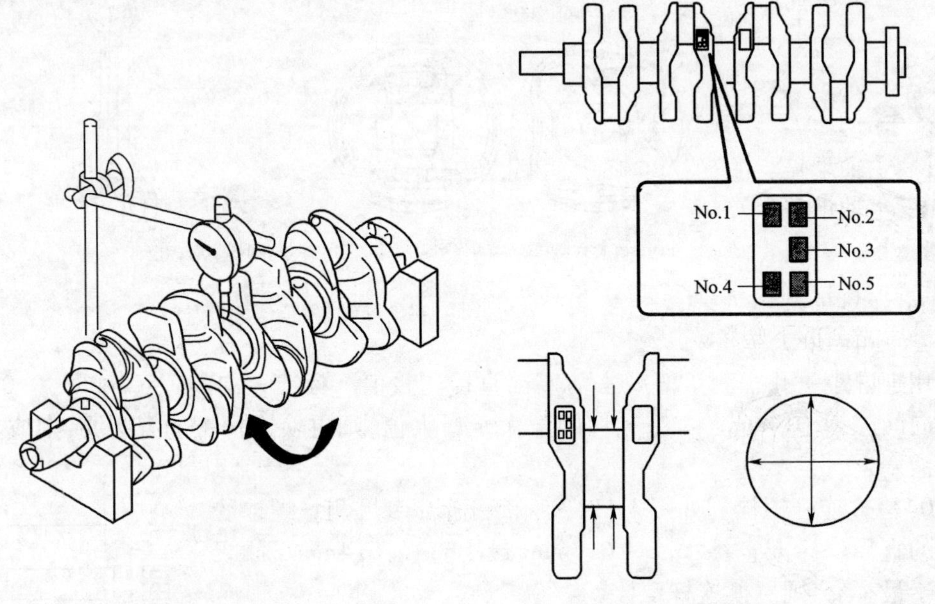

图2-115　检查曲轴(1)

图2-116　检查曲轴(2)

④如图2-117所示,用千分尺测量各曲柄销的直径。标准直径:43.992~44.000mm。如果直径不符合规定,则检查连杆径向间隙。

⑤见图2-117,检查各曲柄销的径向圆跳动。最大径向圆跳动:0.004mm。如果径向圆

跳动大于最大值,则更换曲轴。

(13)检查曲轴轴向间隙。

①安装主轴承盖。

②如图 2-118 所示,用螺丝刀来回撬动曲轴的同时,用百分表测量轴向间隙。标准轴向间隙:0.04 ~0.14mm,最大轴向间隙:0.18mm。如果轴向间隙大于最大值,则成套更换推力垫圈。注意:推力垫圈厚度为 2.43 ~2.48mm。

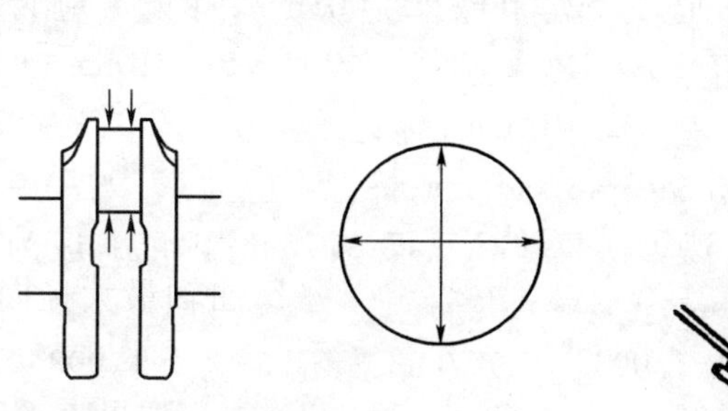

图 2-117　检查曲轴(3)

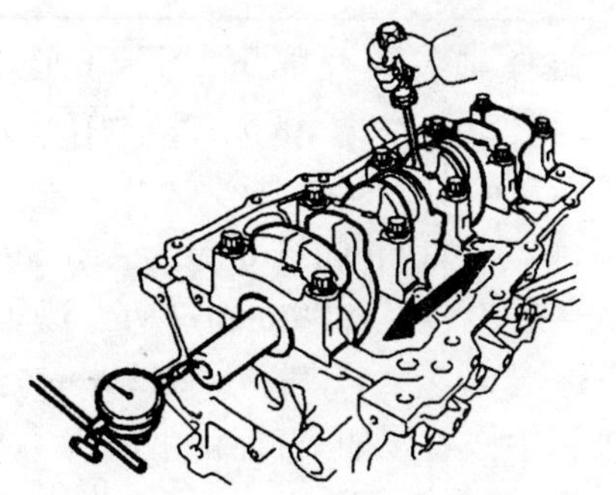

图 2-118　检查曲轴轴向间隙

(14)检查曲轴径向间隙。

①检查曲轴轴颈和轴承是否有点蚀和划痕。

②安装曲轴轴承。

③将曲轴放到汽缸体上。

④如图 2-119 所示,将塑料间隙规摆放在各轴颈上。

⑤检查朝前标记和数字,并将轴承盖安装到汽缸体上。注意:各主轴承盖上都标有一个数字以指明其安装位置。

⑥安装主轴承盖。注意:不要转动曲轴。

⑦拆下主轴承盖。

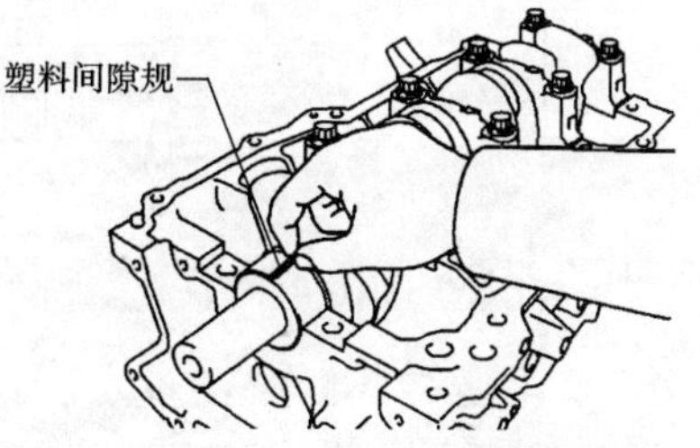

图 2-119　检查曲轴径向间隙(1)

⑧如图 2-120 所示,测量塑料间隙规最宽处。标准径向间隙:0.016 ~0.039mm,最大径向间隙:0.050mm。如果径向间隙大于最大值,则更换曲轴轴承。如有必要,则更换曲轴。注意:测量后完全拆下塑料间隙规。

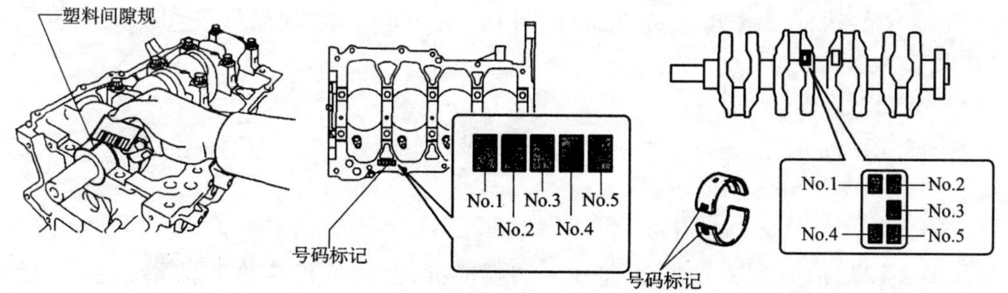

图 2-120　检查曲轴径向间隙(2)

注意:如果更换轴承,则选择同号的新轴承。如果轴承号无法确定,则将汽缸体和曲轴上压印的号码相加,以计算正确的轴承号。然后根据表 2-4,用计算的号码选择新轴承。有 4 种尺寸的标准轴承,分别标有“1”“2”“3”和“4”。例如:汽缸体“3” + 曲轴“5” = 总数 8(使用 3 号轴承)。

选用新轴承 表 2-4

汽缸体号码 + 曲轴号码	0 ~ 2	3 ~ 5	6 ~ 8	9 ~ 11
将使用的轴承	“1”	“2”	“3”	“4”

标准汽缸体轴颈孔径如下:标记 0 应为 52.000 ~ 52.003mm;标记 1 应为 52.003 ~ 52.005mm;标记 2 应为 52.005 ~ 52.007mm;标记 3 应为 52.007 ~ 52.010mm;标记 4 应为 52.010 ~ 52.012mm;标记 5 应为 52.012 ~ 52.014mm;标记 6 应为 52.014 ~ 52.016mm。标准曲轴轴颈直径如下:标记 0 应为 47.999 ~ 48.000mm;标记 1 应为 47.997 ~ 47.998mm;标记 2 应为 47.995 ~ 47.996mm;标记 3 应为 47.993 ~ 47.994mm;标记 4 应为 47.991 ~ 47.992mm;标记 5 应为 47.988 ~ 47.990mm。

标准轴承中心壁厚如下:标记 1 应为 1.994 ~ 1.997mm;标记 2 应为 1.998 ~ 2.000mm;标记 3 应为 2.001 ~ 2.003mm;标记 4 应为 2.004 ~ 2.006mm。

(15)检查汽缸盖固定螺栓。

①如图 2-121 所示,用游标卡尺测量螺栓受力部分的长度。标准螺栓长度:84.3 ~ 85.7mm,最大螺栓长度:86.7mm。如果螺栓长度大于最大值,则更换螺栓。

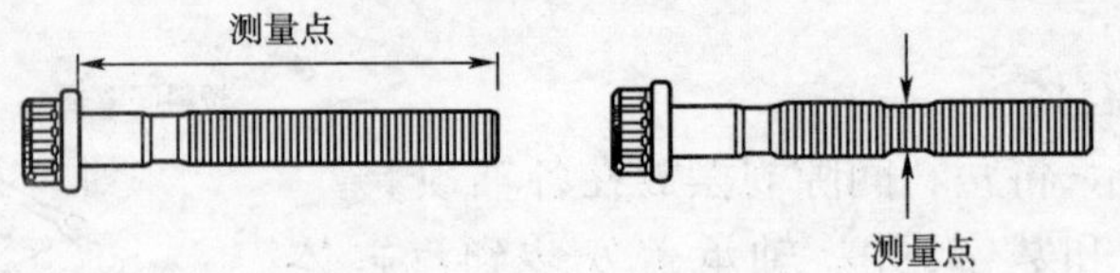

图 2-121 检查汽缸盖固定螺栓

②用游标卡尺在测量点测量细长螺纹的最小直径。标准外径:9.77 ~ 9.96mm,最小外径:9.1mm。注意:用直尺,目视检查曲轴轴承盖螺栓螺杆的较细部位。如果直径小于最小值,则更换螺栓。

(16)检查 1 号机油喷嘴分总成。检查机油喷嘴是否损坏或阻塞。注意:如果出现损坏或阻塞,则更换机油喷嘴。

3)活塞连杆组和曲轴飞轮组部件的重新装配

(1)安装 1 号机油喷嘴分总成(见图 2-94)。用 5mm 六角套筒扳手和螺栓安装机油喷嘴,拧紧力矩:10N·m。

(2)安装活塞。

①如图 2-122 所示,用螺丝刀将新卡环安装到活塞销孔的一端。注意:确保卡环的端隙与活塞上的活塞销孔切口部位错开。

②逐渐加热活塞至 80 ~ 90℃。

③如图 2-123 所示,对准活塞和连杆上的朝前标记,并用拇指推入活塞。注意:活塞和活塞销是一组配套件。

④使用螺丝刀在活塞销孔的另一端安装一个新卡环。注意:确保卡环的端隙与活塞上的活塞销孔切口部位错开。

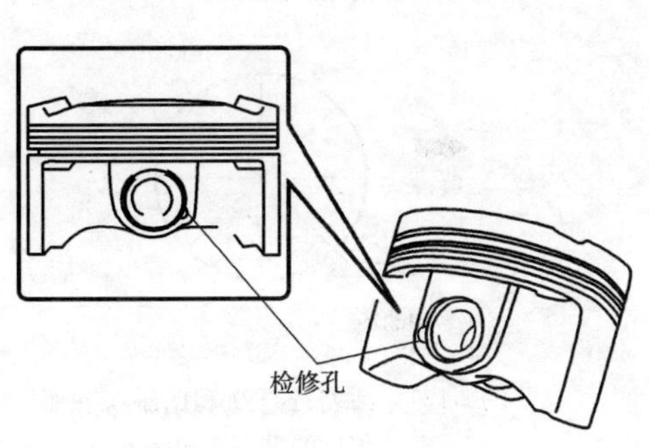

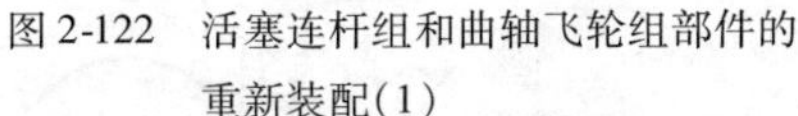
图 2-122 活塞连杆组和曲轴飞轮组部件的重新装配(1)

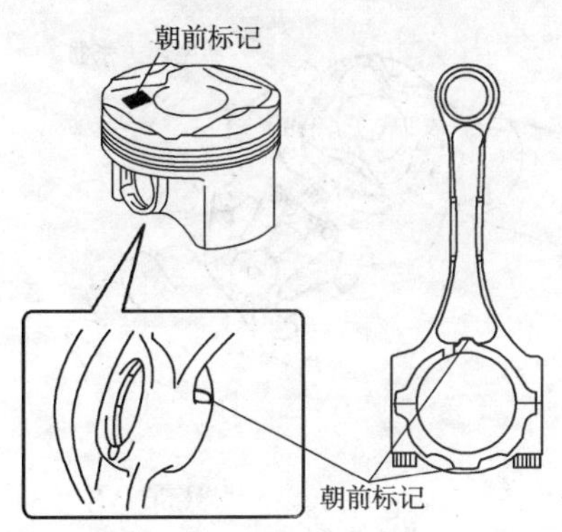

图 2-123 活塞连杆组和曲轴飞轮组部件的重新装配(2)

⑤如图 2-124 所示,在活塞销上来回移动活塞,检查活塞和活塞销间的安装情况。

(3)安装活塞环组件。

①如图 2-125 所示,用手安装油环胀圈和油环刮片。注意:安装胀圈和油环,使其环端处于相反的两侧。将胀圈牢固安装至油环的内槽。

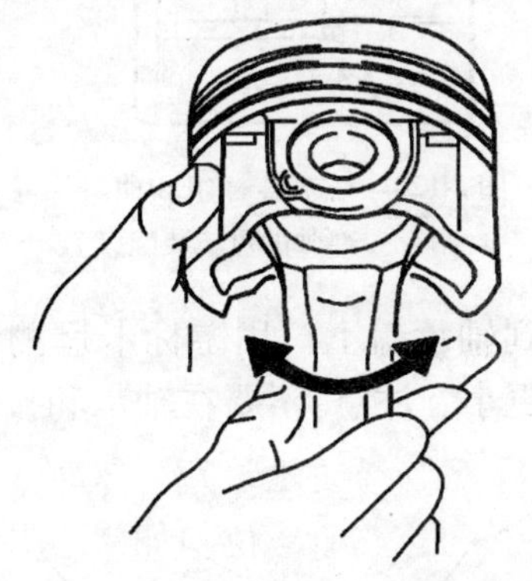
图 2-124 活塞连杆组和曲轴飞轮组部件的重新装配(3)

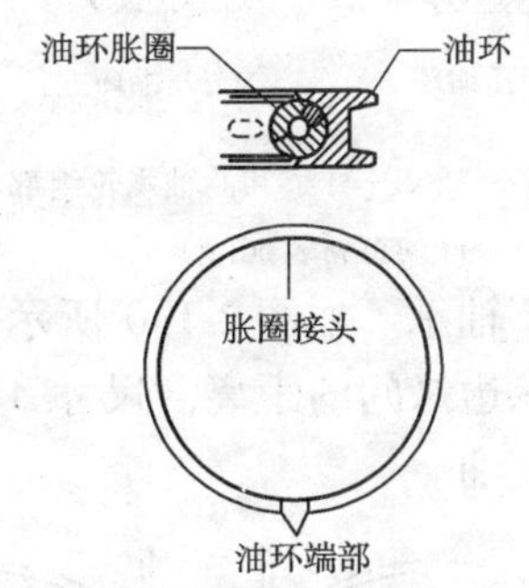

图 2-125 活塞连杆组和曲轴飞轮组部件的重新装配(4)

②用活塞环扩张器安装 2 个气环,使油漆标记处于如图 2-126 所示位置。注意:安装 1 号气环,使代码标记(A1)朝上。安装 2 号气环,使代码标记(A2)朝上。油漆标记仅在新活塞环上检查到。重新使用活塞环时,检查各活塞环外形,以将其安装至正确位置。

③放置活塞环以使活塞环端处于如图 2-127 所示位置。

(4)安装曲轴轴承。

①安装上轴承(除 3 号轴颈外)。如图 2-128 所示,将带机油槽的上轴承安装到汽缸体上。用刻度尺测量汽缸体边缘和上轴承边缘间的距离。注意:不要在轴承和接触表面上涂抹发动机机油。尺寸 A 为 0.5 ~ 1.0mm。

②安装上轴承(3 号轴颈)。如图 2-129 所示,将带机油槽的上轴承安装到汽缸体上。用游标卡尺测量汽缸体边缘和上轴承边缘间的距离。注意:不要在轴承和接触表面上涂抹发动机机油。尺寸 A、B 为 0.7mm 或更小。

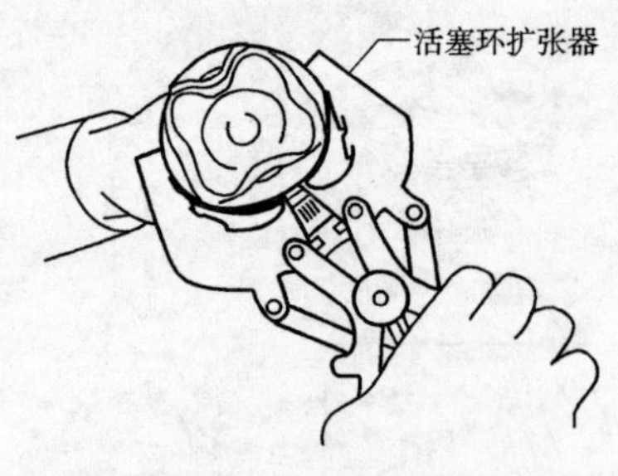

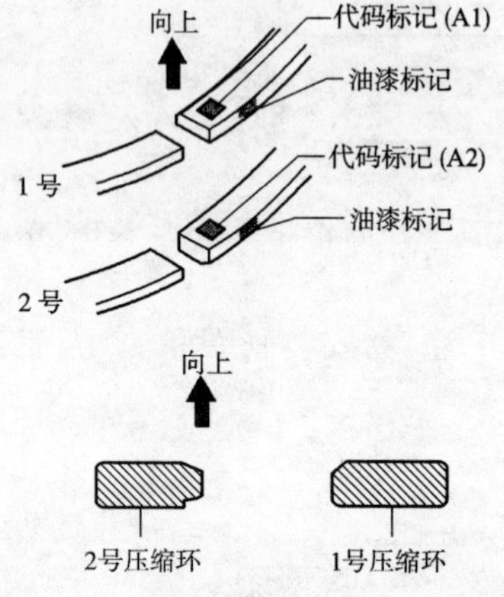

图 2-126 活塞连杆组和曲轴飞轮组部件的重新装配(5)

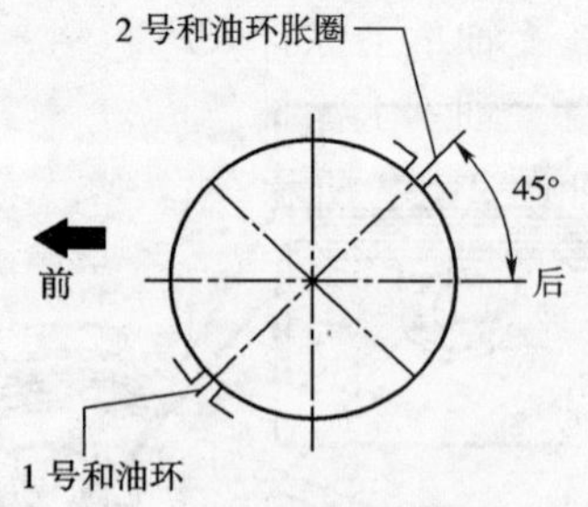

图 2-127 活塞连杆组和曲轴飞轮组部件的重新装配(6)

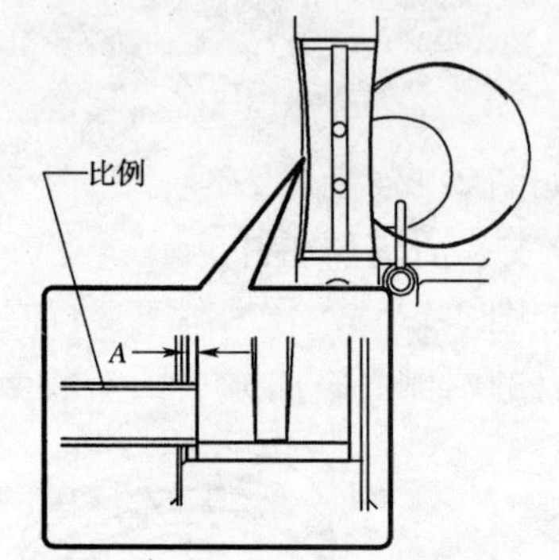

图 2-128 活塞连杆组和曲轴飞轮组部件的重新装配(7)

③安装下轴承。如图 2-130 所示,将下轴承安装到轴承盖上。用游标卡尺测量轴承盖边缘和下轴承边缘间的距离。尺寸 A、B 为 0.7mm 或更小。注意:不要在轴承和接触表面上涂抹发动机机油。

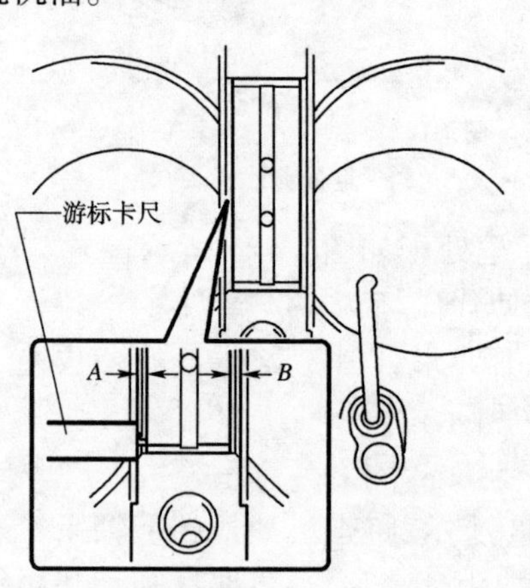

图 2-129 活塞连杆组和曲轴飞轮组部件的重新装配(8)

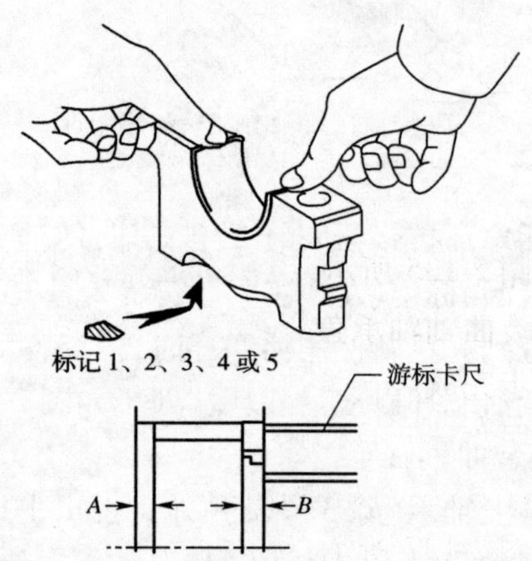

图 2-130 活塞连杆组和曲轴飞轮组部件的重新装配(9)

(5)安装曲轴上推力垫圈。如图 2-131 所示,使机油槽向外,将 2 个推力垫圈安装到汽缸体的 3 号轴颈下方。在曲轴推力垫圈上涂抹发动机机油。

(6)安装曲轴。

①在上轴承上涂抹发动机机油,并将曲轴安装到汽缸体上。

②在下轴承上涂抹发动机机油。

③如图 2-132 所示,检查数字标记,并将轴承盖安装到汽缸体上。

④在轴承盖螺栓的螺纹上和轴承盖螺栓下涂抹一薄层发动机机油。

⑤如图 2-133 所示,暂时安装 10 个主轴承盖螺栓。

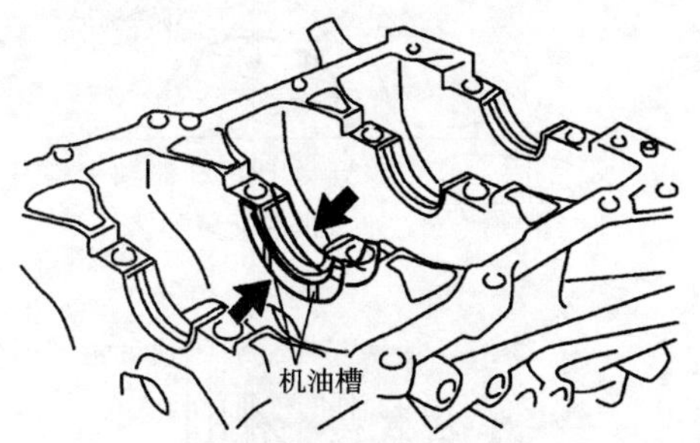

图 2-131 活塞连杆组和曲轴飞轮组部件的重新装配(10)

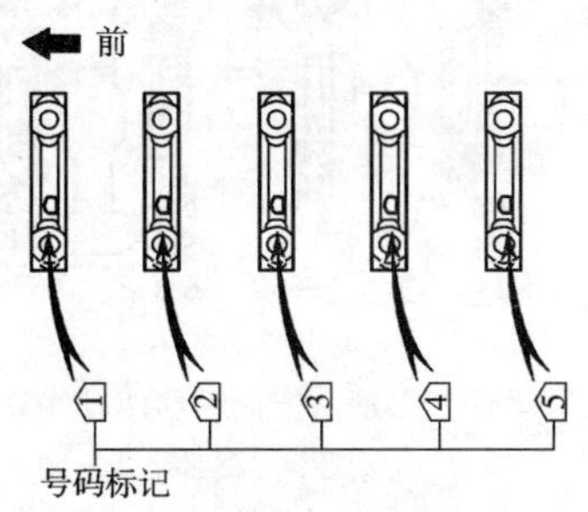

图 2-132 活塞连杆组和曲轴飞轮组部件的重新装配(11)

⑥如图 2-134 所示,标记 2 个内轴承盖螺栓并以此为导向,用手插入主轴承盖,直至主轴承盖和汽缸体间的间隙小于 5mm。

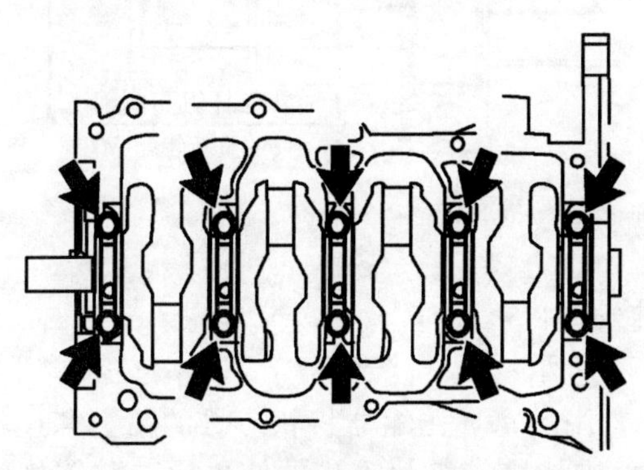

图 2-133 活塞连杆组和曲轴飞轮组部件的重新装配(12)

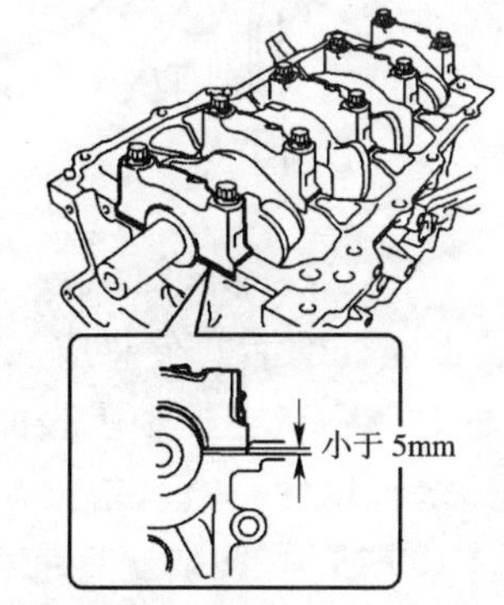

图 2-134 活塞连杆组和曲轴飞轮组部件的重新装配(13)

⑦如图 2-135 所示,用塑料锤轻轻敲击轴承盖以确保正确安装。

⑧安装曲轴轴承盖螺栓。注意:主轴承盖螺栓的紧固分两步完成。

a. 按图 2-136 所示顺序,安装并均匀紧固 10 个主轴承盖螺栓,拧紧力矩:40N·m。

b. 如图 2-137 所示,用油漆在轴承盖螺栓前端作标记。按图 2-136 所示数字顺序,将轴承盖螺栓再紧固 90°。检查并确认油漆标记现在与前端成 90°。检查并确认曲轴转动顺畅。检查曲轴轴向间隙。

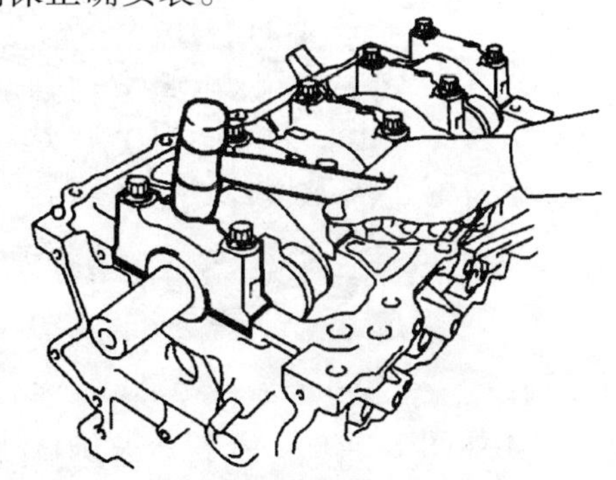

图 2-135 活塞连杆组和曲轴飞轮组部件的重新装配(14)

(7)安装连杆轴承。如图 2-138 所示,将连杆轴承安装到连杆和轴承盖上。用游标卡尺测量连杆边缘和轴承盖边缘与连杆轴承边缘间的距离。尺寸 A、B 为 0.7mm 或更小。注意:不要在轴承和接触表面上涂抹发动机机油。

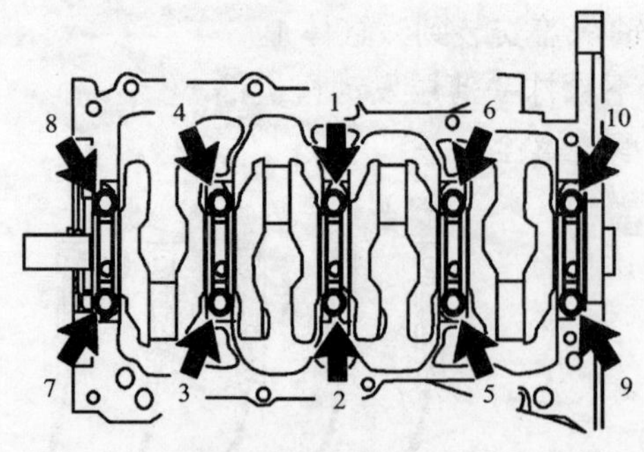

图 2-136　活塞连杆组和曲轴飞轮组部件的重新装配(15)

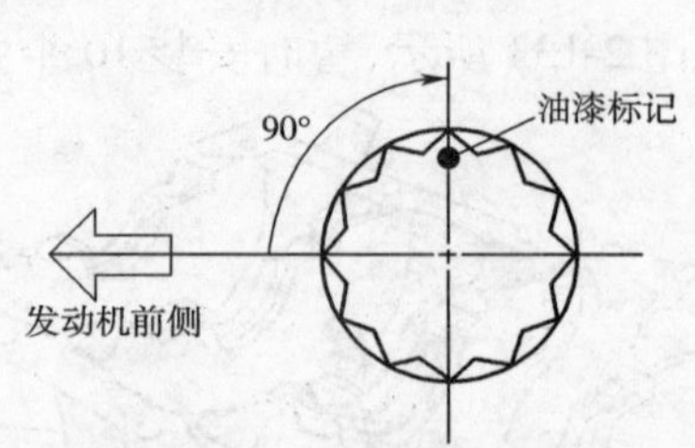

图 2-137　活塞连杆组和曲轴飞轮组部件的重新装配(16)

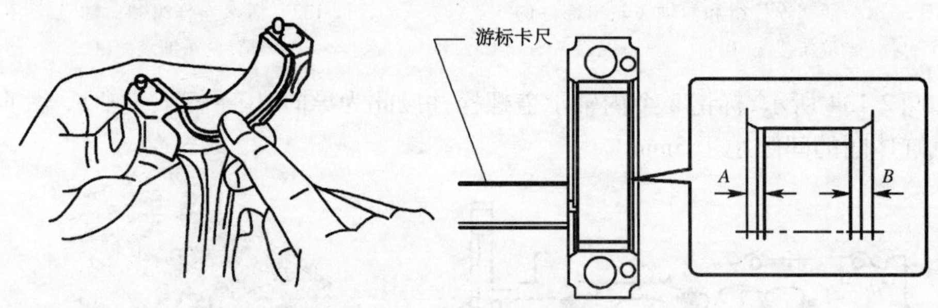

图 2-138　活塞连杆组和曲轴飞轮组部件的重新装配(17)

(8)安装带连杆的活塞分总成。

①在汽缸壁、活塞、连杆轴承表面上涂抹发动机机油。

②放置活塞环以使活塞环端处于图 2-127 所示位置。注意:各活塞环端必须错开。

③如图 2-139 所示,使活塞朝前标记朝前,用活塞环压缩器将相应号的活塞和连杆总成压入汽缸内。注意:将连杆插入活塞时,不要使其接触机油喷嘴。使连杆盖与连杆的号相匹配。

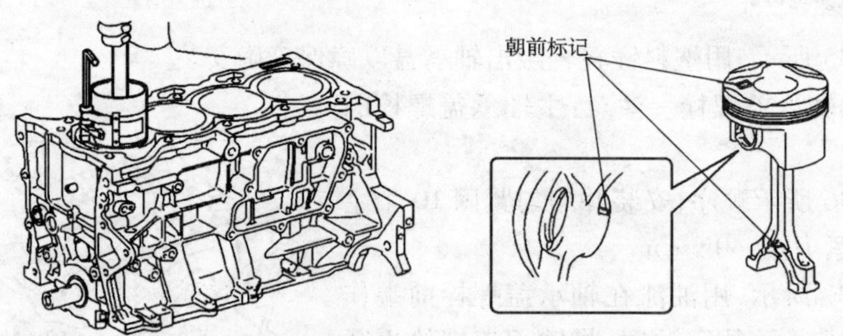

图 2-139　活塞连杆组和曲轴飞轮组部件的重新装配(18)

④如图 2-140 所示,检查并确认连杆盖的凸起部分朝向正确的方向。

⑤在连杆盖螺栓的螺纹上和螺栓头下部涂抹一薄层发动机机油。

⑥安装连杆盖螺栓。注意:连杆盖螺栓的紧固分两步完成。

a. 如图 2-141 所示，用 SST 09205-16010，安装并分几次交替拧紧连杆盖螺栓，拧紧力矩：20N · m。

b. 用油漆在连杆盖螺栓前端作标记。如图 2-142 所示，将连杆盖螺栓再紧固 90°。检查并确认曲轴转动顺畅。检查连杆轴向间隙。

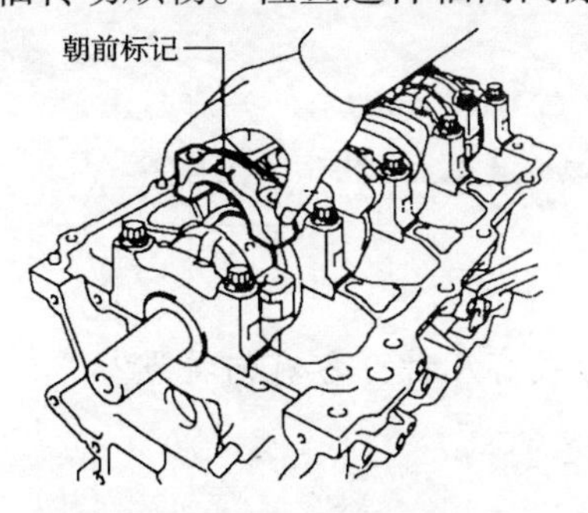

图 2-140　活塞连杆组和曲轴飞轮组部件的重新装配（19）

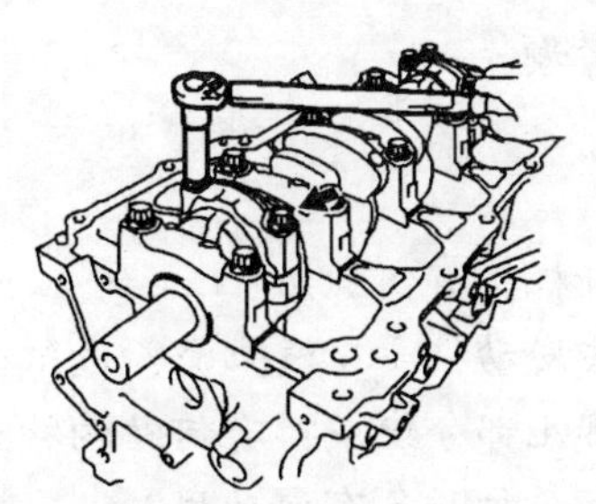

图 2-141　活塞连杆组和曲轴飞轮组部件的重新装配（20）

（9）安装 1 号通风箱。

①如图 2-143 所示，连续涂抹密封胶。密封胶：丰田原厂黑密封胶、Three Bond 1207B 或同等产品。密封直径：2.0mm。注意：清除接触面的所有机油。涂抹密封胶后 3min 内安装 1 号通风箱，15min 内紧固螺栓和螺母。安装后在 2h 内不要起动发动机。

②用 6 个螺栓和 2 个螺母安装 1 号通风箱（见图 2-79）。

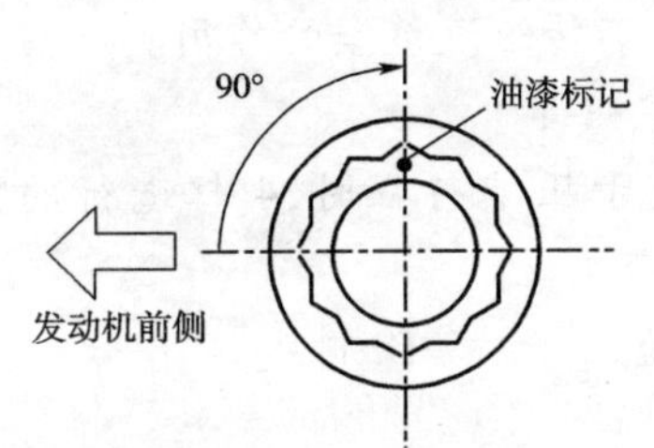

图 2-142　活塞连杆组和曲轴飞轮组部件的重新装配（21）

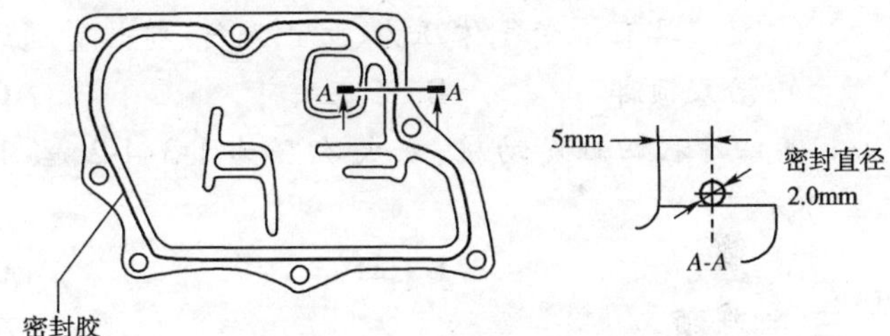

图 2-143　活塞连杆组和曲轴飞轮组部件的重新装配（22）

小结

1. 曲柄连杆机构的功用是把燃气作用在活塞顶面上的压力转变为曲轴的转矩，向外输出动力。

2. 曲柄连杆机构由机体组、活塞连杆组和曲轴飞轮组 3 部分组成。

3. 发动机的机体组主要由汽缸体、曲轴箱、汽缸盖、汽缸盖罩、汽缸垫、油底壳等组成。

4. 汽缸体分直列式、V 形式、对置式等类型。

5. 汽缸套分为干式汽缸套和湿式汽缸套。

6. 汽缸盖用来封闭汽缸的上部，并与活塞顶、汽缸壁共同构成燃烧室。

7. 活塞连杆组主要由活塞、活塞环、活塞销和连杆等部件组成。

8. 曲轴飞轮组主要由曲轴、飞轮、正时齿轮或正时链轮、传动带轮及曲轴扭转减振器等组成。

9. 对于缸数为 i 的四冲程发动机，其发火间隔角为 $720°/i$。

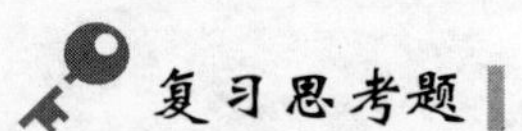

复习思考题

一、简答题

1. 曲柄连杆机构有何功用？
2. 为何有些发动机要镶汽缸套？汽缸套结构形式有几种？各有何特点？
3. 活塞由哪几部分组成？有何结构特点？
4. 活塞环有几种？各有何功用？
5. 活塞销与活塞销座孔和连杆的连接方式有几种？
6. 飞轮有何功用，其结构特点有哪些？

二、选择题

1. 曲轴滑动轴承属于(　　)。

   A. 机体组　　B. 活塞连杆组　　C. 曲轴飞轮组

2. 在常见汽缸排列形式中，机体高度最小的是(　　)形式。

   A. 直列式　　B. V 形式　　C. 对置式

3. (　　)具有承受气体压力、防止漏气、将热量通过活塞环传给汽缸壁的作用。

   A. 活塞顶部　　B. 活塞头部　　C. 活塞裙部

4. 某四冲程四缸发动机，发火次序为 1-3-4-2，当 1 缸处于压缩行程时，4 缸进行的是(　　)行程。

   A. 进气　　B. 压缩　　C. 做功　　D. 排气

三、判断题

1. 曲柄连杆机构是发动机实现热功转换的主要机构。(　　)
2. 曲轴箱有直列式、V 形式和对置式三种结构类型。(　　)
3. 汽缸盖的功用是封闭汽缸体上部，并与活塞顶构成燃烧室。(　　)
4. 活塞的功用主要是将燃料燃烧放出的热量传递给汽缸。(　　)
5. 活塞主要由顶部、头部和裙部 3 部分组成，在活塞裙部有活塞销座。(　　)
6. 连杆的功用是将活塞承受的气体压力传给曲轴。(　　)
7. 曲轴的功用是保证发动机平衡。(　　)
8. 只要飞轮与飞轮壳体上的记号对准时，只有一缸活塞一定处于压缩上止点。(　　)

第三章 配气机构的构造与维修

学习目标

1. 掌握配气机构的功用、组成和工作原理;
2. 掌握气门组的各部件的功用和结构特点;
3. 掌握气门传动组的各部件的功用和结构特点;
4. 掌握配气相位意义;
5. 了解可变配气相位的功用和工作原理;
6. 了解配气机构维修的基本方法。

第一节 配气机构的结构和工作原理

一、配气机构的功用和组成

配气机构的功用是按照发动机每一汽缸内所进行的工作循环或发火次序的要求,定时开启和关闭各汽缸的进、排气门,使新鲜可燃混合气(汽油机)或空气(柴油机)得以及时进入汽缸,废气得以及时从汽缸中排出。进入汽缸内的可燃混合气或空气对发动机性能的影响很大。进气量越多,发动机所发出的转矩越大、功率越高。

配气机构如图 3-1 所示。配气机构由气门组和气门传动组组成。气门组包括气门、气门座、气门导管和气门弹簧等部件。气门传动组主要包括凸轮轴、凸轮轴正时带轮、正时齿形带、张紧轮、液压挺柱等部件。

发动机工作时,曲轴通过曲轴正时带轮、正时齿形带、凸轮轴正时带轮驱动凸轮轴旋转,当凸轮轴转到凸轮的凸起部分顶到液压挺柱时,通过液压挺柱,压缩气门弹簧,使气门离座,即气门开启。当凸轮凸起部分离开液压挺柱时,气门便在气门弹簧力的作用下上升而落座,气门关闭。

由于四冲程发动机每完成一个工作循环,曲轴旋转 2 周,而各缸进、排气门各开启 1 次,完成一次进气和排气,此时凸轮轴只旋转 1 周,因此,曲轴与凸轮轴的转速比为 2∶1,即凸轮轴正时带轮的齿数是曲轴正时带轮齿数的 2 倍。

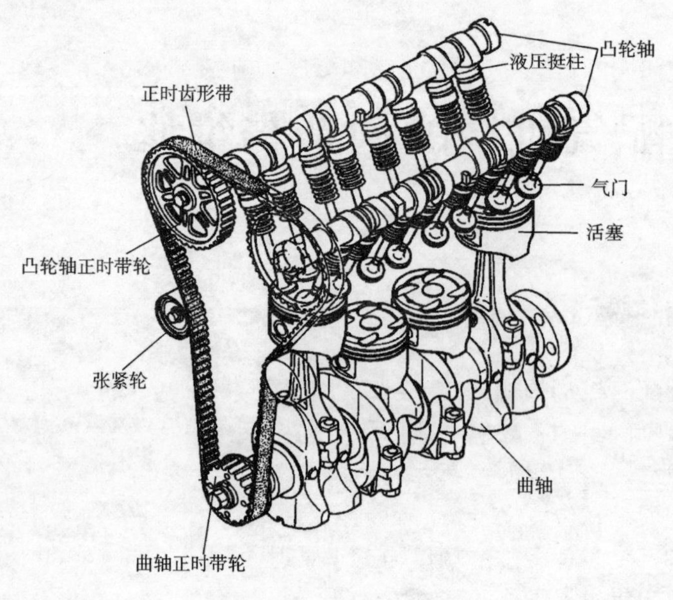

图 3-1　配气机构

二、配气机构主要部件的构造

1. 气门组

气门及其相关零件称之为气门组,气门组的作用是实现汽缸的密封。配置一根气门弹簧的标准型的气门组如图 3-2 所示。

1)气门

(1)气门结构。气门的功用是与气门座相配合,对汽缸进行密封。气门由头部和杆部两部分组成(见图 3-3),头部用来封闭汽缸的进、排气道,杆部用来为气门的运动起导向作用。

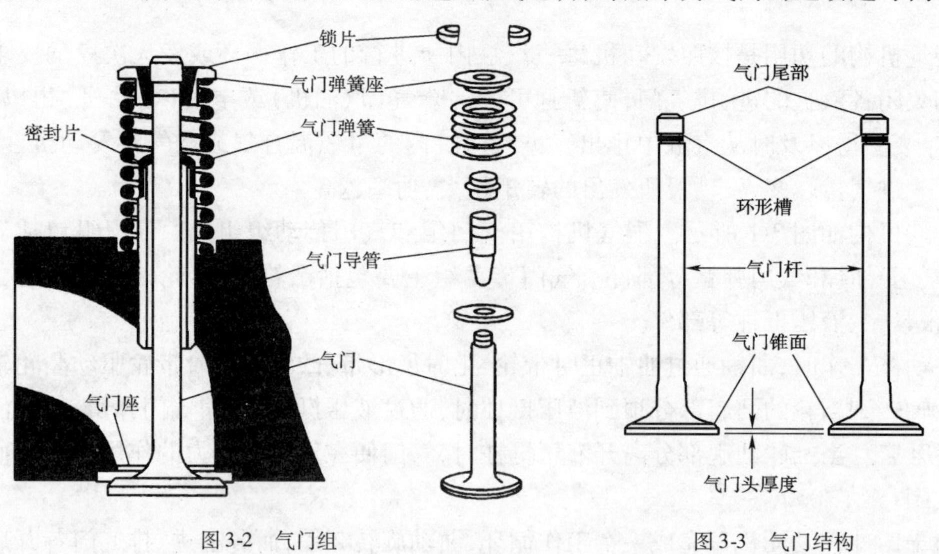

图 3-2　气门组　　图 3-3　气门结构

①气门头部。气门头部的形状有平顶、喇叭形顶和球面顶,如图 3-4 所示。使用最多的是平顶气门头部,进、排气门均可采用。喇叭形顶头部多用于进气门,球面顶气门头部适用

于排气门。

气门头部与气门座圈接触的工作面，是与杆部同心的锥面，通常将这一锥面与气门顶部平面的夹角称为气门锥角，如图 3-5 所示，一般做成 30°或 45°。

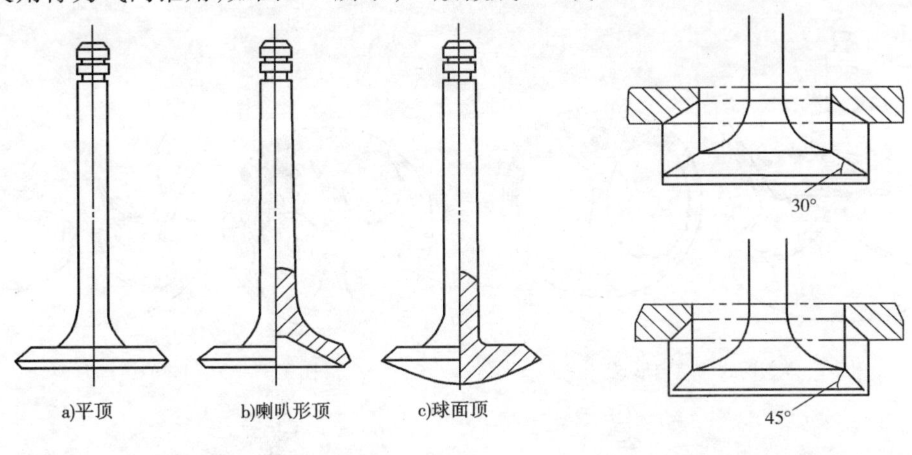

图 3-4　气门头部的形状　　图 3-5　气门锥角

考虑到进气阻力比排气阻力对发动机性能的影响大得多，为尽量减小进气阻力，一般进气门的尺寸略大于排气门的尺寸，这是因为进气是利用活塞下移产生的真空来实现的，进气门大些，可提高进气效率；而排气是通过活塞上升将废气排出的，排气门即使是小一些也不会造成太大的影响。

②气门杆。气门杆是圆柱形，在气门导管中不断做上、下往复运动。气门杆尾部结构取决于气门弹簧座的固定方式，常见的结构形式如图 3-6 所示。

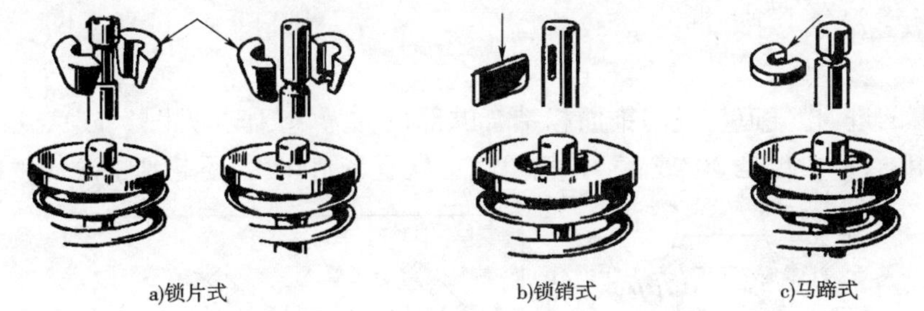

图 3-6　气门弹簧座的固定方式

(2)气门数。在短时间内能够将尽量多的气体吸入和排出，在很大程度上影响着发动机的整体性能。从气门在有限制的燃烧室表面积中所占的面积来看，与具有两个气门的汽缸相比，进、排气门越多，则气门面积之和就越大，进、排气效率越高，而且可以使单个气门的体积减小，质量减轻。但气门数越多，结构越复杂，成本越高。

①2 气门式(见图 3-7)。每个汽缸采用一个进气门和一个排气门，一般进气门比排气门大些。桑塔纳 2000GSi 车型 AJR 发动机即采用此种形式。

②3 气门式(见图 3-8)。每个汽缸有 2 个进气门和 1 个排气门，排气门大对排出高温气体有利，能提高发动机排气性能。

③4 气门式(见图 3-9)。每个汽缸有 2 个进气门和 2 个排气门，两套凸轮轴装置分别控

制一组进、排气门的开闭。卡罗拉(1.6L)车型发动机即采用4气门结构形式。

④5气门式。每个汽缸有3个进气门和2个排气门,并以梅花形状分布,如图3-10所示。捷达王EA113型发动机即采用5气门结构形式。

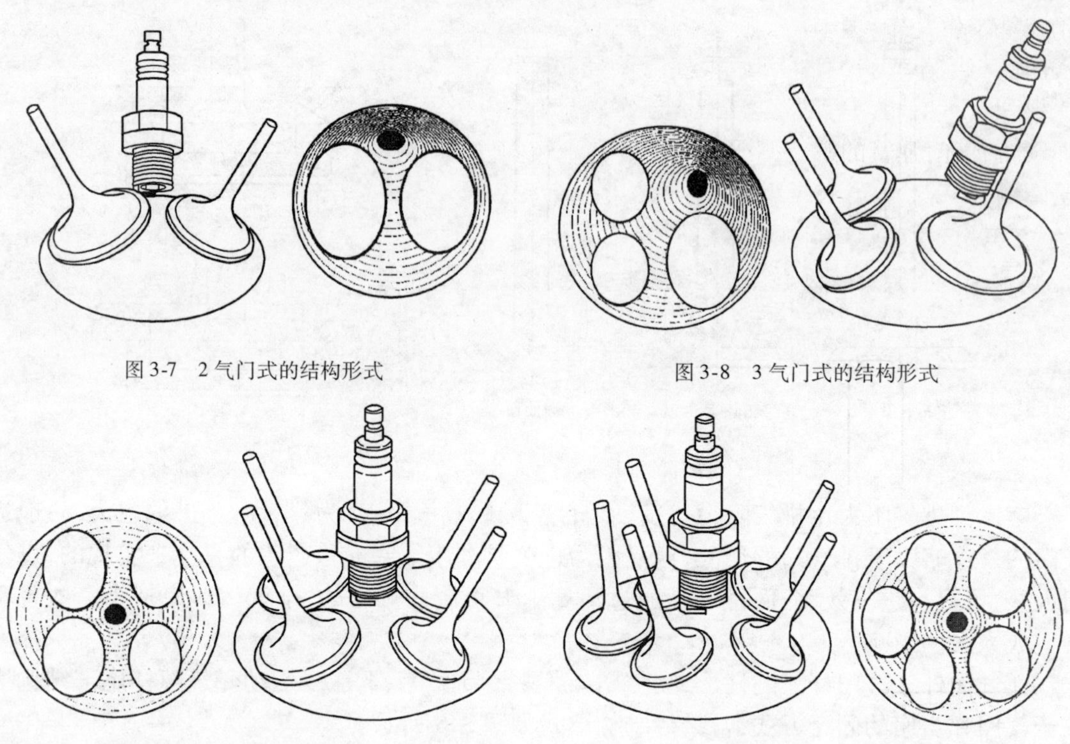

图3-7　2气门式的结构形式

图3-8　3气门式的结构形式

图3-9　4气门式的结构形式

图3-10　5气门式的结构形式

2)气门座

汽缸盖上的进、排气道与气门锥面相结合的部位称为气门座(见图3-11),气门座的锥角和气门锥角相同,一般也是30°或45°。气门座不仅有密封作用,还起到了冷却气门的作用。

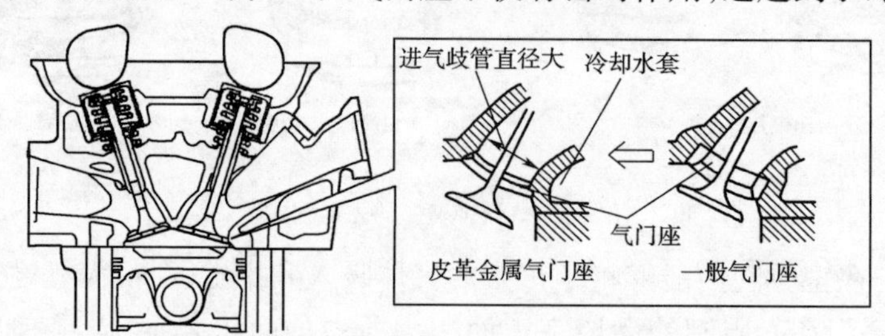

图3-11　气门座

3)气门导管

气门导管(见图3-12)的功用是为气门的运动导向,保证气门做直线往复运动,使气门与气门座能正确贴合。气门杆与气门导管之间一般留有0.05~0.12mm的间隙,使气门杆能在导管中自由运动。

4)气门弹簧

气门弹簧的功用是保证气门及时落座并与气门座或气门座圈紧密贴合,同时也可防止气门在发动机振动时因跳动而破坏密封。

气门弹簧多为圆柱形螺旋弹簧，如图 3-13a）所示，安装时，气门弹簧的一端支撑在汽缸盖上，而另一端则压靠在气门杆尾端的弹簧座上，弹簧座用锁片固定在气门杆的末端；为了防止弹簧发生共振，可采用变螺距的圆柱形弹簧，如图 3-13b）所示；大多数高速发动机是一个气门装有同心安装的内、外两根气门弹簧，如图 3-13c）所示，这样不但可以防止共振，而且当一根弹簧折断时，另一根仍可维持工作。此外，还能减小气门弹簧的高度。当装用两根气门弹簧时，气门弹簧的螺旋方向和螺距应各不相同，这样可以防止折断的弹簧圈卡入另一个弹簧圈内。

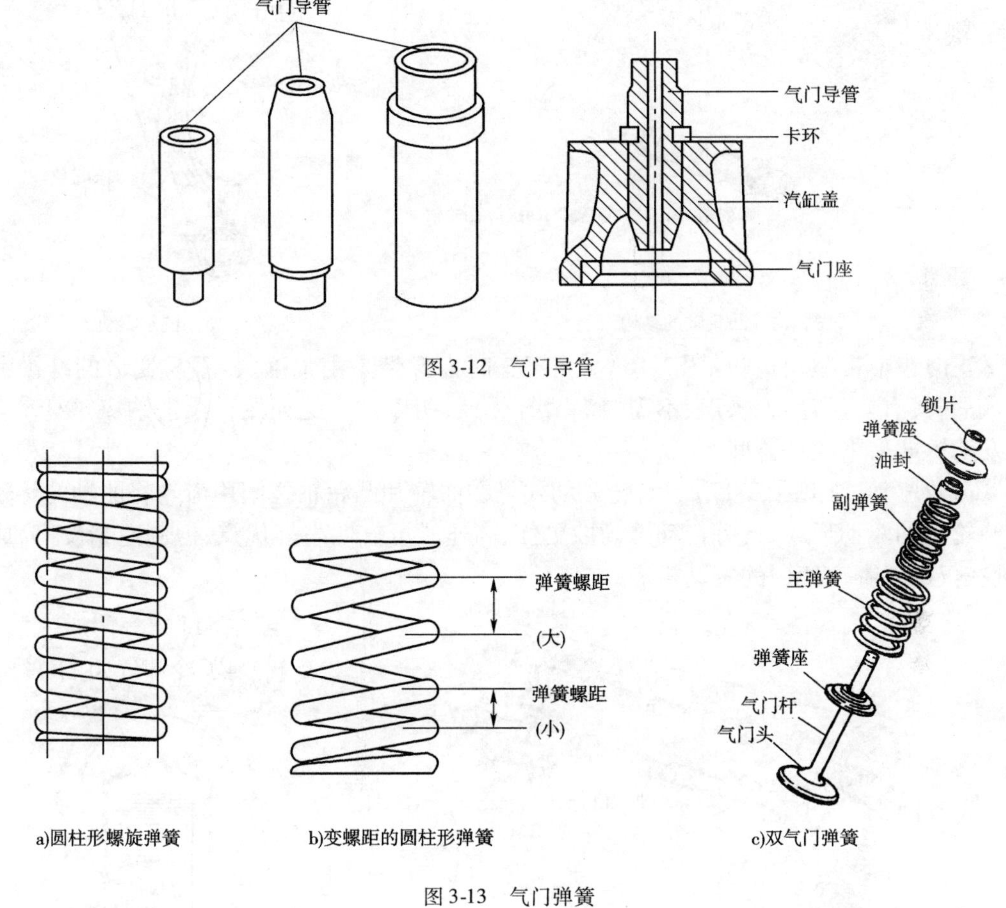

图 3-12　气门导管

a)圆柱形螺旋弹簧　b)变螺距的圆柱形弹簧　c)双气门弹簧

图 3-13　气门弹簧

2. 气门传动组

气门传动组的作用是使气门按发动机配气相位规定的时刻及时开、闭，并保证规定的开启时间和开启高度。由于配气机构的布置形式多样，气门传动组的差别也很大。

1）凸轮轴

（1）凸轮轴结构。凸轮轴主要由各缸进排气凸轮、凸轮轴轴颈等组成，如图 3-14 所示。进排气凸轮用于使气门按一定的工作次序和配气相位及时开闭，并保证气门有足够的升程。

（2）凸轮轴驱动方式。凸轮轴的旋转是依靠曲轴带动的，一般采用链条驱动式或正时齿形带驱动式，特殊的赛车用发动机使用的是正时齿轮驱动式。

①链条驱动式(见图3-15)。凸轮轴位于汽缸盖上,由曲轴带动的曲轴链轮,通过正时链条驱动凸轮轴上的链轮旋转,从而带动凸轮轴旋转。链条导槽和链条张紧装置将张力传递至链条,以调节链条的张紧度。卡罗拉(1.6L)车型发动机即采用链条驱动形式。

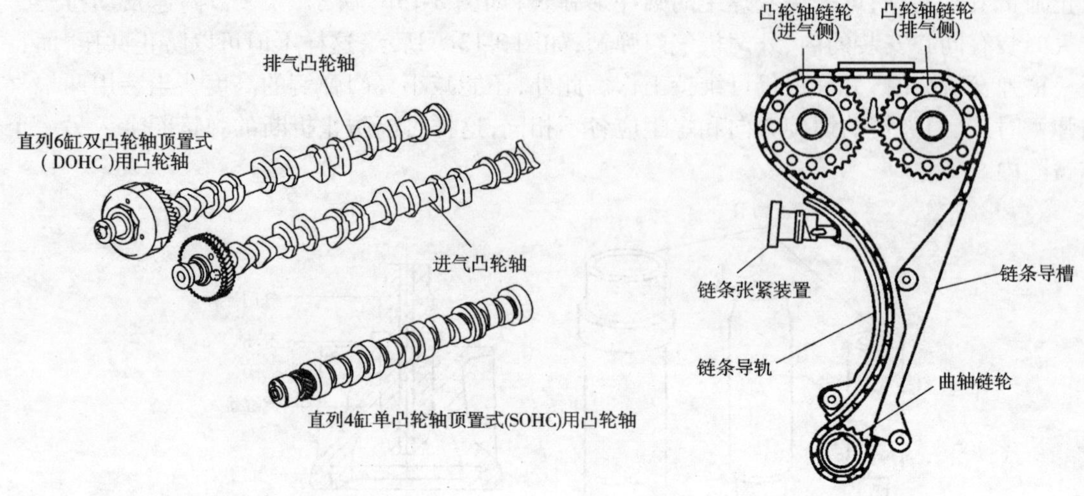

图3-14　凸轮轴的结构

图3-15　链条驱动式

②正时齿形带驱动式(见图3-16)。由于正时齿形带是由强度大、不易变形的纤维和橡胶制成的,具有质量轻、无噪声、不需要润滑等优点,所以被广泛使用。桑塔纳2000GSi车型AJR发动机即采用此种类型。

③齿轮驱动式(见图3-17)。齿轮驱动式是在曲轴和凸轮轴之间用齿轮将曲轴的旋转传递到凸轮轴的驱动形式,具有传动准确性更优、高速时可靠性高等优点;但制造精度高,成本高,现在仅限于赛车使用的发动机。

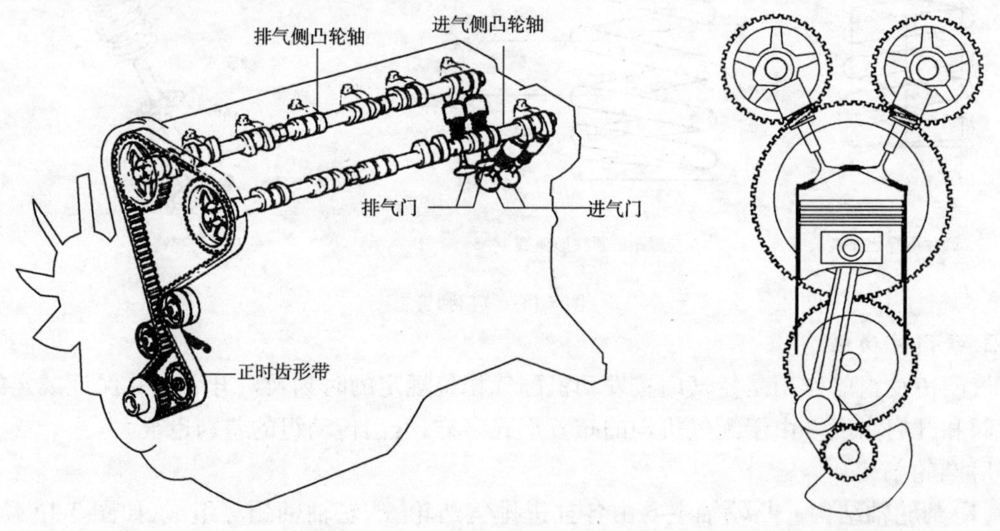

图3-16　正时齿形带驱动式

图3-17　齿轮驱动式

④辅助齿轮驱动式(见图3-18)。汽缸盖上一侧的凸轮轴由曲轴通过一根链条或一根正时齿形带来驱动,另一侧的凸轮轴由安装在凸轮轴上的齿轮来驱动,这种方式称为辅助齿轮驱动式。

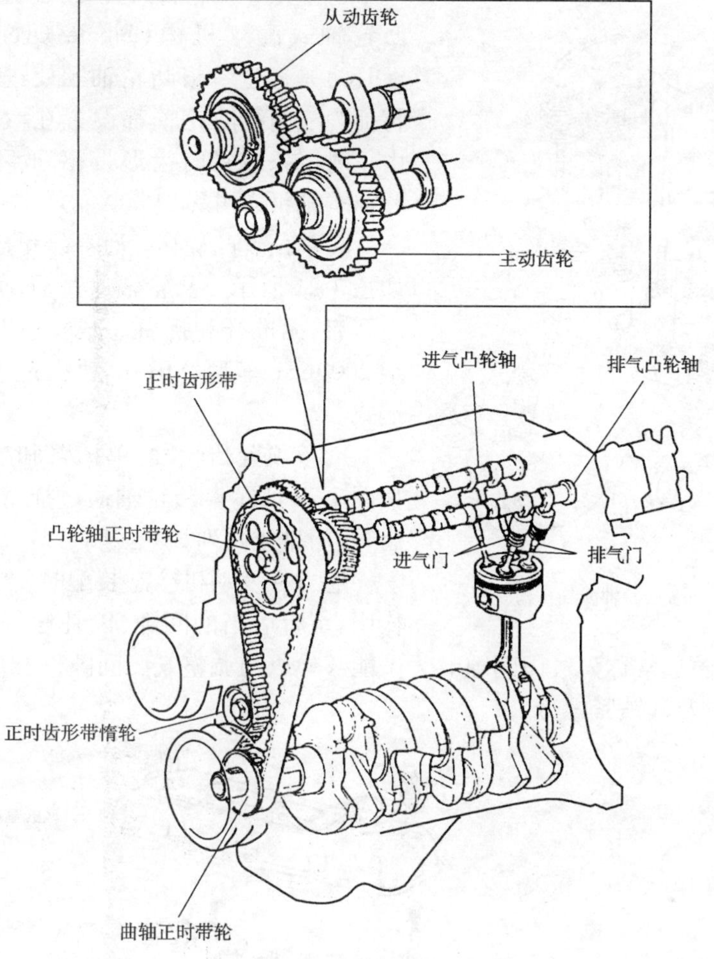

图 3-18　辅助齿轮驱动式

(3)凸轮轴安装位置与配气机构类型。根据凸轮轴安装位置的不同,可将配气机构分成以下 4 种类型。

①下置凸轮轴配气机构(见图 3-19)。下置凸轮轴配气机构是指进、排气门安装在汽缸盖上,而凸轮轴安装在汽缸体下部的配气机构。

发动机工作时,曲轴通过正时齿轮驱动凸轮轴正时齿轮和凸轮轴旋转。当凸轮的凸起部位顶起挺柱时,经推杆和气门间隙调整螺钉推动摇臂绕摇臂轴摆动,压缩气门弹簧使气门开启。当凸轮的凸起部离开挺柱时,气门在气门弹簧力的作用下逐渐关闭。

下置式凸轮轴配气机构特点是凸轮轴与曲轴位置靠近,可以简单地用一对齿轮传动,需要较长推杆、摇臂和摇臂轴等零部件,整个机构的刚度差。多用于转速较低的发动机,如货车用的柴油机等。

②中置凸轮轴配气机构(见图 3-20)。中置凸轮轴配气机构是指进、排气门安装在汽缸盖上,而凸轮轴安装在汽缸体中上部的配气机构。中置凸轮轴配气机构的凸轮轴一般采用链条传动或正时齿形带传动,采用短推杆或省去推杆,但需要摇臂和摇臂轴。

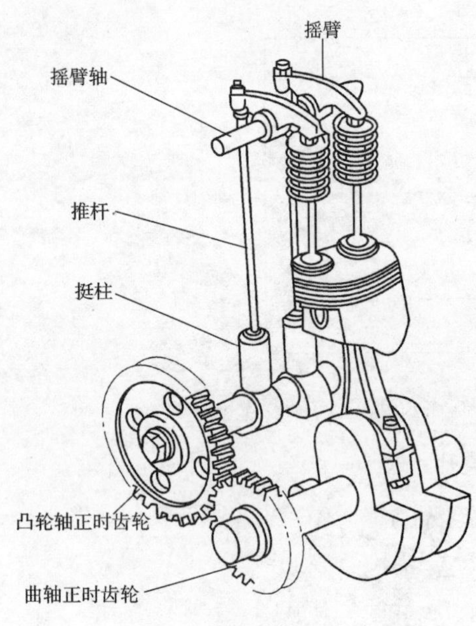

图 3-19　下置凸轮轴配气机构

③单顶置凸轮轴式配气机构(SOHC)。单顶置凸轮轴式配气机构(Single Over Head Camshaft, SOHC)是通过一根凸轮轴驱使进、排气门动作,其特征为气门和凸轮轴都设置在汽缸盖上。凸轮轴由正时链条或正时齿形带驱动,不需要推杆,摇臂和摇臂轴可有可无。

a. 单顶置凸轮轴、无摇臂和摇臂轴配气机构,如图 3-21 所示。凸轮轴通过液压挺柱直接驱动气门开启,无推杆和摇臂总成,气门排成一列。桑塔纳 2000GSi 车型 AJR 发动机配气机构即为此种形式。

b. 单顶置凸轮轴、单摇臂和摇臂轴配气机构,如图 3-22 所示。凸轮轴通过摇臂直接驱动气门开启,气门排成两列。

通常在发动机冷态装配时,在气门与其传动机构中,留有适当的间隙,以补偿气门受热后的膨胀量,这一预留间隙通常称为气门间隙。为了能够检查与调整气门间隙,一般在摇臂(或挺柱)上装有调整螺钉及其锁紧螺母。

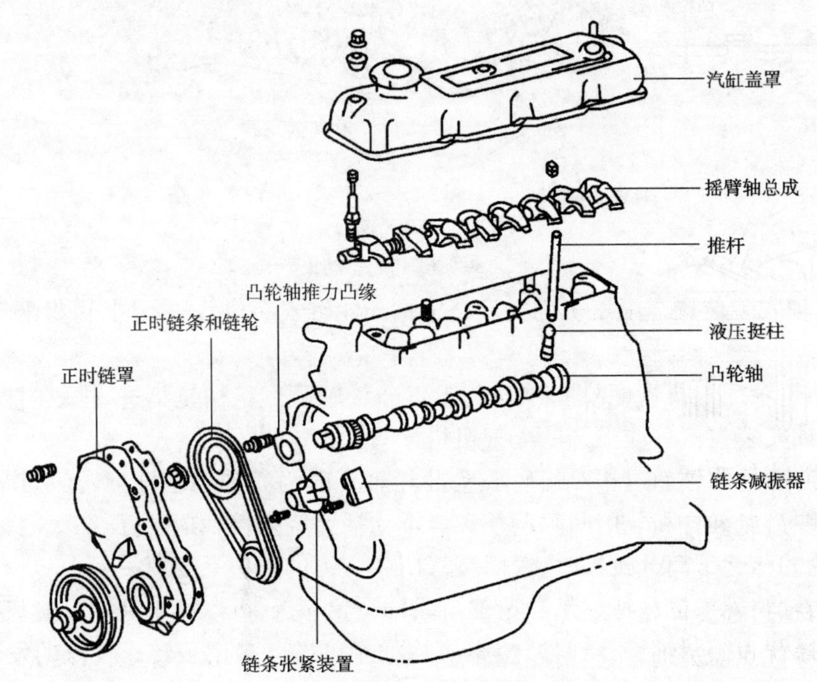

图 3-20　中置凸轮轴配气机构

c. 单顶置凸轮轴、双摇臂和摇臂轴配气机构,如图 3-23 所示。凸轮轴分别通过进气摇臂和排气摇臂驱动进气门和排气门开启,由于进、排气门排成两列,所以驱动进、排气门的进气摇臂和排气摇臂分别安装在各自的摇臂轴上。

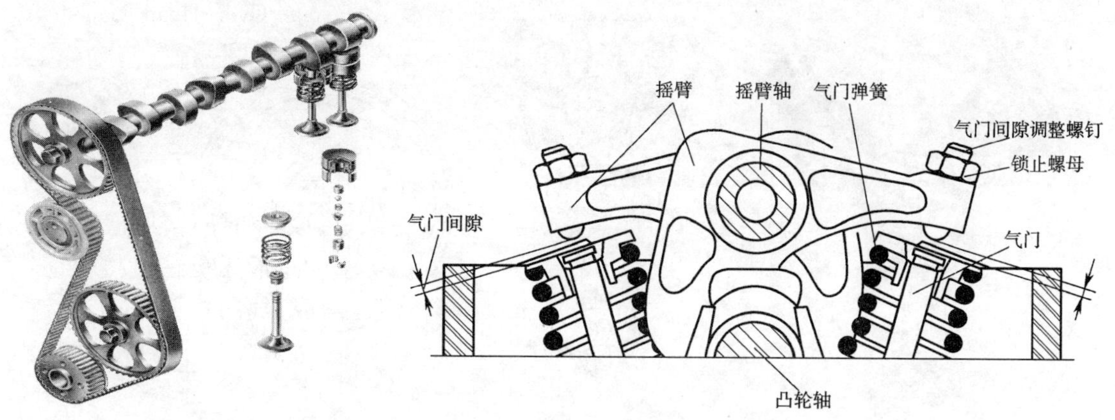

图 3-21 单顶置凸轮轴、无摇臂和摇臂轴配气机构

图 3-22 单顶置凸轮轴、单摇臂和摇臂轴配气机构

d. 单顶置凸轮轴、有摇臂和无摇臂轴配气机构，如图 3-24 所示。凸轮轴位于摇臂上方，采用浮动式摇臂（只有摇臂而无摇臂轴），在摇臂上设有滚动轴承；摇臂与液压挺柱采用球面接触，并作为摇臂摆转的支点，气门排成一列。液压挺柱可以自动调整气门间隙（使气门间隙为 0），减少了噪声，但结构复杂。

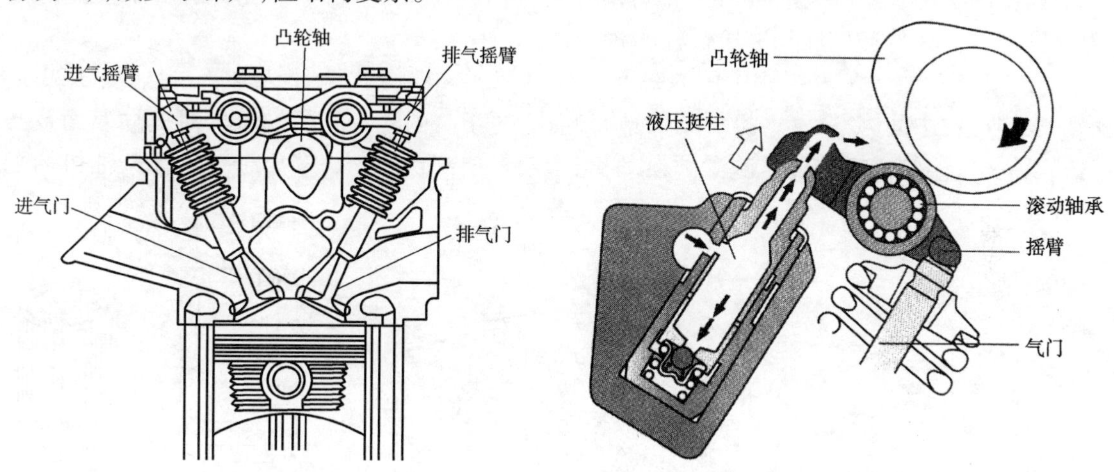

图 3-23 单顶置凸轮轴、双摇臂和摇臂轴配气机构

图 3-24 单顶置凸轮轴、有摇臂、无摇臂轴配气机构

④双顶置凸轮轴式配气机构（DOHC），如图 3-25 所示。双顶置凸轮轴式（Double Over Head Camshaft，DOHC）的进、排气门分别由各自的凸轮轴控制（气门排成两列），凸轮轴直接驱动气门，也可通过摇臂间接驱动气门。具有摇臂长度短、质量轻、驱动气门的相关部件易于适应高转速等优点。另外，由于进、排气凸轮轴是彼此相互独立的，所以增大了气门配置的自由度，火花塞可以设置在两根凸轮轴之间，即燃烧室的正中央。卡罗拉（1.6L）车型发动机的配气机构即为此种形式。

(4)凸轮轴正时定位。如采用一对正时齿轮传动，小齿轮和大齿轮分别用键安装在曲轴和凸轮轴的前端，其传动比为 2∶1。在装配曲轴和凸轮轴时，必须将齿轮正时标记对准，如图

3-26 所示，以保证正确的配气相位和点火时刻。

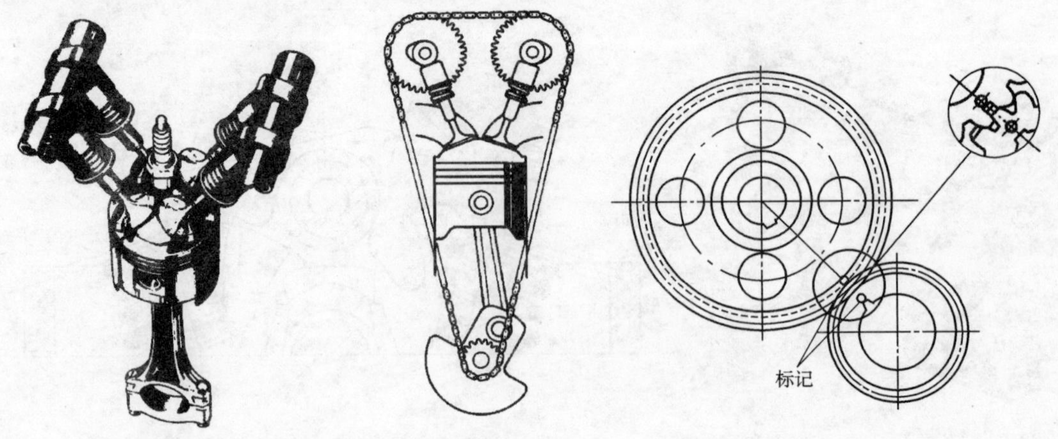

图 3-25　双凸轮轴顶置式配气机构(DOHC)

图 3-26　汽油机正时齿轮机构

凸轮轴上置式发动机的正时记号通常有两处，一处为曲轴正时记号，一处为凸轮轴正时记号。安装时，两处都必须对正，如图 3-27 和图 3-28 所示。

2) 挺柱

挺柱的作用是将凸轮的推力传递给推杆或气门杆，并承受凸轮轴旋转时所施加的侧向力。挺柱可分为普通挺柱和液压挺柱两种。

(1) 普通挺柱。配气机构采用的普通挺柱有筒式和滚轮式两种结构形式，如图 3-29 所示。筒式挺柱中间为空心，在挺柱圆周钻有通孔，便于筒内收集的机油流出对挺柱底面及凸轮加以润滑；滚轮式挺柱可以减少磨损，但结构较复杂，质量较大，多用于大缸径柴油机的配气机构上。

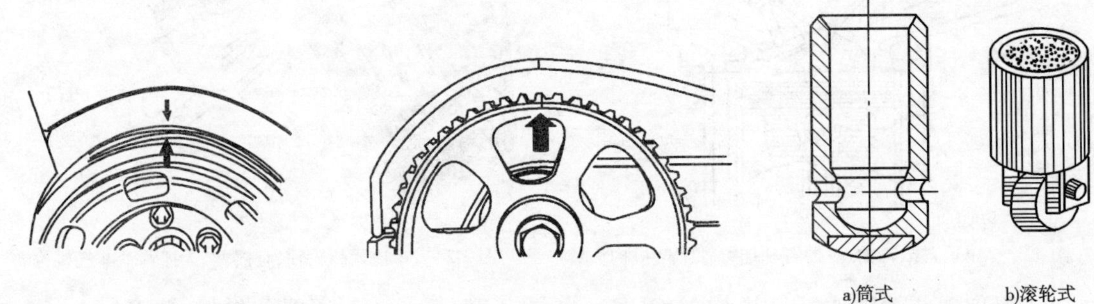

图 3-27　曲轴正时标记

图 3-28　凸轮轴位置正时标记

图 3-29　普通挺柱

(2) 液压挺柱。发动机普遍采用液压挺柱，液压挺柱的长度能自动调整，故不需要预留气门间隙，也没有气门间隙调整装置。如图 3-30 所示，液压挺柱由挺柱体、油缸、柱塞、止回球阀、止回球阀弹簧和柱塞弹簧等部件组成。

液压挺柱的工作原理如图 3-31 所示。当凸轮轴转动，凸轮的凸起部分与挺柱顶面接触时，挺柱在凸轮推动力作用下向下移动，高压腔内的机油被压缩，止回球阀在压力差和止回球阀弹簧的作用下关闭，高、低压油腔被分隔开。由于液体的不可压缩性，整个挺柱如同一个刚体一样下移推开气门并保证气门升程。

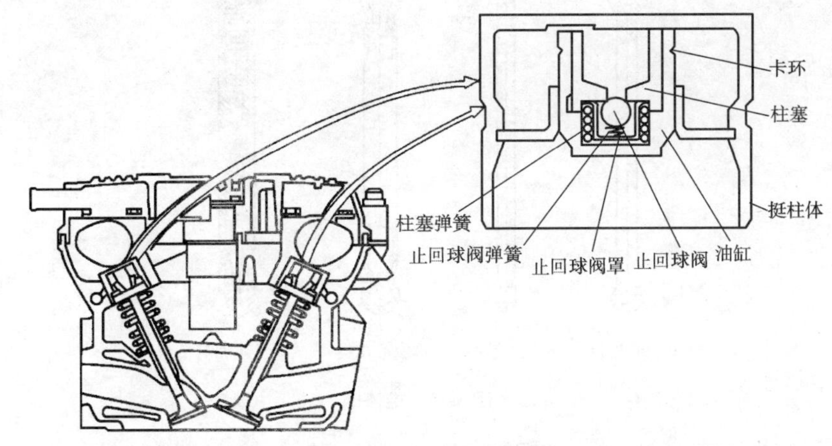

图 3-30　液压挺柱结构

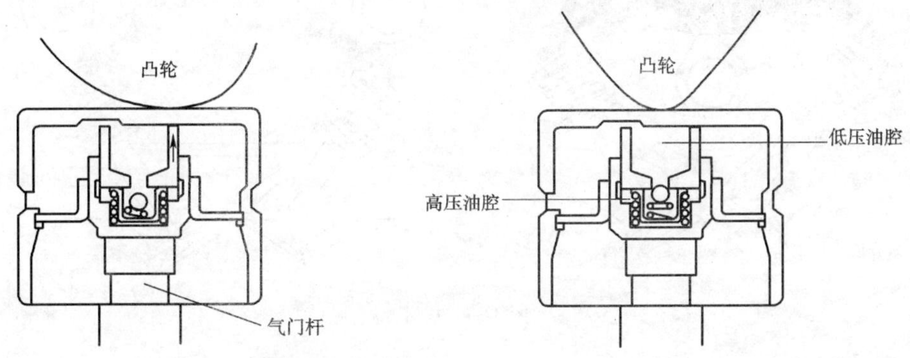

图 3-31　液压挺柱的工作原理

当挺柱开始上行返回时，在弹簧向上顶压和凸轮下压的作用下，高压油腔继续封闭，液压挺柱仍可认为是一个刚体，直至上行到凸轮处于基圆位置，即气门关闭时为止。此时，汽缸盖主油道中的机油经量孔、斜油孔和挺柱体上的环形油槽再次进入挺柱的低压油腔，由于挺柱不再受凸轮推动力和气门弹簧力的作用，高压油腔中的机油与复位弹簧推动柱塞上行，高压油腔的油压下降，止回球阀打开，低压油腔中的机油流入高压油腔，使两腔连通充满机油。这时，液压挺柱的顶面仍然和凸轮表面紧贴，从而起到了补偿气门间隙的作用。

当气门受热膨胀时，柱塞和油缸作轴向相对运动，高压油腔中机油可经过油缸与柱塞间缝隙被挤入低压油腔。因此使用液压挺柱时，可以不预留气门间隙。

3）推杆

在下置式或中置式凸轮轴的配气机构中，凸轮轴经挺柱传来的运动和作用力要通过推杆传递给摇臂。推杆可采用实心的，也可以采用空心的。推杆的结构形式如图 3-32 所示。

4）摇臂

摇臂的功用是将凸轮轴（或推杆）传来的力作用到气门杆尾部，推开气门。摇臂实际上是利用杠杆原理工作的，SOHC 和 DOHC 的不同之处在于摇臂轴位置不同，如图 3-33 所示。

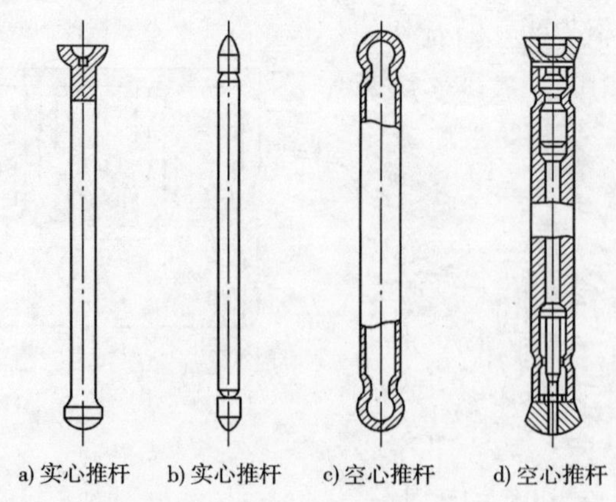

图 3-32　推杆

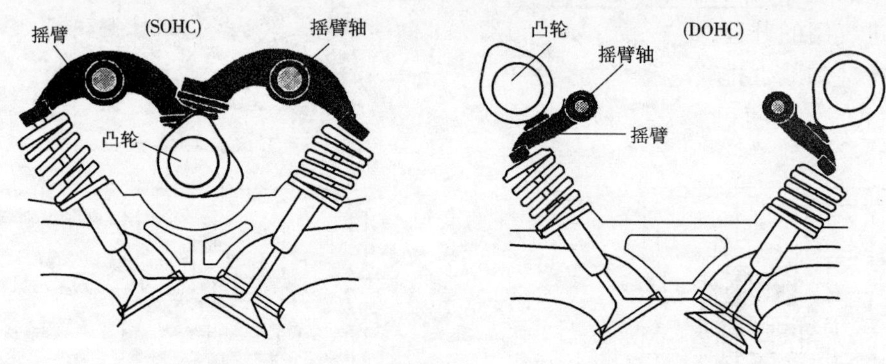

图 3-33　摇臂

三、配气相位及可变的配气相位

1. 配气相位

用曲轴转角表示的进、排气门实际开闭时刻和开启持续时间，称为配气相位。通常用相对于上、下止点曲拐位置的曲轴转角的环形图来表示，这种图形称为配气相位图，如图 3-34 所示。

理论上，当曲拐处在上止点时，进气门开启，下止点时关闭；排气门则当曲拐在下止点时开启，上止点时关闭。进气时间和排气时间各占 180°曲轴转角。但实际上发动机转速很高，活塞每一行程历时相当短，短的时间势必会造成进气不足和排气不净，从而使发动机功率下降。因此，现代发动机都采取延长进、排气时间的方法。

(1)进气门早开和晚关。在排气行程接近终了，活塞到达上止点之前，进气门便开始开启，直到活塞越过了下止点以后，进气门才关闭。进气门提前开启的目的是：为了保证进气行程开始时进气门已开大，减小了进气阻力，新鲜气体能顺利地充入汽缸；进气门迟后关闭目的是：由于活塞到达下止点时，汽缸内压力仍低于大气压力，且气流还有相当大的惯性，可以利用气流惯性和压力差继续进气。

(2)排气门早开和晚关。在做功行程接近终了，活塞到达下止点之前，排气门便开始开启。直到活塞越过上止点后，排气门才关闭。排气门提前开启的目的是：当做功行程活塞接近下止点时，汽缸内的气体压力对做功的作用已经不大，但仍比大气压力高，可利用此压力使汽缸内的废气迅速地自由排出；排气门迟后关闭的目的是：由于活塞到达上止点时，汽缸内的残余废气压力高于大气压力，加之排气时气流有一定的惯性，仍可以利用气流惯性和压力差把废气排放得更干净。

(3)气门叠开。由于进气门在上止点前即开启，而排气门在上止点后才关闭，这就出现了在一段时间内，进、排气门同时开启的现象，这种现象称为气门叠开。由于新鲜气流和废气流的流动惯性都比较大，在短时间内是不会改变流向的，因此只要气门叠开角选择适当，就不会有废气倒流入进气管和新鲜气体随同废气排出的可能性。

2. 可变配气相位

现代发动机有些具有可变的配气相位，进气门的开启和关闭时间可被调节。发动机转速高时，增大进气门的升程，提前开启和延迟关闭进气门，提高发动机的功率；发动机转速低时，减少进气门的升程，延迟开启和提前关闭进气门，提高发动机的转矩，以满足发动机对经济性、稳定性和减少排放污染物的要求。

1) ANQ5 发动机可变气门正时机构

奥迪 A6、上海帕萨特 B5 车型装备的 ANQ5 发动机可变气门正时机构的结构如图 3-35 所示。它有 3 个进气门，排列位置错开，打开的时间也不同（中间的气门先打开），使发动机吸入的新鲜空气产生旋涡，加速和优化混合气的雾化，提高发动机的功率和转矩。

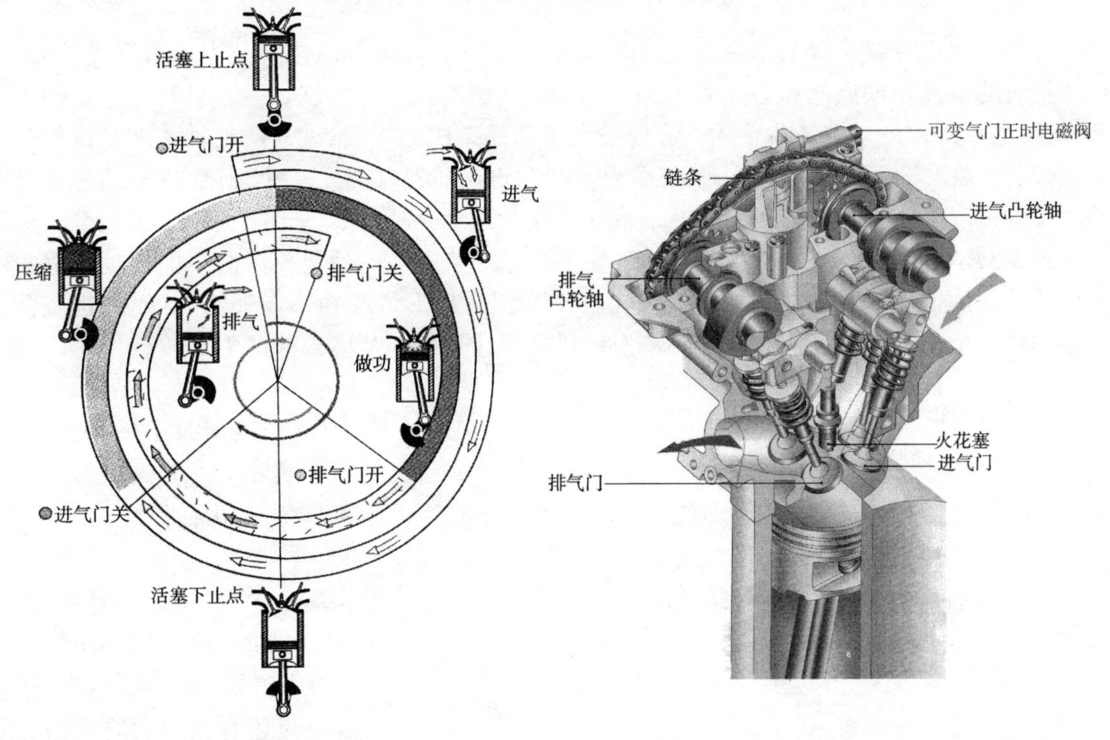

图 3-34 配气相位图

图 3-35 ANQ5 发动机配气机构

曲轴通过齿形带首先驱动排气凸轮轴旋转，排气凸轮轴通过链条驱动进气凸轮轴旋转，在两轴之间设置一个可变气门正时调整器，在内部液压缸的作用下，调整器可以上升和下降,以调整发动机进气凸轮轴的位置。液压缸的油路与汽缸盖上的油路连通,工作压力由可变气门正时电磁阀控制,而可变气门正时电磁阀由 ECU 进行控制。排气凸轮轴位置是不可调的。可变气门正时调整器结构如图 3-36 所示。

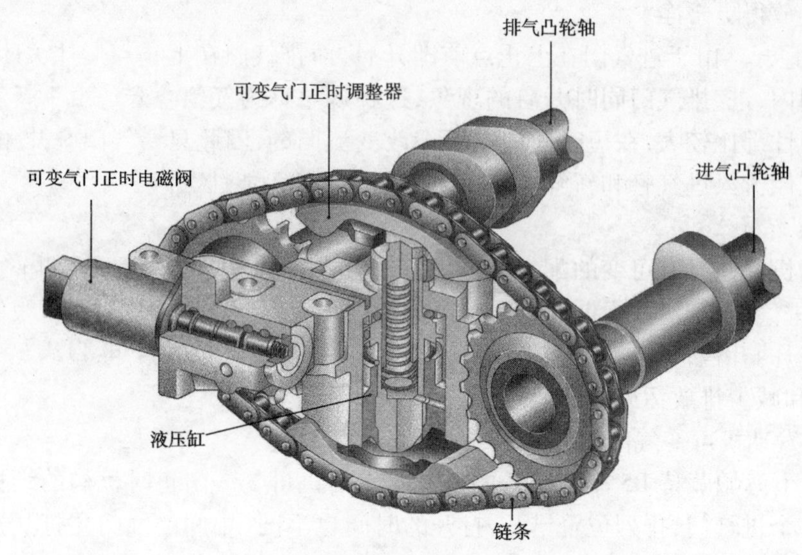

图 3-36　ANQ5 发动机可变气门正时调整器结构

可变气门正时调整器工作原理示意图如图 3-37 所示。图 3-37a)所示为功率位置(不进行调整时的位置),即高速状态。为了充分利用进气流的惯性,进气门迟关角增大,链条的上部较长,而下部较短。排气凸轮轴首先要拉紧下部链条成为紧边,进气凸轮轴才能被排气凸轮轴带动。就在下部链条由松变紧的过程中,排气凸轮轴已转过了一个角度,进气凸轮才开始动作,进气门关闭得较迟,从而使发动机在高速时产生高功率。

图 3-37b)所示为转矩位置,即低速状态。通过可变气门正时调整器向下的运动来缩短上部链条而加长下部链条。由于排气凸轮轴受到正时齿形带制约不能转动,从而使进气凸轮轴偏转一个角度,较早关闭进气门,使发动机在中速和低速范围内能产生高转矩。

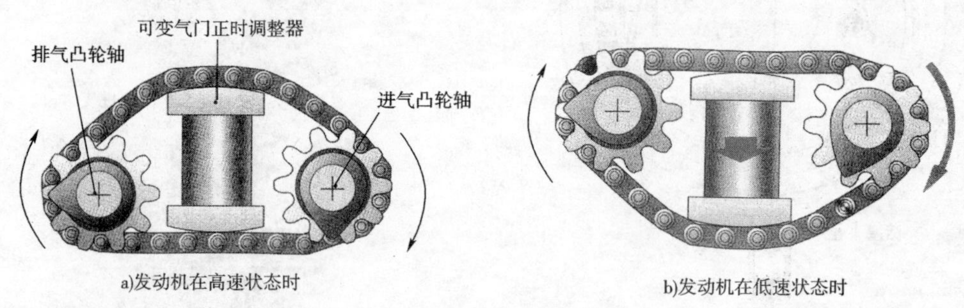

图 3-37　可变气门调整器工作原理示意图

2)本田 ACCORD F22B1 发动机 VTEC 机构

本田汽车公司研制的“可变气门配气相位和气门升程电子控制系统”,英文缩写就是“VTEC”,它是同时控制气门开闭时间及升程等两种不同情况的气门控制系统。与普通发动机相比,VTEC 发动机同样有 4 气门(2 进 2 排)、凸轮轴和摇臂等,不同的是凸轮与摇臂的数目及控制方法。

(1)VTEC 机构的结构。VTEC 机构的组成如图 3-38 所示。同一缸的两个进气门有主、次之分,即主进气门和次进气门。每个进气门通过单独的摇臂驱动,驱动主进气门的摇臂称为主摇臂,驱动次进气门的摇臂称为次摇臂,在主摇臂、次摇臂之间装有一个中间摇臂,中间摇臂不与任何气门直接接触,三个摇臂并列在一起组成进气摇臂总成。凸轮轴上相应有三个不同升程的凸轮分别驱动主摇臂、中间摇臂和次摇臂,凸轮轴上的凸轮也相应分为主凸轮、中间凸轮和次凸轮。在凸轮形状设计上,中间凸轮的升程最大,次凸轮的升程最小。主凸轮的形状适合发动机低速时主进气门单独工作时的配气相位要求,中间凸轮的形状适合发动机高速时主、次双进气门工作时的配气相位要求。

正时片的功用是正时活塞处于初始位置和工作位置时,靠复位弹簧使正时片插入正时活塞相应的槽中,使正时活塞定位。

进气摇臂总成如图 3-39 所示,在三个摇臂靠近气门的一端均设有油缸孔,油缸孔中装有靠液压控制的正时活塞、同步活塞、阻挡活塞及弹簧。正时活塞一端的油缸孔与发动机的润滑油道连通,ECU 通过电磁阀控制油道的通、断。

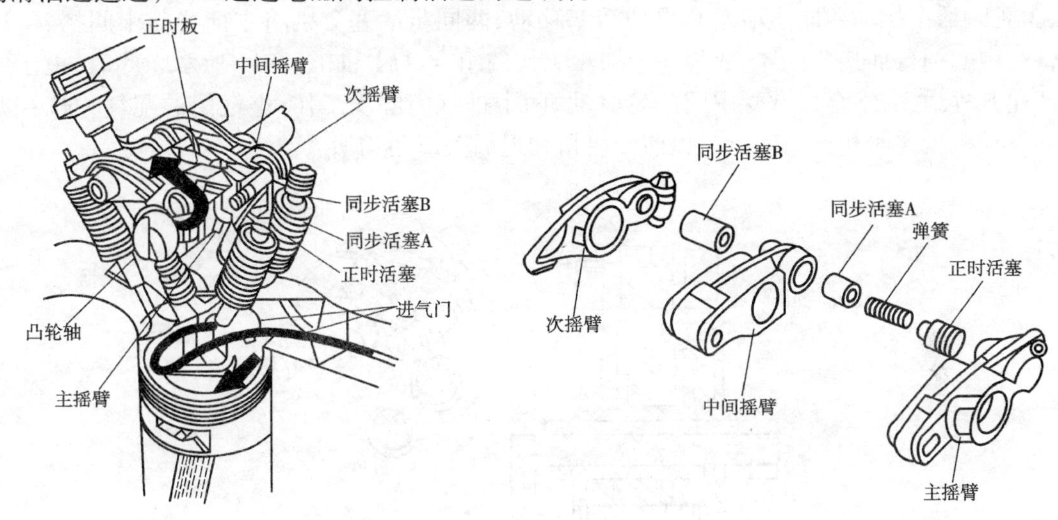

图 3-38 VTEC 机构的组成

图 3-39 进气摇臂总成

VTEC 配气机构与普通配气机构相比,在结构上的主要区别是凸轮轴上的凸轮较多,且升程不等,进气摇臂总成的结构复杂。排气门的工作情况与普通配气机构相同。

(2)VTEC 机构的工作原理。可变配气相位控制系统的功能是:根据发动机转速、负荷等变化来控制 VTEC 机构工作,改变驱动同一汽缸两进气门工作的凸轮,以调整进气门的配气相位及升程,并实现单进气门工作和双进气门工作的切换。

发动机低速运转时,VTEC 机构电磁阀不通电,使油道关闭,机油压力不能作用在正时活塞上,在此摇臂油缸孔内的弹簧和阻挡活塞作用下,正时活塞和同步活塞 A 回到主摇臂油缸孔内,与中间摇臂等宽的同步活塞 B 停留在中间摇臂的油缸孔内,三个摇臂彼此分离,如图 3-40 所示。此时,主凸轮通过主摇臂驱动主进气门,中间凸轮驱动中间摇臂空摆;次凸轮的升程非常小,通过次摇臂驱动次进气门微量开启,其目的是防止次进气门附近积聚燃油。配气机构处于单进气门、双排气门工作状态,单进气门由主凸轮驱动。

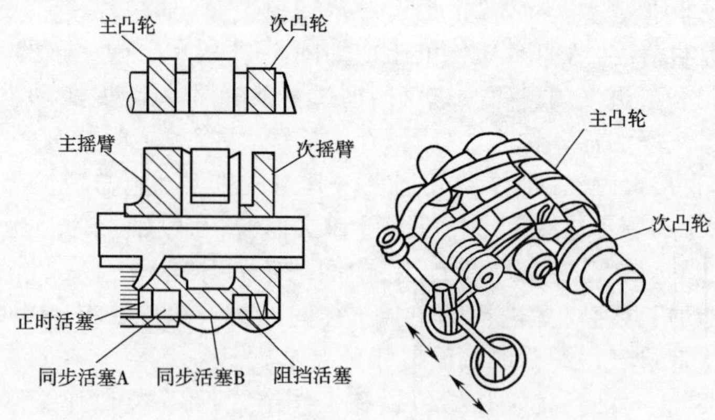

图 3-40　发动机低速运转时 VTEC 机构的工作状态

当发动机高速运转,且发动机转速、负荷、冷却液温度及车速达到设定值时,计算机控制电路向 VTEC 机构电磁阀供电,使电磁阀开启,来自润滑油道的机油压力作用在正时活塞一侧,由正时活塞推动两同步活塞和阻挡活塞移动,两同步活塞分别将主摇臂与中间摇臂、次摇臂与中间摇臂插接成一体,成为一个同步工作的组合摇臂,如图 3-41 所示。此时,由于中间凸轮升程最大,组合摇臂受中间凸轮驱动,两个进气门同步工作,进气门的配气相位和升程与发动机低速时相比,其升程、提前开启角和迟后关闭角均增大。

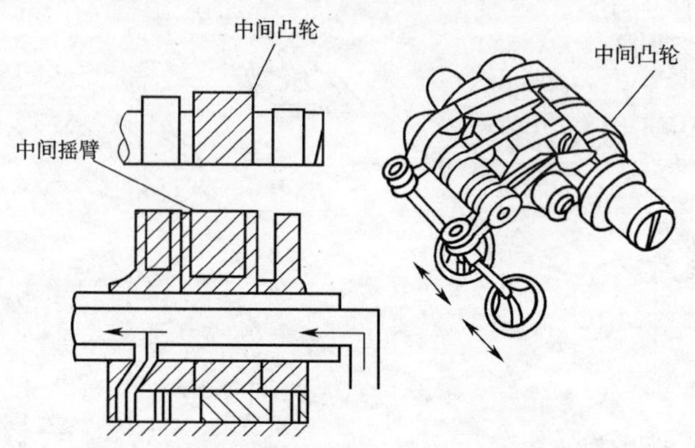

图 3-41　发动机高速运转时 VTEC 机构的工作状态

当发动机转速下降到设定值时,计算机控制电路切断 VTEC 机构电磁阀电流,正时活塞一侧的机油压力降低,各摇臂油缸孔内的活塞在复位弹簧作用下复位,三个摇臂又彼此分离而独立工作。

(3)VTEC 控制系统。VTEC 控制系统如图 3-42 所示。发动机控制 ECU 根据发动机转速、负荷、冷却液温度和车速信号控制 VTEC 机构电磁阀。电磁阀通电后,通过压力开关给计算机提供一个反馈信号,以便监控系统工作。

3)奔驰车系可变配气相位控制机构

德国奔驰车系 V12 发动机装用的可变配气相位控制机构如图 3-43 所示,该发动机共有 2 根进气凸轮轴和 2 根排气凸轮轴,采用链传动。它是通过改变进气凸轮轴与曲轴相对位置,来实现配气相位调节的。进气凸轮轴链轮与凸轮轴连接凸缘之间装有调节活塞,使链轮与凸轮轴之间形成非刚性连接;ECU 根据发动机转速信号、车速信号和挡位信号,通过电磁线圈和衔铁分别对左右两根进气凸轮轴配气相位进行控制;发动机工作中,ECU 控制电路使线圈通电时,线圈产生的电磁力通过衔铁对调节活塞施加转动力矩,使进气凸轮轴沿其旋转方向相对其驱动链轮转过一定角度,该凸轮轴驱动的进气门配气相位提前;反之,线圈断电时,则使配气相位推迟。

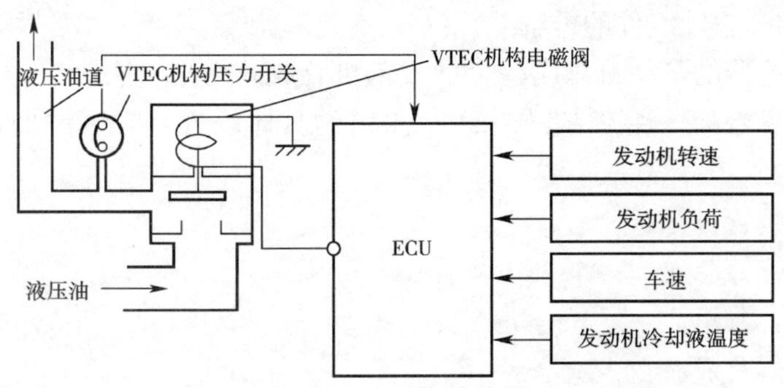

图 3-42　VTEC 控制系统中间凸轮中间摇臂

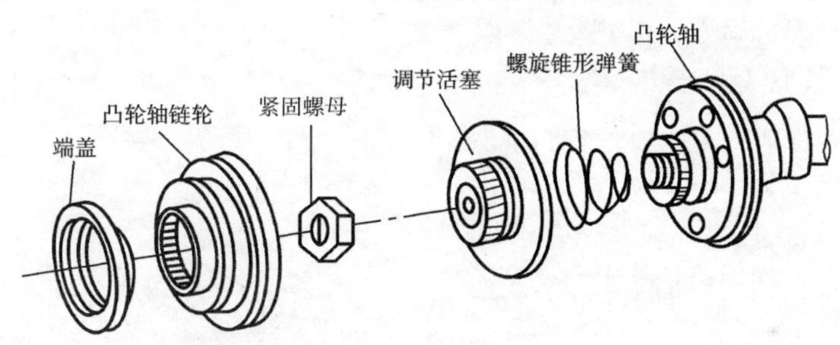

图 3-43　德国奔驰车系 V12 发动机装用的可变配气相位控制机构

第二节　配气机构的维修

本节以卡罗拉(1.6L)车型配气机构的维修为例进行说明。

一、正时链条和凸轮轴组件的维修

拆装凸轮轴组件相关部件分解图见图 2-33 ~ 图 2-37。

1. 实训器材

卡罗拉(1.6L)车型、举升机、磁力护裙、转向盘护套、变速杆手柄套、脚垫和座位套、组合扳手、螺丝刀、钳子、扭力扳手、发动机台架、塑料带、V 形块、SST 09276-75010 气门挺柱工具、SST 09223-22010 曲轴前油封拆装工具、游标卡尺、百分表、千分尺、丰田原厂黑密封胶、Three Bond 1207B 或同等产品等。

2. 作业准备

(1)汽车进入工位前,将工位清理干净,准备好相关的器材。

(2)将汽车停放在举升机中央位置。

(3)拉紧驻车制动器操纵杆,并将变速杆置于空挡或驻车挡(P 挡)位置(见图 1-19)。

(4)套上转向盘护套、变速杆手柄套和座位套,铺设脚垫。

(5)在车内拉动发动机舱盖手柄,在车外打开并支撑发动机舱盖(见图 1-20)。

(6)粘贴翼子板和前脸磁力护裙。

3. 操作步骤

1)正时链条和凸轮轴组件的拆解

(1)拆卸带变速器的发动机总成(参见“发动机总成的维修”部分)。

(2)安装发动机台架。注意:步骤(2)~(23)的具体内容,请参考“曲柄连杆机构的维修”部分。

(3)拆卸进气歧管。

(4)拆卸燃油管分总成。

(5)拆卸输油管分总成。

(6)拆卸喷油器总成。

(7)拆卸点火线圈总成。

(8)拆卸机油尺分总成。

(9)拆卸排气歧管 1 号隔热罩。

(10)拆卸歧管撑条。

(11)拆卸排气歧管。

(12)拆卸通风软管。

(13)拆卸 3 号水旁通软管。

(14)拆卸 1 号水旁通管。

(15)拆卸水旁通软管。

(16)拆卸进水软管。

(17)拆卸进水口。

(18)拆卸节温器。

(19)拆卸收音机设置调相器。

(20)拆卸汽缸盖罩分总成。

(21)拆卸汽缸盖罩衬垫。

(22)将 1 号汽缸设置到压缩上止点(TDC)位置。

(23)拆卸曲轴传动带轮。

(24)拆卸 1 号链条张紧器总成。如图 3-44 所示,拆下 2 个螺母、托架、张紧器和衬垫。注意:不要在不使用链条张紧器的情况下转动曲轴。

(25)拆卸正时链条盖分总成。

①如图 3-45 所示,拆下 3 个螺栓和发动机悬置支架。

②如图 3-46 所示,拆下 4 个螺栓和机油滤清器支架。

③如图 3-47 所示,拆下 2 个 O 形圈。

图 3-44　正时链条和凸轮轴组件的拆解(1)

图 3-45　正时链条和凸轮轴组件的拆解(2)

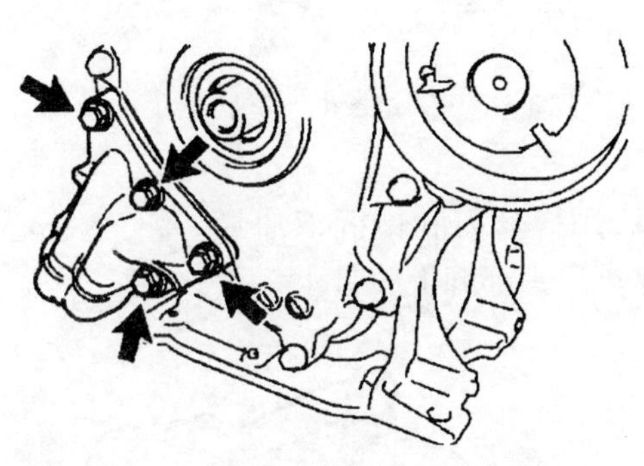
图 3-46　正时链条和凸轮轴组件的拆解(3)

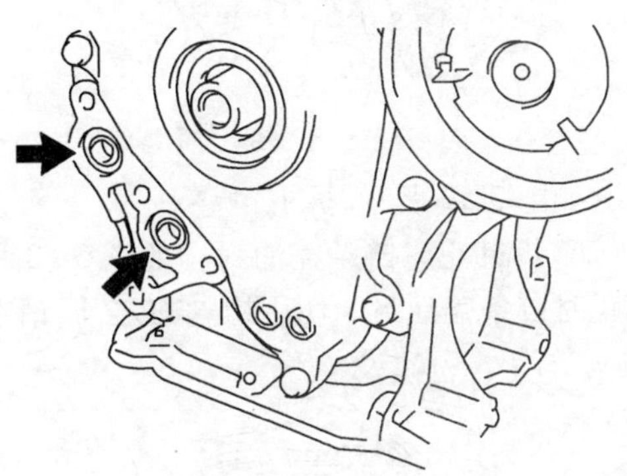
图 3-47　正时链条和凸轮轴组件的拆解(4)

④如图 3-48 所示,拆下 19 个螺栓。

⑤如图 3-49 所示,用螺丝刀撬动正时链条盖和汽缸盖或汽缸体之间的部位,拆下正时链条盖。注意:不要损坏正时链条盖、汽缸体和汽缸盖的接触面。在使用螺丝刀之前,在螺丝刀头部缠上胶带。

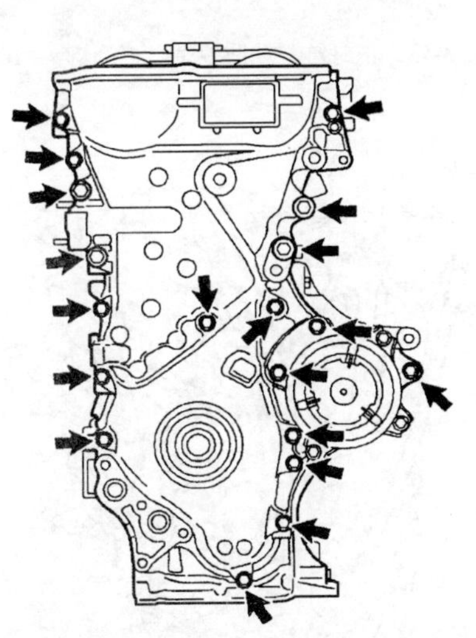
图 3-48　正时链条和凸轮轴组件的拆解(5)

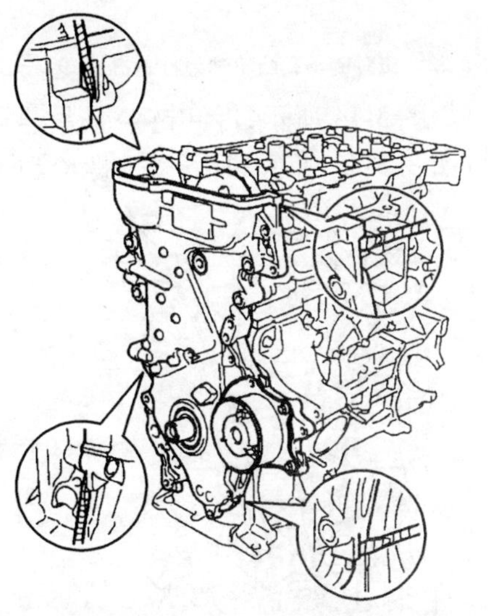
图 3-49　正时链条和凸轮轴组件的拆解(6)

⑥如图 3-50 所示,拆下 3 个 O 形圈。

⑦如图 3-51 所示,拆下 3 个螺栓和水泵。

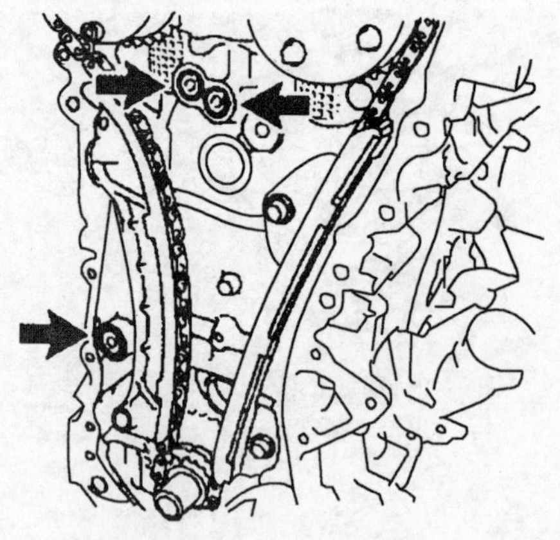
图 3-50　正时链条和凸轮轴组件的拆解(7)

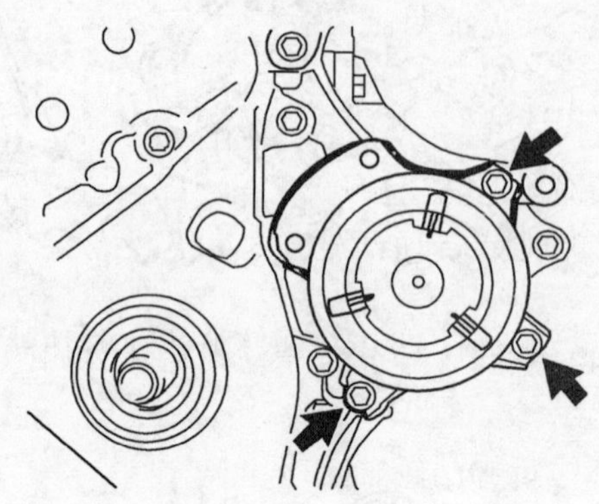
图 3-51　正时链条和凸轮轴组件的拆解(8)

⑧如图 3-52 所示,拆下衬垫。

(26)拆卸正时链条盖油封。如图 3-53 所示,用螺丝刀和锤拆下油封。注意:小心不要损坏正时链条盖油封。使用螺丝刀之前,请在螺丝刀头部缠上胶带。

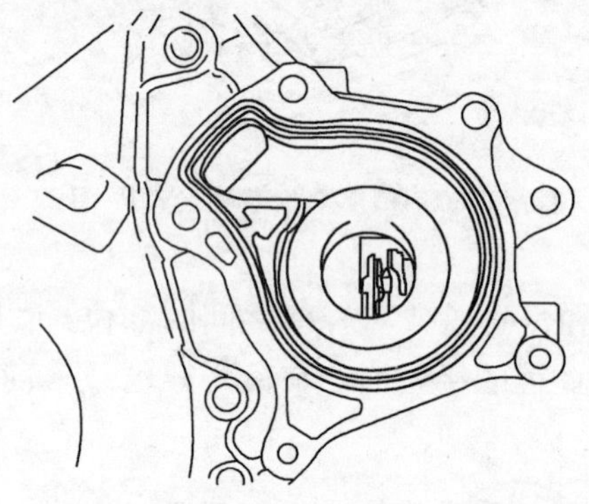
图 3-52　正时链条和凸轮轴组件的拆解(9)

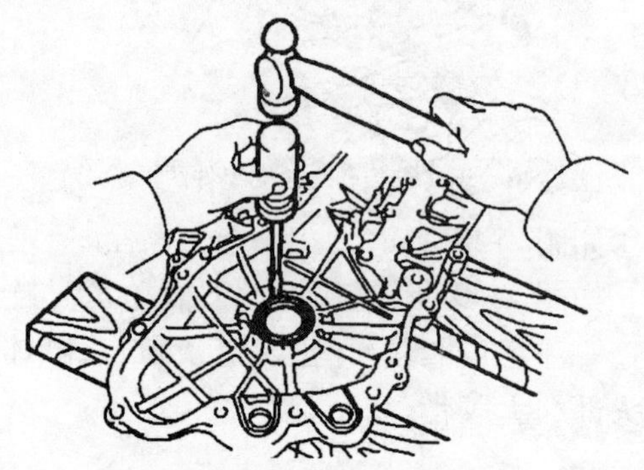
图 3-53　正时链条和凸轮轴组件的拆解(10)

(27)如图 3-54 所示,拆卸链条张紧器导板。

(28)如图 3-55 所示,拆下 2 个螺栓和 1 号链条振动阻尼器。

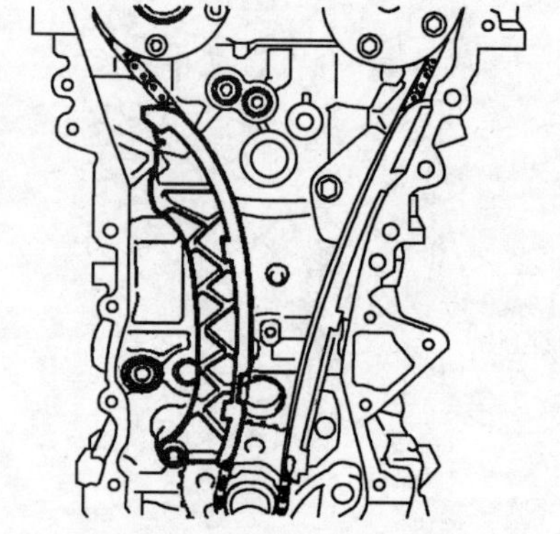
图 3-54　正时链条和凸轮轴组件的拆解(11)

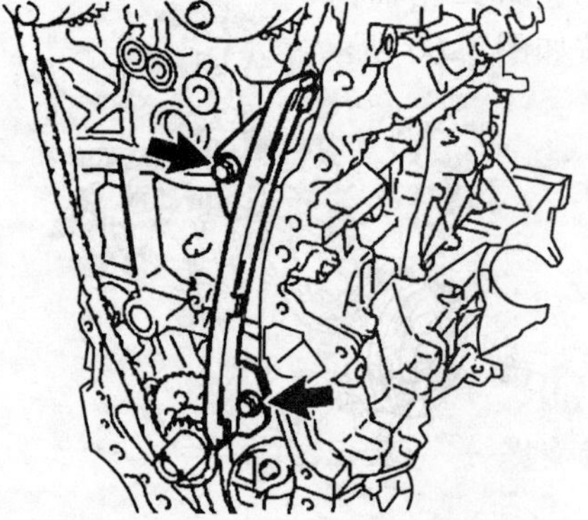
图 3-55　正时链条和凸轮轴组件的拆解(12)

（29）拆卸链条分总成。

①如图 3-56 所示，用扳手固定住凸轮轴的六角头部分，并逆时针旋转凸轮轴正时链轮总成，以松开凸轮轴正时链轮之间的链条。

②链条松开时，将链条从凸轮轴正时链轮总成上松开，并将其放置在凸轮轴正时链轮总成上。注意：确保将链条从链轮上完全松开。

③顺时针转动凸轮轴，使其回到原来位置，并拆下链条。

（30）拆卸 2 号链条振动阻尼器。如图 3-57 所示，拆下 2 个螺栓和 2 号链条振动阻尼器。

（31）拆卸凸轮轴正时链轮总成。如图 3-58 所示，固定凸轮轴的六角头部分的同时，拆下凸缘螺栓，然后拆下凸轮轴正时链轮总成。注意：拆下凸轮轴正时链轮前，确保锁销已松开。不要拆下另外 4 个螺栓。将凸轮轴正时链轮总成从凸轮轴上拆下时，要使其保持水平状态。

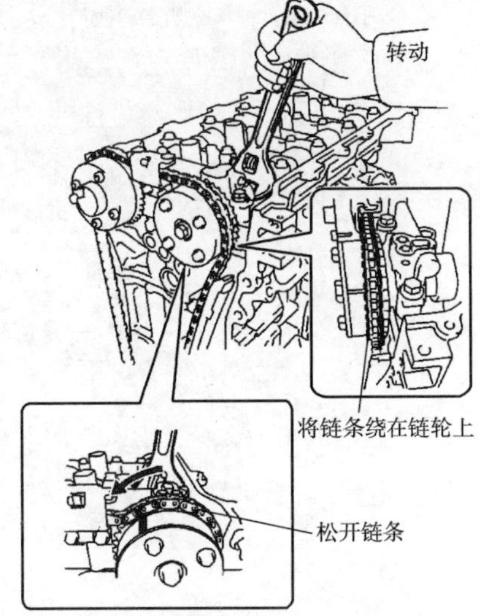

图 3-56　正时链条和凸轮轴组件的拆解（13）

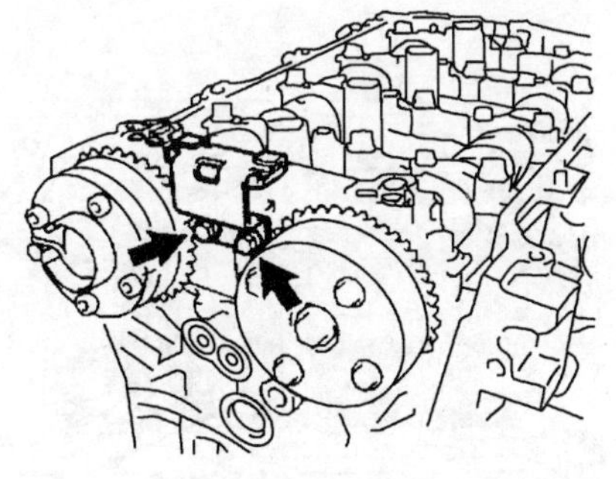
图 3-57　正时链条和凸轮轴组件的拆解（14）

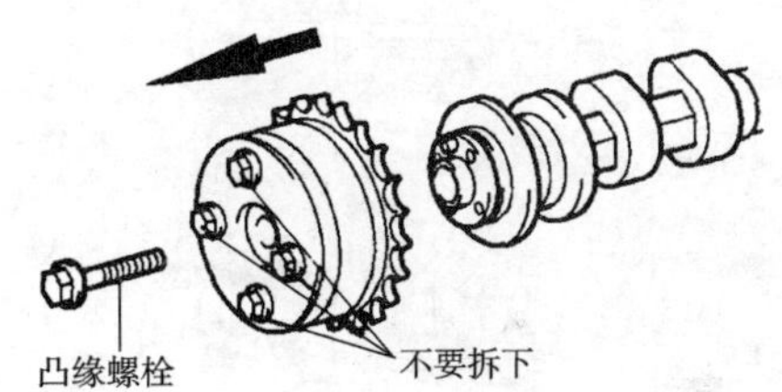

图 3-58　正时链条和凸轮轴组件的拆解（15）

（32）拆卸排气凸轮轴正时链轮总成。如图 3-59 所示，固定凸轮轴的六角头部分的同时，拆下凸缘螺栓，然后拆下排气凸轮轴正时链轮总成。注意：不要拆下另外 4 个螺栓。将排气凸轮轴正时链轮总成从凸轮轴上拆下时，要使其保持水平状态。

（33）拆卸凸轮轴轴承盖。

①按如图 3-60 所示顺序，均匀地拧松并拆下 10 个轴承盖螺栓。

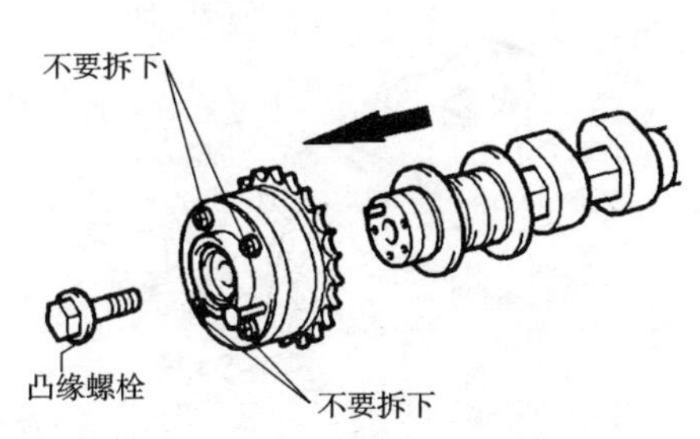

图 3-59　正时链条和凸轮轴组件的拆解（16）

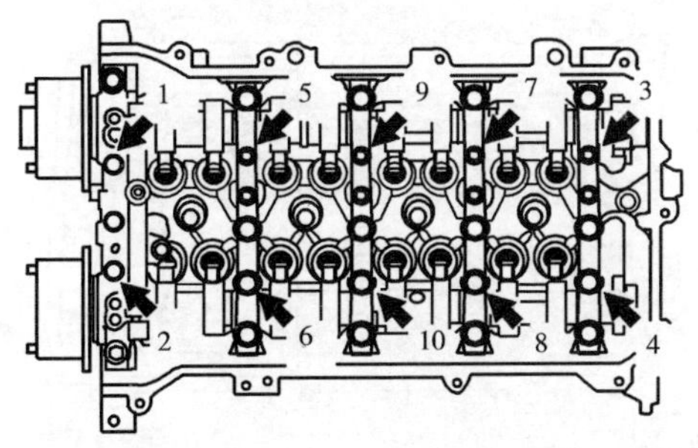

图 3-60　正时链条和凸轮轴组件的拆解（17）

②按如图 3-61 所示顺序,均匀地拧松并拆下 15 个轴承盖螺栓。注意:凸轮轴处于水平状态的同时均匀地拧松螺栓。

③拆下 5 个轴承盖。注意:按正确的顺序摆放拆下的零件。

(34)如图 3-62 所示,拆下凸轮轴。

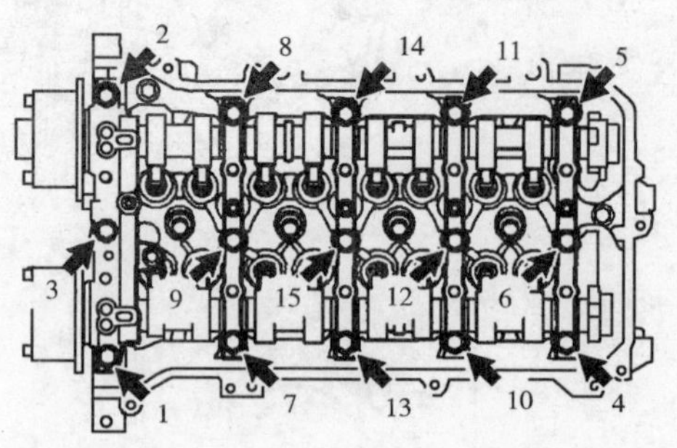

图 3-61　正时链条和凸轮轴组件的拆解(18)

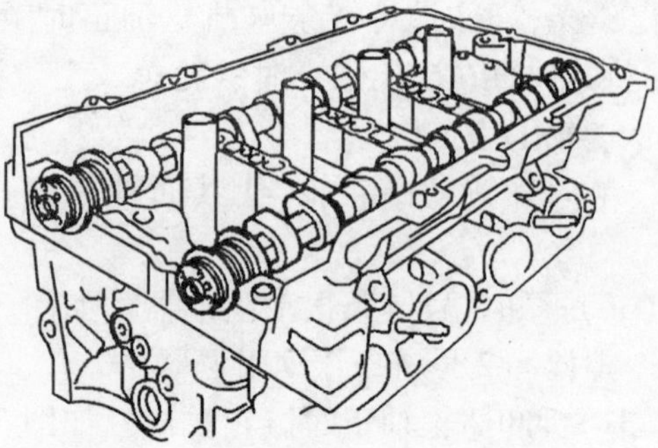

图 3-62　正时链条和凸轮轴组件的拆解(19)

(35)如图 3-63 所示,拆下 2 号凸轮轴。

(36)拆卸 1 号气门摇臂分总成。如图 3-64 所示,拆下 16 个气门摇臂。注意:按正确的顺序摆放拆下的零件。

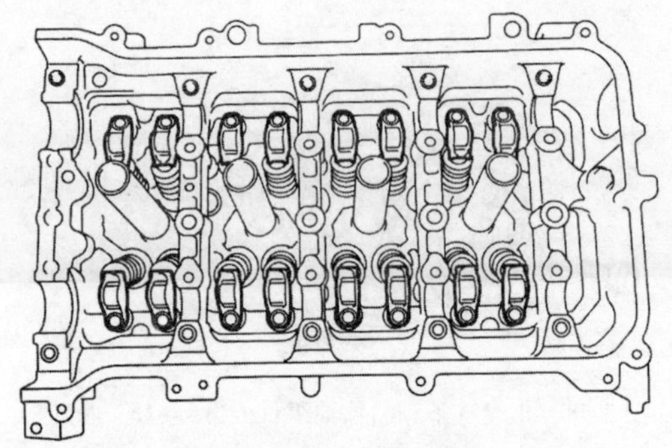
图 3-63　正时链条和凸轮轴组件的拆解(20)

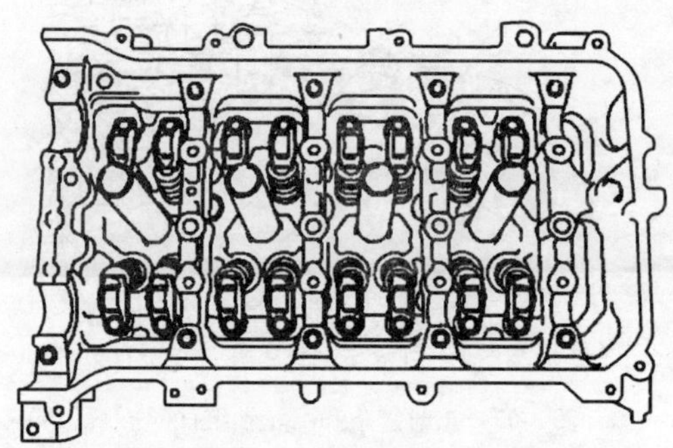
图 3-64　正时链条和凸轮轴组件的拆解(21)

(37)拆卸气门间隙调节器总成。如图 3-65 所示,从汽缸盖上拆下 16 个气门间隙调节器。注意:按正确的顺序摆放拆下的零件。

(38)拆卸 1 号凸轮轴轴承。如图 3-66 所示,拆下 2 个 1 号凸轮轴轴承。

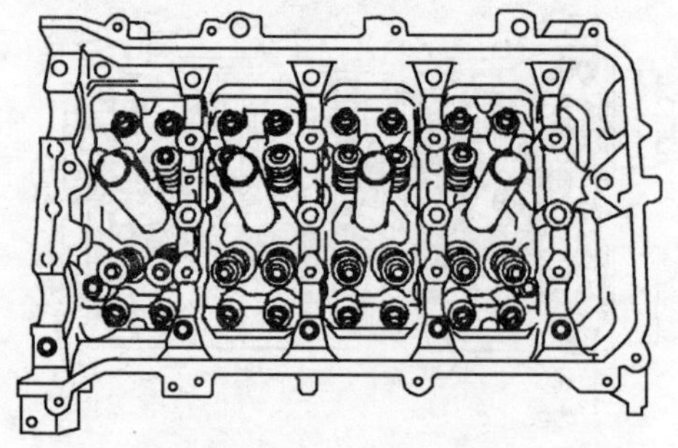
图 3-65　正时链条和凸轮轴组件的拆解(22)

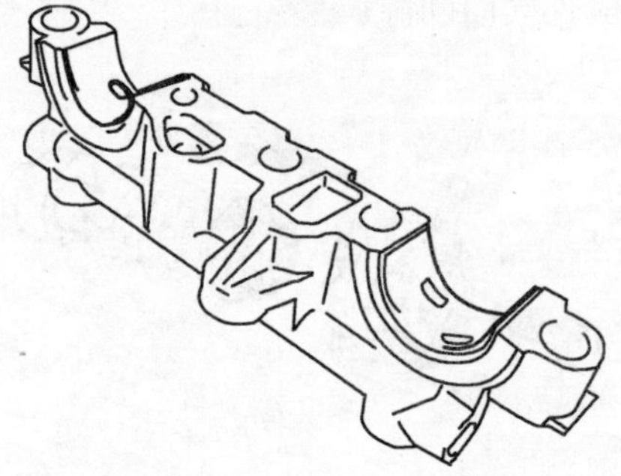
图 3-66　正时链条和凸轮轴组件的拆解(23)

(39)拆卸2号凸轮轴轴承。如图3-67所示,拆下2个2号凸轮轴轴承。

(40)拆卸凸轮轴壳分总成。

①如图3-68所示,拆下2个螺栓。

②如图3-69所示,用螺丝刀撬动汽缸盖和凸轮轴壳之间的部位,拆下凸轮轴壳。注意:小心不要损坏汽缸盖和凸轮轴壳的接触面。使用螺丝刀之前,在螺丝刀头部缠上胶带。

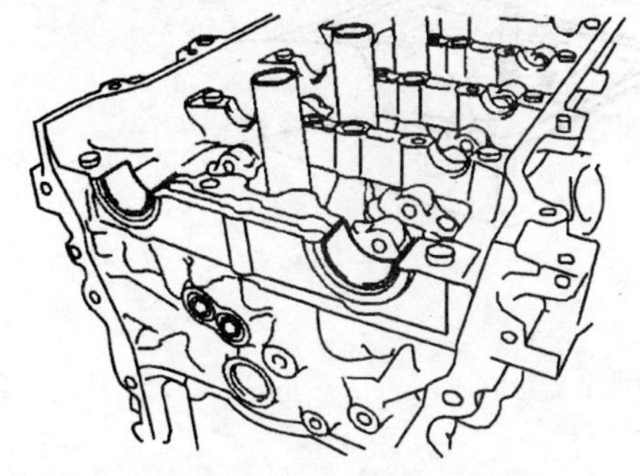

图3-67　正时链条和凸轮轴组件的拆解(24)

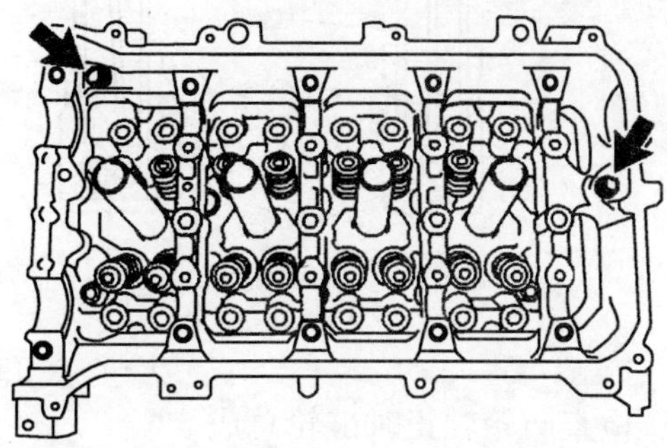

图3-68　正时链条和凸轮轴组件的拆解(25)

2)检查

(1)检查1号气门摇臂分总成。如图3-70所示,用手转动滚针,检查转动是否平稳。注意:如果滚针转动不平稳,则更换气门摇臂分总成。

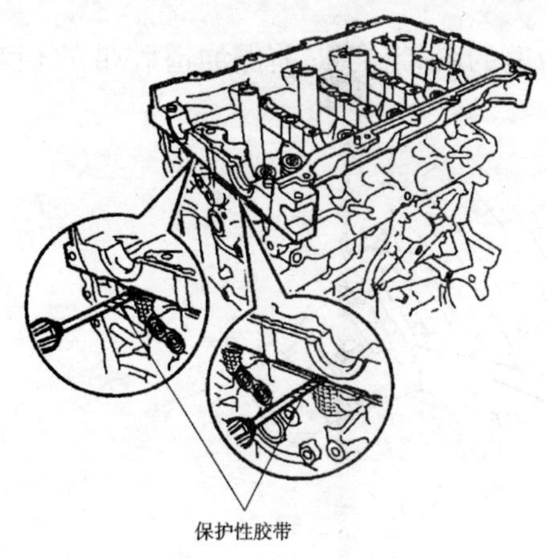

图3-69　正时链条和凸轮轴组件的拆解(26)

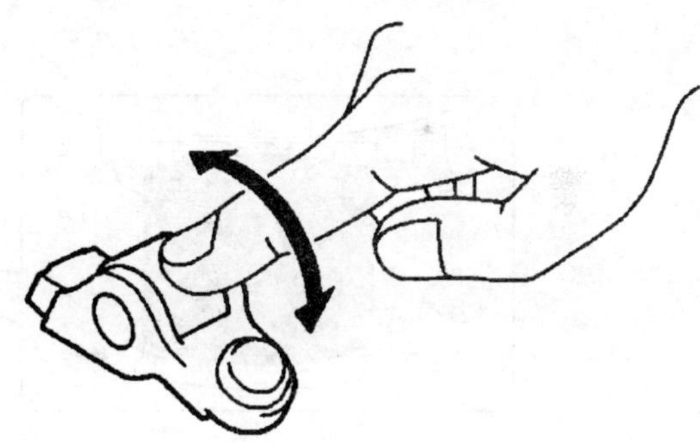

图3-70　检查1号气门摇臂分总成

(2)检查气门间隙调节器总成。注意:使气门间隙调节器远离灰尘和异物。仅使用干净的发动机机油。

①将气门间隙调节器放入装有发动机机油的容器中。

②如图3-71所示,将SST 09276-75010顶端插入气门间隙调节器的柱塞中,并用顶端挤压柱塞中的止回球。

③将SST和气门间隙调节器压在一起,上下移动柱塞5~6次。

④检查柱塞的运动情况并放气。正常:柱塞上下移动。注意:从高压室放气时,确保SST的端部已如图3-71所示压住止回球。如果没有压住止回球,空气不会从高压室排出。

⑤放气后,拆下SST。然后用手指迅速且用力地按压柱塞。正常:柱塞很难移动。如果

结果不符合规定,则更换气门间隙调节器。

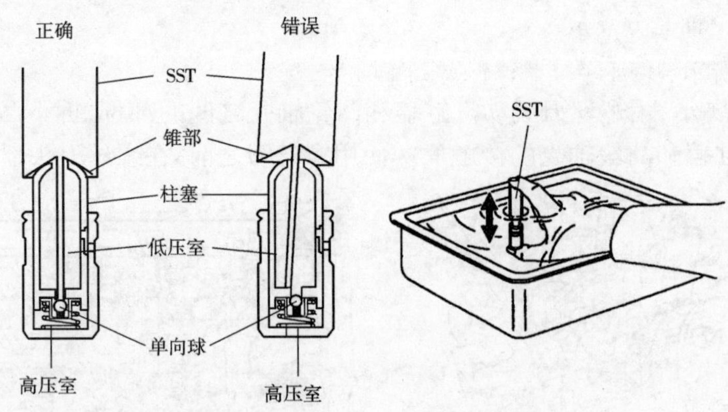

图3-71　检查气门间隙调节器总成

(3)检查凸轮轴正时链轮总成。

①安装凸轮轴正时链轮。

②检查凸轮轴正时链轮的锁止情况。确认凸轮轴正时链轮锁止。

③松开锁销。

a. 如图3-72所示,用塑料带盖住凸轮轴颈上的4个油道。注意:凸轮轴凹槽内有4个油道。用橡胶块塞住其中3个油道。

b. 在提前侧油道的胶带上刺一个孔,在延迟侧油道的胶带(即提前侧油道胶带的相对一侧)上刺一个孔。

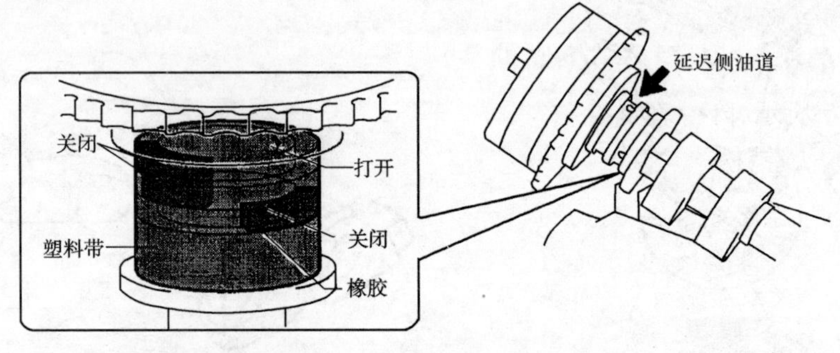

图3-72　检查凸轮轴正时链轮总成(1)

c. 如图3-73所示,向油道施加约150kPa的气压时,向提前方向(逆时针)用力转动凸轮轴正时链轮总成。注意:施加压力时用布盖住通道以防止机油飞溅。不要锁止凸轮轴正时链轮总成。如果已锁止,则重新松开锁销。在没有施加力的情况下,凸轮轴正时链轮总成可能朝提前方向转动。如果由于孔口漏气而难以施加足够的气压,锁销可能难以松开。

④检查转动是否顺畅。在可移动范围(26.5°~28.5°)内旋转凸轮轴正时链轮2次或3次,但不要将其转到最大延迟位置。确保链轮转动顺畅。注意:不要锁止凸轮轴正时链轮总成。如果已锁止,则重新松开锁销。

(4)检查排气凸轮轴正时链轮总成。

①安装凸轮轴正时链轮。

②检查排气凸轮轴正时链轮的锁止情况。确保排气凸轮轴正时链轮已锁止。

③松开锁销。

a. 如图 3-74 所示，用塑料带盖住凸轮轴颈上的 4 个油道。注意：凹槽内有 4 个油道。用橡胶块塞住 2 个油道。

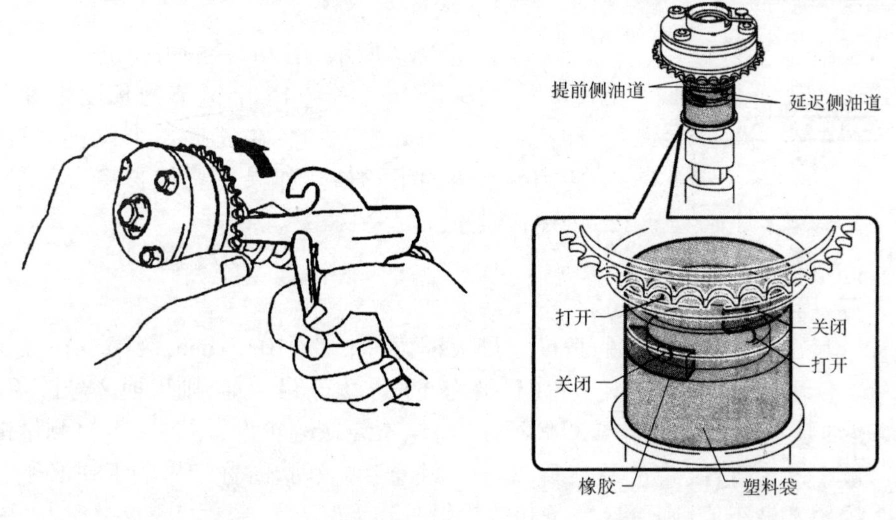

图 3-73　检查凸轮轴正时链轮总成(2)　　图 3-74　检查排气凸轮轴正时链轮总成(1)

b. 见图 3-74，在提前侧油道的胶带上刺一个孔，在延迟侧油道的胶带(即提前侧油道胶带的相对一侧)上刺一个孔。

c. 如图 3-75 所示，向这 2 个穿透的油道(提前侧油道和延迟侧油道)施加大约 200kPa 的气压。注意：施加压力时用布盖住油道以防止机油飞溅。

d. 如图 3-76 所示，降低施加到提前侧油道的气压时，确保排气凸轮轴正时链轮朝延迟方向旋转。注意：锁销松开并且排气凸轮轴正时链轮朝延迟方向转动。

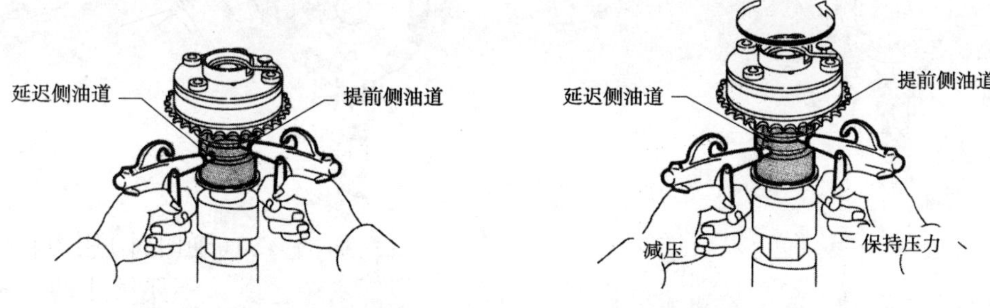

图 3-75　检查排气凸轮轴正时链轮总成(2)　　图 3-76　检查排气凸轮轴正时链轮总成(3)

e. 排气凸轮轴正时链轮移动到最大延迟位置时，释放提前侧油道的空气压力，然后释放延迟侧油道的空气压力。注意：一定要先释放提前侧油道的空气压力。如果先释放延迟侧油道的空气压力，则排气凸轮轴正时链轮可能会突然转到提前方向，并且损坏锁销或其他零件。

④检查转动是否顺畅。在可移动范围(19°～21°)内转动排气凸轮轴正时链轮 2 或 3 次，但不要将其转到最大提前位置。确保链轮转动顺畅。注意：释放提前侧油道的空气压

力,然后释放延迟侧油道的空气压力时,由于提前辅助弹簧的作用,链轮将自动回到最大提前位置并锁止。检查转动是否顺畅前,逐渐释放延迟侧油道的空气压力。

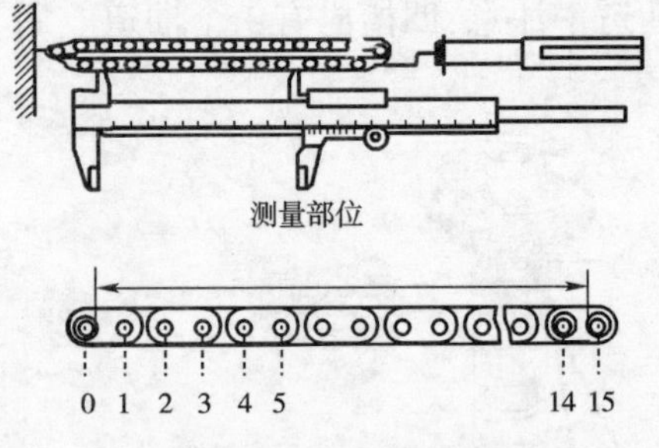

图 3-77 检查链条分总成

⑤检查在最大提前位置的锁止情况。确保排气凸轮轴正时链轮在最大提前位置锁止。

(5)检查链条分总成。

①如图 3-77 所示,用 147N 的力拉链条。

②用游标卡尺测量 15 个链节的长度。最大链条伸长率:115.2mm。注意:在任意 3 个位置进行测量。使用测量值的平均值。如果平均伸长率大于最大值,则更换链条。

(6)检查 2 号链条分总成。

①见图 3-77,用 147N 的力拉链条。

②用游标卡尺测量 15 个链节的长度。最大链条伸长率:102.1mm。注意:在任意 3 个位置进行测量。使用测量值的平均值。如果平均伸长率大于最大值,则更换 2 号链条。

(7)检查机油泵主动链轮。如图 3-78 所示,将链条绕在链轮上,用游标卡尺测量链轮和链条的直径。最小链轮直径(带链条):48.2mm。注意:测量时,游标卡尺的卡钳必须与链轮接触。如果直径小于最小值,则更换链条和链轮。

(8)检查机油泵主动轴链轮。如图 3-79 所示,将链条绕在链轮上,用游标卡尺测量链轮和链条的直径。最小链轮直径(带链条):48.8mm。注意:测量时,游标卡尺的卡钳必须与链轮接触。如果直径小于最小值,则更换链条和链轮。

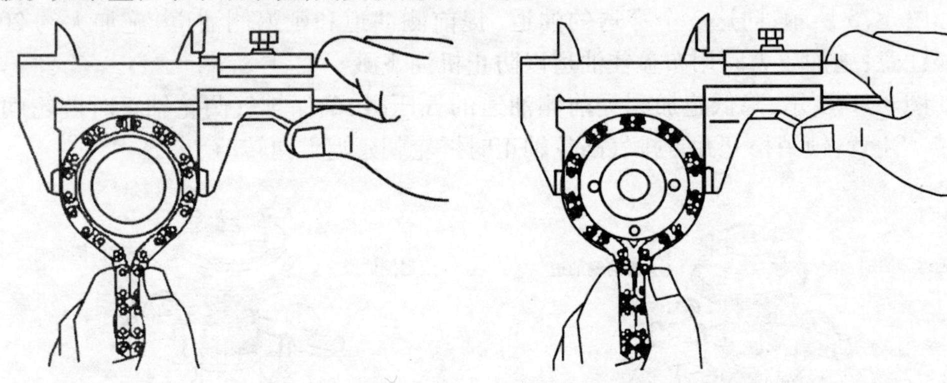

图 3-78 检查机油泵主动链轮　　图 3-79 检查机油泵主动轴链轮

(9)检查凸轮轴正时链轮总成。如图 3-80 所示,将链条绕在链轮上,用游标卡尺测量链轮和链条的直径。最小链轮直径(带链条):96.8mm。注意:测量时,游标卡尺的卡钳必须与链轮接触。如果直径小于最小值,则更换链条和链轮。

(10)检查排气凸轮轴正时链轮总成。如图 3-81 所示,将链条绕在链轮上,用游标卡尺测量链轮和链条的直径。最小链轮直径(带链条):96.8mm。注意:测量时,游标卡尺的卡钳必须与链轮接触。如果直径小于最小值,则更换链条和链轮。

(11)检查曲轴正时链轮。见图 3-78,将链条绕在链轮上,用游标卡尺测量链轮和链条的直径。最小链轮直径(带链条):51.1mm。注意:测量时,游标卡尺的卡钳必须与链轮接触。

如果直径小于最小值,则更换链条和链轮。

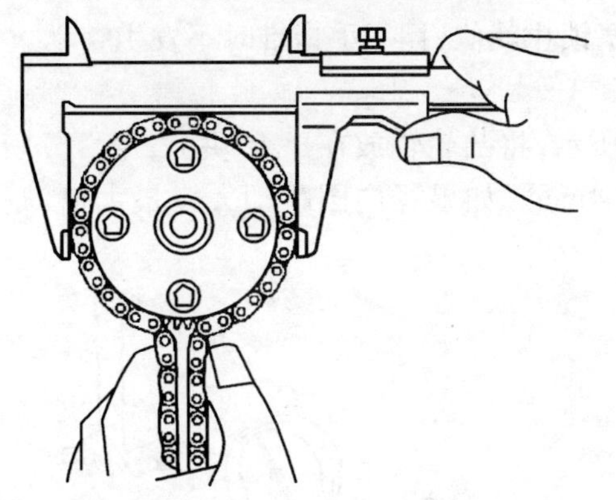

图 3-80　检查凸轮轴正时链轮总成

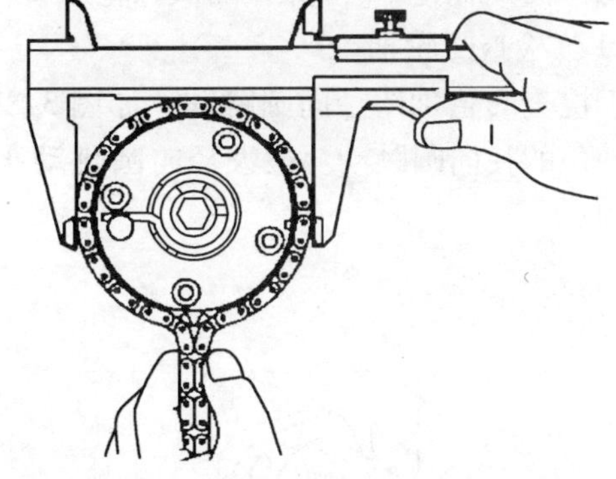

图 3-81　检查排气凸轮轴正时链轮总成

(12)检查链条张紧器导板。如图 3-82 所示,用游标卡尺测量张紧器导板磨损量。最大磨损量:1.0mm。如果磨损量大于最大值,则更换链条张紧器导板。

(13)检查 1 号链条振动阻尼器。如图 3-83 所示,用游标卡尺测量振动阻尼器磨损量。最大磨损量:1.0mm。如果磨损量大于最大值,则更换 1 号链条振动阻尼器。

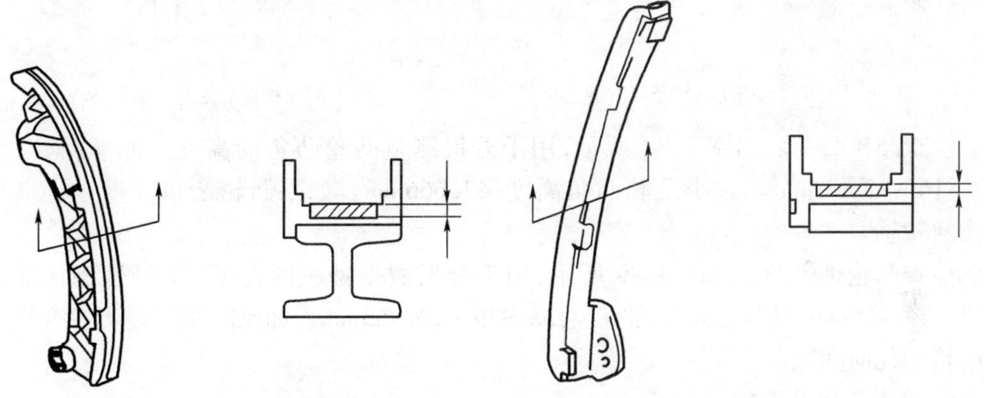

图 3-82　检查链条张紧器导板　　图 3-83　检查 1 号链条振动阻尼器

(14)检查 2 号链条振动阻尼器。如图 3-84 所示,用游标卡尺测量振动阻尼器磨损量。最大磨损量:1.0mm。如果磨损量大于最大值,则更换 2 号链条振动阻尼器。

(15)检查链条张紧器板。如图 3-85 所示,用游标卡尺测量链条张紧器板磨损量。最大磨损量:1.0mm。如果磨损量大于最大值,则更换链条张紧器板。

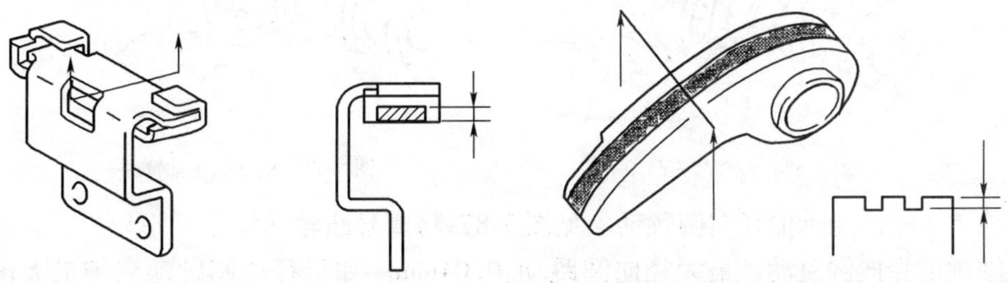

图 3-84　检查 2 号链条振动阻尼器　　图 3-85　检查链条张紧器板

(16)检查1号链条张紧器。如图3-86所示,用手指提起棘轮爪时,检查并确认柱塞移动平稳。松开棘轮爪,检查并确认棘轮爪将柱塞锁止就位,且用手指推时不发生移动。

(17)检查凸轮轴。

①检查凸轮轴的径向圆跳动。如图3-87所示,将凸轮轴放在V形块上,用百分表测量中心轴颈的径向圆跳动。最大径向圆跳动:0.04mm。如果径向圆跳动大于最大值,则更换凸轮轴。

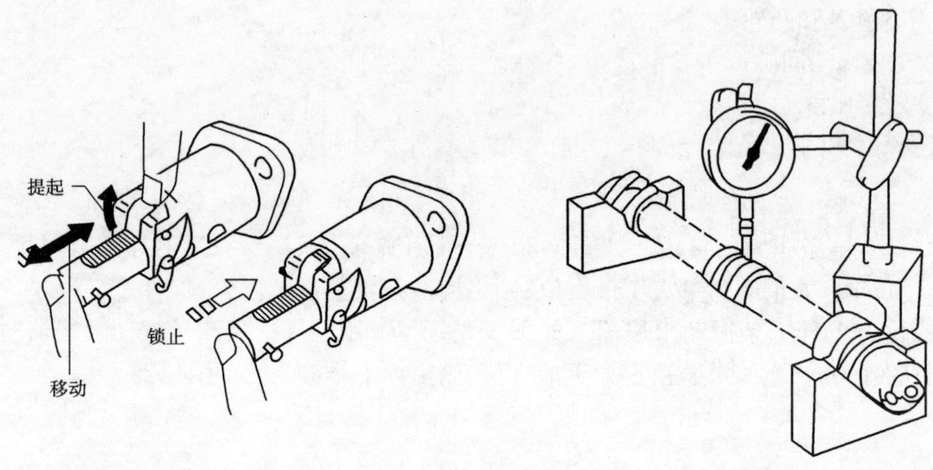

图3-86　检查1号链条张紧器

图3-87　检查凸轮轴的径向跳动

②检查凸轮凸角。如图3-88所示,用千分尺测量凸轮凸角的高度。标准凸轮凸角高度:42.816~42.916mm。最小凸轮凸角高度:42.666mm。如果凸轮凸角高度小于最小值,则更换凸轮轴。

③检查凸轮轴轴颈。如图3-89所示,用千分尺测量轴颈的直径。1号轴颈标准直径:34.449~34.465mm;其他轴颈标准直径:22.949~22.965mm。如果轴颈直径不符合规定,则检查凸轮轴径向间隙。

(18)检查2号凸轮轴。

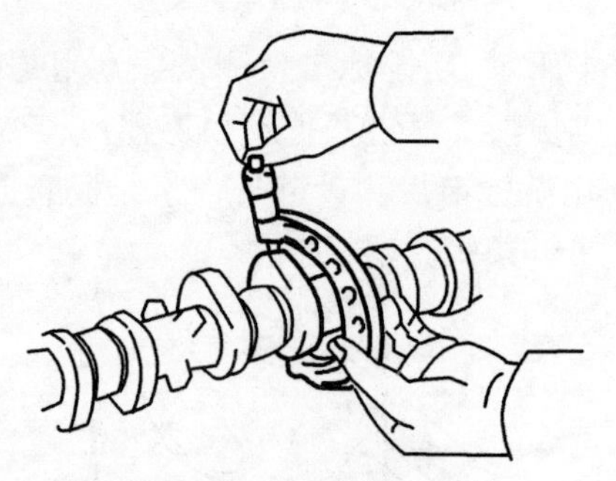

图3-88　检查凸轮凸角

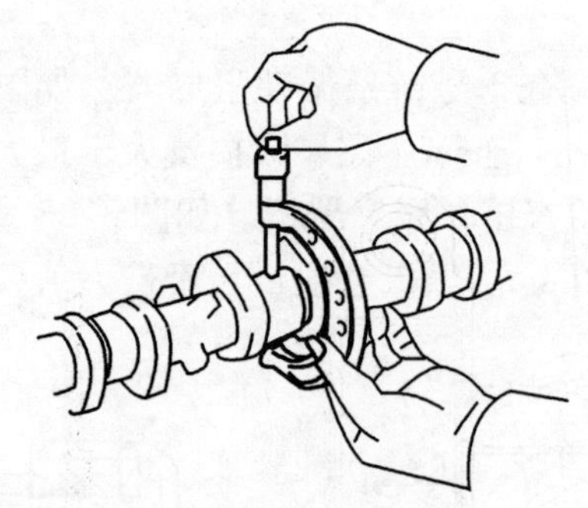

图3-89　检查凸轮轴轴颈

①检查2号凸轮轴的径向圆跳动。见图3-87,将2号凸轮轴放在V形块上,用百分表测量中心轴颈的径向圆跳动。最大径向圆跳动:0.04mm。如果径向圆跳动大于最大值,则更换2号凸轮轴。

②检查2号凸轮凸角。见图3-88，用千分尺测量凸轮凸角的高度。标准凸轮凸角高度：44.336～44.436mm。最小凸轮凸角高度：44.186mm。如果凸轮凸角高度小于最小值，则更换2号凸轮轴。

③检查2号凸轮轴轴颈。见图3-89，用千分尺测量轴颈的直径。1号轴颈标准直径：34.449～34.465mm；其他轴颈标准直径：22.949～22.965mm。如果轴颈直径不符合规定，则检查凸轮轴径向间隙。

3）正时链条和凸轮轴组件的重新装配

（1）安装气门间隙调节器总成。注意：将气门间隙调节器安装回原处。

（2）安装1号气门摇臂分总成。

①在气门间隙调节器端部和气门杆盖端上涂抹发动机机油。

②确保将气门摇臂安装至如图3-90所示位置。

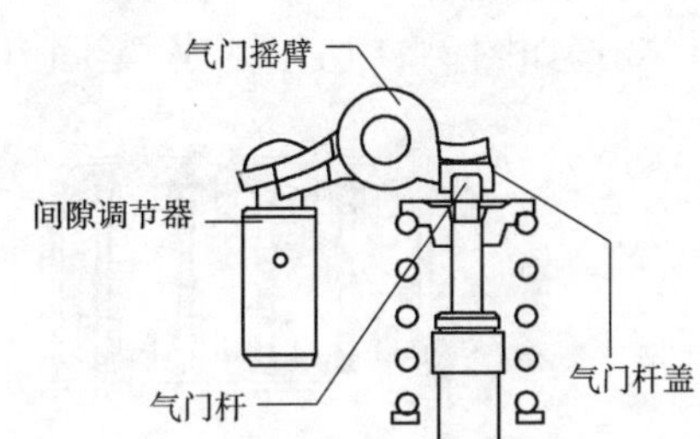

图3-90　正时链条和凸轮轴组件的重新装配(1)

（3）安装1号凸轮轴轴承。

①清洁轴承的双表面。

②安装2个1号凸轮轴轴承。

③如图3-91所示，用游标卡尺测量轴承盖边缘和凸轮轴轴承边缘间的距离。尺寸（A、B）：0.7mm或更小。注意：通过测量尺寸A和B，将轴承固定至轴承盖中心。

（4）安装2号凸轮轴轴承。

①清洁轴承的双表面。

②安装2个2号凸轮轴轴承。

③如图3-92所示，用游标卡尺测量轴承盖边缘和凸轮轴轴承边缘间的距离。尺寸（A）：1.05～1.75mm。注意：通过测量尺寸A，将轴承固定至轴承盖中心。

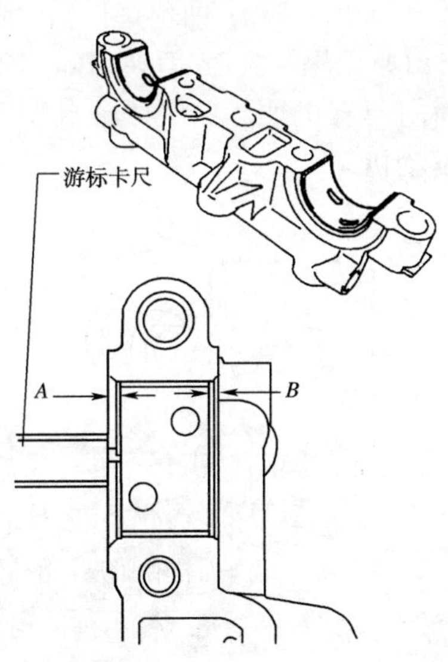

图3-91　正时链条和凸轮轴组件的重新装配(2)

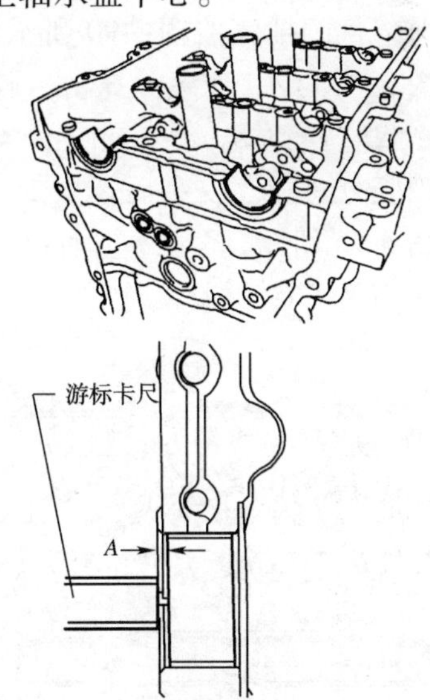

图3-92　正时链条和凸轮轴组件的重新装配(3)

（5）安装2号凸轮轴。

①清洁凸轮轴轴颈。

②在凸轮轴轴颈、凸轮轴壳和轴承盖上涂抹一薄层发动机机油。

③将 2 号凸轮轴安装到凸轮轴壳上（见图 3-93）。

（6）安装凸轮轴。

①清洁凸轮轴轴颈。

②在凸轮轴轴颈、凸轮轴壳和轴承盖上涂抹一薄层发动机机油。

③将凸轮轴安装到凸轮轴壳上（见图 3-92）。

（7）安装凸轮轴轴承盖。

①在凸轮轴轴颈、凸轮轴壳和轴承盖上涂抹发动机机油。

②确认各凸轮轴轴承盖上的标记和号码，并将其置于正确的位置和方向。注意：确保凸轮轴的锁销如图 3-93 所示安装。

③按如图 3-94 所示顺序，紧固 10 个螺栓，拧紧力矩：16N · m。

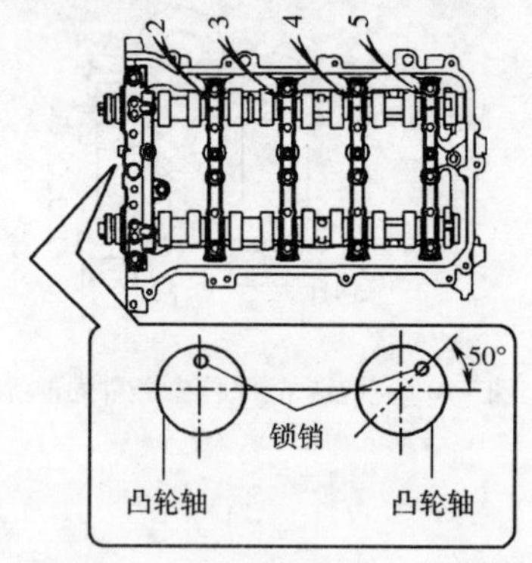

图 3-93　正时链条和凸轮轴组件的重新装配(4)

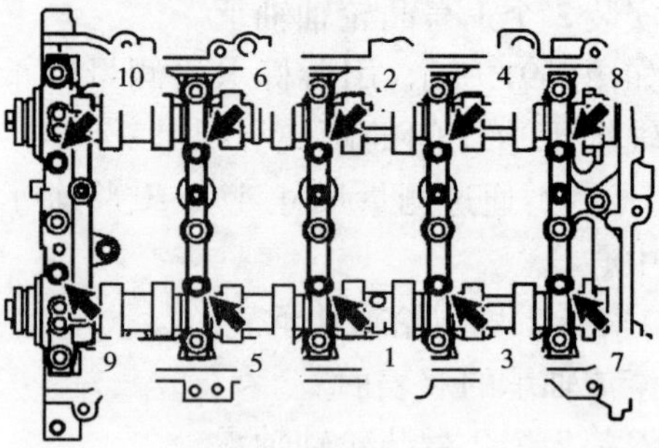

图 3-94　正时链条和凸轮轴组件的重新装配(5)

（8）安装凸轮轴壳分总成。

①确保将气门摇臂按图 3-90 所示安装。

②如图 3-95 所示，连续涂抹密封胶。密封胶：丰田原厂黑密封胶、Three Bond1207B 或同等产品。密封直径：3.5 ~4.0mm。注意：清除接触面的所有机油。在涂抹密封胶后 3min 内安装凸轮轴壳分总成。安装后至少 2h 内不要起动发动机。

③如图 3-96 所示，固定凸轮轴和 2 号凸轮轴。

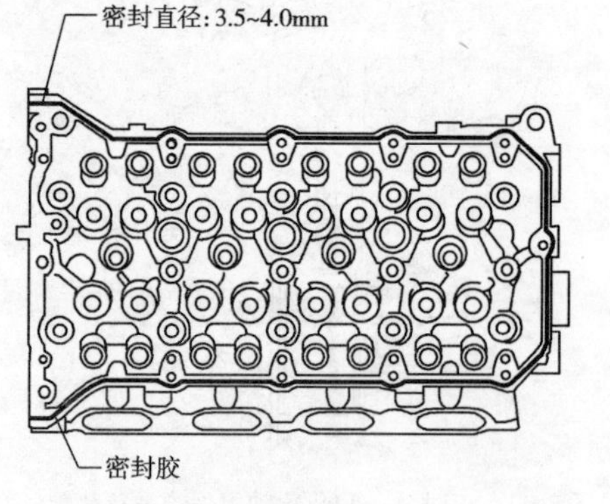

图 3-95　正时链条和凸轮轴组件的重新装配(6)

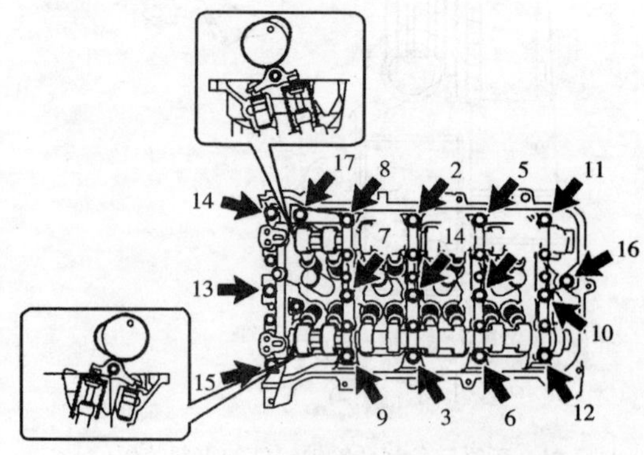

图 3-96　正时链条和凸轮轴组件的重新装配(7)

④安装凸轮轴壳，并按图3-96所示顺序紧固17个螺栓，拧紧力矩：27N·m。注意：安装凸轮轴壳后，确保凸轮凸角按如图3-96所示安装。如果在安装过程中任何螺栓松动，则拆下凸轮轴壳、清洁安装表面并重新涂抹密封胶。如果在安装过程中因螺栓松动而拆下凸轮轴壳，则应确保先前涂抹的密封胶未进入任何机油通道。安装凸轮轴壳后，拭去凸轮轴壳和汽缸盖之间渗出的密封胶。

(9)安装凸轮轴正时链轮总成。

①检查并确认锁销已安装在凸轮轴上。

②如图3-97所示，使直销和键槽不对准，将凸轮轴正时链轮和凸轮轴放置在一起。注意：不要用力推入凸轮轴正时链轮总成。这样可能导致凸轮轴锁销端部损坏凸轮轴正时链轮总成的安装表面。

③将凸轮轴正时链轮轻轻推向凸轮轴的同时，按图3-98所示方向旋转凸轮轴正时链轮。将直销进一步推入键槽中。注意：不要使凸轮轴正时链轮朝延迟方向(顺时针)转动。

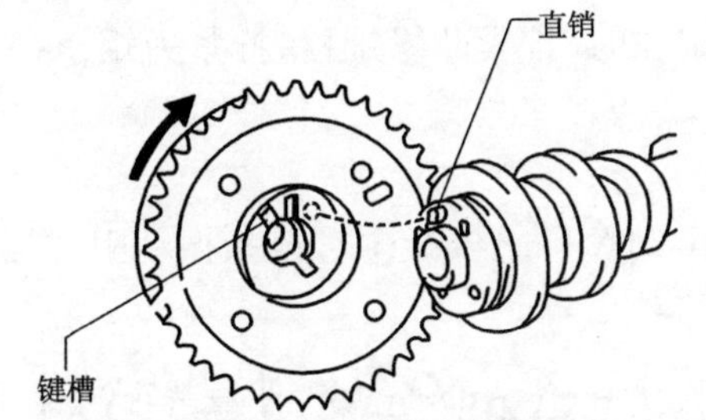

图3-97　正时链条和凸轮轴组件的重新装配(8)

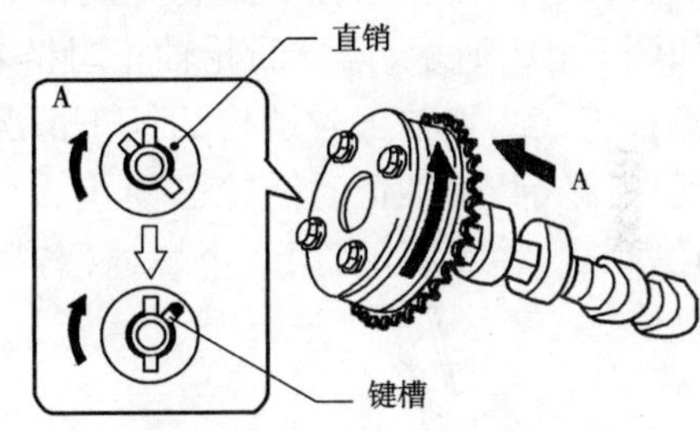

图3-98　正时链条和凸轮轴组件的重新装配(9)

④如图3-99所示，测量链轮和凸轮轴间的间隙。间隙：0.1~0.4mm。

⑤如图3-100所示，在凸轮轴正时链轮固定就位时，紧固凸缘螺栓，拧紧力矩：54N·m。

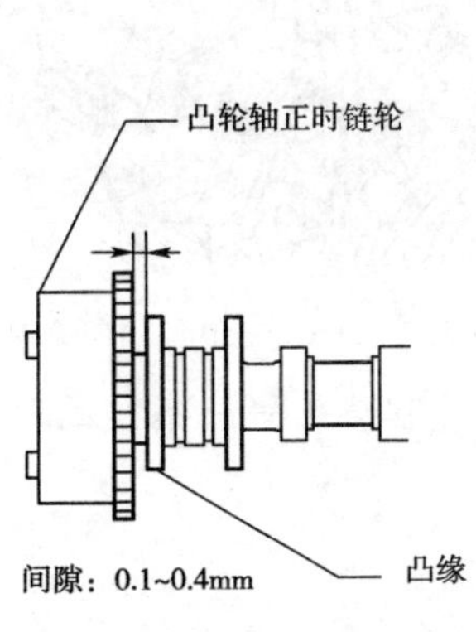

图3-99　正时链条和凸轮轴组件的重新装配(10)

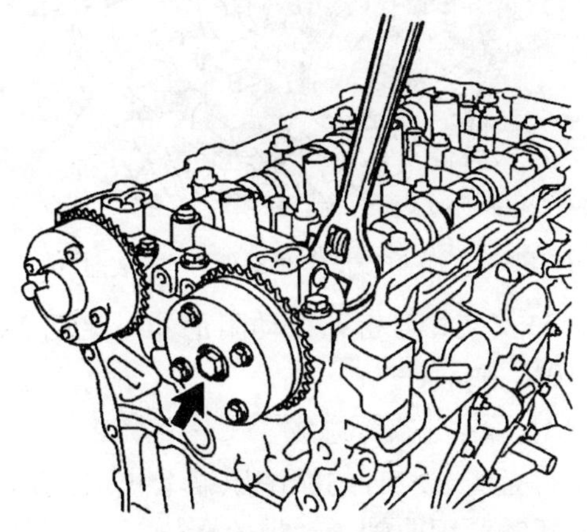

图3-100　正时链条和凸轮轴组件的重新装配(11)

⑥如图3-101所示，检查并确认凸轮轴正时链轮可以朝延迟方向(顺时针)转动，并锁止在最大延迟位置。

(10)安装排气凸轮轴正时链轮总成。

①检查并确认锁销已安装在凸轮轴上。

②如图 3-102 所示,对准键槽和直销,然后将排气凸轮轴正时链轮和凸轮轴连接起来。

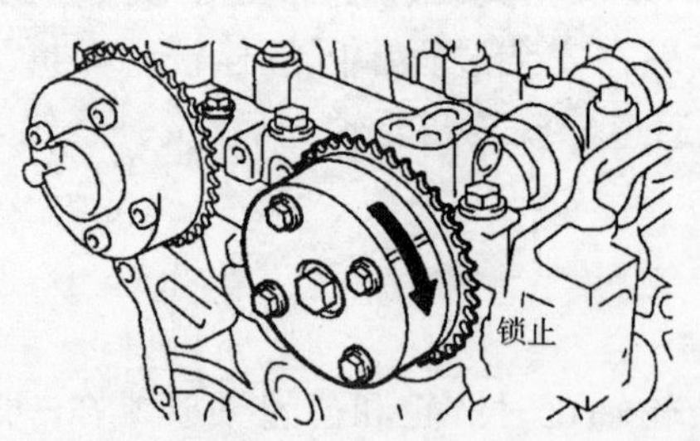

图 3-101　正时链条和凸轮轴组件的重新装配(12)

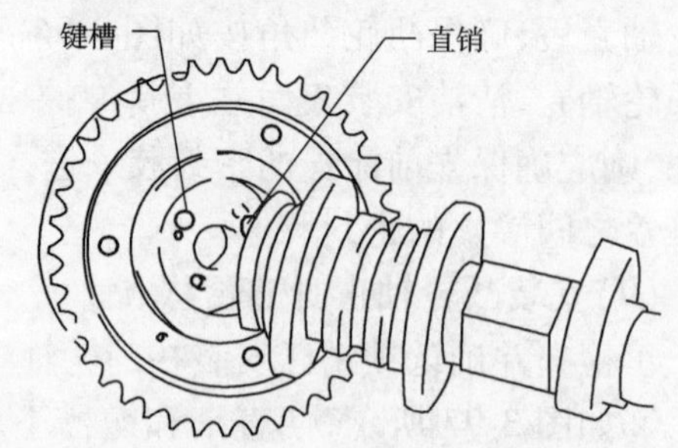

图 3-102　正时链条和凸轮轴组件的重新装配(13)

③将链轮轻轻地压在凸轮轴上,并转动链轮。将直销进一步推入键槽中。注意:一定不要使排气凸轮轴正时链轮朝延迟方向(顺时针)转动。

④检查并确认链轮凸缘和凸轮轴间没有间隙。

⑤如图 3-103 所示,排气凸轮轴正时链轮固定住时,拧紧凸缘螺栓,拧紧力矩:54N·m。

⑥检查排气凸轮轴正时链轮的锁止情况。

⑦确保排气凸轮轴正时链轮已锁止。

(11)如图 3-104 所示,用 2 个螺栓(拧紧力矩:21N·m)安装 1 号链条振动阻尼器。

图 3-103　正时链条和凸轮轴组件的重新装配(14)

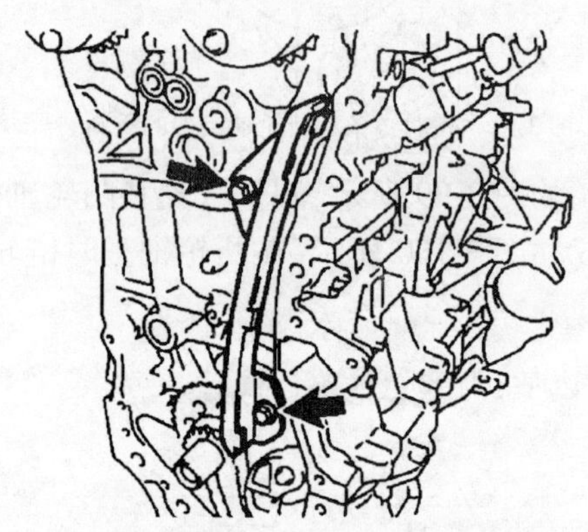

图 3-104　正时链条和凸轮轴组件的重新装配(15)

(12)安装 2 号链条振动阻尼器。见图 3-57,用 2 个螺栓安装 2 号链条振动阻尼器,拧紧力矩:10N·m。

(13)安装链条分总成。

①检查 1 号汽缸的活塞压缩上止点(TDC)位置。

a. 暂时紧固曲轴传动带轮螺栓。

b. 如图 3-105 所示,逆时针转动曲轴,以使正时链轮键位于顶部。

c. 拆下曲轴传动带轮螺栓。

d. 如图 3-106 所示,检查每个凸轮轴正时链轮上的正时标记。

②如图 3-107 所示,将标记板(橙色)和正时标记对准并安装链条。注意:确保使标记板位于发动机前侧。凸轮轴侧的标记板为橙色。不要使链条缠绕在凸轮轴正时链轮总成的链

轮周围。只可将其放置在链轮上。将链条穿过1号振动阻尼器。

③如图3-108所示,将链条放在曲轴上,但不要使其缠绕在曲轴周围。

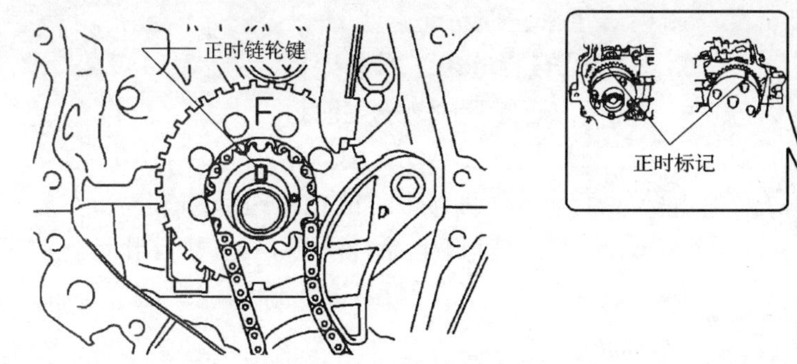

图3-105 正时链条和凸轮轴组件的重新装配(16)

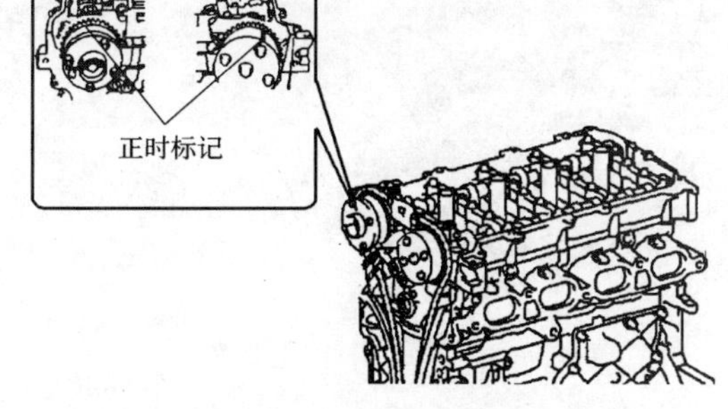

图3-106 正时链条和凸轮轴组件的重新装配(17)

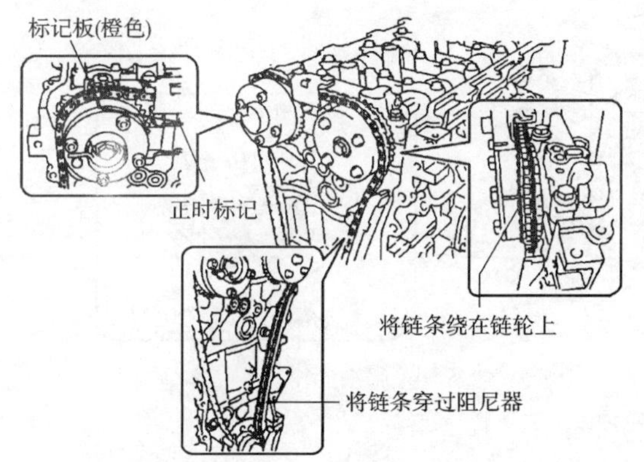

图3-107 正时链条和凸轮轴组件的重新装配(18)

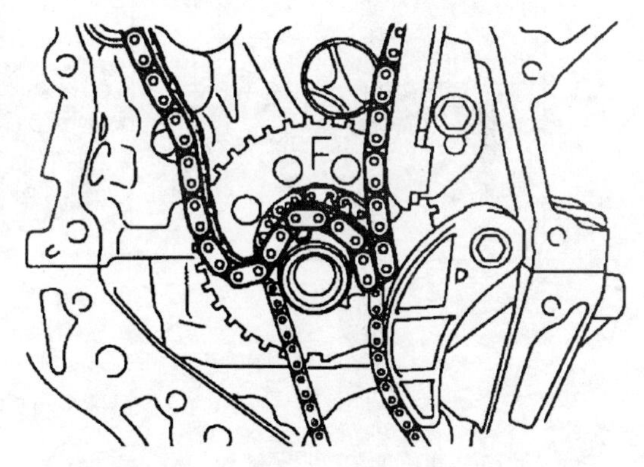

图3-108 正时链条和凸轮轴组件的重新装配(19)

④如图3-109所示,用扳手固定住凸轮轴的六角头部分,并逆时针旋转凸轮轴正时链轮总成,以使标记板(橙色)和正时标记对准。注意:确保使标记板位于发动机前侧。凸轮轴侧的标记板为橙色。

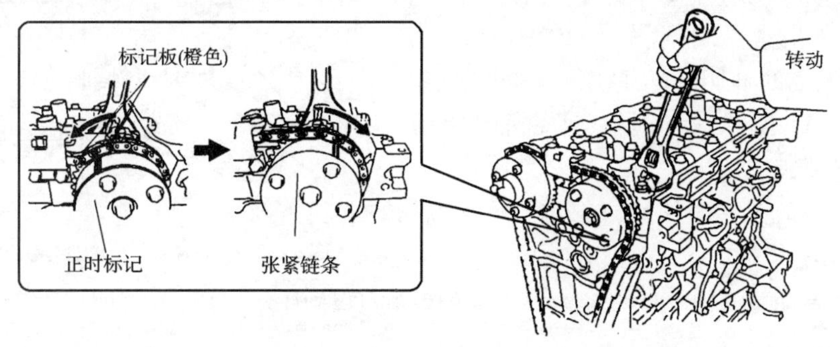

图3-109 正时链条和凸轮轴组件的重新装配(20)

⑤用扳手固定住凸轮轴的六角头部分,并顺时针旋转凸轮轴正时链轮总成。注意:为了张紧链条,缓慢地顺时针旋转凸轮轴正时链轮总成,防止链条错位。

⑥如图3-110所示,将标记板(橙色)和正时标记对准,并将链条安装至曲轴正时链轮。

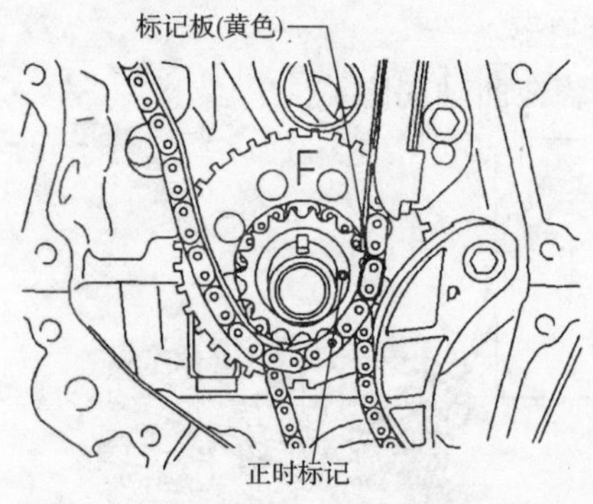

图 3-110　正时链条和凸轮轴组件的重新装配(21)

注意:曲轴侧的标记板为黄色。

⑦如图 3-111 所示,在压缩上止点(TDC)位置时,重新检查每个正时标记。

(14)安装链条张紧器导板(见图 3-54)。

(15)安装正时链条盖油封。

①如图 3-112 所示,用 SST 09223-22010 敲入一个新油封,直到其表面与正时链轮箱边缘齐平。

②在油封唇口上涂抹一薄层通用润滑脂。注意:使唇口远离异物,不要斜敲油封,确保油封边缘不伸出正时链条盖。

(16)安装正时链条盖分总成。

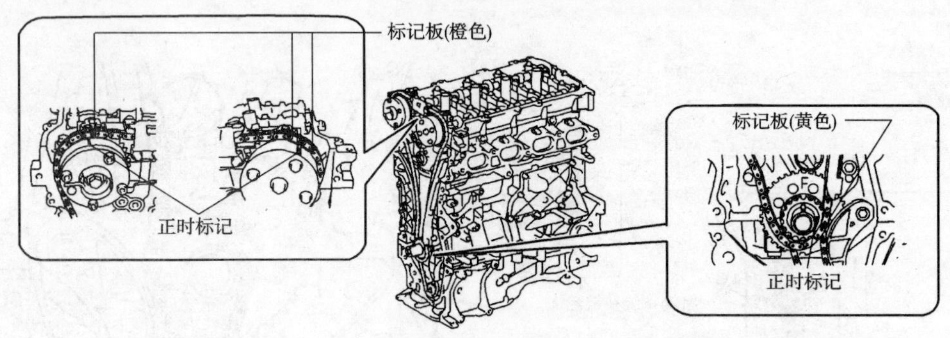

图 3-111　正时链条和凸轮轴组件的重新装配(22)

(17)安装曲轴传动带轮。

(18)安装 1 号链条张紧器总成。

①松开棘轮爪,然后完全推入柱塞,将挂钩固定在销上以使柱塞位于图 3-113 所示位置。注意:确保凸轮固定在柱塞的第一个齿上,使挂钩穿过销。

②如图 3-114 所示,用 2 个螺母安装一个新衬垫、支架和 1 号链条张紧器,拧紧力矩:10N · m。注意:如果安装链条张紧器时挂钩松开柱塞,重新固定挂钩。

③如图 3-115 所示,逆时针转动曲轴,然后从挂钩上断开柱塞锁销。

④如图 3-116 所示,顺时针转动曲轴,然后检查并确认柱塞伸出。

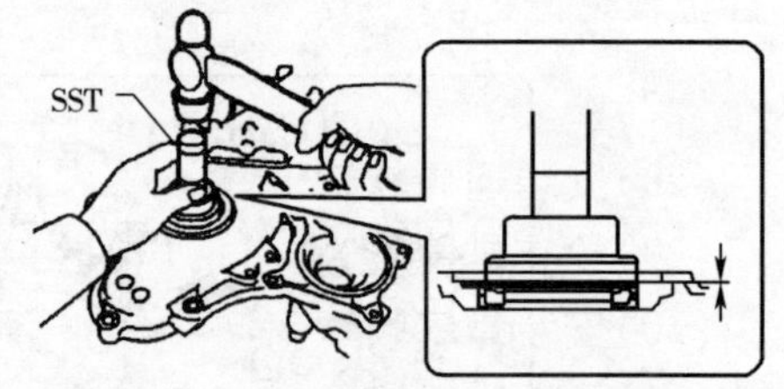

图 3-112　正时链条和凸轮轴组件的重新装配(23)

(19)安装汽缸盖罩衬垫。步骤(19)~(40)的具体内容,请参考“曲柄连杆机构的维修”部分。

(20)安装汽缸盖罩分总成。

(21)安装收音机设置调相器。

(22)安装节温器。

(23)安装进水口。

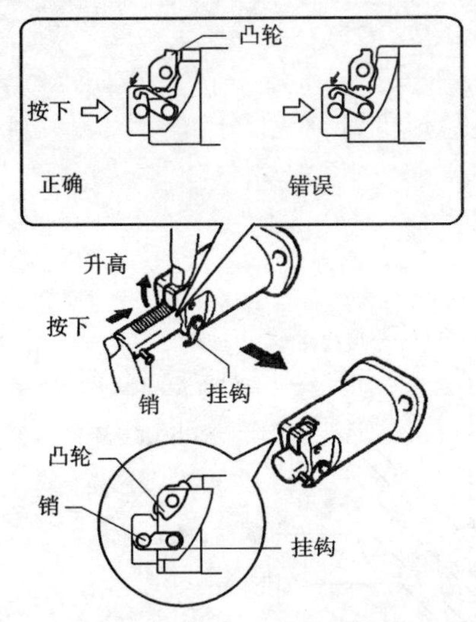

图 3-113 正时链条和凸轮轴组件的重新装配(24)

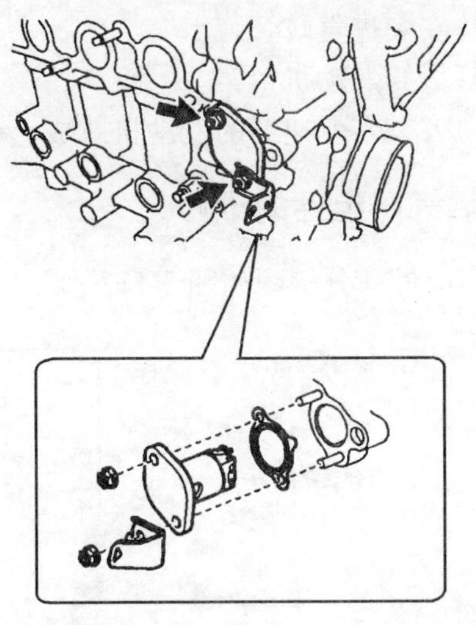

图 3-114 正时链条和凸轮轴组件的重新装配(25)

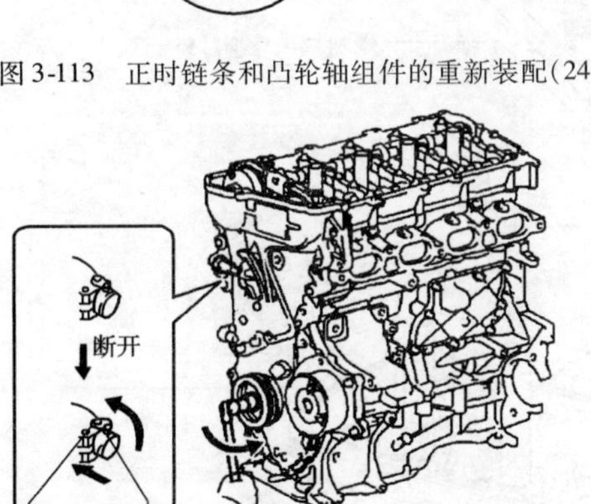

图 3-115 正时链条和凸轮轴组件的重新装配(26)

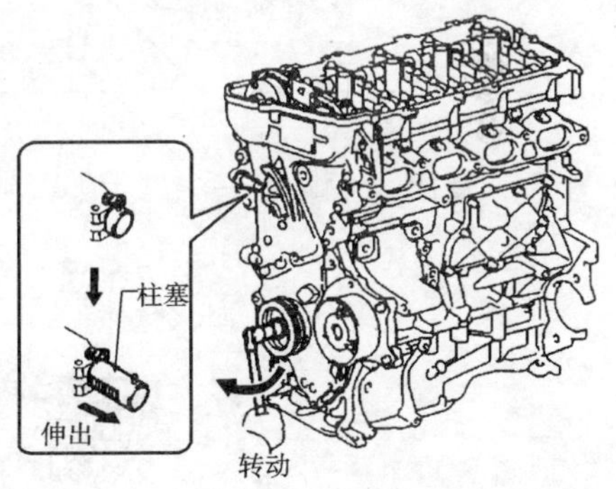

图 3-116 正时链条和凸轮轴组件的重新装配(27)

(24)安装进水软管。

(25)安装水旁通软管。

(26)安装 1 号水旁通管。

(27)安装 3 号水旁通软管。

(28)安装通风软管。

(29)检查排气歧管。

(30)安装排气歧管。

(31)安装歧管撑条。

(32)安装排气歧管 1 号隔热罩。

(33)安装机油尺分总成。

(34)安装点火线圈总成。

(35)安装喷油器总成。

(36)安装 1 号输油管隔垫。

(37)安装输油管分总成。

(38)安装燃油管分总成。

(39)安装进气歧管。

(40)拆卸发动机台架。

(41)安装带变速器的发动机总成(参见“发动机总成的维修”部分)。

二、气门组件的维修

气门组件的分解图如图 3-117 所示。

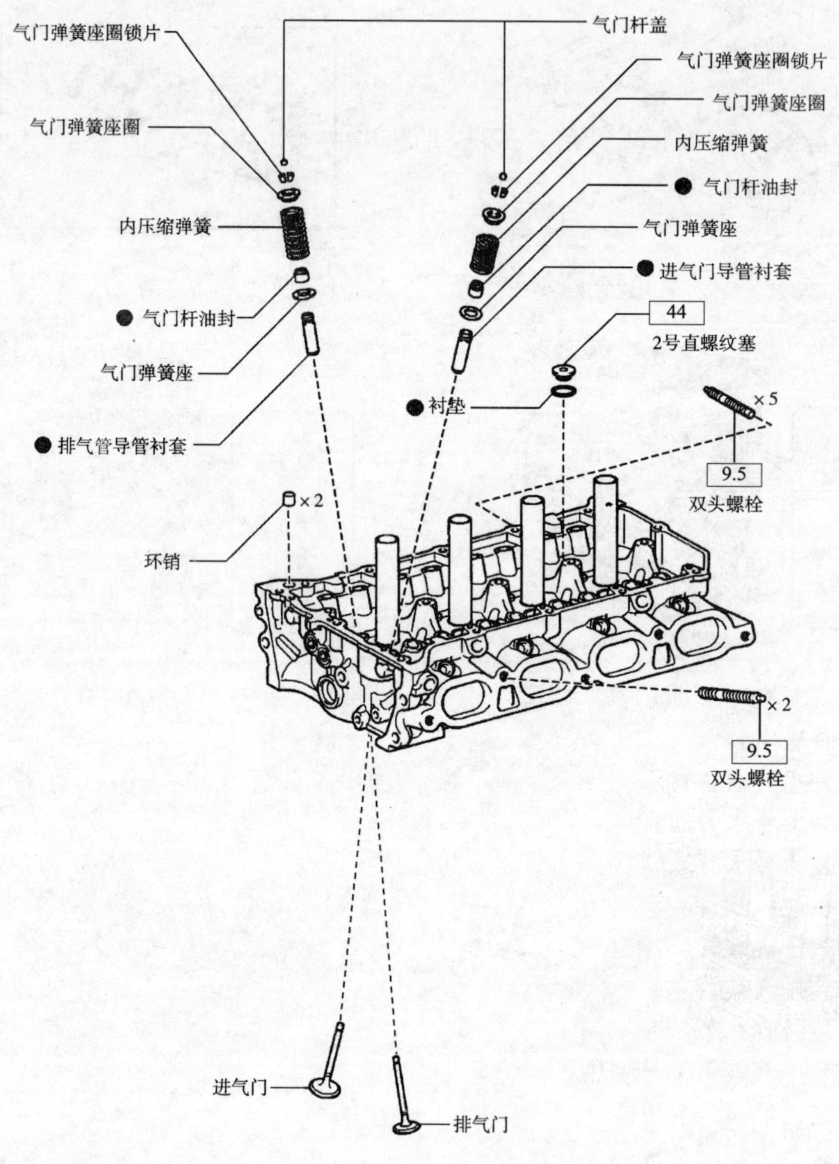

图 3-117　气门组件的分解图

1. 实训器材

卡罗拉(1.6L)车型发动机、组合扳手、螺丝刀、钳子、扭力扳手、木块、尖嘴钳、压缩空气、磁棒、10mm 直六角扳手、衬垫刮刀、45°铰刀、30°和 75°铰刀、SST 09202-70020 气门弹簧压缩工具、SST 09202-00010 连接件、SST 09201-41020 气门杆油封拆装工具、塑料锤 420g、百分表、塑料间隙规、游标卡尺、钢角尺、千分尺、测径规、研磨剂等。

2. 操作步骤

1)气门组件的拆解

(1)拆卸气门杆盖。如图 3-118 所示,从汽缸盖上拆下气门杆盖。注意:按正确的顺序摆放拆下的零件。

(2)拆卸进气门。如图 3-119 所示,用 SST 09202-70020(09202-00010)和木块压缩并拆下气门座圈锁片。拆下弹簧座圈、气门弹簧和气门。注意:按正确的顺序摆放拆下的零件。

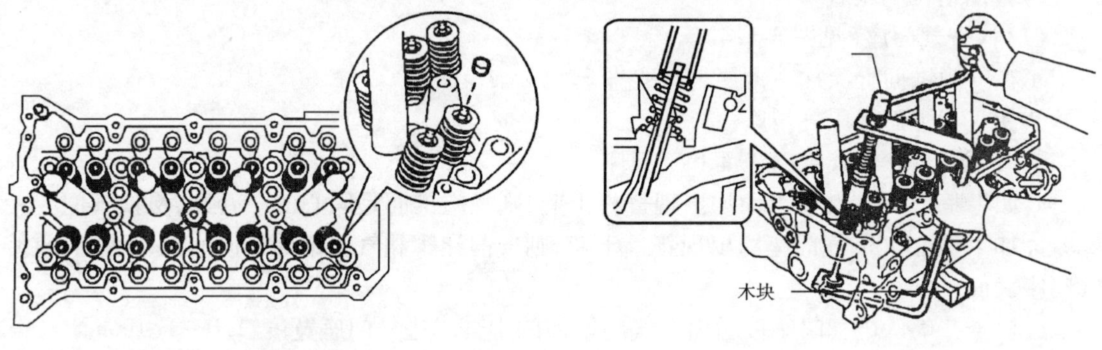

图 3-118　气门组件的拆解(1)　　图 3-119　气门组件的拆解(2)

(3)拆卸排气门。如图 3-120 所示,用 SST 09202-70020(09202-00010)和木块压缩并拆下气门座圈锁片。拆下弹簧座圈、气门弹簧和气门。注意:按正确的顺序摆放拆下的零件。

(4)拆卸气门杆油封。如图 3-121 所示,用尖嘴钳拆下油封。

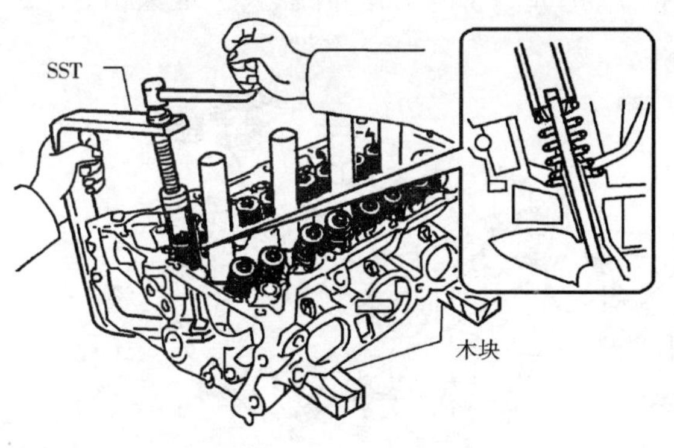

图 3-120　气门组件的拆解(3)

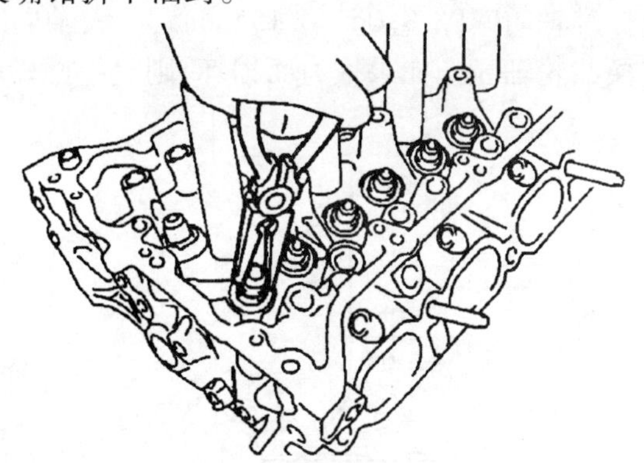

图 3-121　气门组件的拆解(4)

(5)拆卸气门弹簧座。如图 3-122 所示,用压缩空气枪和磁棒,吹入空气以拆下气门弹簧座。

(6)拆卸 2 号直螺纹塞。如图 3-123 所示,用 10mm 直六角扳手拆下 3 个直螺纹塞和 3 个衬垫。注意:如果直螺纹塞漏水或腐蚀,则将其更换。

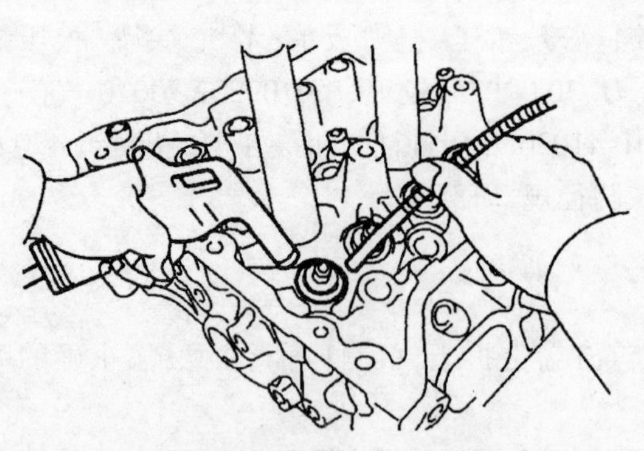

图 3-122　气门组件的拆解(5)

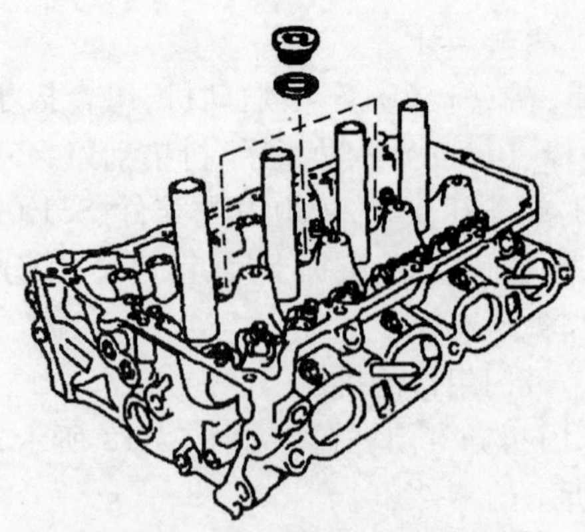

图 3-123　气门组件的拆解(6)

2)气门组件的检查

(1)检查气门座(见图 3-124)。

①在气门锥面上涂抹一薄层普鲁士蓝。

②使气门锥面轻压气门座。

③按下列步骤检查气门锥面和气门座。

a. 如果整个 360°气门锥面均出现普鲁士蓝,则气门锥面是同心的。否则,更换气门。

b. 如果整个 360°气门座均出现普鲁士蓝,则气门导管和气门锥面是同心的。否则,重修气门座表面。

c. 检查并确认进气门座接触面在气门锥面的中部。进气门座宽度:1.0 ~1.4mm。

d. 检查并确认排气门座接触面在气门锥面的中部。排气门座宽度:1.0 ~1.4mm。

(2)检查凸轮轴轴向间隙。

①安装凸轮轴。

②如图 3-125 所示,来回移动凸轮轴的同时,用百分表测量轴向间隙。进排气凸轮轴的标准轴向间隙:0.06 ~0.155mm。最大轴向间隙:0.17mm。如果轴向间隙大于最大值,则更换凸轮轴壳。如果推力面损坏,则更换凸轮轴。

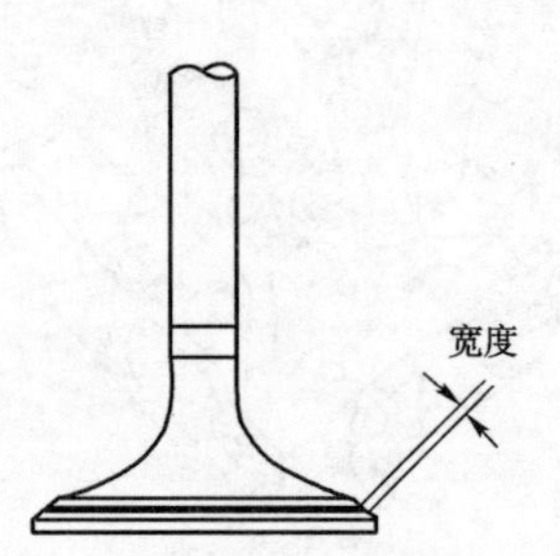

图 3-124　检查气门座

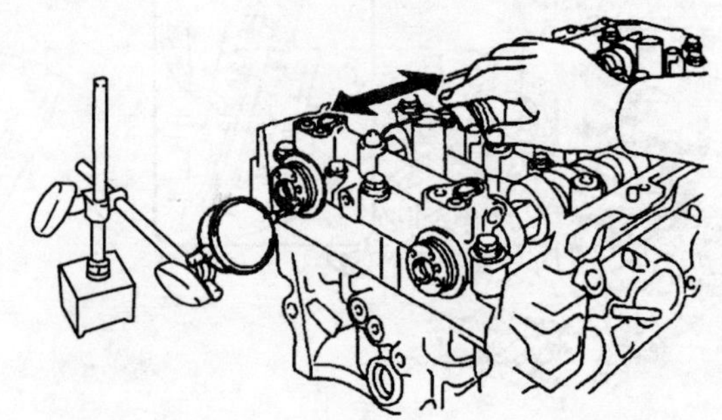

图 3-125　检查凸轮轴轴向间隙

(3)检查凸轮轴径向间隙。

①清洁轴承盖和凸轮轴轴颈。

②将凸轮轴放到凸轮轴壳上。

③如图 3-126 所示,将塑料间隙规摆放在各凸轮轴轴颈上。

④安装轴承盖。注意:不要转动凸轮轴。

⑤拆下轴承盖。

⑥如图 3-127 所示,测量塑料间隙规最宽处。凸轮轴 1 号轴颈的标准径向间隙:0.030 ~ 0.063mm。最大径向间隙:0.085mm。凸轮轴其他轴颈的标准径向间隙:0.035 ~ 0.072mm。最大径向间隙:0.09mm。注意:检查后完全清除塑料间隙规。如果径向间隙大于最大值,则更换凸轮轴。如有必要,则更换汽缸盖罩。

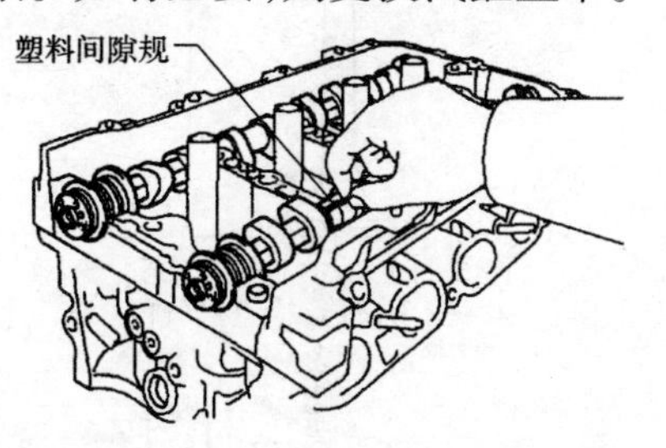

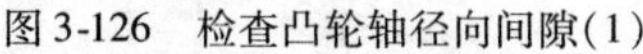
图 3-126　检查凸轮轴径向间隙(1)

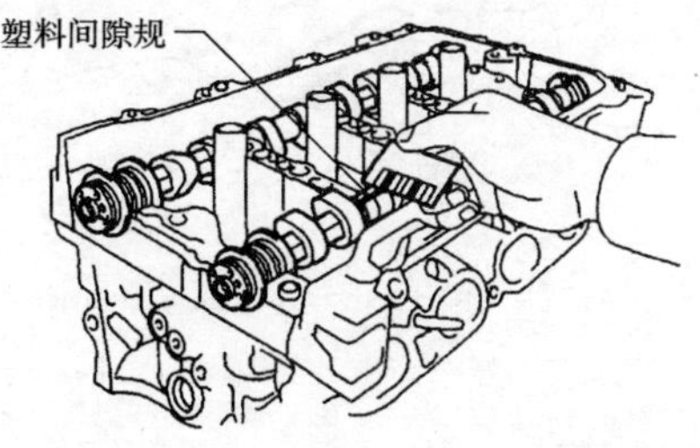

图 3-127　检查凸轮轴径向间隙(2)

(4)检查压缩弹簧。

①如图 3-128 所示,使用游标卡尺测量气门弹簧的自由长度。自由长度:53.36mm。如果自由长度不符合规定,则更换气门弹簧。

②如图 3-129 所示,使用钢角尺测量气门弹簧的偏移量。最大偏移量:1.0mm。如果偏移量大于最大值,则更换气门弹簧。

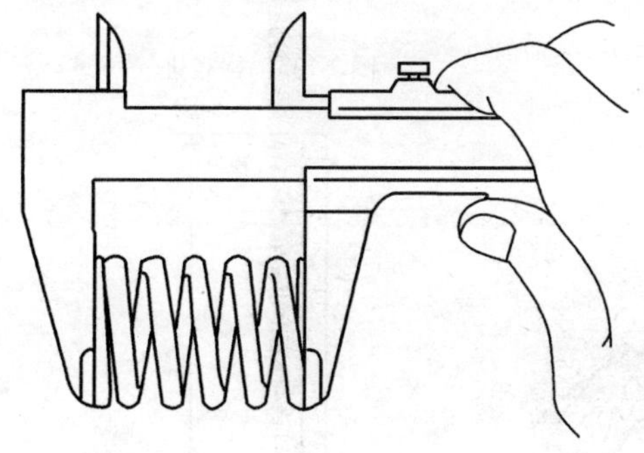

图 3-128　检查压缩弹簧(1)

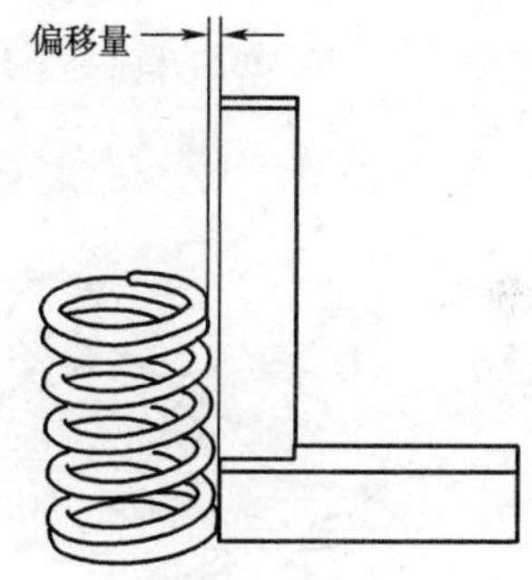

图 3-129　检查压缩弹簧(2)

(5)检查进气门。

①如图 3-130 所示,使用衬垫刮刀,刮除气门头部上的所有积炭。

②如图 3-131 所示,使用游标卡尺测量气门的总长。标准总长:109.34mm。最小总长:108.84mm。如果总长小于最小值,则更换气门。

③如图 3-132 所示,使用千分尺测量气门杆直径。气门杆直径:5.470 ~ 5.485mm。如果气门杆直径不符合规定,则检查径向间隙。

④如图 3-133 所示,使用游标卡尺测量气门头部边缘厚度。标准边缘厚度:1.0mm。最小边缘厚度:0.5mm。如果边缘厚度小于最小值,则更换气门。

(6)检查排气门。

①如图 3-134 所示,使用衬垫刮刀,刮除气门头部上的所有积炭。

②如图 3-135 所示,使用游标卡尺测量气门的总长。标准总长:108.25mm。最小总长:107.75mm。如果总长小于最小值,则更换气门。

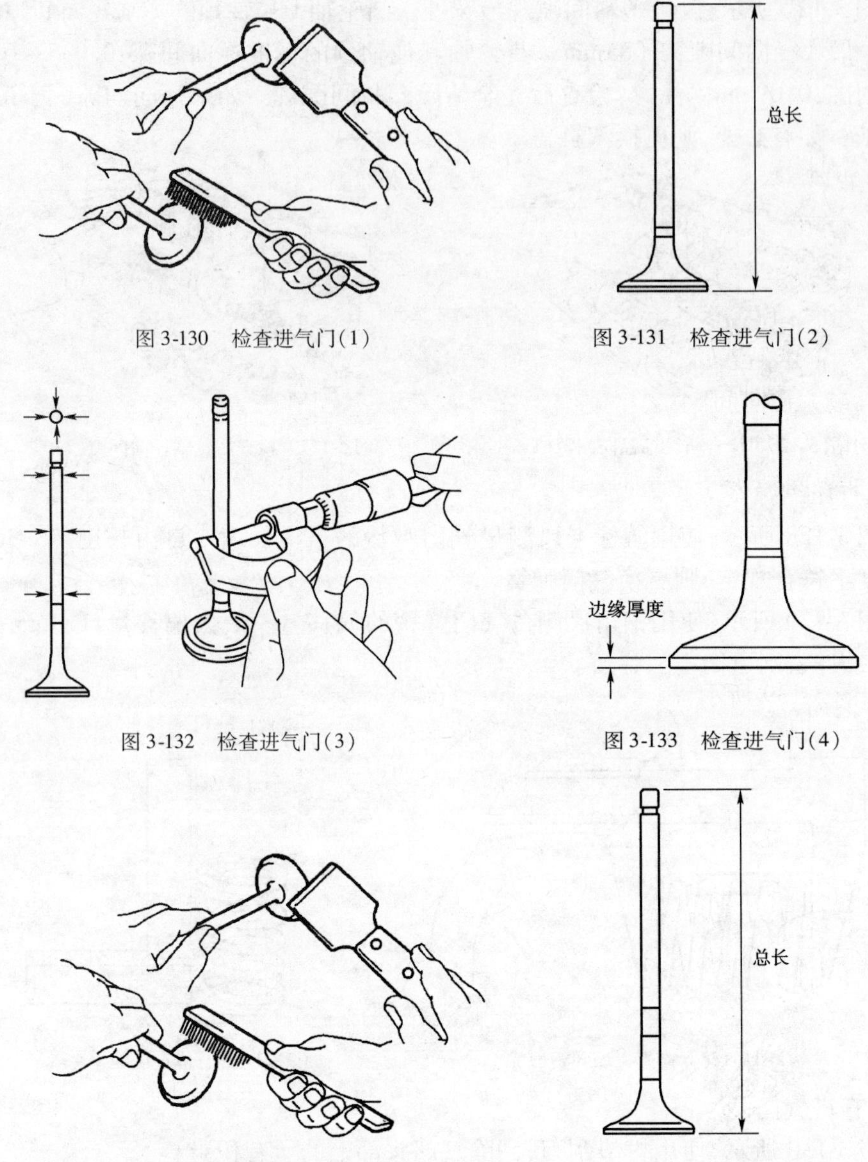

图 3-130　检查进气门(1)

图 3-131　检查进气门(2)

图 3-132　检查进气门(3)

图 3-133　检查进气门(4)

图 3-134　检查排气门(1)

图 3-135　检查排气门(2)

③如图 3-136 所示,使用千分尺测量气门杆直径。气门杆直径:5.465 ~ 5.480mm。如果气门杆直径不符合规定,则检查径向间隙。

④如图 3-137 所示,使用游标卡尺测量气门头部边缘厚度。标准边缘厚度:1.01mm。最小边缘厚度:0.5mm。如果边缘厚度小于最小值,则更换气门。

(7)检查气门导管衬套径向间隙。

①如图 3-138 所示,使用测径规测量气门导管衬套的内径。衬套内径:5.510 ~ 5.530mm。

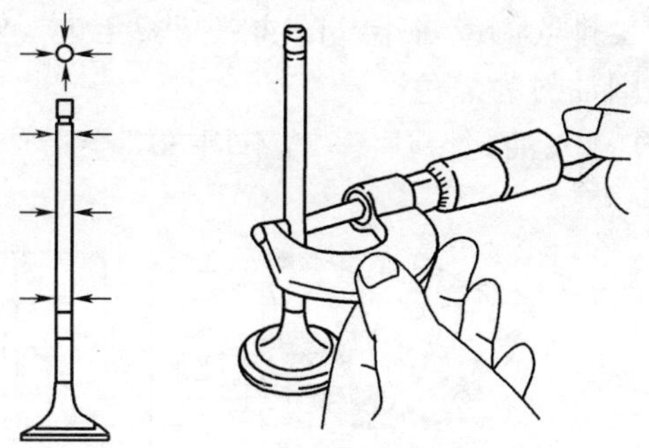
图 3-136　检查排气门(3)

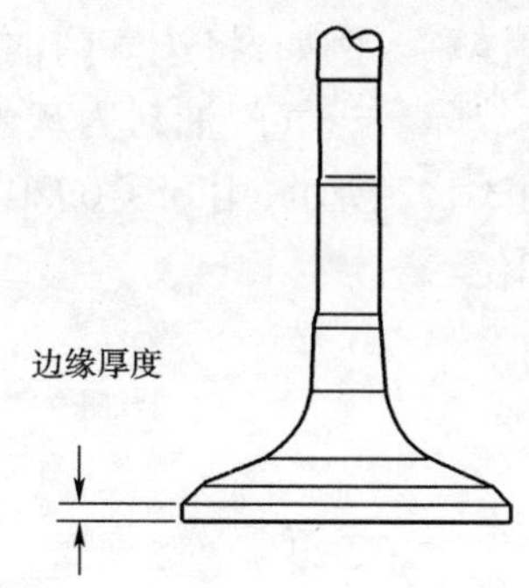

图 3-137　检查排气门(4)

②用导管衬套内径测量值减去气门杆直径测量值。进气门导管标准径向间隙：0.025～0.060mm。最大径向间隙：0.080mm。排气门导管标准径向间隙：0.030～0.065mm。最大径向间隙：0.085mm。如果间隙大于最大值，则更换气门和导管衬套。

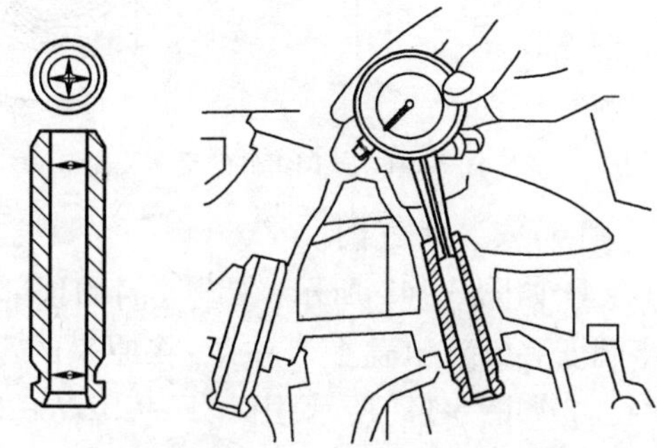
图 3-138　检查气门导管衬套径向间隙

3）气门座的维修

注意：检查气门落座位置的同时维修气门座；使唇口远离异物。

（1）如图 3-139 所示，用 45°铰刀修整气门座表面，使气门座宽度大于规定值。

（2）如图 3-140 所示，用 30°和 75°铰刀修整气门座，使气门可以接触到气门座的整个圆周。应在气门座的中心接触，且气门座宽度应保持在气门座整个圆周周围的规定范围内。进、排气门座宽度：1.0～1.4mm。

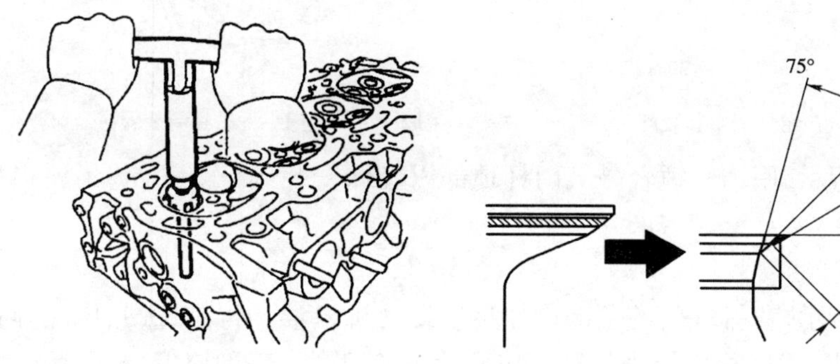

图 3-139　气门座的维修(1)　　图 3-140　气门座的维修(2)

（3）用研磨剂对气门和气门座进行手动研磨。

（4）检查气门落座位置。

4）气门组件的重新装配

（1）安装 2 号直螺纹塞（见图 3-123）。用 10mm 直六角扳手安装 3 个新衬垫和 3 个直螺纹塞。

（2）将气门弹簧座安装到汽缸盖上。

（3）安装气门杆油封。

①如图 3-141 所示，在新油封上涂抹一薄层发动机机油。注意：安装进气门和排气门油

封时应特别注意。例如，将进气门油封安装至排气侧或将排气门油封安装至进气侧，会导致以后的安装故障。进气门油封为灰色，排气门油封为黑色。

②如图 3-142 所示，用 SST 09201-41020 压入油封。注意：若不用 SST 会造成油封损坏或安装不到位。

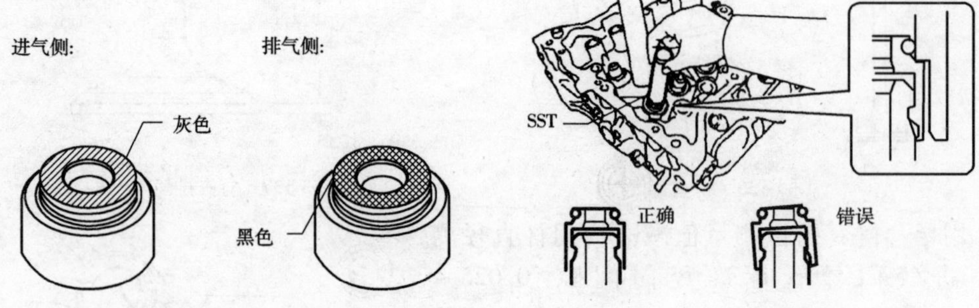

图 3-141　气门组件的重新装配(1)　　图 3-142　气门组件的重新装配(2)

(4)安装进气门。

①如图 3-143 所示，在进气门的顶部涂抹足量发动机机油。将进气门、压缩弹簧和弹簧座圈安装到汽缸盖上。注意：将原来的零件按照原来的组合安装到原位。

②如图 3-144 所示，用 SST 09202-70020(09202-00010)和木块压缩弹簧并安装 2 个座圈锁片。

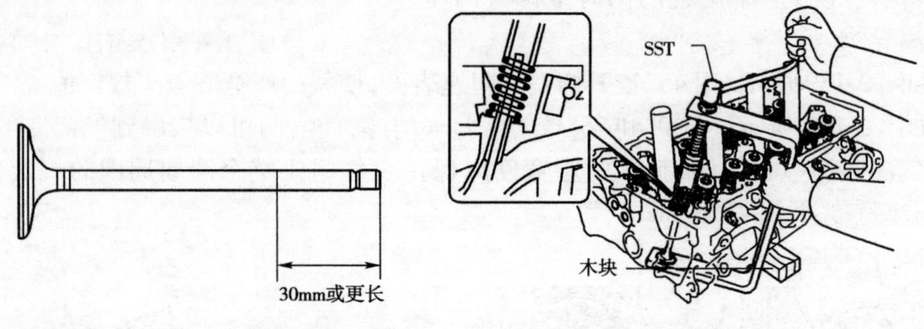

图 3-143　气门组件的重新装配(3)　　图 3-144　气门组件的重新装配(4)

③如图 3-145 所示，用塑料锤轻敲气门杆顶部以确保安装到位。注意：不要损坏气门杆顶部，不要损坏座圈。

(5)安装排气门。

①如图 3-146 所示，在排气门的顶部涂抹足量发动机机油。将排气门、压缩弹簧和弹簧座圈安装到汽缸盖上。注意：将原来的零件按照原来的组合安装到原位。

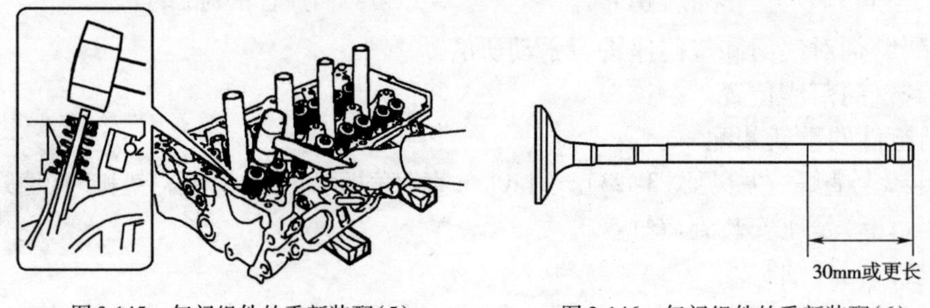

图 3-145　气门组件的重新装配(5)　　图 3-146　气门组件的重新装配(6)

②如图3-147所示,用SST 09202-70020(09202-00010)和木块压缩弹簧并安装2个座圈锁片。

③如图3-148所示,用塑料锤轻敲气门杆顶部以确保安装到位。注意:不要损坏气门杆顶部,不要损坏座圈。

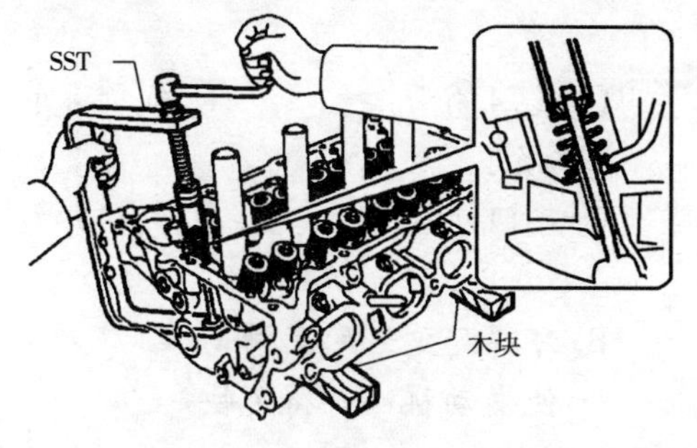

图3-147　气门组件的重新装配(7)

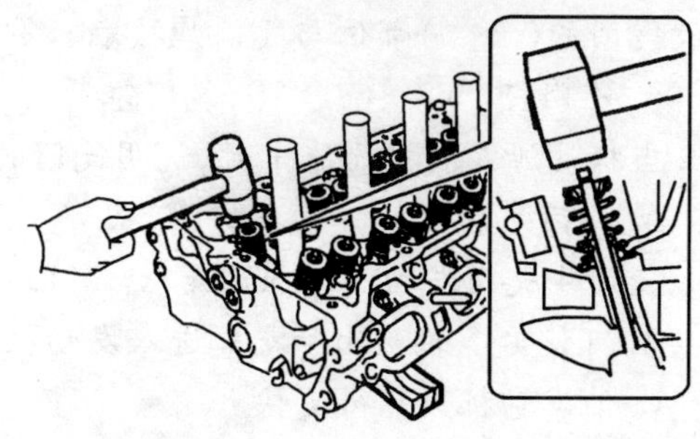

图3-148　气门组件的重新装配(8)

(6)安装气门杆盖。在气门杆盖上涂抹一薄层发动机机油。将气门杆盖安装到汽缸盖上。

小结

1. 配气机构的功用是按照发动机每一汽缸内所进行的工作循环或发火次序的要求,定时开启和关闭各汽缸的进气门、排气门,使新鲜可燃混合气(汽油机)或空气(柴油机)得以及时进入汽缸,废气得以及时从汽缸中排出。

2. 配气机构由气门组和气门传动组组成。

3. 气门组包括气门、气门座、气门导管和气门弹簧等部件。

4. 气门传动组主要包括凸轮轴、凸轮轴正时带轮、正时齿形带、张紧轮、液压挺柱等部件。

5. 用曲轴转角表示的进气门、排气门实际开闭时刻和开启持续时间,称为配气相位。通常用相对于上、下止点曲拐位置的曲轴转角的环形图来表示,这种图形称为配气相位图。

复习思考题

一、简答题

1. 配气机构有何功用？配气机构主要由哪些部件组成？
2. 凸轮轴的驱动方式有几种？
3. 按凸轮轴的安装位置的不同,配气机构分几种类型？
4. 气门弹簧有何功用？有几种类型？
5. 凸轮轴有何功用？
6. 装用液压挺柱有何优点？
7. 什么是配气相位？

8. 为何设气门间隙?

二、选择题

1. 四冲程发动机的曲轴与凸轮轴的转速比为(　　)。

A. 1∶2　　B. 1∶1　　C. 2∶1　　D. 1∶4

2. 气门的(　　)部位与气门座接触。

A. 气门杆　　B. 气门锥面　　C. 气门侧面　　D. 气门导管

3. 当机油泄漏到排气流中时,说明气门的(　　)磨损了。

A. 气门导管　　B. 气门头部　　C. 气门座　　D. 气门弹簧

4. 使用4气门发动机的原因是(　　)。

A. 可使更多的燃油和空气进入发动机　　B. 可得到更好的润滑

C. 使发动机预热得更快　　D. 使发动机冷却得更快

5. 采用双气门弹簧或变螺距弹簧的主要作用是(　　)。

A. 提高弹簧的疲劳强度　　B. 防止气门弹簧产生共振

C. 提高弹簧的使用寿命　　D. 防止弹簧折断

6. 若气门间隙过大时,则气门开启量(　　)。

A. 不变　　B. 变小　　C. 变大

7. 安装曲轴正时齿轮和凸轮轴正时齿轮时,应注意:(　　)

A. 总是按照制造厂的规范对齐正时　　B. 不用担心两个齿轮的正确正时

C. 将两个齿轮彼此按90°分开　　D. 将两个齿轮彼此按180°分开

8. 排气门在活塞位于(　　)开启。

A. 做功行程之前　　B. 做功行程将要结束时

C. 进气行程开始前　　D. 进气行程开始后

9. 关于可变气门正时错误的说法是(　　)。

A. 气门升程是可变的　　B. 气门打开的周期是固定的

C. 在低转速时可获得最大转矩　　D. 每套进气门和排气门有三个凸轮

三、判断题

1. 配气机构的功用是关闭进、排气门,防止汽缸漏气。(　　)

2. 按气门的安装位置的不同,配气机构分为下置式、侧置式和顶置式三种类型。(　　)

3. 气门头部的作用是与气门座配合,对汽缸进行密封。(　　)

4. 气门弹簧的功用是关闭或开启气门。(　　)

5. 凸轮轴的功用是利用凸轮使各缸进、排气门关闭。(　　)

6. 装用液压挺柱的配气机构必须有气门间隙。(　　)

7. 发动机配气机构均必须用摇臂总成改变传动方向。(　　)

8. 配气相位指发动机进、排气门实际开启或关闭的时刻和开启持续时间,通常用曲轴转角来表示配气相位。(　　)

9. 气门间隙的功用是补偿气门受热后的膨胀量。(　　)

10. 只要转动曲轴对正点火正时标记,即说明一缸处于压缩上止点位置。(　　)

第四章 汽油机燃料供给系统的构造与维修

学习目标

1. 掌握电控燃油喷射系统的组成和工作原理;
2. 掌握汽油选用的原则、汽油环保和安全注意事项;
3. 掌握空气供给系统的组成、工作原理及各部件的功用;
4. 掌握排气系统的组成、工作原理及各部件的功用;
5. 掌握燃油供给系统的组成、工作原理及各部件的功用;
6. 了解电子控制系统的组成、工作原理及各部件的功用;
7. 了解汽油机燃料供给系统维修的基本方法。

第一节 汽油机燃料供给系统的结构和工作原理

一、汽油机燃料供给系统的功用和组成

汽油机燃料供给系统的功用是根据发动机各工况的不同要求,配制一定数量和浓度的可燃混合气并将其供入汽缸,使之在压缩终了时点火、燃烧而膨胀做功,最后将燃烧后的废气排入大气中。

汽油机燃料供给系统一般采用电子控制燃油喷射式燃料供给系统,一般简称为“电控燃油喷射系统”。电控燃油喷射系统由空气供给系统、排气系统、燃油供给系统和电子控制系统组成。桑塔纳 2000GSi 车型 AJR 发动机 Motronic M3. 8. 2 电控燃油喷射系统如图 4-1 所示。

驾驶人通过踩踏加速踏板来控制节气门开度,从而控制发动机汽缸的进气量,空气经空气滤清器、空气流量计、节气门进入进气总管,再分配到各缸进气歧管,然后进入各汽缸。空气流量计检测进入汽缸的空气量,节气门位置传感器检测节气门开度,这两个信号作为燃油喷射的主要信息输入控制单元(ECU),由 ECU 计算出主喷油量,再根据冷却液温度传感器、进气温度传感器、氧传感器、爆震传感器等输入的信息,对主喷油量进行必要的修正,确定出实际喷油量。

燃油从燃油箱中被燃油泵吸出,先由燃油滤清器将杂质滤除后再通过输油管、燃油分配管等输送到各个喷油器。喷油器则根据 ECU 发出的指令,将计量后的燃油喷入各进气歧管中与流入发动机内的空气进行混合,形成可燃混合气,供入汽缸燃烧做功,最后将废气通过

排气管、排气消声器等排入大气中。

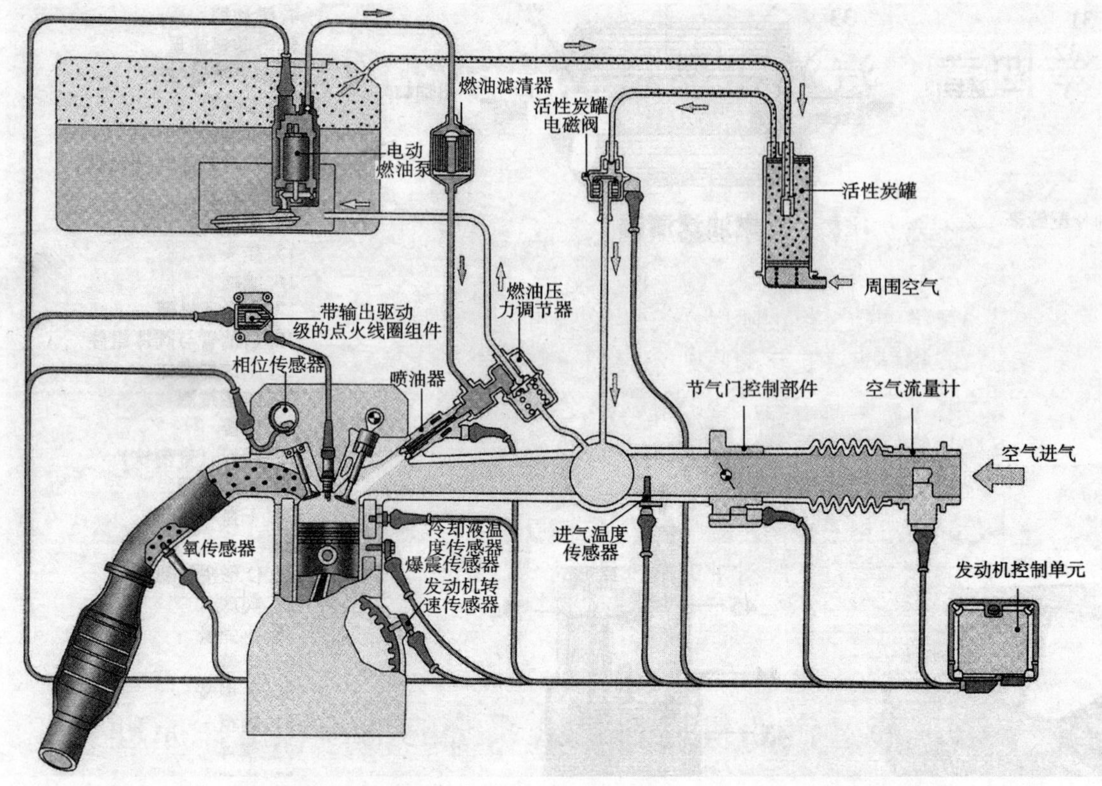

图 4-1　桑塔纳 2000GSi 车型 AJR 发动机 Motronic M3.8.2 电控燃油喷射系统示意图

二、汽油

1. 汽油主要性能指标

汽油机使用的燃料是汽油,汽油是由石油中提炼而得到的密度小、又易于挥发的液体燃料,汽油由多种碳氢化合物组成,基本成分:碳的体积百分数为 85%,氢的体积百分数为 15%。汽油的主要性能指标有蒸发性、抗爆性和热值。

(1)蒸发性。汽油中必须含有足够比例的高蒸发性的成分,以得到良好的冷起动性能,其蒸发性的好坏将影响发动机正常工作。当温度较高时,蒸发性过高的汽油易在油路中蒸发形成"气阻",当温度较低时,蒸发性过低的汽油会有一部分不能蒸发、燃烧,并滞留在汽缸壁上,不仅使燃油消耗量增加,而且会稀释润滑油,导致汽缸加快磨损,影响发动机寿命。所以车用发动机的汽油蒸发性要求适中。

(2)抗爆性。汽油的抗爆性是指汽油在汽缸中避免产生爆震的能力(也称抗自燃的能力)。汽油的抗爆性评价指标是辛烷值。辛烷值高,汽油抗爆性好;反之,汽油抗爆性差。

(3)热值。汽油的热值是指单位质量(1kg)的汽油完全燃烧后所产生的热量。汽油的热值约为 44 000kJ/kg。

2. 汽油的选用

我国车用汽油分类主要以辛烷值为基础,测定辛烷值的方法有马达法和研究法。目前,我国市面上的汽车的常用无铅汽油分为90号、93号、97号等标号，它们是按照研究法的辛烷值(*RON*)大小来划分的，这种汽油不仅含铅量更低，而且还有少量的清洁油路的添加剂。90号、93号、97号汽油除了抗爆性不同外，其他的性能如清洁性、杂质是一样的，属于同一档次的油。压缩比高的发动机选用辛烷值高的汽油，反之，可选用辛烷值低的汽油。汽油牌号越高，其抗爆性越好，但价格也越贵。

桑塔纳2000GSi车型要求必须使用*RON*在90以上汽油；卡罗拉(1.6L)车型要求选择93号或更高级的优质无铅汽油。

随着我国对于环境保护的标准要求不断提高，近年来一些大城市相继出现了89号、92号和95号的新汽油标号，分别替代了之前的90号、93号和97号汽油，新的标号的汽油与旧的标号的汽油相比可以有效降低机动车排放污染。

3. 环保和安全注意事项

1)环境保护

(1)汽油是对水有污染的物质，不能让汽油流入下水道，作业时只能在防渗的地面上进行。

(2)汽油非常易燃，会引起火灾和爆炸，进行接触汽油的工作时，必须禁止明火和吸烟，汽油存放必须远离火源。

(3)有汽油溢出时，必须立即用吸附剂进行处理。

(4)用合适的容器收集污染过的燃油、燃油滤清器，并妥善保管和回收利用。

(5)沾上汽油的抹布或物品，不得作为生活垃圾处理。

2)安全措施

(1)汽油会刺激人的皮肤，可以致癌。应避免使汽油接触到皮肤、眼睛或衣服。

(2)沾上汽油的衣服或鞋子，必须立即更换。

(3)皮肤接触到汽油后，立即用水和肥皂清洗。

(4)汽油溅入眼睛后，用水彻底冲洗。

(5)汽油蒸气吸入体内后，多呼吸新鲜空气，出现呼吸困难时尽快去医院治疗。

(6)吞食汽油后，千万不要催吐，因为液态汽油可能会进入肺部，应立即去医院治疗。

三、电控燃油喷射系统主要部件的构造

1. 空气供给系统

空气供给系统的作用是为发动机可燃混合气的形成提供必要的空气，并计量和控制燃油燃烧时所需要的空气量。空气供给系统如图4-2所示，空气经空气滤清器、空气流量计、节气门体进入进气总管，再分配到各缸进气歧管。在进气歧管内(或进气门处)，空气与喷油器喷出的燃油混合后被吸入汽缸内燃烧。

(1)空气滤清器。空气滤清器是用来滤清空气中所含的尘土，以减少汽缸、活塞、活塞环等零件的磨损，延长发动机的使用寿命。

空气滤清器的种类很多，图4-3所示为纸质干式空气滤清器，它是通过用树脂处理的纸质滤芯对空气进行过滤。纸质滤芯的寿命取决于纸面大小(通常成波折状以提高过滤面积)及空气本身的清洁程度，一般可连续使用10000～50000km。纸质滤芯不能清洗，脏污时可

用压缩空气吹去灰尘，严重时必须更换。纸质干式滤清器质量轻、结构简单、安装及维护方便、滤清效果好，因此在汽车上得到广泛应用。

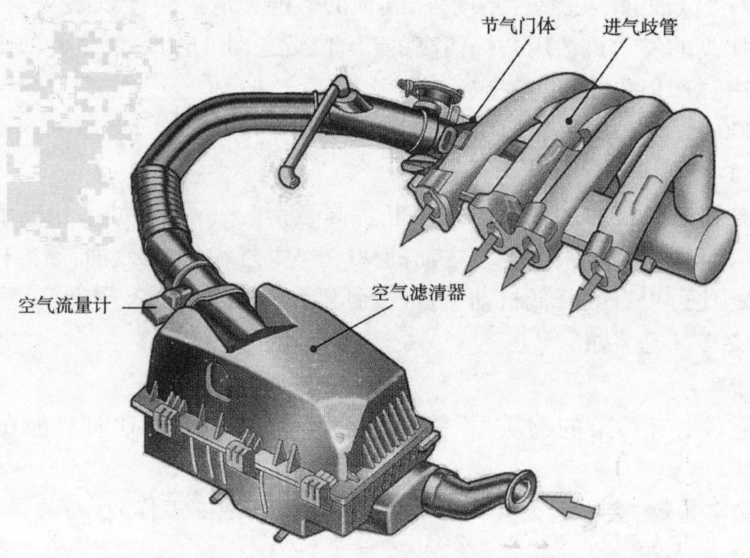

图 4-2　空气供给系统

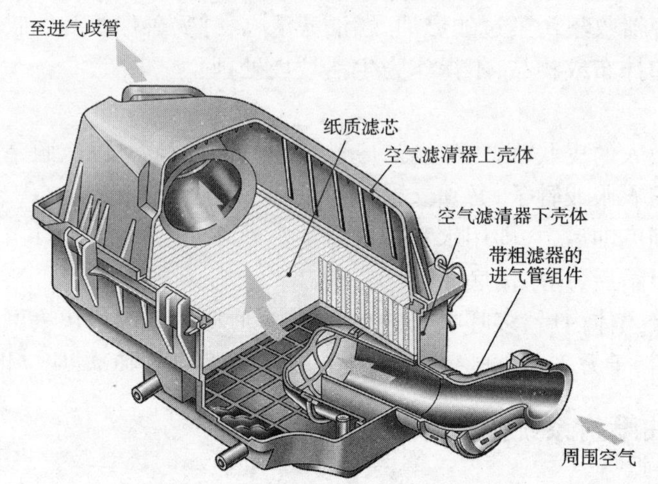

图 4-3　纸质干式空气滤清器

(2)节气门体。节气门体(见图 4-4)是安装调节控制吸入发动机的空气的节气门部件，节气门体主要由节气门、用于检测节气门开闭状态的节气门位置传感器、节气门定位电位计、节气门定位器(电动机)、节气门电位片和怠速开关等组成。汽车在正常行驶时，空气流量由节气门控制，而节气门则是驾驶人通过加速踏板操纵。

(3)进气歧管与稳压箱。进气歧管的结构如图 4-5 所示。进气歧管的功用是将空气或可燃混合气引入汽缸，并保证进气充分及各缸进气量均匀一致。进气歧管多用铝合金或铸铁制造，有些也采用复合塑料制作。有些车型进气歧管前还设有稳压箱(也称共鸣腔、谐振腔)，稳压箱的功用是消除进气压力脉动，保证各缸混合气分配均匀。

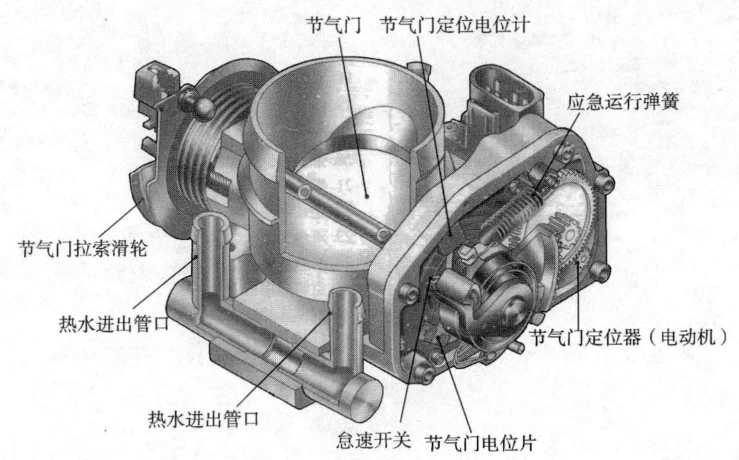

图 4-4　节气门体

(4)可变进气系统。为提高进气效率,在一些汽油机电控燃油喷射系统中采用了可变进气系统。可变进气系统结构如图 4-6 所示,其工作原理如图 4-7 所示。

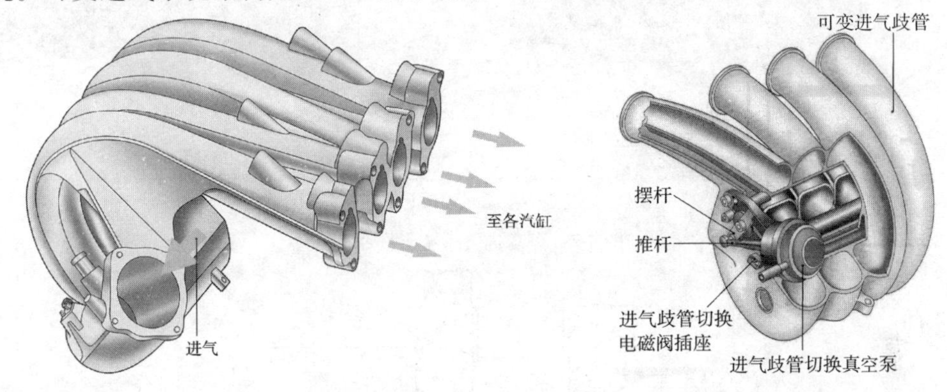

图 4-5　进气歧管的结构　　　图 4-6　可变进气系统的结构

发动机在低转速时,进气控制阀门关闭,气流需经过较长的进气歧管进入汽缸,这样可利用进气的流动惯性来提高进气效率,使发动机在低转速下获得较大的转矩;而在高转速时,则是通过打开控制阀门来减小进气阻力,气流经过较短的进气歧管进入汽缸,从而提高进气效率,可获得较高的最大输出功率。

(5)废气涡轮增压系统。废气涡轮增压是指利用发动机排出的高温高压废气能量,驱动涡轮作高速旋转,带动同轴上的压气机,对燃烧所需的空气进行预压缩,这样,在发动机排量和转速不变的情况下,增加了流入发动机的空气量,提高了进气效率,因而可提高发动机的功率。

可调叶片式涡轮增压系统如图 4-8 所示,它包括同轴的涡轮与压气机叶轮。涡轮与压气机叶轮上有很多叶片,从汽缸排出的废气直接进入涡轮,并推动涡轮旋转,带动压气机叶轮旋转,把吸入的空气增压,送入汽缸。由于利用高温废气进行增压,涡轮增压器温度较高,经压缩的空气温度也较高,使进气密度减小,对提高进气效率不利,因此,需要在压缩空气出口到进气歧管之间安装冷却器(中冷器),冷却压缩空气,提高其密度。

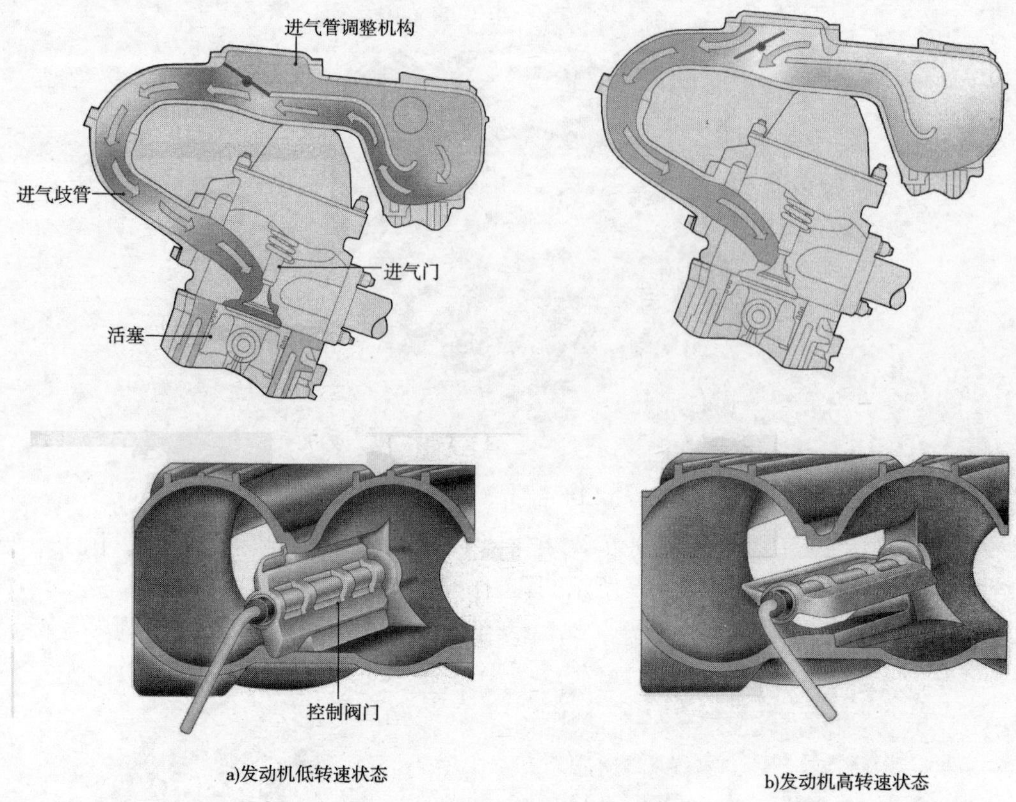

图 4-7 可变进气系统工作原理

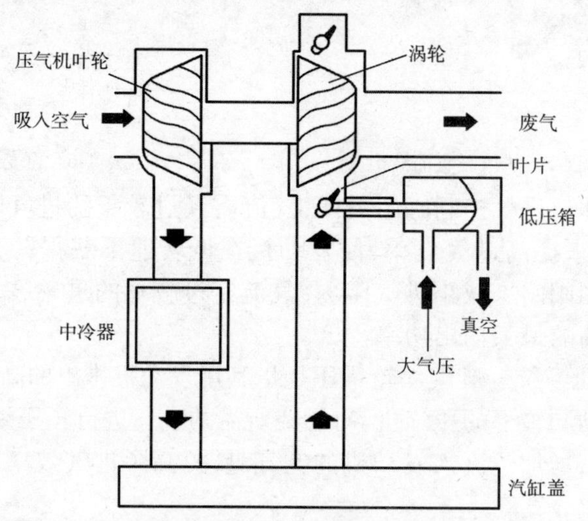

图 4-8 可调叶片式涡轮增压系统

可调叶片式涡轮增压系统能够在发动机整个范围内调整进气增压的压力。当发动机转速低时,叶片开度减小,减小废气流通截面,使废气流速加快,提高废气涡轮转速,增加进气压力;当发动机转速高时,叶片开度增大,增加废气流通截面,使废气流速减慢,维持废气涡轮转速在正常范围内,保证进气压力的稳定。

2. 排气系统

排气系统(见图 4-9)主要由排气歧管、排气消声器等组成,电控燃油喷射系统汽油机的排气系统多带有三元催化转换器。

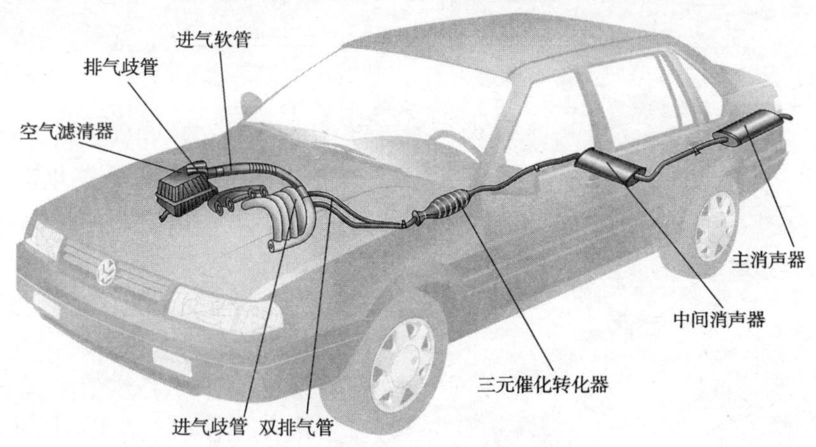

图 4-9　排气系统

(1)排气歧管。从汽缸盖上各缸的排气孔到各缸的独立管的汇集处的管道总成叫排气歧管(见图 4-10)。排气歧管材料一般都采用成本低、耐热性较好、保温性较好的铸铁。

(2)排气消声器。排气消声器的作用是消除废气中的火星及火焰,降低排气噪声。

排气消声器有吸收、反射两种基本的消声方式,如图 4-11 所示。吸收式消声器是通过废气在玻璃纤维、钢纤维和石棉等吸音材料上的摩擦而减少其能量。反射式消声器则是多个串联的谐调腔与长度不同的多孔反射管相互连接在一起,废气在其中经过多次反射、碰撞、膨胀、冷却而降低压力,减轻振动。

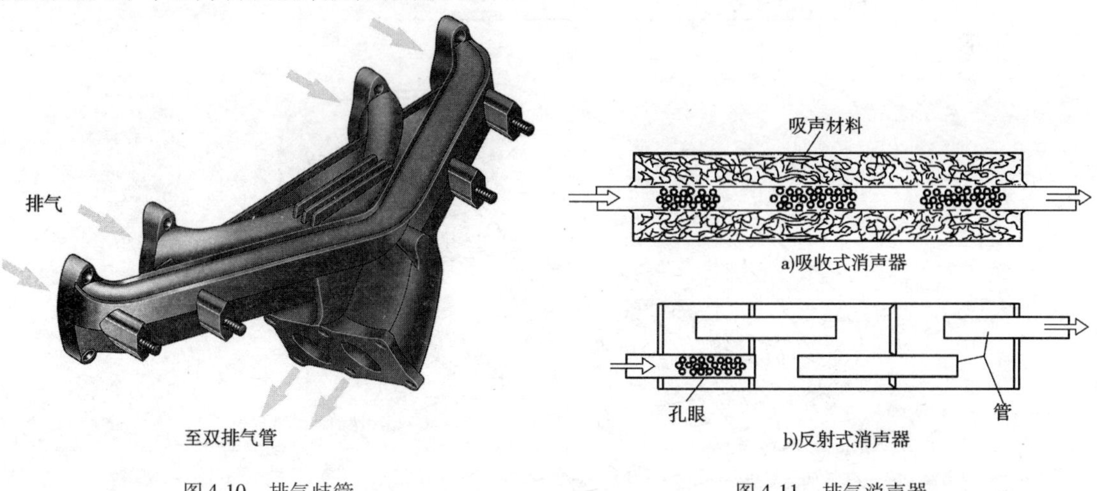

图 4-10　排气歧管　　图 4-11　排气消声器

汽车上实际使用的排气消声器,多数是综合利用不同的消声原理组合而成的,如图 4-12 所示。

(3)三元催化转化器。三元催化转化器结构如图 4-13 所示,其内部为一个圆柱形反应柱,反应柱由很多孔径较小的直管组成,反应柱的所有表面都用白金系列催化剂镀膜。这种

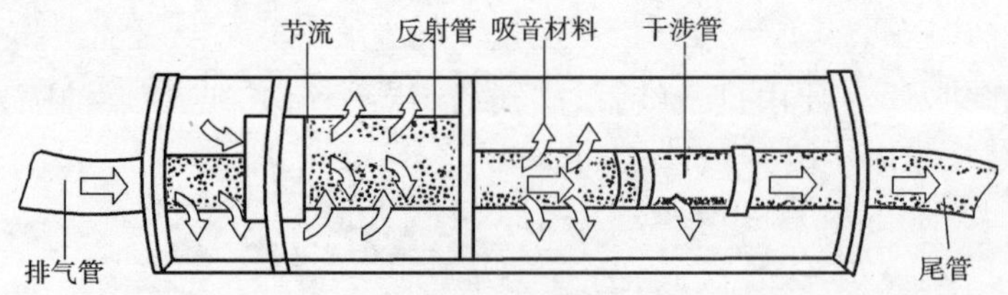

图 4-12　组合式消声器

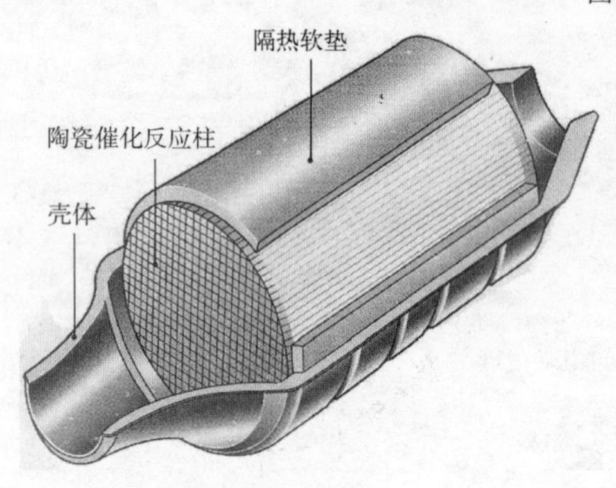

图 4-13　三元催化转化器

催化剂可将一氧化碳(CO)和碳氢化合物(HC)通过氧化反应变成对人体无害的二氧化碳(CO_2)和水(H_2O),将氮氧化合物(NO_X)还原成氮气(N_2)和氧气(O_2)。为了使尾气达到一定的环境保护标准,大多数汽油发动机都配备了三元催化转化器。

3. 燃油供给系统

燃油供给系统的作用是供给发动机燃烧过程所需的燃油。燃油供给系统结构如图 4-14 所示,主要由燃油泵、燃油滤清器、油压脉动阻尼器、燃油压力调节器和喷油器等组成。

燃油从燃油箱中被电动燃油泵吸出,先由燃油滤清器将杂质滤除后再通过输油管送到各个喷油器。喷油器则根据 ECU 发出的指令,将计量后的燃油喷入各进气歧管并与流入发动机内的空气进行混合,形成可燃混合气。发动机在正常工况喷油量只取决于各喷油器通电时间长短。

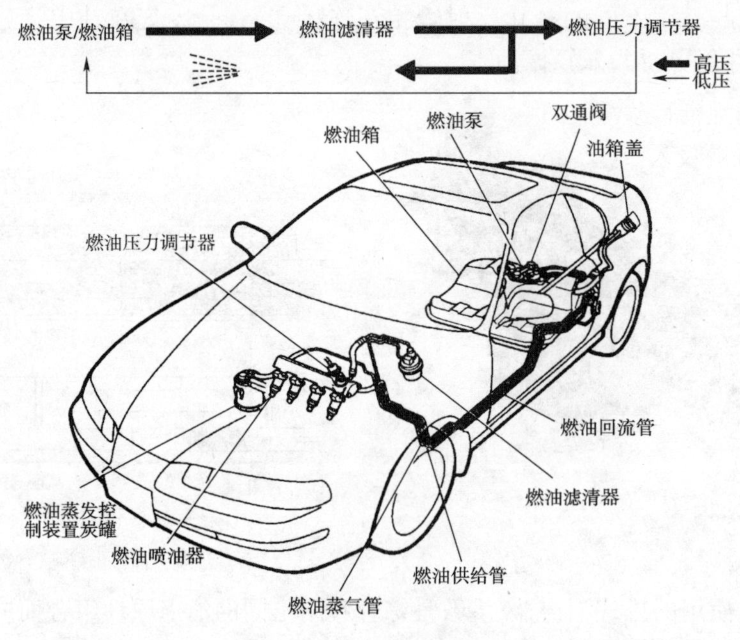

图 4-14　燃油供给系统

此外,利用燃油压力调节器可将喷油压力控制在一定的范围内,而将多余的燃油从燃油压力调节器经回油管送回燃油箱。为了消除电动燃油泵泵油时或喷油器喷油时引起管路中的油压产生微小扰动,在有些发动机的燃油供给系统中还装有油压脉动阻尼器,用于吸收管路中油压波动时的能量,以便抑制管路中油压的脉动,提高系统的喷油精度。

(1)燃油箱。燃油箱(见图4-15)是用来储存燃油的,其容积大小与车型和发动机排量有关,其形状随车型不同而各异,这主要是为了适应在车上的布置安装。

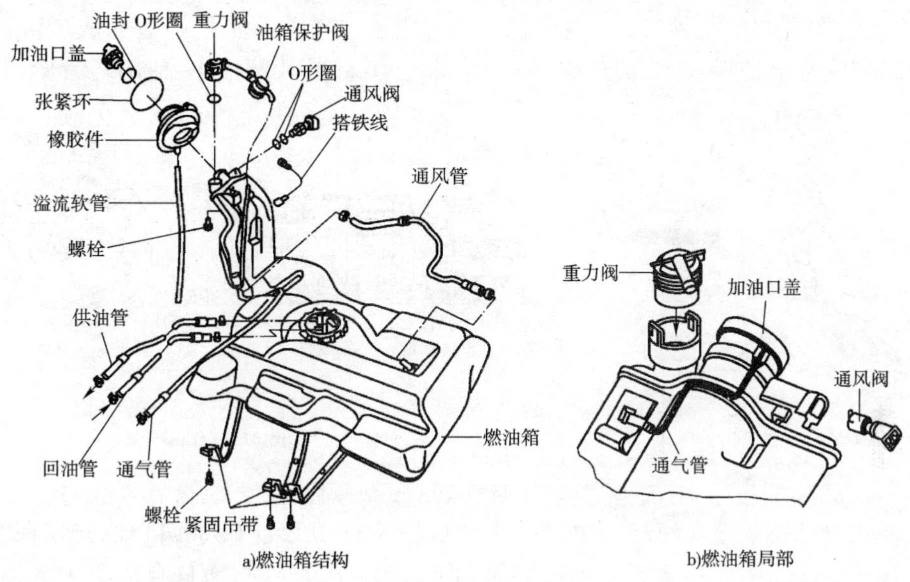

图4-15　带附件的燃油箱

挥发性好的汽油在燃油箱内会挥发,如果直接将挥发的汽油蒸气排到大气中会污染环境,为此设置了燃油箱蒸发排放控制装置(见图4-16),将活性炭罐与燃油箱相连接,挥发的汽油蒸气被吸附在活性炭上。发动机工作时,活性炭罐电磁阀通电打开,被吸附在活性炭上的汽油蒸气即可被吸入汽缸并燃烧。

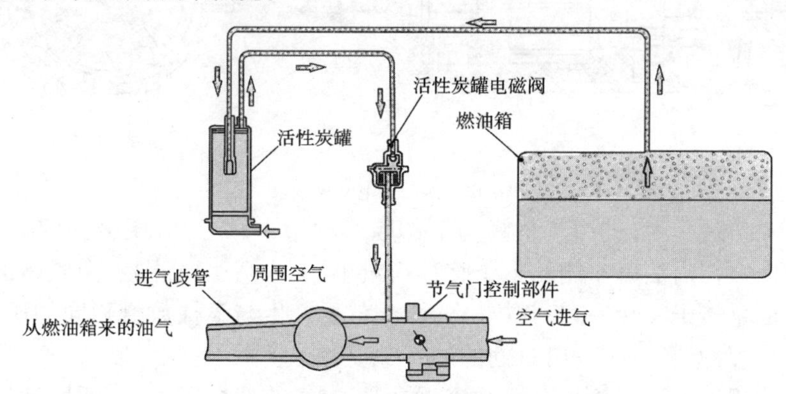

图4-16　燃油箱蒸发排放控制装置

(2)电动燃油泵。电动燃油泵的作用是把燃油从油箱内吸出并通过喷油器供给发动机各汽缸。

在电控燃油喷射系统中最常用的是内置式燃油泵,即燃油泵安装在燃油箱内。内置式燃油泵不易发生气阻和漏油现象，对泵的自吸性能要求较低，故应用广泛。内置式燃油泵主要有叶片式和滚柱式两种。

①叶片式电动燃油泵。叶片式电动燃油泵结构和工作原理如图4-17所示。叶轮是一个圆平板，在平板的圆周上加工有小槽，形成泵油叶片。当叶轮旋转时，圆周上小槽内的燃油随同叶轮一同高速旋转。由于离心力的作用，使出油口处压力增高，而在进油口处产生真空，从而使燃油在进油口处被吸入，在出油口处被排出，这样周而复始地完成燃油的输送。叶片式电动燃油泵运转噪声小，油压脉动小，泵油压力高，叶片磨损小，使用寿命长。

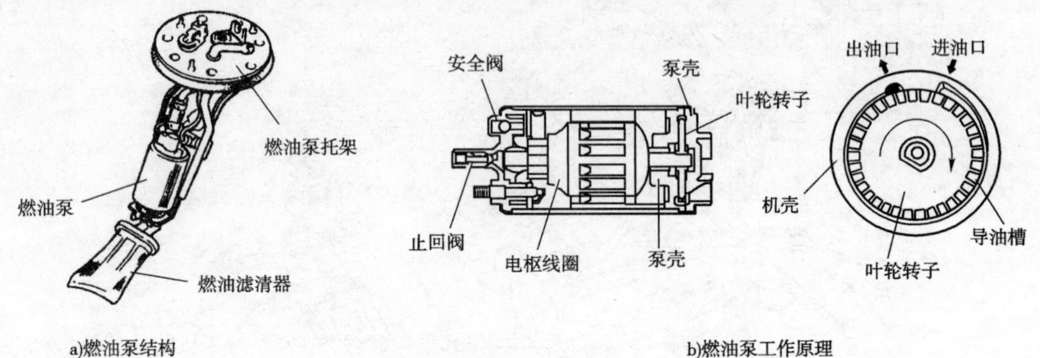

图4-17　叶片式电动燃油泵

②滚柱式电动燃油泵。滚柱式电动燃油泵如图4-18所示。转子偏心地安装在泵体内，滚柱装在转子的凹槽中。在永磁电动机的驱动下，当转子旋转时，滚柱在离心力的作用下紧压在泵体的内表面上，同时在惯性力的作用下，滚柱总是与转子凹槽的一个侧面贴紧，从而形成若干个封闭的工作腔。

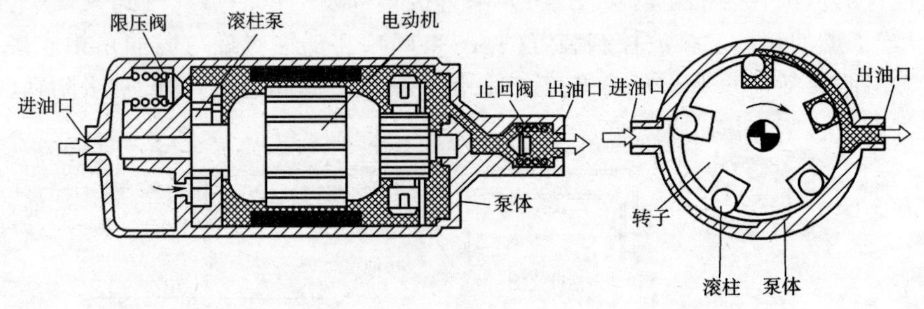

图4-18　滚柱式电动燃油泵

在燃油泵工作过程中，进油口一侧的工作腔容积增大，成为低压吸油腔，燃油经进油口被吸入工作腔内。在出油口一侧的工作腔容积减小，成为高压压油腔，高压燃油从压油腔经出油口流出。油泵转子每转一圈，其排出的燃油就要产生与滚柱数目相同的压力脉动，故在出口处装有油压缓冲器，以减小出口处的油压脉动和运转噪声。

止回阀的作用主要用于防止燃油倒流，并可保持管路残余压力，以便发动机下次容易起动，并可防止由于温度较高时，油路产生气阻现象。若油泵输出压力超过400kPa时，安全阀会自动打开，高压燃油可回至油泵的进油室，并在油泵和电动机内循环，以此可避免由于油路堵塞而引起管路油压过高造成管路破裂或燃油泵损坏等现象。滚柱式电动燃油泵运转时噪声大，油压脉动也大，而且泵体内表面和转子容易磨损。

(3)燃油滤清器。燃油滤清器(见图4-19)可清除燃油中的杂质,防止堵塞喷油器等部件,减少运动部件的磨损。

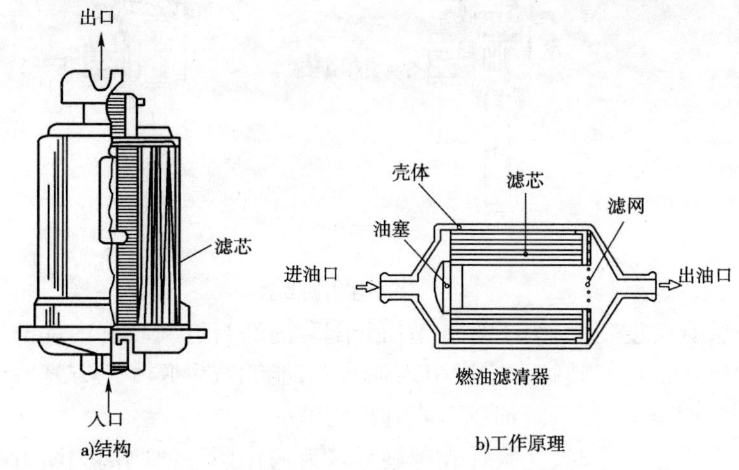

图4-19　燃油滤清器

燃油滤清器与普通的滤清器一样,采用过滤形式,壳体内有一个纸滤芯。滤芯的形式通常有两种,即菊花形和涡卷形。燃油滤清器的滤芯应根据车辆行驶里程、使用的燃油质量情况及时更换,以确保发动机稳定行驶,提高可靠性。

(4)燃油分配管。燃油分配管(见图4-20)的功用是将燃油均匀、等压地输送给各缸喷油器。由于它的容积较大,故有储油蓄压、减缓油压脉动的作用。

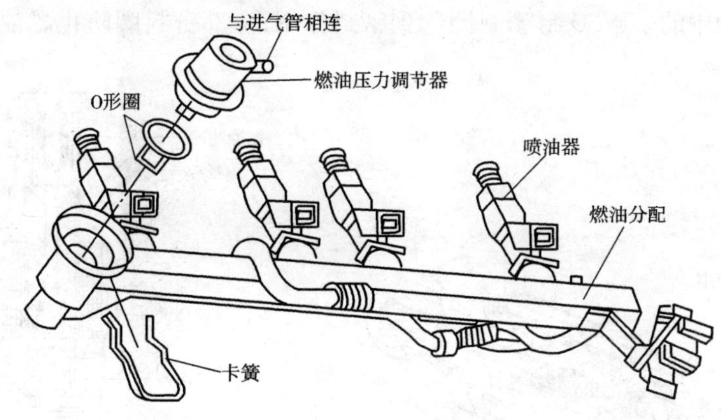

图4-20　燃油分配管

(5)燃油压力调节器。燃油压力调节器一般安装在燃油分配管上,其作用是根据进气歧管内的绝对压力的变化来调节系统油压(燃油分配管油压),保持喷油器的喷油绝对压力恒定,使喷油器的燃油喷射量只取决于喷油器的开启时间。

燃油压力调节器(见图4-21)外部为金属壳体,壳体内部由橡胶膜片分为弹簧室和燃油室两部分。弹簧室内有一个带预紧力的螺旋弹簧,它作用在膜片上。在膜片上安装一个阀,控制回油。另外,还通过一根真空管与进气歧管相连。

当系统油压超过规定值时,燃油压力克服弹簧压力,将膜片向上压,打开阀门,与回油通道接通,燃油流回燃油箱,系统压力降低,系统油压又回到规定值。

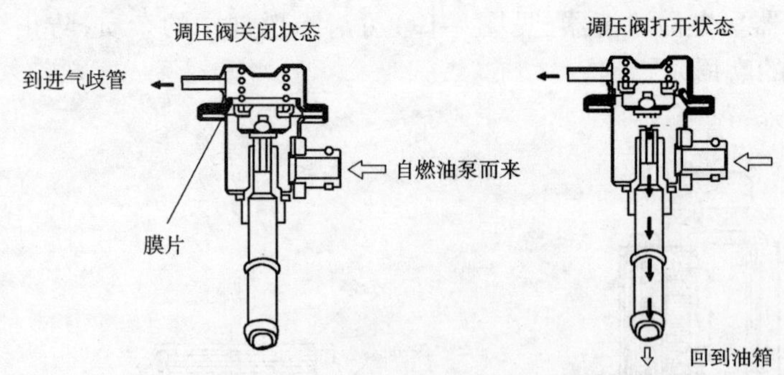

图 4-21　燃油压力调节器

如果进气歧管真空度变大,为了维持燃油分配管内部与进气歧管内部的压力差恒定,就必须降低系统油压。把进气歧管真空度引入弹簧室,能够减少膜片上方螺旋弹簧的作用力,进而减少打开阀门的压力,使系统油压下降到规定值。

当电动燃油泵停止工作时,在膜片和螺旋弹簧力的作用下使阀门关闭,保持油路中的残余压力。

(6)电磁喷油器。电磁喷油器是发动机电控燃油喷射系统的一个重要的执行元件,它接收 ECU 发出的喷油脉冲信号,准确地计量燃油喷射量,同时,将燃油喷射后雾化。

轴针式电磁喷油器(见图 4-22)安装在燃油分配管上,主要由轴针、针阀、衔铁、复位弹簧及电磁线圈等组成。针阀与衔铁制成整体结构,针阀上端安装一个复位弹簧。当电磁喷油器停止工作时,弹簧弹力使针阀复位,阀针关闭,轴针压靠在阀座上起到密封作用,防止燃油泄漏。滤网用于过滤燃油中的杂质,O 形密封圈起到密封作用,上部密封圈防止燃油泄漏,下部密封圈防止漏气。

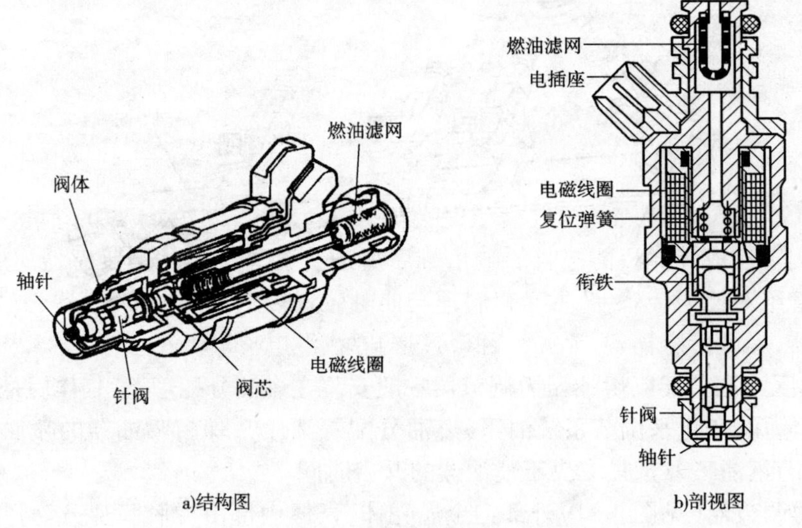

图 4-22　轴针式电磁喷油器

当电磁线圈通电时,电磁吸力使针阀克服复位弹簧的弹力,针阀与轴针上移,阀门打开,燃油便从喷孔喷出。由于燃油压力较高,因此喷出的燃油得到良好雾化。当电磁线圈断电时,电磁吸力消失,针阀与轴针在复位弹簧作用下复位,阀门关闭,喷油停止。

4. 电子控制系统

电子控制系统的功用是根据发动机运转状况和车辆运行状况确定汽油最佳喷射量和最佳点火提前角。此外，还可进行怠速控制、排放控制和故障自诊断等。电子控制系统由传感器、电子控制单元（ECU）、执行器3部分组成，桑塔纳2000GSi车型AJR发动机电控燃油喷射系统各部件安装位置如图4-23所示，其控制图如图4-24所示。

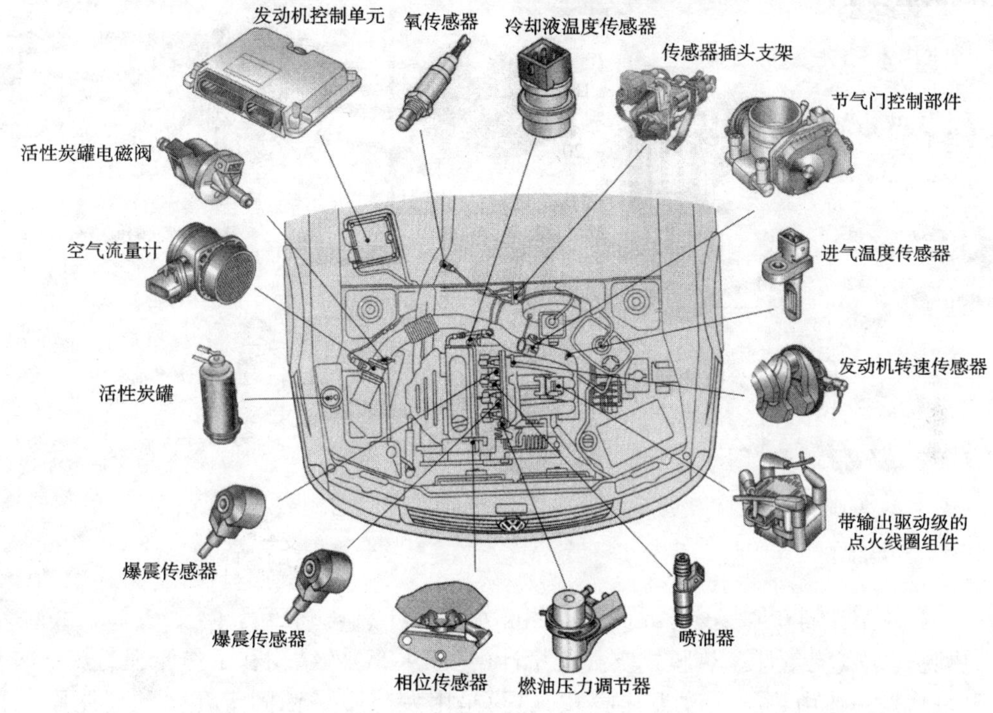

图4-23　桑塔纳2000GSi型车型AJR发动机电控燃油喷射系统各组件的安装布置图

电子控制系统的核心是ECU，ECU根据发动机中各种传感器送来的信号控制喷油时间、点火正时等。传感器检测发动机的实际工况，计量各种信号并传输给ECU，ECU输出的各种控制指令由执行器执行。

（1）传感器。传感器用来测量或检测反映发动机运行状态下的各种物理量、电量和化学量等，并将它们转换成计算机能接收的电信号后再送给ECU。常用的传感器主要有空气流量计、进气歧管绝对压力传感器、发动机转速与曲轴位置传感器、温度传感器、节气门位置传感器、氧传感器、爆震传感器等。另外，还有各类开关、继电器等。

①空气流量计。空气流量计用于测量发动机进气量，是用来确定基本喷油量的主要依据之一。空气流量计设置在空气滤清器与节气门体之间，也有安装在空气滤清器上，还有将空气流量计与节气门体作成一体安装在发动机上。目前常用的是热线式空气流量计和热膜式空气流量计。

a. 热线式空气流量计。热线式空气流量计的结构如图4-25所示，热线是圆筒内保持100℃的电线，由于进入发动机的空气会冷却热线，测量出热线保持100℃所需的电流，就可以算出空气流量。

热线式空气流量计可以直接测量进气空气的质量流量，无须进行进气温度和大气压力修正，无运动部件，进气阻力小，响应特性较好，可正确测出急减速时的空气进气量。

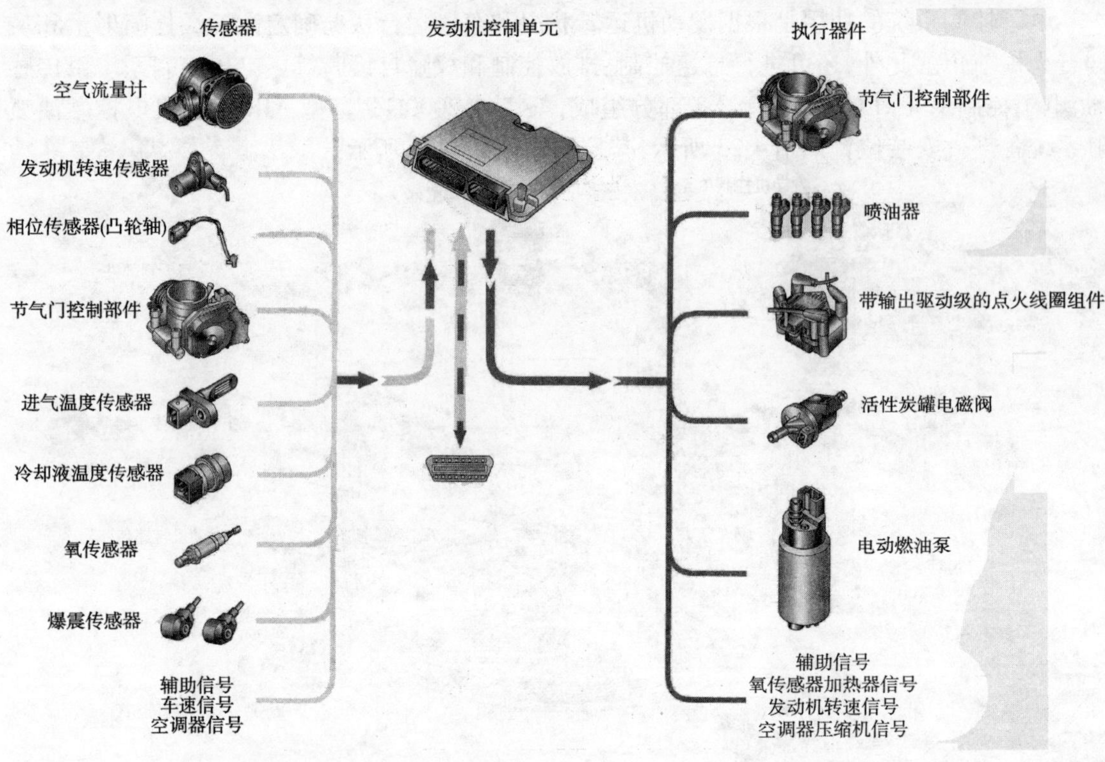

图 4-24　桑塔纳 2000GSi 车型 AJR 发动机电控燃油喷射系统控制图

b. 热膜式空气流量计。热膜式空气流量计（见图 4-26）的结构和工作原理与热线式基本相同，只是将发热体由热线式改为热膜式，热膜是由发热金属铂固定在薄的树脂膜上构成的。这种结构可使发热体不直接承受空气流动所产生的作用力，增加了发热体的强度，提高了使用寿命，它的金属网用于产生微观紊流，以使测量信号稳定。由于这些优点，使它的应用更为广泛。

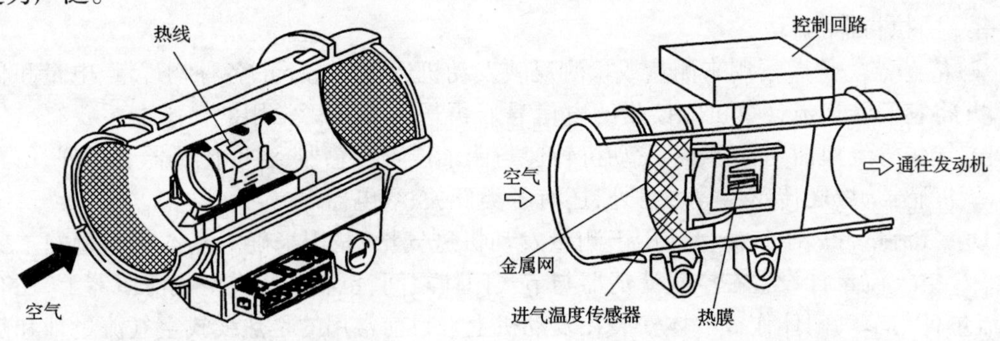

图 4-25　热线式空气流量计　　　　图 4-26　热膜式空气流量计

②进气歧管绝对压力传感器。电控燃油喷射系统可通过进气歧管压力和发动机转速推算发动机进气量。进气歧管压力的测定靠绝对压力传感器完成。进气歧管绝对压力传感器种类较多，就其信号产生原理可分为半导体压敏电阻式、电容式、膜盒传动的可变电感式和表面弹性波式等。

半导体压敏电阻式压力传感器如图 4-27 所示，它是利用半导体的压电效应原理制成的，这种传感器是将硅片的周边固定在基座上，再将整体封入一个壳体内，并在壳体内形成真空，当通道口与进气管连接时，进气管内的压力就会使传感器内的膜片产生压力，此时由应变电阻组成的电桥电路就会输出与进气管内压力成比例的电压。由于基准压力是真空的压力，使用这种压力传感器可以测定出绝对压力。该传感器具有体积小、精度高、成本低和可靠性、抗振性好等特点，在现代汽车上得到了广泛应用。

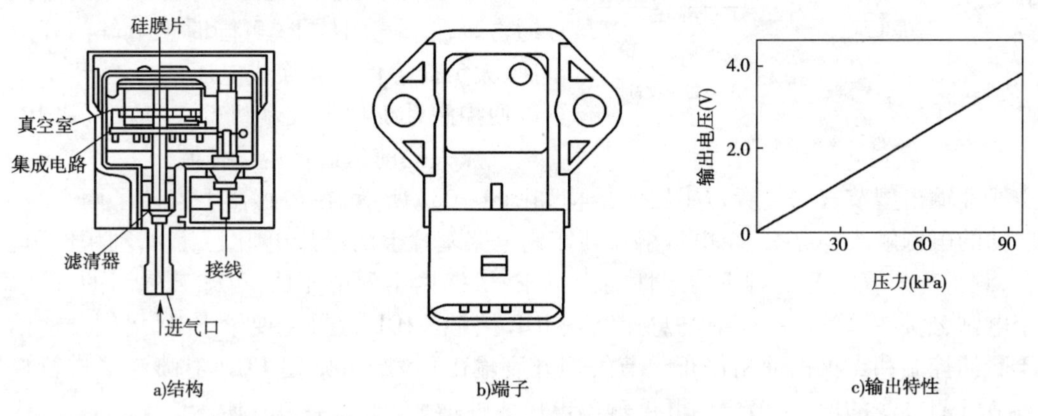

图 4-27　半导体压敏电阻式压力传感器

由于压力传感器结构和测量原理的要求，压力传感器安装在振动较小的车身处，用一根橡胶管作为取气管与进气总管相连。

③发动机转速与曲轴位置传感器。发动机转速与曲轴位置传感器主要提供发动机的转速、曲轴转角位置及汽缸行程位置信号，以此确定发动机的基本喷油时刻、喷油量及点火时刻。发动机转速与曲轴位置传感器可分为磁电式、光电式和霍尔式。此外，就其安装部位来看，有的安装在曲轴前端，有的安装在凸轮轴前端或分电器内以及飞轮上。车型不同，所采用的结构形式有所不同，所以也有曲轴位置传感器或凸轮轴位置传感器之说，两者的原理和结构形式基本相同，只是安装位置有所区别而已。

磁电式曲轴转速传感器（见图 4-28）负责采集曲轴转角位置和发动机转速信号。在曲轴上有一个靶轮，靶轮上有 60 个齿，传感器对它进行扫描。当靶轮经过传感器时，产生一个变电压信号，其频率随发动机转速变化而变化，控制单元根据交变电压的频率识别发动机的转速。在靶轮上有一处缺两个齿，感应传感器扫描到该处，1 缸活塞处于上止点前 72°，它是作为控制单元识别曲轴转角位置的基准标记。

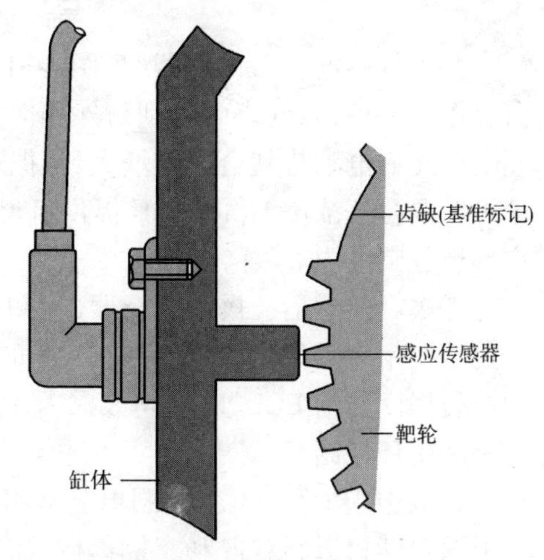

图 4-28　曲轴转速传感器

④温度传感器。温度传感器有冷却液温度传感器、进气温度传感器与排气温度传感器等，这些传感器多采用的是负温度系数的热敏电阻式温度传感器，即热敏电阻的阻值随温度的升高而减小。

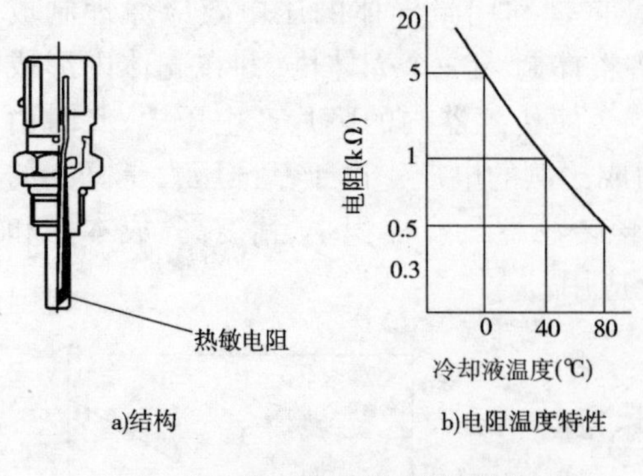

图 4-29 冷却液温度传感器

冷却液温度传感器(见图 4-29)用来检测发动机冷却液温度,该值用于喷油量和点火时刻的修正。当发动机冷却液温度改变时,传感器向控制单元输送的信号电压也发生改变,从而可获得冷却液的温度状态。

⑤节气门位置传感器。节气门位置传感器通常装在节气门体上,可同时把节气门开度、怠速、大负荷等信号转换成电压信号送至 ECU 中,以便控制系统根据发动机的各种工况对其喷油量及点火提前角进行最优控制。

线性输出型节气门位置传感器的结构如图 4-30a)所示,在传感器上安装了两个与节气门联动的电刷触头,其中一个电刷触头在印刷电路基片上的滑片电阻上滑动,利用电阻值的变化,测得与节气门开度对应的线性输出电压,根据输出的电压值,可知节气门的开度。另一个电刷触头在节气门关闭时与怠速触点 IDL 接触。IDL 信号主要给 ECU 提供怠速信号,用于断油控制和点火提前角修正。节气门开度输出信号 V_{TA} 则使 ECU 对喷油量进行控制,随着节气门开度的增大,节气门开度输出电压线性增大,如图 4-30b)所示。

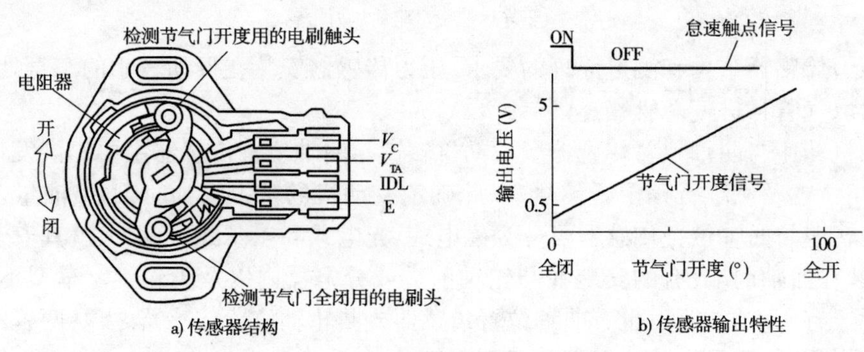

图 4-30 线性输出型节气门位置传感器

⑥氧传感器。氧传感器(见图 4-31)是用含有锆元素制成的元件,其内外表面涂上一层白金作为电极,内外表面分别与外界空气和废气接触。如果废气中没有氧气,氧化锆内外表面电极间的电动势就会迅速增大,根据这种变化,来准确地检测出可燃混合气是否达到了理论可燃混合气浓度,并向 ECU 提供可燃混合气浓度的反馈信号,以此控制可燃混合气浓度在理想范围之内。

⑦爆震传感器。爆震传感器(见图 4-32)是利用受压后电压改变的压电元件来检测发动机是否发生爆震的传感器,可有效地抑制发动机爆震现象的发生。爆震传感器将检测出来的爆震程度传给 ECU,ECU 可及时对发动机的点火提前角进行反馈控制,来实现发动机点火时刻的闭环控制。

(2)控制单元。电子控制单元常用 ECU 表示。在发动机控制系统中,ECU 的主要功能是根据发动机运转状况和车辆运行状态对发动机进行精确地控制。

ECU 的主要部件是微型电子计算机(简称微机),可实现多功能的高精度集中控制。

ECU的基本结构如图4-33所示，主要由输入回路、A/D转换器（模拟信号/数字信号转换器）、微机和输出回路组成，是对燃油喷射、点火正时、怠速、进气及排放等进行综合控制的发动机管理系统。

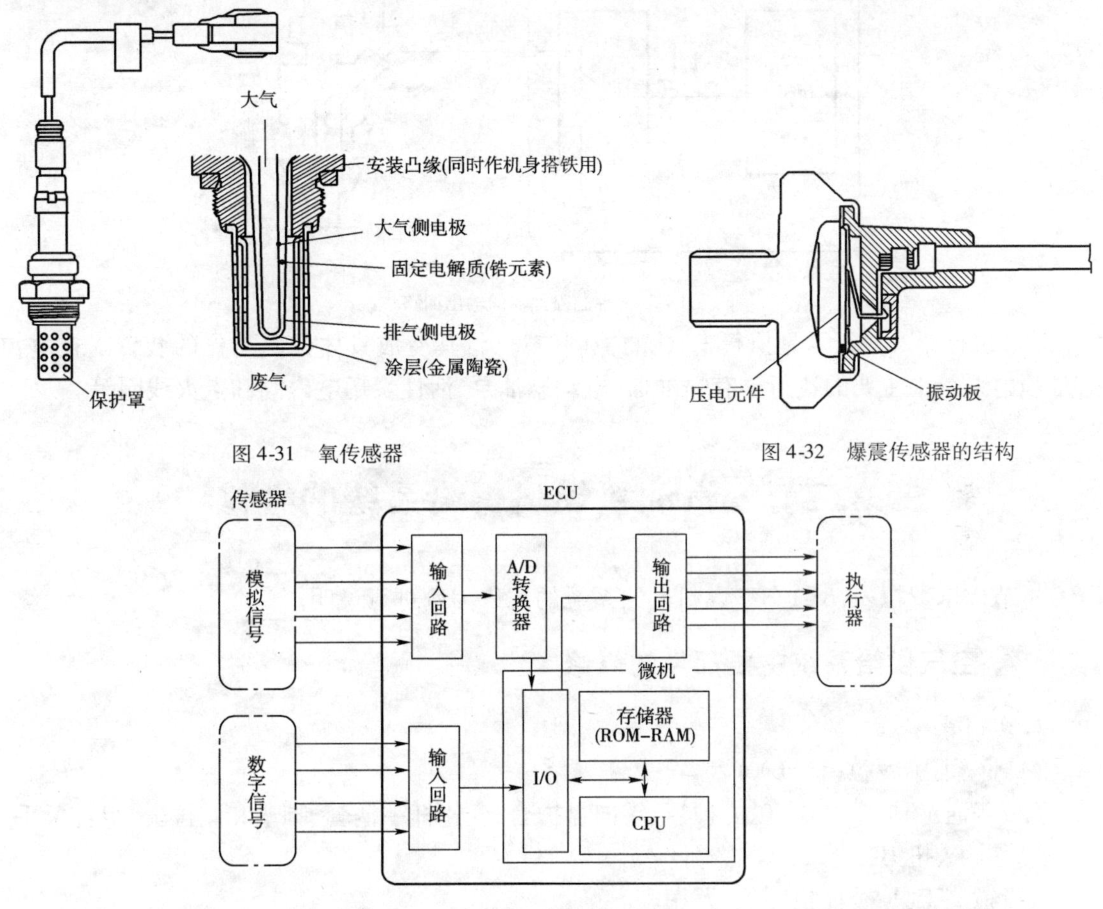

图4-31　氧传感器

图4-32　爆震传感器的结构

图4-33　发动机电子控制装置的基本结构

①输入回路。输入回路对各种输入信号进行预处理，一般包括去杂波、把正弦波转换成矩形波及电平转换等。

②A/D转换器。由于微机只能识别数字信号，所以A/D转换器将模拟信号转换成数字信号后，才能输至微机中进行处理。

③微机。微机主要由中央处理器（CPU）、存储器、输入/输出装置等组成。微机的功能是根据发动机工作的需要，把各种传感器送来的信号用内存的程序（微机处理的顺序）和数据进行运算处理，并把处理结果（如燃油喷射控制信号、点火控制信号等）送往输出回路。

④输出回路。输出回路是微机与执行元件之间的连接桥梁，其主要功用是将微机的处理结果放大，生成可以驱动执行元件工作的控制信号。输出回路一般采用功率晶体管，根据微机的指令通过功率晶体管的导通与截止来控制执行元件的搭铁回路。控制喷油器的输出回路如图4-34所示，当功率晶体管导通时，喷油器通电喷油；当功率晶体管截止时，喷油器断电停油。

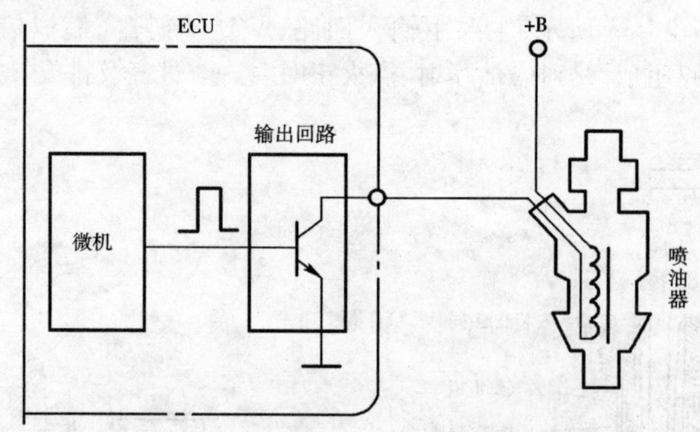

图 4-34 控制喷油器的输出回路

(3)执行器。执行器是执行 ECU 的控制信息,将其变成具体控制动作的装置。在电控燃油喷射系统中主要的执行器有喷油器、电动燃油泵、活性炭罐电磁阀和点火线圈等。

第二节 汽油机燃料供给系统的维修

本节以卡罗拉(1.6L)车型燃料供给系统的维修为例进行说明。

一、空气供给系统主要部件的维修

1. 实训器材

(1)车辆:卡罗拉(1.6L)车型。

(2)普通工具:举升机、磁力护裙、转向盘护套、变速杆手柄套、脚垫和座位套、组合扳手、螺丝刀、钳子、扭力扳手。

(3)检测工具:智能检测仪、万用表。

(4)其他:丰田超长效冷却液(SLLC)。

2. 作业准备

(1)汽车进入工位前,将工位清理干净,准备好相关的器材。

(2)将汽车停放在举升机中央位置。

(3)拉紧驻车制动器操纵杆,并将变速杆置于空挡或驻车挡(P 挡)位置(见图 1-19)。

(4)套上转向盘护套、变速杆手柄套和座位套,铺设脚垫。

(5)在车内拉动发动机舱盖手柄,在车外打开并支撑发动机舱盖(见图 1-20)。

(6)粘贴翼子板和前脸磁力护裙。

3. 操作步骤

1)检查进气系统(车上检查)

检查并确认图 4-35 所示位置没有吸气。

2)空气滤清器和软管的拆装

拆装空气滤清器和软管相关部件分解图如图 4-36 所示。

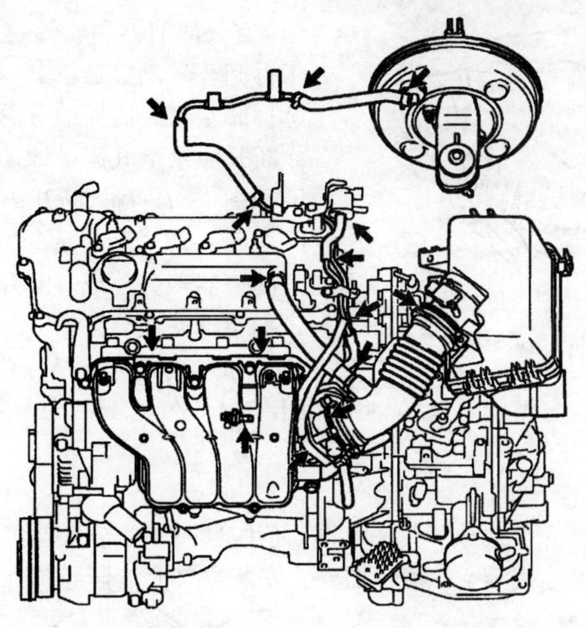

图 4-35　检查进气系统(车上检查)

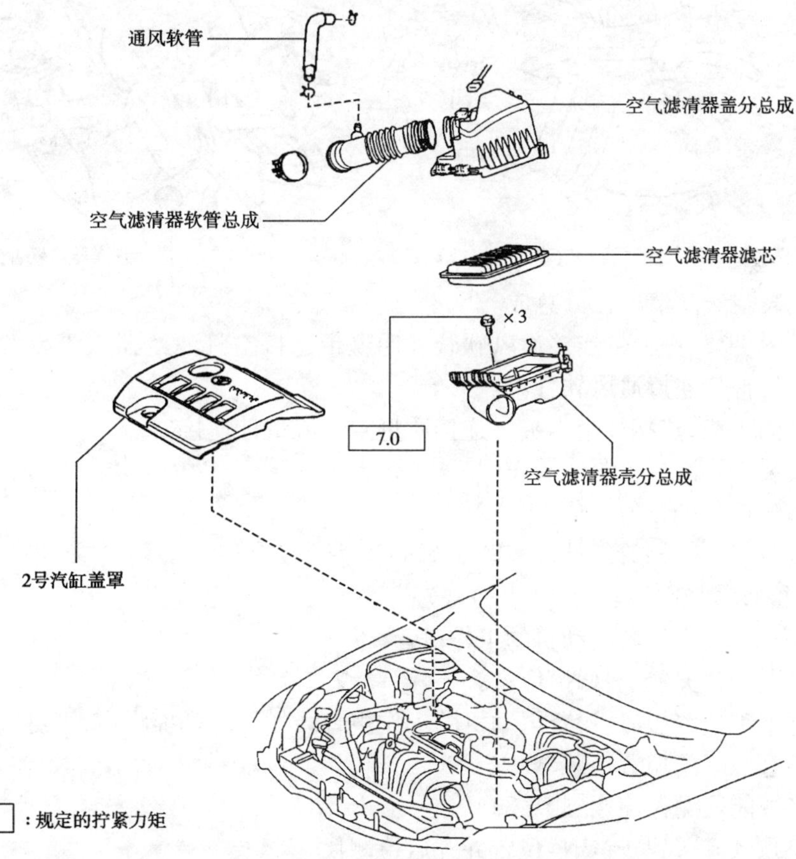

图 4-36　拆装空气滤清器和软管相关部件分解图

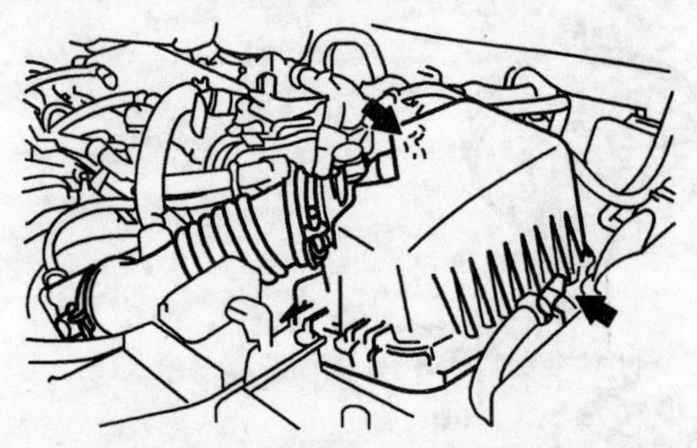

图 4-37　空气滤清器和软管的拆卸(1)

(1)空气滤清器和软管的拆卸。

①拆卸 2 号汽缸盖罩。

②拆卸空气滤清器盖分总成

a. 断开质量空气流量计连接器。

b. 如图 4-37 所示,断开 2 个卡夹。

c. 如图 4-38 所示,断开箍带和通风软管,并拆下空气滤清器盖分总成。断开箍带和通风软管。断开箍带和空气滤清器软管。

③拆卸空气滤清器壳分总成。如图 4-39 所示,从空气滤清器上分离空气滤清器滤芯,将线束卡夹从空气滤清器壳上断开,从空气滤清器壳上拆下 3 个螺栓。

(2)空气滤清器和软管的安装。

①安装空气滤清器壳分总成。见图 4-39,使用 3 个螺栓,安装空气滤清器壳,拧紧力矩:7.0N · m。将线束卡夹连接至空气滤清器壳。安装空气滤清器滤芯。

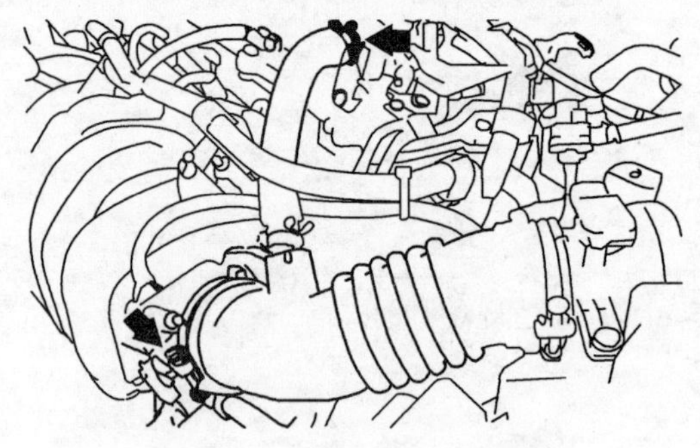

图 4-38　空气滤清器和软管的拆卸(2)

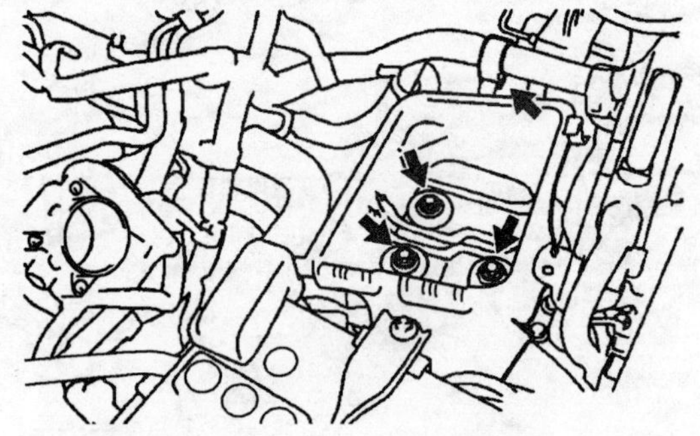

图 4-39　空气滤清器和软管的拆卸(3)

②安装空气滤清器盖分总成。

a. 见图 4-38,用箍带连接通风软管。用箍带连接空气滤清器软管。安装空气滤清器盖分总成。用箍带连接通风软管。

b. 见图 4-37,连接 2 个卡夹。连接质量空气流量计连接器。

③安装 2 号汽缸盖罩。

3)节气门体的维修

拆装节气门体相关部件分解图如图 4-40 所示。

(1)检查节气门体总成(车上检查)。

①检查节气门控制电动机的工作声音。

a. 将点火开关置于“ON”位置。

b. 踩下加速踏板时,检查电动机的工作声音。如果有摩擦噪声,则更换节气门体。

②检查节气门位置传感器。

a. 将智能检测仪连接到 DLC3。

b. 将点火开关置于“ON”位置并开启检测仪。

c. 选择以下菜单项:Powertrain/Engine and ECT/Data List/Throttle Position。

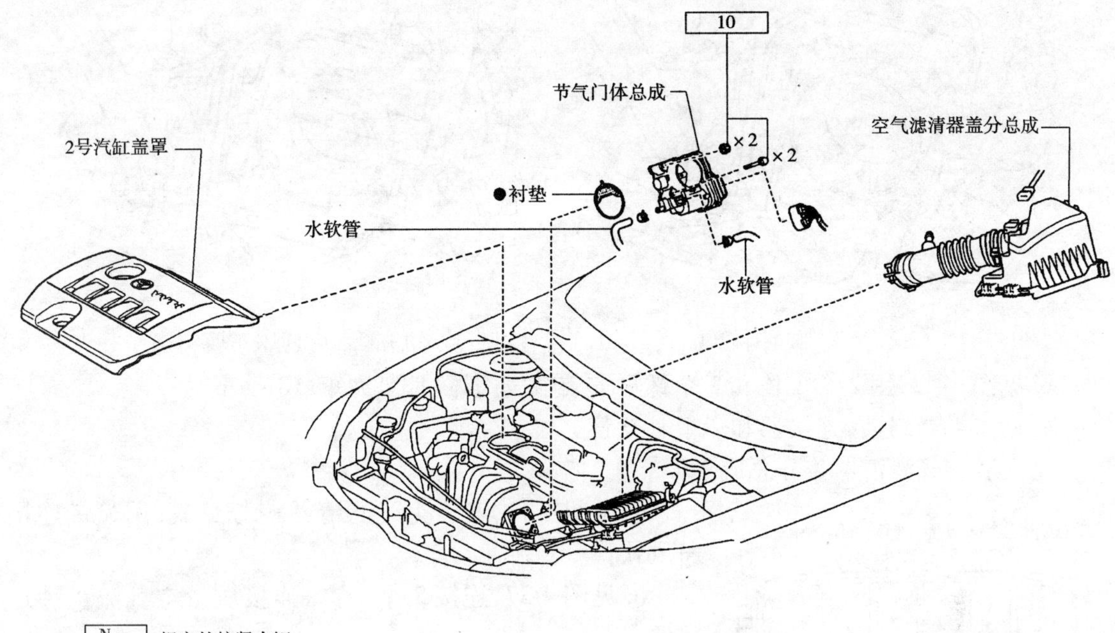

图4-40 拆装节气门体相关部件分解图

d. 节气门全开时,检查并确认“Throttle Position”值在规定范围内。标准节气门开度百分比:60%或更高。注意:检查标准节气门开度百分比时,变速杆应在“N”位置。如果百分比小于60%,则更换节气门体。

(2)节气门体的拆卸。

①排净发动机冷却液。

②拆卸2号汽缸盖罩。

③拆卸空气滤清器盖分总成。

a. 断开质量空气流量计连接器。

b. 见图4-37,断开2个卡夹。

c. 见图4-38,断开箍带和通风软管,并拆下空气滤清器盖分总成。

④拆卸节气门体总成。

a. 见图4-41,断开连接器和2根水软管。

b. 见图4-42,拆下2个螺栓、2个螺母和节气门体。拆下衬垫。

(3)节气门体的检查。

如图4-43所示,测量端子1(M-)与端子2(M+)之间的电阻,标准电阻(在20℃时):0.3~100Ω。如果结果不符合规定,则更换节气门体总成。

(4)节气门体的安装。

①安装节气门体总成。

a. 将新衬垫安装至进气歧管。

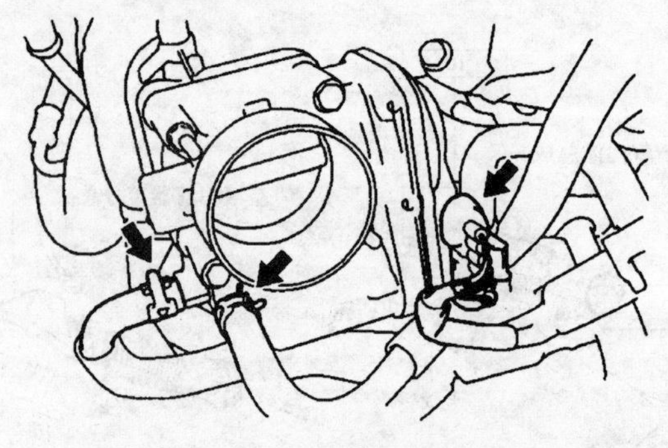

图 4-41　节气门体的拆卸(1)

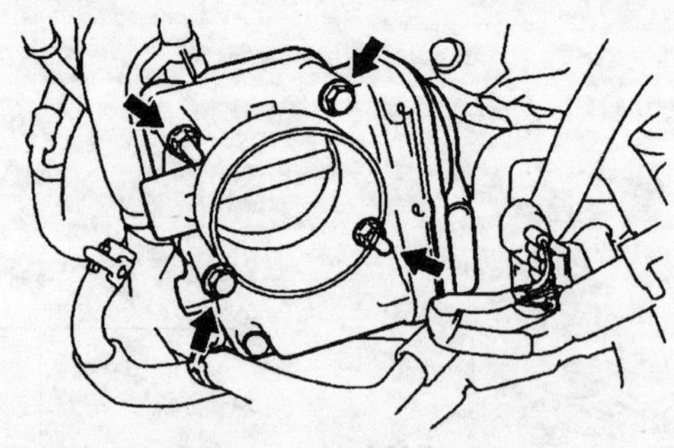

图 4-42　节气门体的拆卸(2)

b. 见图 4-42,用 2 个螺栓和 2 个螺母安装节气门体,拧紧力矩:10N · m。

c. 见图 4-41,连接连接器和 2 根水软管。

②安装空气滤清器盖分总成。

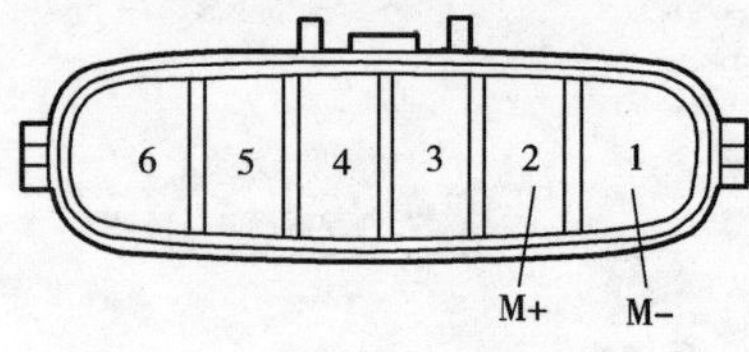

图 4-43　节气门体的检查

a. 见图 4-38,安装空气滤清器盖分总成,用箍带连接通风软管。

b. 见图 4-37,连接 2 个卡夹,连接质量空气流量计连接器。

③安装 2 号汽缸盖罩。

④添加发动机冷却液。

⑤检查冷却液是否泄漏。

二、燃油供给系统主要部件的维修

1. 实训器材

(1)车辆:卡罗拉(1.6L)车型。

(2)普通工具:举升机、磁力护裙、转向盘护套、变速杆手柄套、脚垫和座位套、组合扳手、螺丝刀、钳子、扭力扳手。

(3)专用工具:SST 09268-31012(09268-41500 燃油管连接器、90467-13001 卡子、95336-08070 软管)喷油测量成套工具、SST 09268-45014(09268-41200 仪表、09268-41220 软管、09268-41250T 形接头)EFI 燃油压力表、SST 09268-21010 燃油软管拉出器。

(4)检测工具:智能检测仪、万用表、燃油压力表。

2. 作业准备

(1)汽车进入工位前,将工位清理干净,准备好相关的器材。

(2)将汽车停放在举升机中央位置。

(3)拉紧驻车制动器操纵杆,并将变速杆置于空挡或驻车挡(P 挡)位置(见图 1-19)。

(4)套上转向盘护套、变速杆手柄套和座位套,铺设脚垫。

(5)在车内拉动发动机舱盖手柄,在车外打开并支撑发动机舱盖(见图 1-20)。

(6)粘贴翼子板和前脸磁力护裙。

3. 操作步骤

1)车上检查

(1)检查燃油泵工作情况和燃油是否泄漏。

①检查燃油泵工作情况。

a. 将智能检测仪连接到 DLC3。

b. 将点火开关置于“ON”位置,并接通智能检测仪的主开关。注意:不要起动发动机。

c. 选择以下菜单:Powertrain/Engine/Active Test/Control the Fuel Pump/Speed。

d. 从燃油管路中检查燃油进油管中的压力。检查并确认能听到燃油在燃油箱中燃油流动的声音。如果听不到声音,则检查集成继电器、燃油泵、ECM 和配线连接器。

②检查燃油是否泄漏。进行维护后检查并确认燃油供给系统任何部位均无燃油泄漏。如果发现燃油泄漏,必要时维修或更换零件。

③将点火开关置于“OFF”位置。

④从 DLC3 上断开智能检测仪。

(2)检查燃油压力。

①燃油供给系统卸压。

②用电压表测量蓄电池电压。蓄电池正极端子与负极端子之间在点火开关置于“OFF”位置时,标准电压:11 ~14V。

③从蓄电池负极(-)端子上断开电缆。

④从主燃油管上断开燃油软管。

⑤如图 4-44 所示,使用专用工具 SST 09268-31012(09268-41500、90467-13001、95336-08070),09268-45014(09268-41200、09268-41220、09268-41250)安装 SST(压力表)。

⑥擦掉任何汽油。

⑦将电缆连接到蓄电池负极(-)端子上。

⑧将智能检测仪连接到 DLC3 上。

⑨选择以下菜单:Powertrain/Engine/Active Test/Control the Fuel Pump/Speed。

⑩测量燃油压力。燃油压力:304 ~343kPa。如果燃油压力大于标准值,更换燃油压力调节器。如果燃油压力小于标准值,检查燃油软管和连接情况、燃油泵、燃油滤清器和燃油压力调节器。

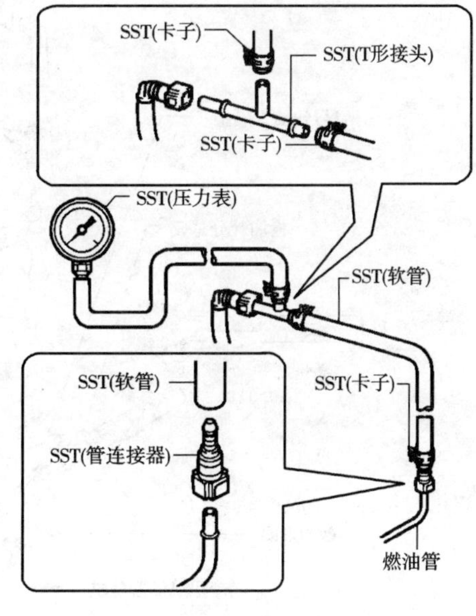

图 4-44　检查燃油压力

⑪从 DLC3 上断开智能检测仪。

⑫起动发动机。

⑬测量怠速时的燃油压力。燃油压力:304 ~343kPa。

⑭关闭发动机。

⑮检查并确认燃油压力在发动机停止后能按规定持续 5min。燃油压力:147kPa 或更高。如果燃油压力不符合规定,则检查燃油泵或喷油器。

⑯检查燃油压力后,从蓄电池上负极(-)端子上断开电缆,然后小心地拆下 SST,以防汽油溅出。

⑰将燃油管重新连接到主燃油管上(燃油管连接器)。

⑱将 1 号燃油管卡夹安装到燃油管连接器上。

⑲检查燃油是否泄漏。

2)喷油器的维修

拆装喷油器相关部件分解图如图 4-45 所示。

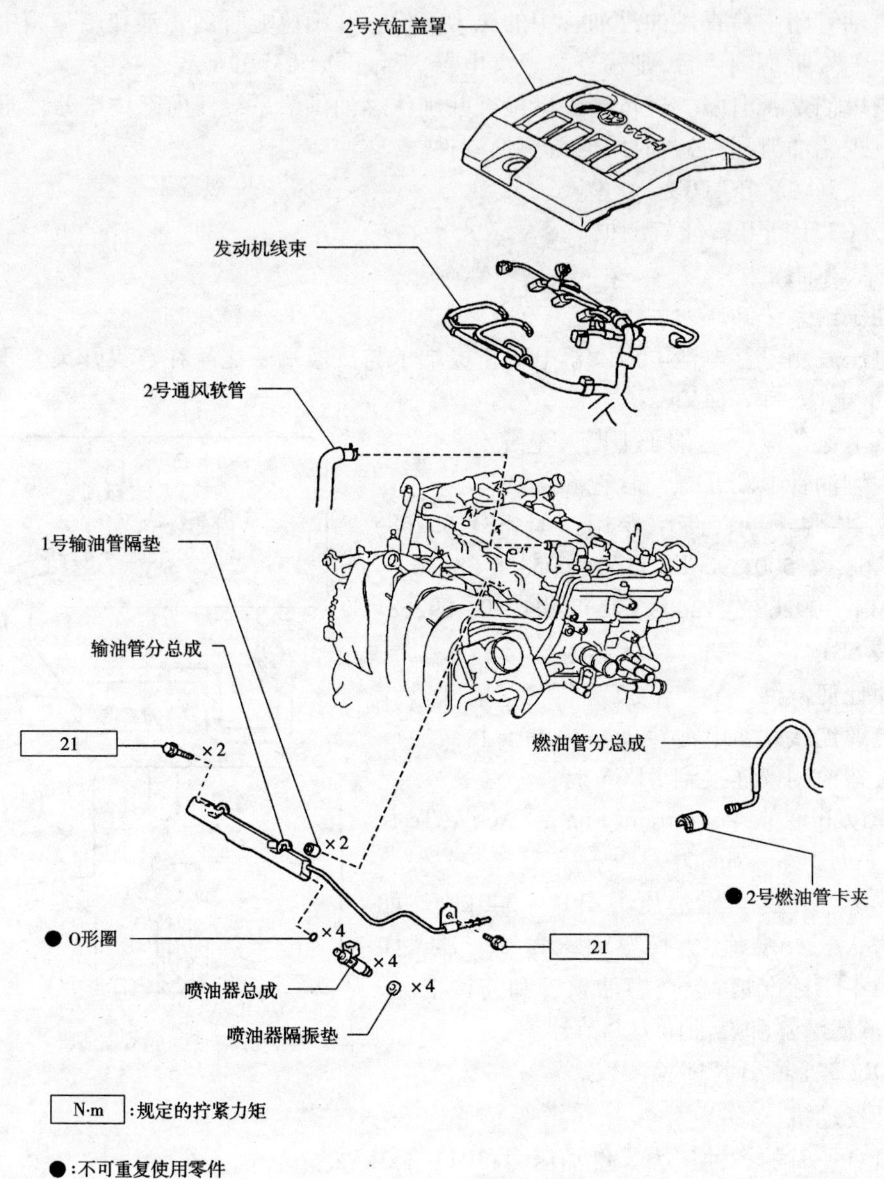

图 4-45 拆装喷油器相关部件分解图

(1)喷油器的拆卸。

①燃油系统卸压。

②从蓄电池负极(-)端子断开电缆。

③拆卸2号汽缸盖罩。

④如图4-46所示,分离2号通风软管。

⑤拆卸发动机线束。

a. 如图4-47所示,拆下2个螺栓并断开搭铁线,断开4个喷油器总成连接器,断开2个线束卡夹。

b. 如图4-48所示,断开4个线束卡夹。

c. 如图4-49所示,拆下2个螺栓和2个线束支架。

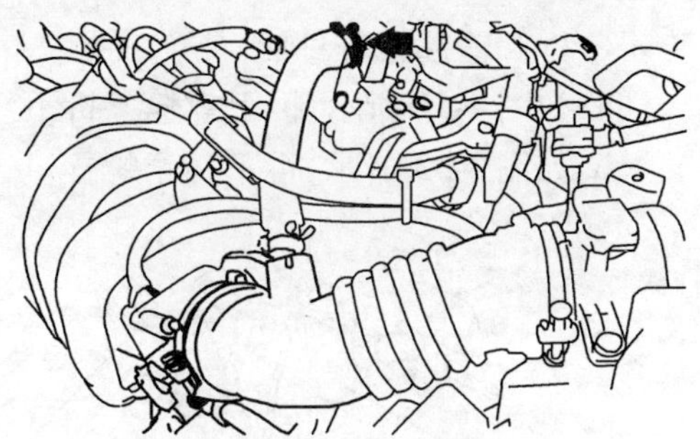

图4-46　喷油器的拆卸(1)

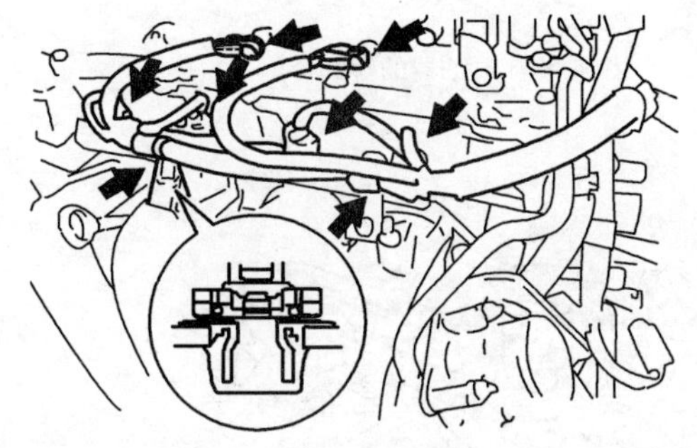

图4-47　喷油器的拆卸(2)

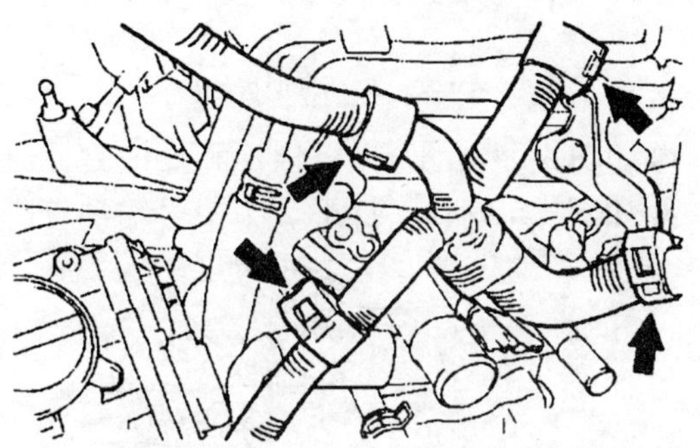

图4-48　喷油器的拆卸(3)

⑥断开燃油管分总成。

a. 如图4-50所示,拆下2号燃油管卡夹。

b. 如图4-51所示,使用SST 09268-21010断开燃油管分总成。

图4-49　喷油器的拆卸(4)

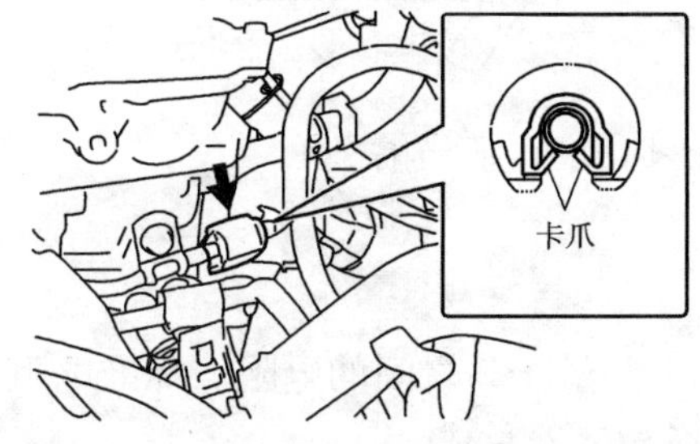

图4-50　喷油器的拆卸(5)

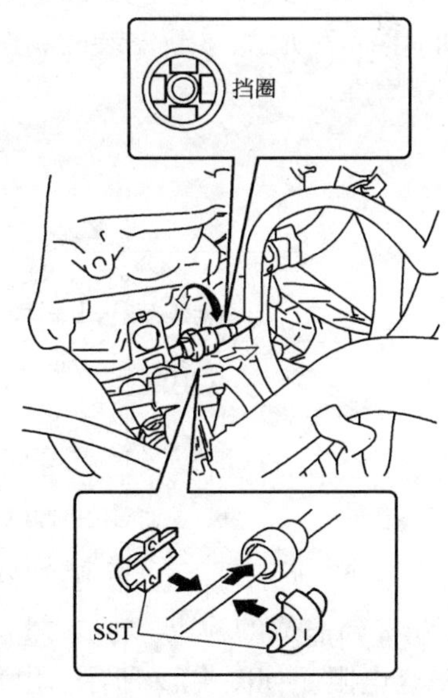

图4-51　喷油器的拆卸(6)

⑦拆卸输油管分总成。

a. 如图 4-52 所示,拆下螺栓并拆下线束支架。

b. 如图 4-53 所示,拆下 2 个螺栓。

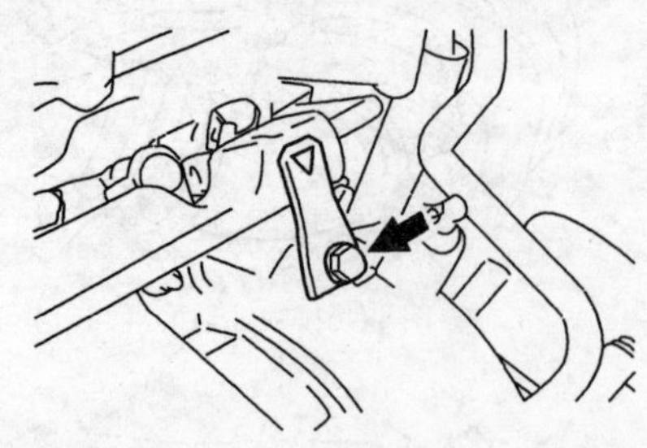
图 4-52 喷油器的拆卸(7)

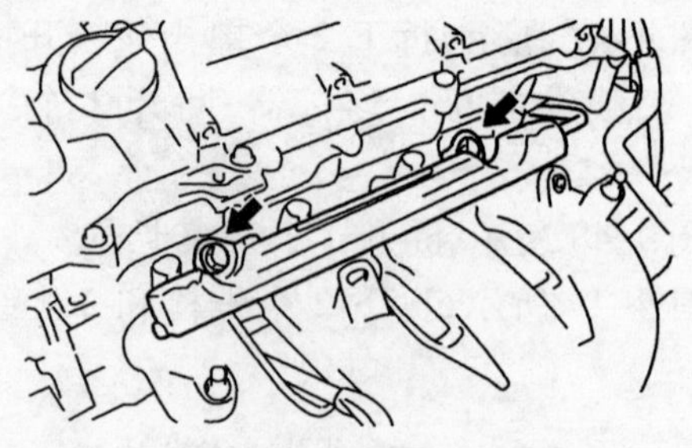
图 4-53 喷油器的拆卸(8)

c. 如图 4-54 所示,拆下螺栓和输油管分总成。

d. 如图 4-55 所示,拆下 2 个 1 号输油管隔垫。

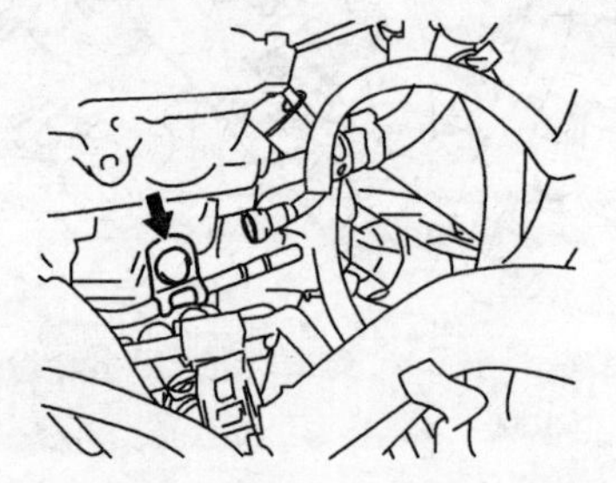
图 4-54 喷油器的拆卸(9)

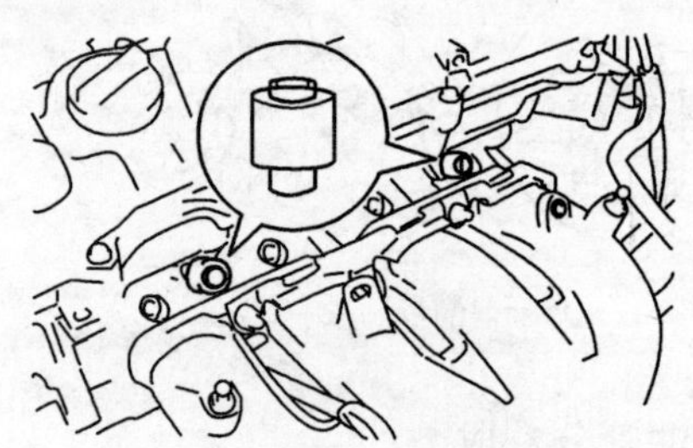
图 4-55 喷油器的拆卸(10)

⑧拆卸喷油器总成。

a. 如图 4-56 所示,从燃油输油管分总成中拉出 4 个喷油器总成。

b. 如图 4-57 所示,重新安装时,在喷油器轴上贴上标签。注意:用塑料袋将喷油器包起来,以防异物进入。

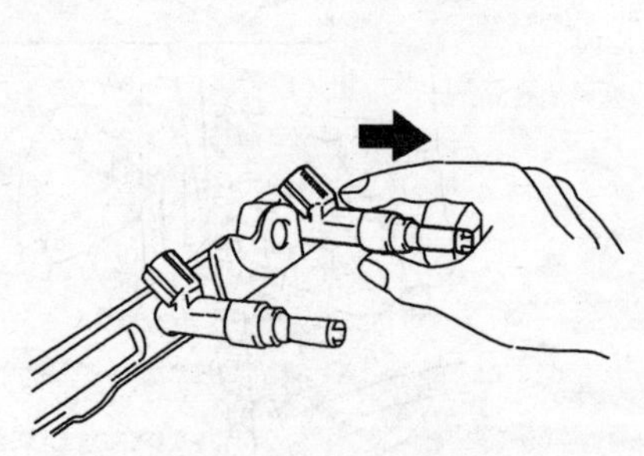
图 4-56 喷油器的拆卸(11)

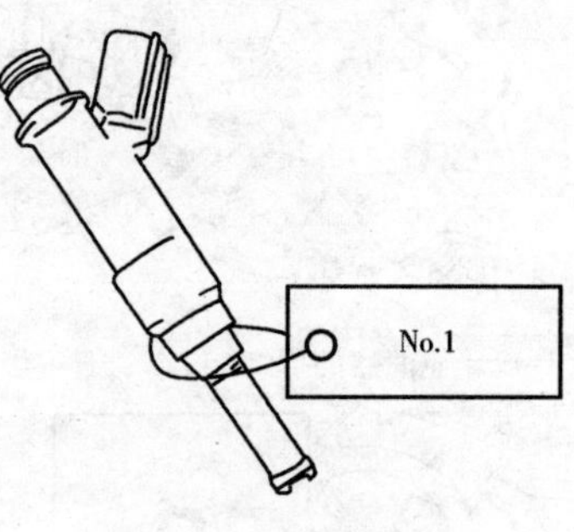

图 4-57 喷油器的拆卸(12)

c. 如图 4-58 所示,拆下 4 个喷油器隔振垫。

(2)喷油器总成的检查。

①检查电阻。如图 4-59 所示,用欧姆表测量端子 1 与端子 2 之间的电阻。标准电阻(在 20℃时):11.6 ~ 12.4Ω。如果结果不符合规定,则更换喷油器总成。

②检查工作情况。注意:在良好通风区域进行检查。不要在任何靠近明火的地方进行检查。

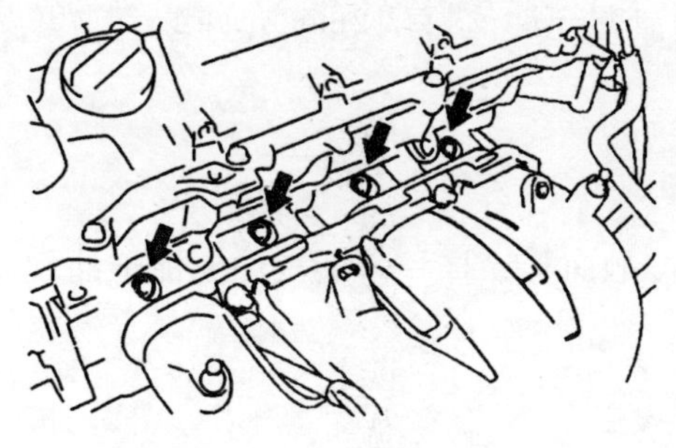

图4-58　喷油器的拆卸(13)

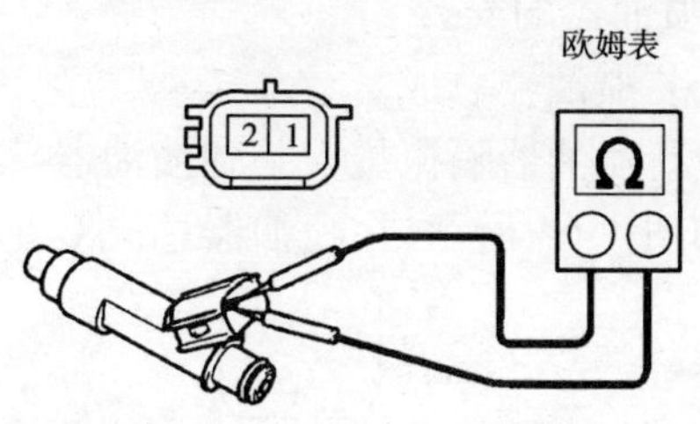

图4-59　喷油器总成的检查(1)

a. 如图4-60所示,将SST(燃油管连接器)连接到SST(软管),然后将它们连接到燃油管(车辆侧)。

b. 如图4-61所示,将O形圈安装到喷油器总成上。

c. 将SST(适配工具和软管)连接到喷油器总成,并用SST(卡夹)固定喷油器总成和接头。

d. 将喷油器总成放在量筒中。注意:将合适的塑料管安装至喷油器总成以防汽油喷出。

e. 操作燃油泵。

f. 如图4-62所示,将SST(线束)连接到喷油器总成和蓄电池15s,用量筒测量喷油量。对各喷油器测试2或3次。标准喷油量见表4-1。各喷油器间的差别:13mL或更少。注意:务必在蓄电池侧进行操作。如果喷油量不符合规定,则更换喷油器总成。

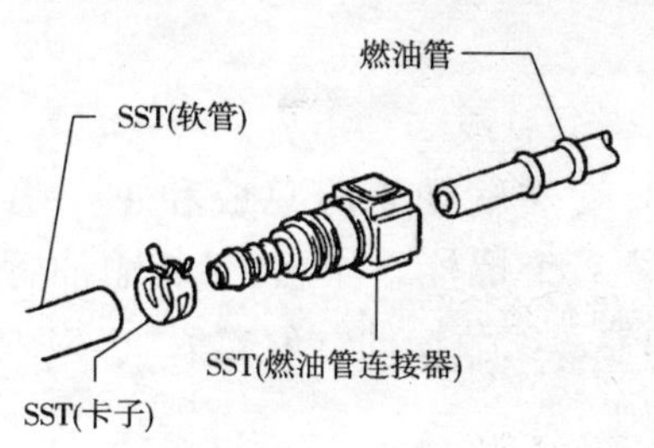

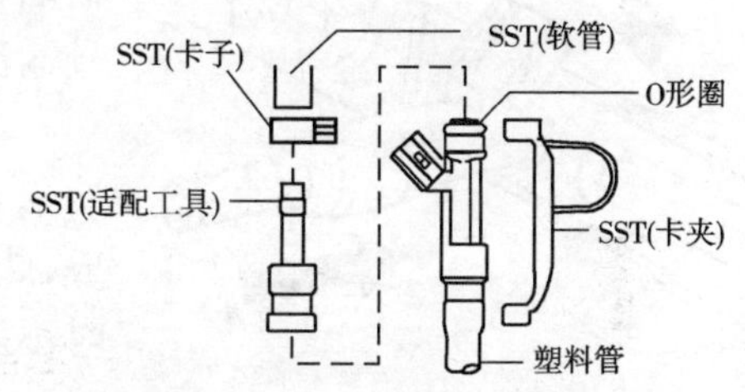

图4-61　喷油器总成的检查(3)

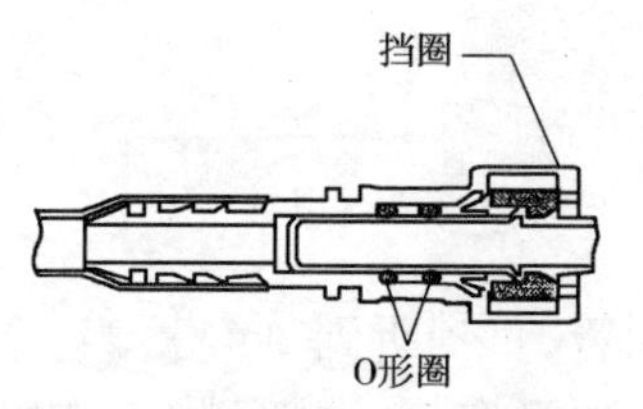

图4-60　喷油器总成的检查(2)

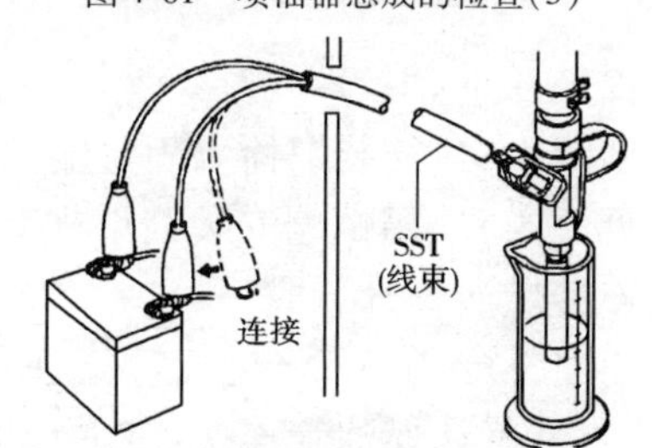

图4-62　喷油器总成的检查(4)

喷　油　量　　表4-1

检测仪连接	条　件	规定喷油量
正极端子-搭铁端子	15s(2或3次)	60~73mL/每次测试

③检查是否泄漏。如图4-63所示,在上述条件下,从蓄电池上断开SST(线束)的检测

探针,检查喷油器是否有燃油泄漏。最大燃油泄漏允许值:每 12min 允许 1 滴或更少。

(3)喷油器的安装。

①安装喷油器总成。

a. 将新喷油器隔振垫安装到喷油器总成上。

b. 如图 4-64 所示,在喷油器总成 O 形圈接触面上涂抹一薄层汽油或锭子油。

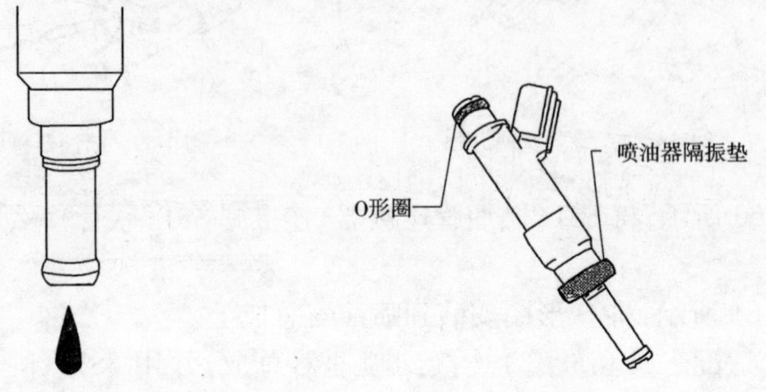

图 4-63　喷油器总成的检查(5)　　图 4-64　喷油器的安装(1)

c. 如图 4-65 所示,向左和向右转动喷油器总成,以将其安装到输油管分总成上。注意:不要扭曲 O 形圈。安装喷油器后,检查并确认它们可以平稳转动。如果不能平稳转动,换上新的 O 形圈。

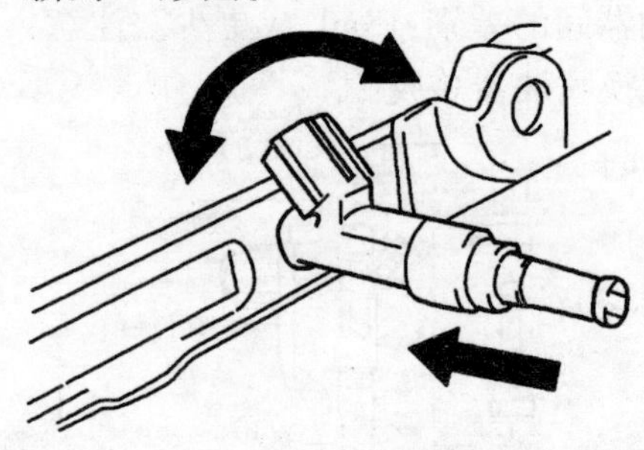

图 4-65　喷油器的安装(2)

②安装 1 号输油管隔垫(见图 4-55)。将 2 个 1 号输油管隔垫安装到汽缸盖上。注意:以正确方向安装 1 号输油管隔垫。

③安装输油管分总成。

a. 见图 4-53,安装输油管分总成和 4 个喷油器总成,然后暂时安装 2 个螺栓。注意:安装输油管分总成时不要掉落喷油器。安装输油管分总成后,检查并确认喷油器总成转动平稳。

b. 见图 4-53,将 2 个螺栓紧固至规定拧紧力矩,拧紧力矩:21N · m。

c. 见图 4-54,安装螺栓以固定输油管分总成,拧紧力矩:21N · m。

d. 见图 4-52,用螺栓安装线束支架。

④连接燃油管分总成。

a. 如图 4-66 所示,将燃油管分总成连接器插入输油管,直到听到“咔嗒”声。注意:在工作前,检查并确认燃油管连接器和燃油管的断开部分周围没有划痕或异物。连接燃油管后拉动燃油管连接器与燃油管,检查并确认其已牢固连接。

b. 见图 4-50,安装新的 2 号燃油管卡夹。

⑤连接发动机线束。

a. 见图 4-49,用 2 个螺栓安装 2 个线束支架。

b. 见图 4-48,连接 4 个线束卡夹。

c. 见图 4-47,连接 4 个喷油器总成连接器。连接 2 个线束卡夹。用 2 个螺栓连接搭铁线。

⑥见图4-46，连接2号通风软管。

⑦将电缆连接到蓄电池负极(－)端子，拧紧力矩：5.4N·m。

⑧检查燃油是否泄漏。

⑨安装2号汽缸盖罩。

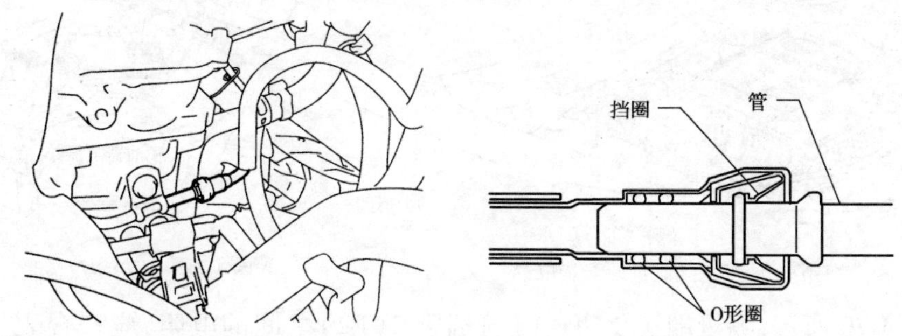

图4-66　喷油器的安装(3)

三、控制系统主要部件的维修

1. 实训器材

(1)车辆：卡罗拉(1.6L)车型。

(2)普通工具：举升机、磁力护裙、转向盘护套、变速杆手柄套、脚垫和座位套、组合扳手、螺丝刀、钳子、扭力扳手。

(3)专用工具：SST 09817-33190 传感器套筒扳手。

(4)检测工具：万用表。

(5)其他：丰田超长效冷却液(SLLC)。

2. 作业准备

(1)汽车进入工位前，将工位清理干净，准备好相关的器材。

(2)将汽车停放在举升机中央位置。

(3)拉紧驻车制动器操纵杆，并将变速杆置于空挡或驻车挡(P挡)位置(见图1-19)。

(4)套上转向盘护套、变速杆手柄套和座位套，铺设脚垫。

(5)在车内拉动发动机舱盖手柄，在车外打开并支撑发动机舱盖(见图1-20)。

(6)粘贴翼子板和前脸磁力护裙。

3. 操作步骤

1)质量空气流量计的维修

质量空气流量计安装位置如图4-67所示。

(1)质量空气流量计的拆卸。

如图4-68所示，断开质量空气流量计连接器，拆下2个螺钉和质量空气流量计。

(2)质量空气流量计的检查。

①如图4-69所示，目视检查质量空气流量计的铂热丝(加热器)上是否存在异物。正常：不存在异物。如果结果不符合规定，则更换质量空气流量计。

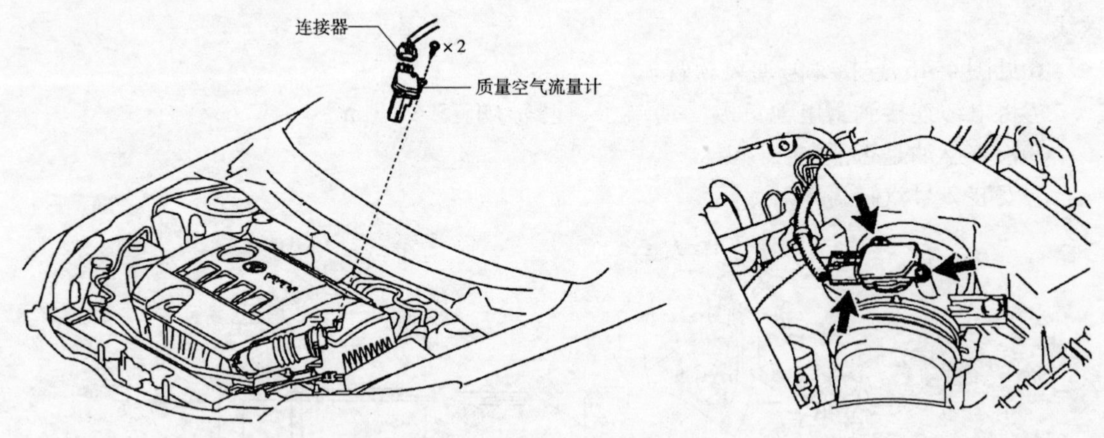

图 4-67　质量空气流量计安装位置　　图 4-68　质量空气流量计的拆卸

②如图 4-70 所示，测量端子 1（THA）与端子 2（E2）之间的电阻，应符合表 4-2 中的要求。如果结果不符合规定，则更换质量空气流量计。

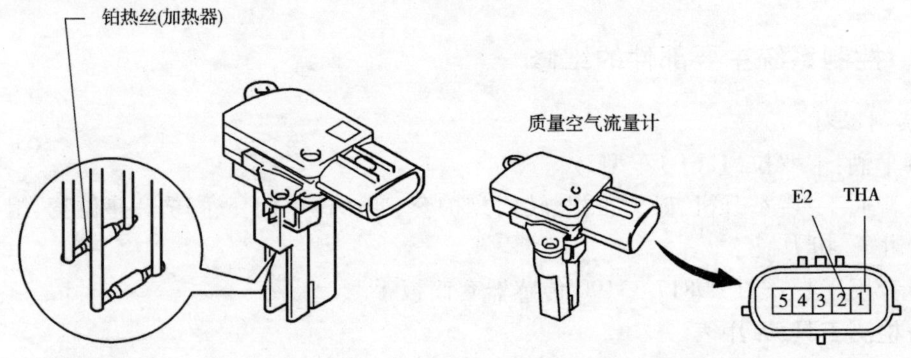

图 4-69　质量空气流量计的检查（1）　　图 4-70　质量空气流量计的检查（2）

标 准 电 阻　　表 4-2

检测仪连接	温度条件（℃）	规定电阻（kΩ）
1（THA）-2（E2）	－20	13.6～18.4
1（THA）-2（E2）	20	2.21～2.69
1（THA）-2（E2）	60	0.49～0.67

（3）质量空气流量计的安装。

见图 4-68，用 2 个螺钉固定质量空气流量计，连接质量空气流量计连接器。注意：安装时，确保 O 形圈没有破裂或卡住。

2）发动机冷却液温度传感器的维修

拆装发动机冷却液温度传感器相关部件分解图如图 4-71 所示。

（1）发动机冷却液温度传感器的拆卸。

①排净发动机冷却液。

②拆卸 2 号汽缸盖罩。

③拆卸空气滤清器盖分总成。

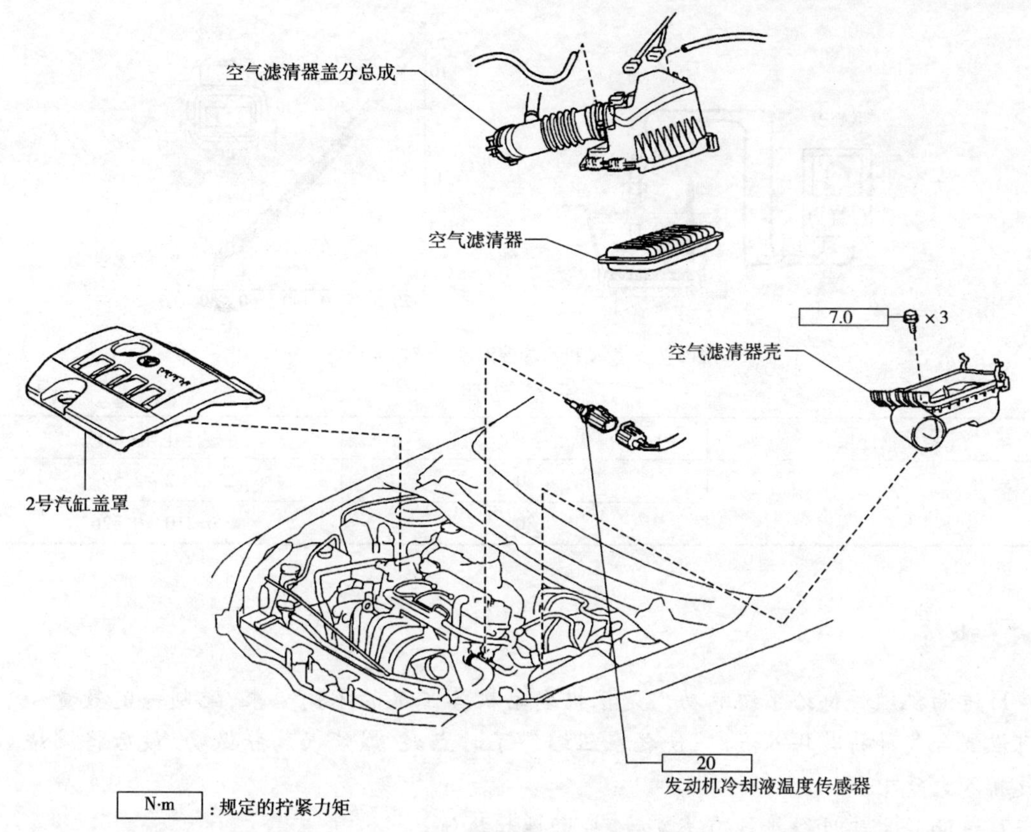

图 4-71　拆装发动机冷却液温度传感器相关部件分解图

④拆卸空气滤清器壳。

⑤拆卸发动机冷却液温度传感器。如图 4-72 所示，断开发动机冷却液温度传感器连接器，使用 SST 09817-33190 拆下发动机冷却液温度传感器和衬垫。

(2)发动机冷却液温度传感器的检查。

如图 4-73 所示，测量端子 1 与端子 2 之间的电阻，应符合表 4-3 中的要求。如果结果不符合规定，则更换传感器。注意：在水中检查发动机冷却液温度传感器时，不要让水进入端子。检查后，应干燥传感器。

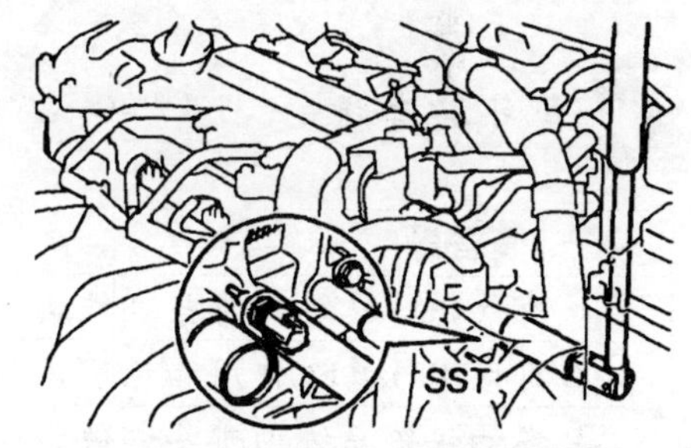

图 4-72　发动机冷却液温度传感器的拆卸

(3)发动机冷却液温度传感器的安装。

①见图 4-72，使用 SST 09817-33190 安装发动机冷却液温度传感器，拧紧力矩：20N · m。连接发动机冷却液温度传感器连接器。

②安装空气滤清器壳。

③安装空气滤清器盖分总成。

④安装 2 号汽缸盖罩。

⑤添加发动机冷却液。

⑥检查冷却液是否泄漏。

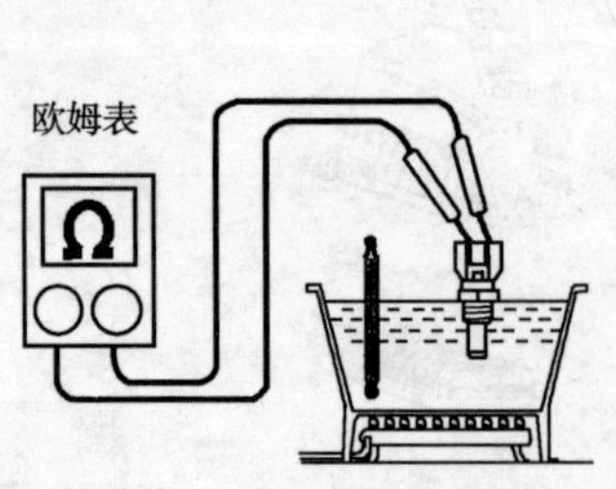

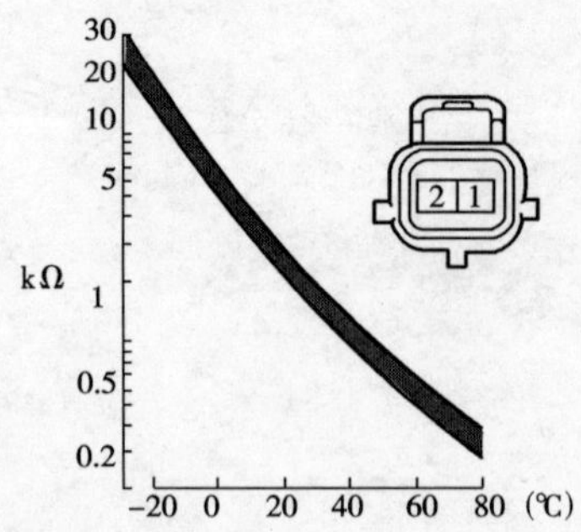

图4-73　发动机冷却液温度传感器的检查

标准电阻　　表4-3

检测仪连接	温度条件(℃)	规定电阻(kΩ)
1-2	20	2.32～2.59
	80	0.310～0.326

小结

1. 汽油机燃料供给系统的功用是根据发动机各工况的不同要求，配制一定数量和浓度的可燃混合气并将其供入汽缸，使之在压缩终了时点火、燃烧而膨胀做功，最后将燃烧后的废气排入大气中。

2. 汽油的主要性能指标有蒸发性、抗爆性和热值。

3. 电控燃油喷射系统由空气供给系统、排气系统、燃油供给系统和电子控制系统组成。

4. 采用可变进气系统目的是为了提高进气效率。

复习思考题

一、简答题

1. 空气供给系统由哪些部件构成？它们的作用是什么？
2. 可变进气系统作用和原理是什么？
3. 燃油供给系统由哪些部件构成？各部件的作用是什么？
4. 燃油压力调节器的作用是什么？
5. 电控汽油机中使用的温度传感器有哪几种？基本工作原理是什么？

二、选择题

1. 燃油喷射发动机的执行器是(　　)。

A. 曲轴位置传感器　　B. 节气门位置传感器

C. 空气流量计　　D. 活性炭罐电磁阀

2. 对喷油量起决定性作用的是(　　)。

A. 空气流量计　　B. 冷却液温度传感器

C. 氧传感器　　D. 节气门位置传感器

3. 在电控燃油喷射系统中,喷油器的喷油量主要取决于喷油器的(　　)。

A. 针阀升程　　B. 喷孔大小

C. 内外压力差　　D. 针阀开启的持续时间

4. 可变进气系统通过改变(　　)达到进气增压效果。

A. 进气通道截面积　　B. 压力波传播路线长度

C. 废气流动路线　　D. 进气管长度

5. 负温度系数的热敏电阻其阻值随温度的升高而(　　)。

A. 升高　　B. 降低　　C. 不受影响　　D. 先高后低

三、判断题

1. 目前大多数电动燃油泵是装在燃油箱内部的。(　　)

2. 电动油泵中的止回阀能起到一种保护作用,当油压过高时能自动减压。(　　)

3. 燃油压力调节器作用是使燃油分配管内压力保持不变,不受节气门开度的影响。(　　)

4. 空气流量计的作用是测量发动机的进气量,电脑根据空气流量计的信号确定基本喷油量。(　　)

5. 进气歧管绝对压力传感器与空气流量计的作用是相当的,所以在一般车上,这两种传感器只装一种。(　　)

第五章 柴油机燃料供给系统的构造与维修

学习目标

1. 掌握柴油机燃料供给系统的功用、组成和工作原理；
2. 了解柴油的使用性能指标，掌握柴油的选用原则；
3. 了解柴油机燃烧室的结构特点；
4. 掌握柴油机燃料供给系统主要部件的结构特点、功用以及工作原理；
5. 了解柴油机燃料供给系统维修的基本方法。

第一节 柴油机燃料供给系统的结构和工作原理

一、柴油机燃料供给系统的功用和组成

柴油机燃料供给系统的功用是根据柴油机不同工况，定时、定压、定量地把柴油按一定规律喷入汽缸，与吸入汽缸的清洁空气迅速地混合燃烧，并将燃烧后生成的废气排到大气中。

柴油机燃料供给系统一般由燃油供给装置(包括柴油箱、柴油粗滤器、输油泵、柴油细滤器、喷油泵、调速器、喷油器及油管等)、空气供给装置(包括空气滤清器、进气管和进气道等)、混合气形成装置(即为燃烧室)和废气排出装置(包括排气道、排气管和排气消声器等)组成。

图 5-1 所示是装有柱塞式喷油泵的燃油供给装置示意图。发动机工作时，输油泵经吸油管将柴油自柴油箱内吸出，并将柴油压力提高到 0.15 ~ 0.30MPa，再经柴油滤清器滤去杂质后送至喷油泵，喷油泵将柴油压力进一步提高至 10MPa 以上，通过出油阀、高压油管泵入喷油器，喷油器再将柴油以雾状喷入燃烧室并与空气混合后自行着火燃烧。输油泵供给的多余柴油以及喷油器顶部回油孔流出的少量柴油，都经回油管流回柴油箱。

图 5-2 所示为装有转子分配式喷油泵的柴油机燃油供给装置示意图，它是由凸轮驱动的一级输油泵将燃油从燃油箱内吸出后产生一定的压力，通过燃油滤清器滤清后输送到二级输油泵，再由二级输油泵将压力提高到 40 ~ 50kPa 后输送到分配泵，由分配泵将压力进一步提高到 50MPa 以上，并按发动机工作顺序将高压燃油送到各个汽缸的喷油器喷入燃烧室，多余的燃油流回燃油箱。

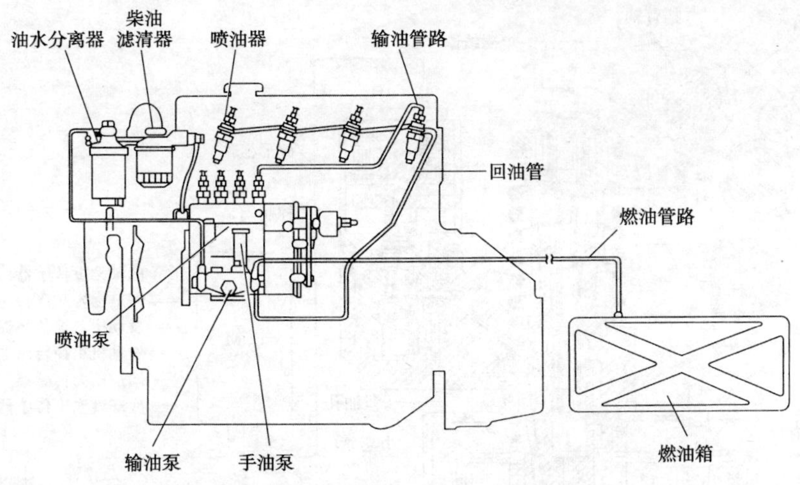

图 5-1　装有柱塞式喷油泵的燃油供给装置示意图

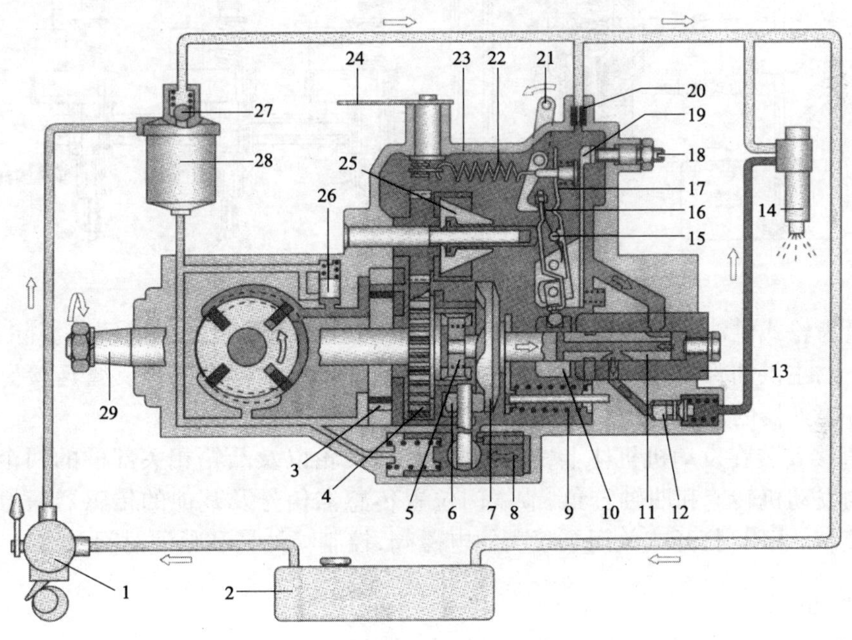

图 5-2　装有转子分配式喷油泵的柴油机燃油供给装置示意图

1-一级输油泵;2-燃油箱;3-二级输油泵;4-调速器驱动齿轮;5-联轴器;6-滚轮及滚轮座;7-端面凸轮;8-供油提前调节器;9-分配柱塞复位弹簧;10-油量控制滑套;11-分配柱塞;12-出油阀;13-分配套筒;14-喷油器;15-张紧杠杆限位销钉;16-起动杠杆;17-张紧杠杆;18-全负荷供油量调节螺钉;19-校准杆;20-溢油节流孔;21-停机手柄;22-调速套筒;23-调速弹簧;24-调速控制杆;25-飞块总成;26-调压阀;27-溢流阀;28-燃油滤清器;29-分配泵驱动轴

图 5-3 为电子控制泵喷嘴燃油系统。泵喷嘴就是将泵油柱塞和喷油器合成一体,安装在缸盖上。电子控制泵喷嘴压力目前可达 200MPa,它的驱动机构必须采用顶置式凸轮驱动机构。电子控制泵喷嘴系统主要由泵喷嘴、驱动摇臂机构、电子控制单元(ECU)、各种传感器等组成。电子控制泵喷嘴系统的最大特点是:燃油压力升高仍然是机械式的,喷油始点和终点由电磁阀控制,即喷油量和喷油时间是由电磁阀控制的。

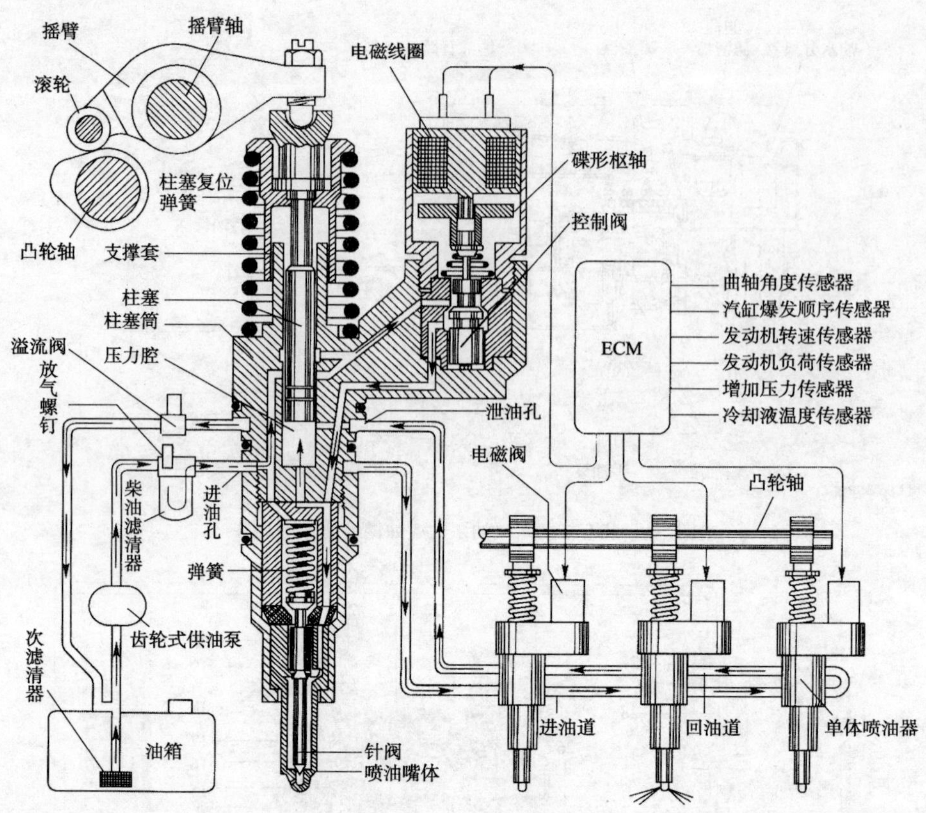

图 5-3　电子控制泵喷嘴燃油系统

大容量齿轮式供油泵将燃油从燃油箱吸出,燃油被加压后经高效滤清器滤除杂质后,供入汽缸盖上的主供油管内;主供油管和汽缸盖上的各个喷油器之间由支管连接。溢出燃油通过连接各喷油器的溢油管经调压阀排出到汽缸盖外部。

ECU 直接安装在发动机机体上,它根据安装在飞轮以及凸轮相关部位的两个转速传感器检测到的发动机转速和曲轴转角、节气门位置传感器信号及其他的传感器信号进行最佳燃油喷射控制。ECU 打开或关闭泵喷嘴的电磁阀,控制喷油量和喷油时间。

二、柴油

1. 柴油的使用性能指标

柴油是由石油中提炼出来的碳氢化合物,其中碳、氢、氧质量百分比分别是 87%、12.6%、0.4%。柴油的使用性能指标主要是发火性、蒸发性、黏度和凝点。

(1)发火性。发火性是指柴油的自燃能力。柴油机工作时,柴油被喷入燃烧室后,并非立即着火燃烧,而要经过一段时间的物理和化学准备,这个准备时间称为备燃期。备燃期过长,在燃烧开始前燃烧室内积存的柴油过多,致使燃烧开始后汽缸内压力升高过快,使柴油机工作粗暴;反之,备燃期短,会使发动机工作柔和,而且可在较低温度下发火,有利于起动。柴油的发火性用十六烷值表示,十六烷值越高,发火性越好。但十六烷值过高的柴油喷入燃烧室后,还来不及与空气充分混合就着火,使柴油在高温下裂解分离出大量的游离碳,造成油耗、烟度上升。因此,一般汽车用柴油的十六烷值应为 40 ~ 50。

(2)蒸发性。蒸发性是指柴油汽化的特性,是通过蒸馏试验来确定的,需要测量馏程为50%、90%及95%馏出温度。同一相对蒸发量的馏出温度越低,越有利于可燃混合气的形成与燃烧,越有利于起动,但同时也会使柴油机工作粗暴。若燃料中重馏分含量过多,则会造成雾化不良,汽化缓慢,使燃烧不完全而产生严重的积炭现象。

(3)黏度。黏度决定柴油的流动性。黏度过大的柴油,流动阻力也过大,难以沉淀、滤清,影响喷雾质量;黏度过小的柴油,将增加精密偶件工作表面间的柴油漏失量,并加剧这些表面的磨损,因此应选用黏度合适的柴油。

(4)凝点。凝点是表示柴油冷却到开始失去流动性的温度。柴油的凝点应比柴油机最低工作温度低3～5℃以上。凝点过高将造成油路堵塞。

2. 柴油的选用

汽车柴油机应选用十六烷值较高、蒸发性较好、凝点和黏度合适、不含水分和机械杂质的柴油。

柴油按其所含重馏分的多少分为重柴油和轻柴油。汽车用柴油机都是高转速的,因此,应采用轻柴油。我国汽车用轻柴油的牌号是根据凝点编定的,常见的柴油牌号和选用原则见表5-1。

常见的柴油牌号和选用原则　　表5-1

轻柴油牌号	适用地区温度范围	轻柴油牌号	适用地区温度范围
10#柴油	适用于装有预热设备的高速柴油机	-20#柴油	适用于最低气温在-14℃以上的地区使用
5#柴油	适用于最低气温在8℃以上的地区使用	-35#柴油	适用于最低气温在-29℃以上的地区使用
0#柴油	适用于最低气温在4℃以上的地区使用	-50#柴油	适用于最低气温在-44℃以上的地区使用
-10#柴油	适用于最低气温在-5℃以上的地区使用		

一汽大众公司建议捷达柴油车型的用户,定期使用该公司推荐的燃油添加剂(零件号:N 052 FVW 00),以满足高速柴油机的要求,延长发动机的寿命。

3. 环保和安全注意事项

1)环境保护

(1)柴油是对水有污染的物质,不能让柴油流入下水道,作业时只能在防渗的地面上进行。

(2)进行接触柴油的工作时,必须远离火源并禁止吸烟。

(3)有柴油溢出时,必须立即用吸附剂进行处理。

(4)用合适的容器收集污染过的柴油和柴油滤清器,并妥善保管和回收利用。

(5)沾上柴油的抹布或物品,不得作为生活垃圾处理。

2)安全措施

(1)应避免使柴油接触到皮肤、眼睛或衣服。

(2)沾上柴油的衣服或鞋子,必须立即更换。

(3)皮肤接触到柴油后,立即用大量清水和肥皂冲洗。

(4)柴油溅入眼睛后,撑开眼皮并用流水彻底冲洗眼睛,然后马上到眼科医生处治疗。

(5)误食柴油后,立即漱口并喝下大量水,并尽快去医院治疗。

三、柴油机燃烧室

由于柴油机可燃混合气的形成和燃烧主要是在燃烧室内进行的，所以燃烧室的形状对可燃混合气的形成和燃烧有着直接的影响。柴油机燃烧室按结构形式的不同，可分为两大类：统一式燃烧室和分隔式燃烧室。

1. 统一式燃烧室

统一式燃烧室的结构特点是只有一个燃烧室，位于活塞顶面与汽缸盖底面之间，喷油器直接向燃烧室内喷射 15～30MPa 的高压柴油，借助油束形状与燃烧室形状的合理匹配，以及空气的涡流运动，迅速形成可燃混合气燃烧，故这种燃烧室又称为直喷式燃烧室。

图 5-4　统一式燃烧室

统一式燃烧室主要集中在活塞顶的凹坑内，如图 5-4 所示，常见的活塞顶的凹坑形状如图 5-5 所示。统一式燃烧室要求燃油的喷射压力高，一般与孔式喷油器配合使用。

2. 分隔式燃烧室

分隔式燃烧室由两部分组成，即主燃烧室和副燃烧室。主燃烧室位于活塞顶与汽缸盖底面之间，副燃烧室位于汽缸盖内。主、副燃烧室之间用一个或几个直径较小的通道相连。燃油则是喷入到副燃烧室内的。分隔式燃烧室常见的结构形式有涡流室式和预燃室式两种。

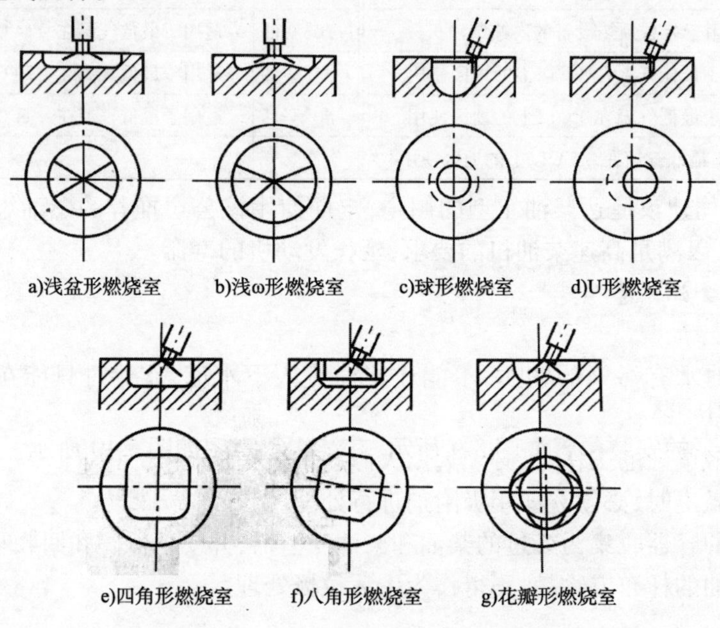

图 5-5　统一式燃烧室活塞顶凹坑形状

(1)涡流室式燃烧室。涡流室式燃烧室(见图 5-6)的副燃烧室多为球形或锥形。涡流室与主燃烧室用一个或数个通道连通。在压缩行程中，空气从汽缸内被挤入涡流室时，形成强烈的有规则的涡流运动，喷入涡流室内的燃油，在强烈的空气涡流作用下迅速与空气混合形成可燃混合气。着火后大部分柴油在涡流室内燃烧，未来得及燃烧的部分燃油在做功行程初期与高压燃气一起通过通道喷入主燃烧室,形成二次涡流,使之进一步与空气混合燃烧。

涡流室式燃烧室的优点是能形成强烈的涡流运动,对柴油喷雾质量要求低,可以采用喷油压力较低的轴针式喷油器。为了保证冷机起动,一般设置电热塞等起动辅助装置。

(2)预燃室式燃烧室。预燃室式燃烧室(图 5-7)的预燃室多是长体结构,连通预燃室与主燃烧室的通道面积较小,因而在压缩行程中空气从汽缸进入预燃室后即产生无规则的紊流运动。燃料通过喷油器喷入预燃室,预燃室着火后温度、压力迅速上升,利用这部分燃料的燃烧能量将集中于下部通道口附近已预热的燃油高速喷向主燃烧室。预燃室式燃烧室要求的喷射压力比统一式燃烧室低,一般也与轴针式喷油器配合使用,发动机起动时一般需要电热塞先预热。

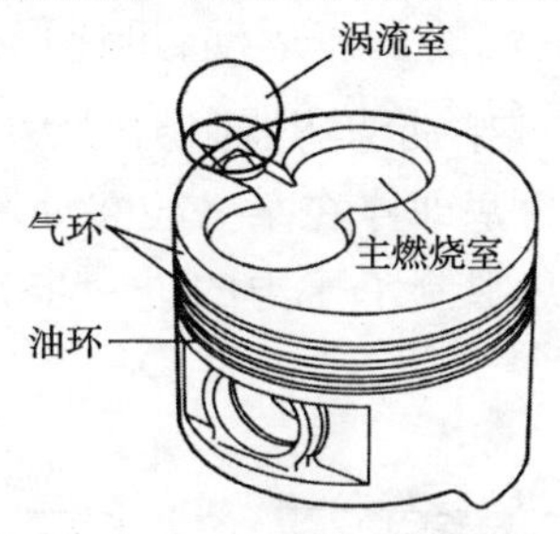

图 5-6 涡流室式燃烧室

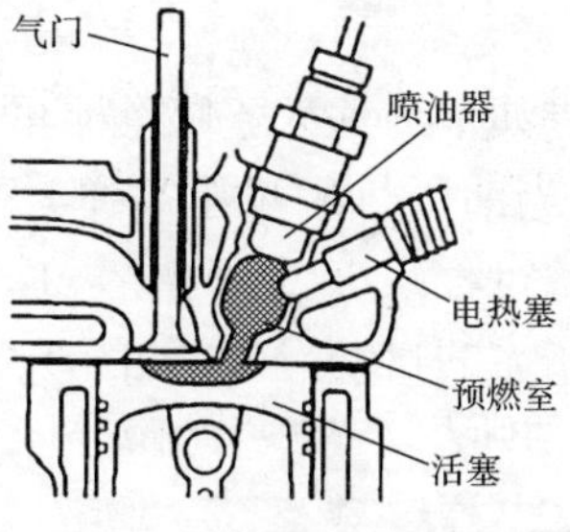

图 5-7 预燃室式燃烧室

电热塞结构如图 5-8 所示。在起动前先通电预热分隔式燃烧室的副燃烧室,使起动着火容易,起动后断电。在电阻丝表面镀上一层具有一定绝缘性、传热性好、耐高温的氧化镁或氧化铝。电热塞温度为 600 ~ 900℃,因此能很快地将副燃烧室预热。

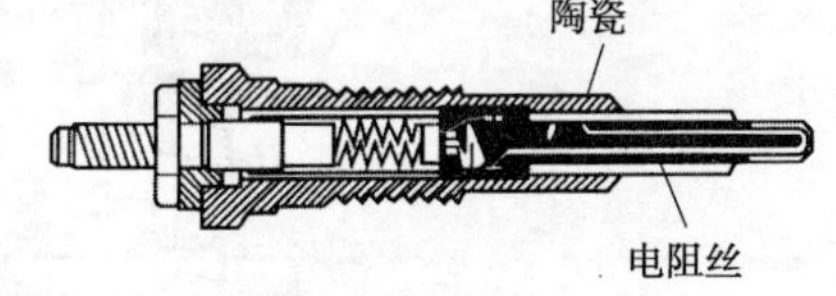

图 5-8 电热塞结构

四、柴油机燃料供给系统主要部件的构造

1. 输油泵

输油泵的功用是保证低压油路中柴油的正常流动,克服柴油滤清器和管路中的阻力,并以一定的压力向喷油泵输送足够量的柴油,输油量应为全负荷最大耗油量的 3 至 4 倍。输油泵的结构形式很多,常见的有活塞式、转子式、滑片式和齿轮式等几种。活塞式输油泵工作可靠,目前应用广泛。

活塞式输油泵的安装位置如图 5-9 所示,其结构示意图如图 5-10 所示。

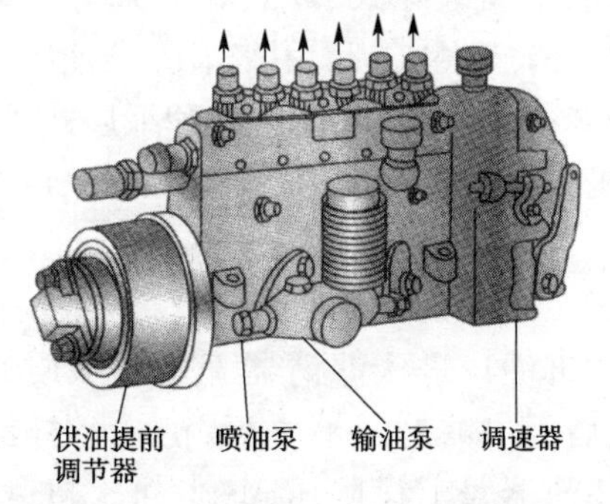

图 5-9 活塞式输油泵的安装位置

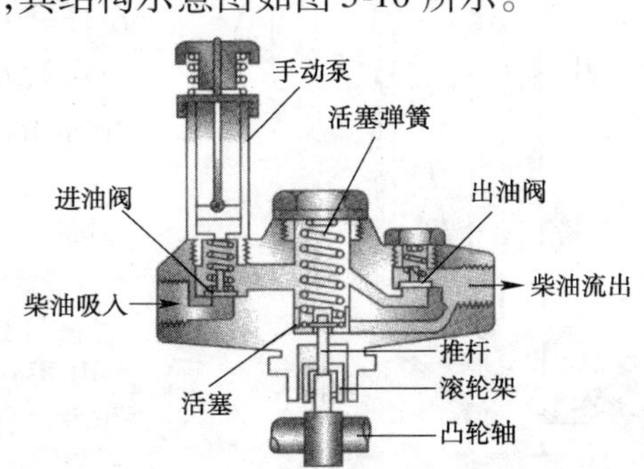

图 5-10 活塞式输油泵结构示意图

活塞式输油泵的工作原理如图 5-11 所示，凸轮轴转动时，轴上的偏心轮及活塞弹簧使活塞作往复运动。如图 5-11a）所示，当偏心轮转到最低点时，活塞在活塞弹簧的作用下向下运动，这时，活塞上腔的容积增大，压力降低，产生一定的真空度，出油阀被关闭，进油阀被吸开，柴油便被吸入活塞上腔；同时，活塞下腔容积减小而压力增加，下腔的燃油从通道经出油阀送往柴油细滤器。

如图 5-11b）所示，当偏心轮由最低点转到最高点时，滚轮、滚轮架通过推杆推动活塞上移，活塞上腔的容积减小，油压升高，进油阀关闭，出油阀打开，燃油被压出并经过通道进入活塞下腔，补充因活塞上移而产生的真空。上述的压油动作连续不断，使柴油在压力下经滤清器，送往喷油泵。

当输油泵的供油量远远大于喷油泵的需要量，或柴油滤清器阻力过大时，输出油路及泵腔下方油压升高，当油压与活塞弹簧弹力平衡时，活塞即停在某一位置而不能回到下止点，使活塞泵油的有效行程减小，从而减少了输油量，并限制了压力的进一步升高，这样就实现了输油量与供油压力的自动调节，如图 5-11c）所示。

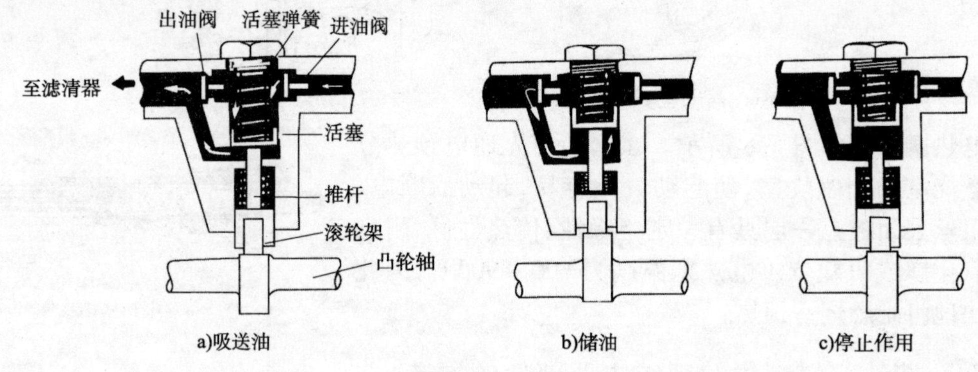

图 5-11　活塞式输油泵的工作原理

为了便于起动或排出低压油路中的空气，输油泵外侧装有手油泵，可使用手油泵泵油，使低压油路充满柴油。

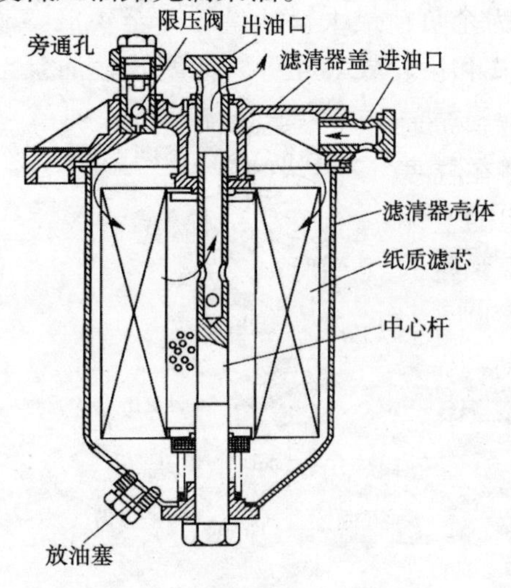

图 5-12　纸质滤芯柴油滤清器

2. 柴油滤清器

柴油滤清器有粗、细之分。柴油粗滤器一般安装在输油泵之前，用来清除柴油中颗粒较大的杂质，滤芯有纸质式、金属缝隙式、片式和网式等。柴油细滤器一般安装在输油泵之后，用来清除柴油中的微小杂质，它的滤芯有毛毡式、金属网式和纸质式等。目前，很多柴油机中设有两级滤清器，也有的只设有单级滤清器。

纸质滤芯柴油滤清器如图 5-12 所示，来自输油泵的柴油从进油口进入滤清器壳体与纸质滤芯之间的间隙，然后经过滤芯过滤之后，由中心杆经出油口流出。在滤清器盖上设限压阀，当油压超过标准时，限压阀打开，多余的柴油由进油口经限压阀直接返回柴油箱。

3. 喷油泵

1）功用与分类

喷油泵又称为高压油泵，它的功用是根据发动机的不同工况，定时、定量地向喷油器输送高压柴油。喷油泵的结构形式较多，车用柴油机的喷油泵按作用原理不同，可分为如下3类。

（1）柱塞式喷油泵。这种喷油泵应用的历史较长，性能良好，工作可靠，为目前大多数汽车柴油机所采用。

（2）转子分配式喷油泵。这种喷油泵只有一对柱塞偶件，依靠转子的转动实现燃油的增压与分配，它具有体积小、质量轻、成本低、使用方便等优点。转子分配泵又分为径向压缩式和轴向压缩式两种。径向压缩式分配泵部件配合精度要求高，结构复杂，近年来较少应用。

（3）泵喷嘴（喷油泵—喷油器）。将喷油泵和喷油器合为一体，直接安装在发动机汽缸盖上，可以消除高压油管带来的不利影响。但要求在发动机上另加驱动机构。在电控柴油供给系统中常采用泵喷嘴。

2）柱塞式喷油泵

柱塞式喷油泵的每个汽缸都需要有一套泵油机构，几个相同的泵油机构装置（分泵）在同一泵体上就构成了多缸发动机的柱塞泵。柱塞泵一般固定在柴油机机体一侧的支架上，由柴油机曲轴通过齿轮驱动，齿轮轴和喷油泵的凸轮轴用联轴节连接，调速器安装在喷油泵的后端。

柱塞式喷油泵的结构如图5-13所示，它是由分泵、油量调节机构、传动机构、供油提前角调节装置和泵体等部分组成的。

（1）分泵。分泵见图5-13，分泵主要由柱塞偶件（柱塞和柱塞套）、柱塞弹簧、出油阀偶件（出油阀和出油阀座）、出油阀弹簧等组成。柱塞上部的圆柱表面铣有斜槽，斜槽底部与柱塞顶面有孔道相通。柱塞套装入喷油泵体的座孔中，柱塞套上有进油孔，此孔与泵体内的低压油腔相通。柱塞弹簧通过上支座支撑于泵体上，弹簧下端通过下支座支撑在柱塞上，装配时有预紧力，依靠弹簧力柱塞压紧在滚轮架的上端面上。柱塞由喷油泵凸轮轴上的凸轮驱动，并在柱塞弹簧的作用下，在柱塞套内作往复运动。此外，它还可以绕自身轴线在一定角度范围内转动。出油阀偶件位于柱塞套的上面，两者接合平面要求密封。

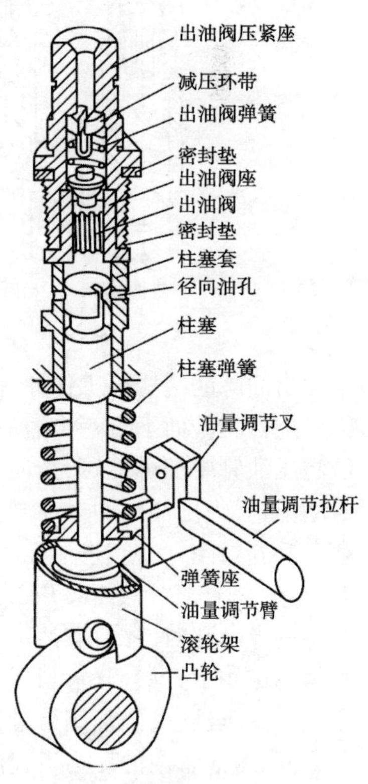

图5-13　柱塞式喷油泵的结构

分泵的工作原理如图5-14所示。当柱塞向下移动时，见图5-14a)，燃油自低压油腔经柱塞套上的油孔被吸入并充满泵腔，在柱塞自下止点上移的过程中，开始有一部分燃油从泵腔被挤回低压油腔，直到柱塞上部的圆柱面将两个油孔完全封闭为止，此后柱塞继续上升，见图5-14b)，泵腔内的燃油压力迅速增高，当此压力增高到足以克服出油阀弹簧的作用力时，出油阀即开始上移。当出油阀的圆柱形环带离开出油阀座时，高压燃油便自泵腔通过高压油管流向喷油器。当柱塞继续上移至如图 5-14c）所示位置时，斜槽同油孔开始接通，于是泵腔内的油压迅速下降，出油阀在出油阀弹簧的作用下迅速回位，喷油泵停止供油。在柱塞上移的整个行程中，并非全部供油。柱塞由下止点到上止点所经历的行程为柱塞行程，它的大小取决于驱动凸轮的轮廓。而喷油泵只是在柱塞完全封闭油孔之后到柱塞斜槽和进油孔开始接通之前的这一部分柱塞行程内才泵油，称为柱塞的有效行程。显然，喷油泵每次的泵油量取决于柱塞的有效行程的大小。因此，欲使喷油泵能随发动机工况不同而改变供油量，只需改变柱塞有效行程即可，一般是通过改变柱塞斜槽和柱塞套油孔的相对角位置来实现的。

如将柱塞按如图 5-15a）所示中箭头方向转动一个角度，柱塞有效行程就增加，供油量也增加；反之供油量则减少。当柱塞转到如图 5-15b）所示位置时，柱塞根本不可能封闭油孔，因而有效行程为零，即喷油泵处于不泵油状态。

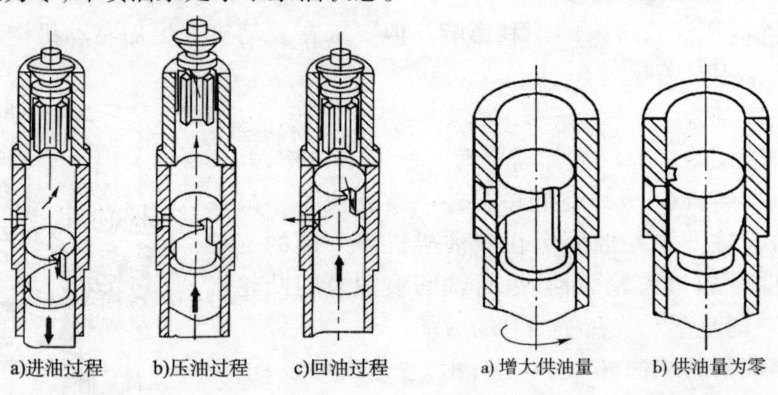

图 5-14　分泵的工作原理　　　图 5-15　供油量的调节

出油阀的结构与工作原理如图 5-16 所示。出油阀的上部呈圆锥形，与出油阀座相应的锥面配合。锥面下有一个短的圆柱面，称为减压环带，其作用是在喷油泵停止供油后迅速降低高压油管中的燃油压力，使喷油器能够立即停止喷油。出油阀的尾部与出油阀座内孔作滑动配合，为出油阀的运动导向，尾部开有纵切槽，形成十字形断面，以构成油流通路。当柱塞上升到封闭柱塞套进油孔时，泵腔内油压升高，克服出油阀弹簧预紧力后，出油阀开始上升，出油阀的密封锥面离开出油阀座，但此时还不能立即供油，直到减压环带完全离开出油阀座的导向孔时，才有燃油进入高压管路，使管路油压升高；当柱塞下落时，出油阀在出油阀弹簧的作用下开始回位，当减压环带一经进入导向孔，泵腔与出油孔便被切断，于是燃油停止进入高压油管；出油阀再继续下降直到与密封锥面贴合时，由于出油阀体本身所让出的容积，使高压油管内的压力迅速降低，喷油就可以立即停止，故可避免喷油器发生滴漏现象。

（2）油量调节机构。油量调节机构的作用是根据柴油机负荷和转速的变化相应地改变喷油泵的供油量并保证各缸的供油量一致。由喷油泵的工作原理可知，喷油泵的供油量可通过转动柱塞以改变柱塞的有效行程的办法来改变。油量调节机构一般有拨叉式和齿条齿圈式两种形式。

①拨叉式油量调节机构（见图 5-17）。在柱塞的下端压套着调节臂，调节臂的端头插入固定在供油拉杆的拨叉的凹槽内。拨叉数与分泵数相同，供油拉杆装在泵体的导向套管中，

其轴向位置受驾驶人或调速器控制。移动供油拉杆，柱塞就相对柱塞套转动，从而调节供油量。

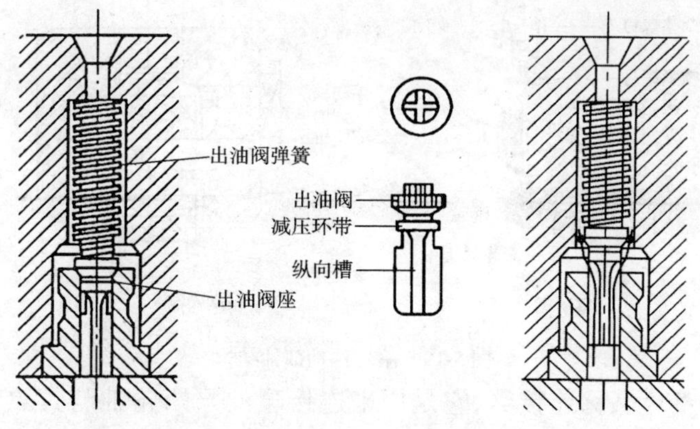

图5-16　出油阀的结构与工作原理

②齿条齿圈式油量调节机构（见图5-18）。柱塞下端有条状凸块伸入控制套筒的缺口内，控制套筒则套在柱塞套的外面，控制套筒的上部用紧固螺钉紧锁住一个齿圈，齿圈与供油齿条相啮合，供油齿条的轴向位置由驾驶人或调速器控制。移动供油齿条时，齿圈连同控制套筒带动柱塞相对于不动的柱塞套转动，以改变供油量。当需要调整某个缸的供油量时，先松开齿圈的紧固螺钉，然后转动控制套筒，并带动柱塞相对于齿圈转动一个角度（即相对柱塞套），再将齿圈固定。

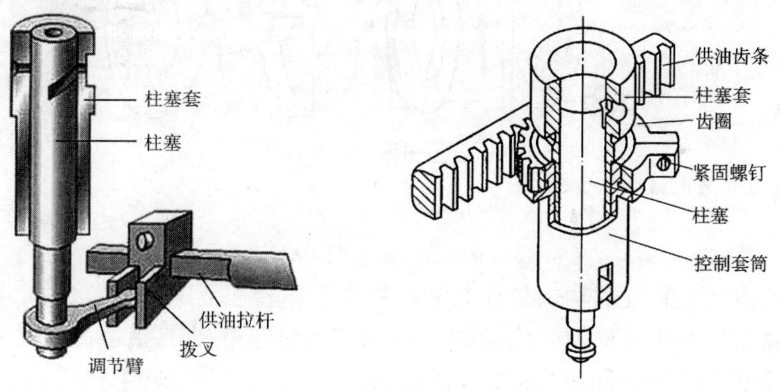

图5-17　拨叉式油量调节机构　　　图5-18　齿条齿圈式油量调节机构

（3）传动机构。传动机构由喷油泵凸轮轴和滚轮传动部件组成。滚轮传动部件（见图5-19）的功用是将凸轮的旋转运动转变为自身的往复直线运动，推动柱塞上行供油。此外，滚轮传动部件还可以用来调整各分泵的供油提前角，为了保证供油提前角的正确性，滚轮传动部件的高度一般都是可调的。

（4）供油提前角调节装置。供油提前角是指喷油泵开始泵油至活塞到达上止点之间的曲轴转角，这个角度应随柴油机转速的变化而变化。多数柴油发动机都根据常用工况确定一个最佳供油提前角，这个最佳供油提前角是通过联轴节的结构来保证的；当柴油机转速发生变化时，再通过供油提前角调节装置来改变发动机曲轴和喷油泵凸轮轴之间的相位角，从而得到最佳供油提前角。

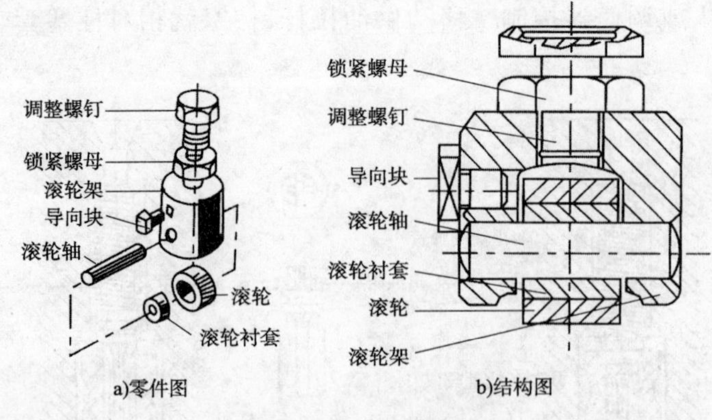

图 5-19　滚轮传动部件结构

联轴节(见图 5-20)又称连接器,它是用来连接喷油泵凸轮轴与其驱动轴。锁紧螺栓将主动盘固定在驱动轴上,两个连接螺钉穿过主动盘上的弧形孔 A 将主动盘和中间凸缘盘连接在一起,中间凸缘盘和从动盘上两个矩形凸块 B、C 分别插入十字胶木盘的矩形切口中,从动盘用键和喷油泵凸轮轴连接,从而将动力传到凸轮轴。若旋松连接螺钉,沿弧形孔 A 转动主动盘即可调节主动盘和中间凸缘盘之间的角度,从而调节了供油提前角。

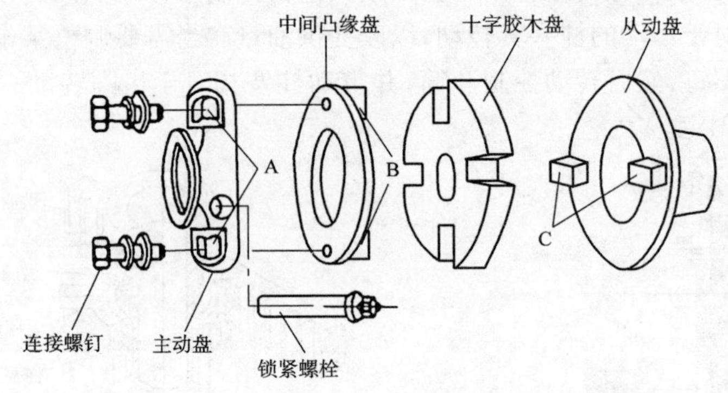

图 5-20　联轴节的结构

供油提前角调节装置的功用是在柴油机整个工作转速范围内使喷油泵供油提前角随柴油机转速升高而自动相应提前。供油提前角调节器位于联轴节和喷油泵之间,常见的机械离心式供油提前角调节装置的结构如图 5-21 所示。

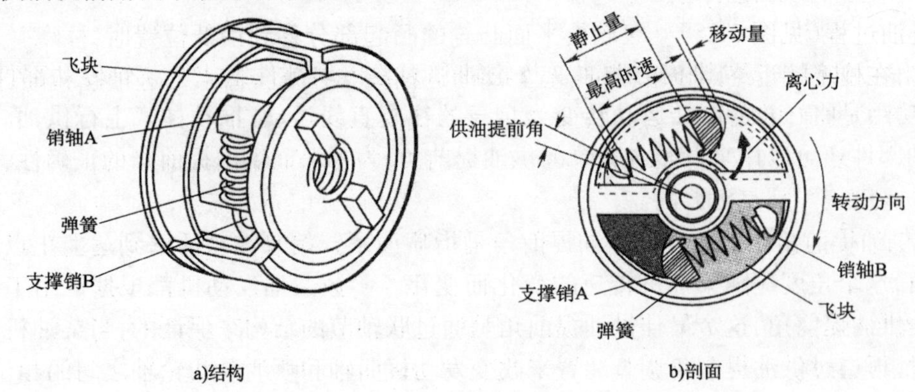

图 5-21　机械离心式供油提前角调节装置

飞块一端套在从动盘的支承销B上，并以支承销为转动中心，另一端的曲面与主动盘上的支承销A相接触。当柴油机转速增大时，作用在飞块上的离心力增大，飞块位置发生变化导致主动盘与从动盘，即柴油机曲轴和喷油泵凸轮轴之间的相对角度变大，从而使供油提前角变大，见图5-21b)。

3)转子分配式喷油泵

(1)结构特点。除了直列式柱塞泵以外，在轻型汽车的柴油机上，应用转子分配式喷油泵较多。这种泵不仅往复泵油，同时又连续旋转配油，并配有适当的调速器对供油时间、油量和供油过程进行控制。下面以VE型转子分配泵为例简述其结构与工作特点，VE型转子分配泵是一种轴向压缩式单柱塞泵，结构如图5-22所示，结构示意图如图5-23所示。VE型转子分配泵的左端为传动轴及滑片式输油泵(二级输油泵)，中间有传动齿轮、滚轮及滚轮座、平面凸轮等组成，右端有控制套筒、柱塞、电磁阀等。泵的上部为调速器，下部为供油提前角调节器。

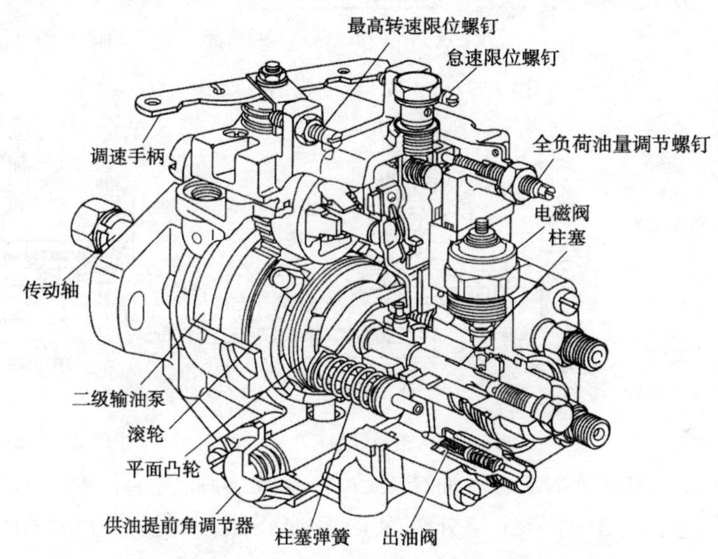

图5-22 VE型转子分配泵结构图

VE型转子分配泵由一个泵油元件向多个汽缸供油，柱塞的外形与作用如图5-24所示。

(2)VE型转子分配泵的工作过程。

①进油过程(见图5-25)。滚轮由平面凸轮的凸起部分移到最低位置时，柱塞弹簧由右向左推移，在柱塞接近终点位置时，柱塞上部的进油槽与柱塞套筒上的进油孔相通，柴油经电磁阀下部的油道流入柱塞右端的压油腔内。

②压油与配油过程(见图5-26)。随着滚轮由平面凸轮的最低处向凸起的部分移动，柱塞在旋转的同时，也自左向右运动。当进油孔关闭后，柱塞即开始压缩压油腔内的燃油使之压力升高，此时柱塞上的配油孔与柱塞套上的出油孔之一相通，高压油即经出油孔和出油阀流向喷油器。

③供油结束(见图5-27)。柱塞在平面凸轮的推动下继续右移，柱塞左端的泄油孔与分配泵内腔相通时，高压油立即经泄油孔流入泵内腔中，柴油压力立即下降，供油停止。从柱塞上的配油槽与出油孔相通起，至泄油孔与分配泵内腔相通止，为有效供油过程。

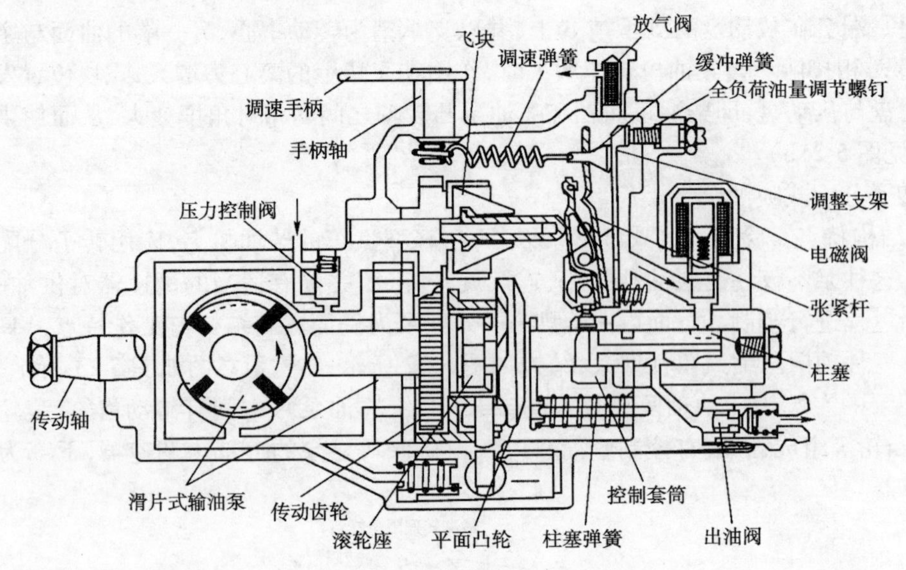

图 5-23　VE 型转子分配泵结构示意图

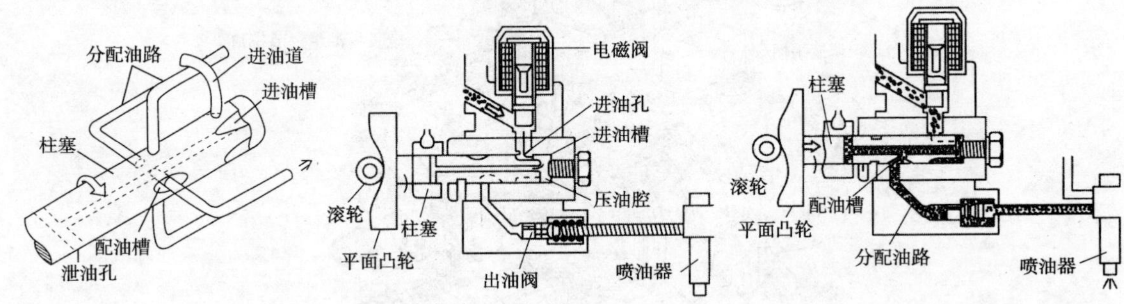

图 5-24　柱塞与油路　　图 5-25　进油过程　　图 5-26　压油与配油过程

④压力平衡过程(见图 5-28)。供油结束后,柱塞继续旋转,当柱塞上的压力平衡槽与分配油路相通时,分配油路中的柴油与分配泵内腔油压相同,这样可以保证各缸供油的均匀性。

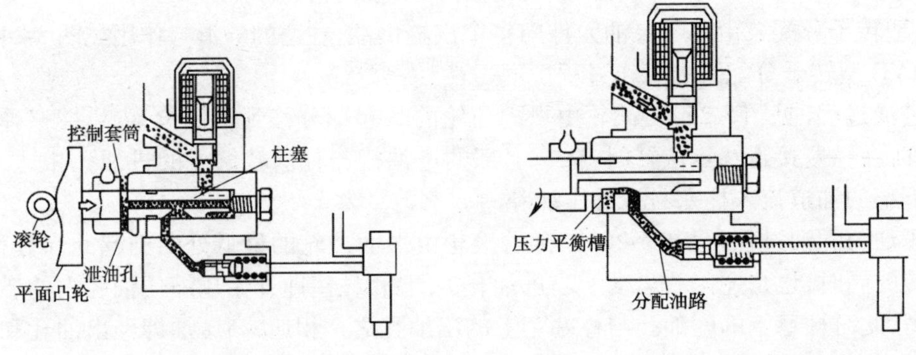

图 5-27　供油结束　　图 5-28　压力平衡过程

(3)电磁式停油装置。VE 型转子分配泵采用电磁阀控制停油。电磁阀装在柱塞套筒进油孔的上方,如图 5-29 所示。柴油机起动时,电磁阀的线路接通,从蓄电池来的电流经过电磁线圈,可以上下活动的阀门被电磁线圈吸起,并压缩弹簧,使进油道开启。当需要柴油机停车时,只需切断电源,电磁线圈内磁力消失,阀门在弹簧力的作用下下落,将进油道关闭,进油停止,柴油机即停止工作。

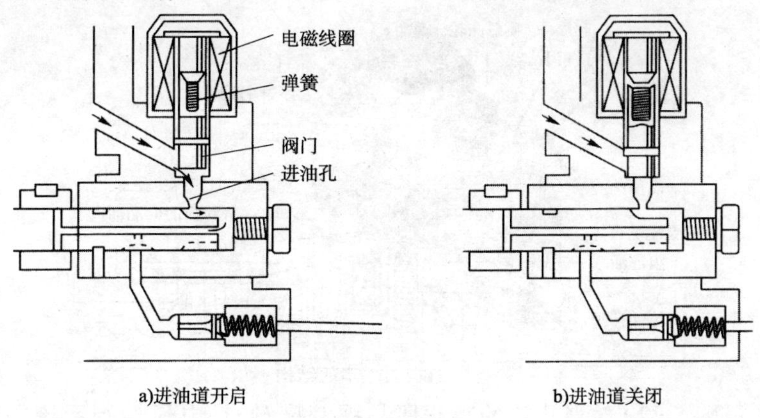

图 5-29 电磁阀停油装置

4)泵喷嘴

(1)结构特点。泵喷嘴的结构和安装位置如图 5-30 所示,喷射凸轮安装在控制气门打开和关闭的凸轮轴上,其上升段为陡峭的直线(有利于快速提高喷油压力),而下降段较平缓(有利于在喷油结束以后向高压油腔缓慢进油,避免在燃油中产生气泡)。泵喷嘴电磁阀位于泵喷嘴的中部,由柴油机电子控制系统控制。泵喷嘴电磁阀针阀用于接通和切断高压油腔与低压油道之间的通道。收缩活塞的上部为圆台,实际上是两个阀门,圆台的锥面用来开启和关闭高压油腔与收缩活塞腔之间的通道,而圆台的底面则用来开启和关闭收缩活塞腔与针阀复位弹簧腔之间的通道。

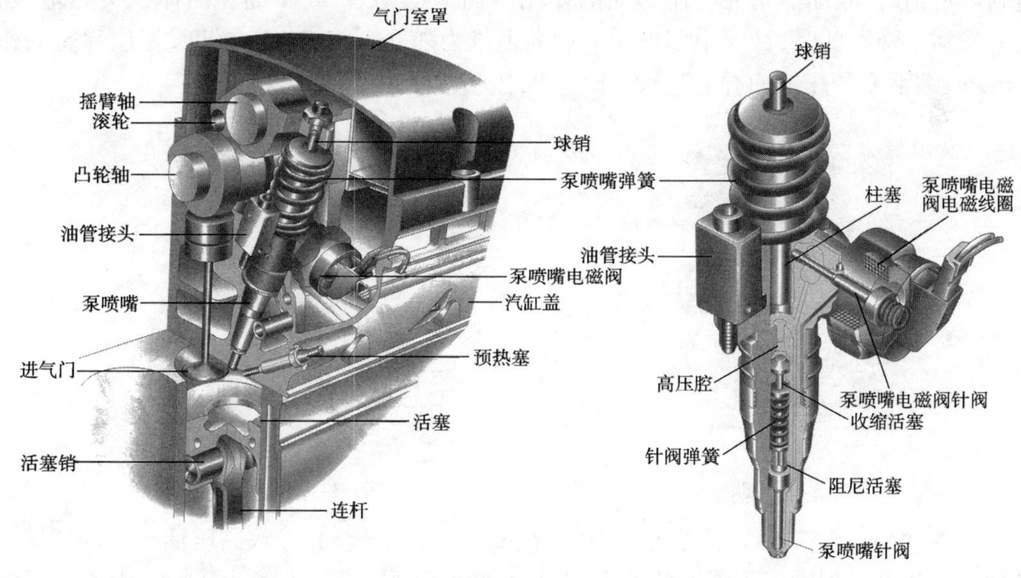

图 5-30 泵喷嘴的结构和安装位置

(2)泵喷嘴的工作过程。泵喷嘴(见图 5-31)的喷油过程可分为预喷油和主喷油两个阶段,也可以分为预喷油、预喷油结束、主喷油、主喷油结束以及高压油腔进油 5 个过程。喷油时间和喷油量由收缩活塞、喷油针阀、针阀复位弹簧、阻尼活塞与泵喷嘴电磁阀共同控制。

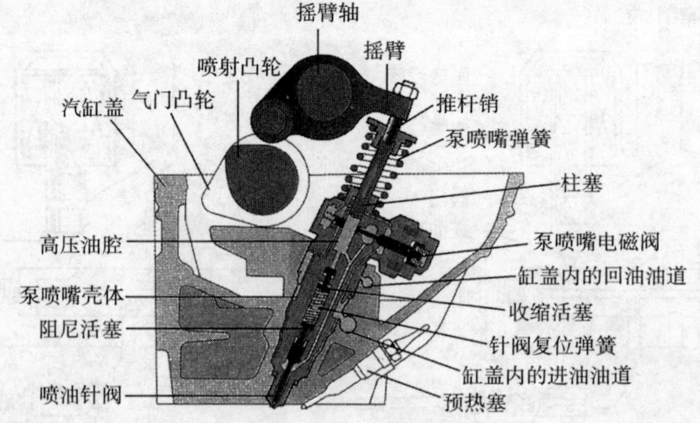

图 5-31　泵喷嘴的结构

①预喷油(见图 5-32)。当凸轮的直线段与摇臂接触时,电子控制系统向泵喷嘴电磁阀供电,使泵喷嘴电磁阀针阀向左移动,切断高压油腔与低压油道之间的通道,与此同时,柱塞在摇臂的作用下,克服泵喷嘴弹簧的弹力而向下运动,使高压油腔中的油压迅速上升。当油压上升到 18MPa 时,燃油在喷油针阀中部锥面上产生的向上推力大于针阀复位弹簧的弹力,顶起喷油针阀,开始预喷油。

②预喷油结束(见图 5-33)。预喷油开始后,针阀继续向上运动,当凸轮转过喷油行程的 1/3 时,针阀的阻尼活塞下端进入阻尼孔内,针阀顶部的燃油就只能通过细小的缝隙流向针阀复位弹簧腔内。这样,在针阀的顶部形成了一个所谓的"液压垫圈",阻止针阀继续向上运动,使燃油的预喷量受到限制。随着柱塞继续向下运动,高压油腔里的油压继续上升,当油压达到规定值时,收缩活塞在高压燃油的作用下向下运动后,高压油腔的体积突然增大,燃油压力瞬间下降。此时,针阀中部锥面上的向上推力随之下降,针阀在针阀复位弹簧的作用(由于受收缩活塞的压缩而弹力增大)下复位,预喷油结束。

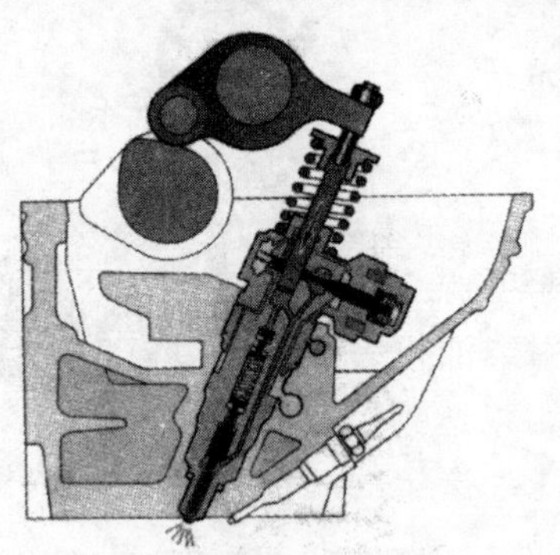

图 5-32　预喷油开始

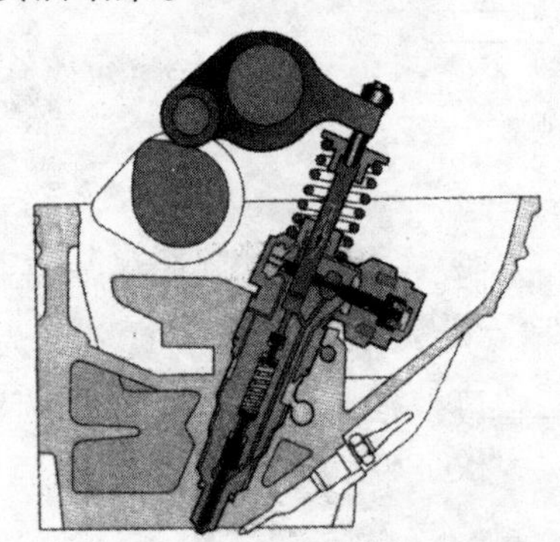

图 5-33　预喷油结束

③主喷油(见图 5-34)。预喷油结束后,柱塞继续向下运动,导致高压油腔内的油压迅速上升。当油压上升到大于预喷油的油压(30MPa)时,针阀上移,主喷油开始。由于高压油腔内燃油油压上升的速度极快,所以高压油腔内的油压继续上升,直到 205MPa 左右。

④主喷油结束(见图 5-35)。当电子控制系统停止向泵喷嘴电磁阀供电时,泵喷嘴电磁阀针阀在泵喷嘴电磁阀复位弹簧的作用下向右移动,接通高压油腔与低压油道。这时,高压

油腔内的燃油经泵喷嘴电磁阀流向低压油道，高压油腔里的燃油压力下降，针阀在针阀复位弹簧的作用下复位，收缩活塞则在针阀复位弹簧的作用下关闭高压油腔与针阀复位弹簧腔之间的油道，主喷油结束。

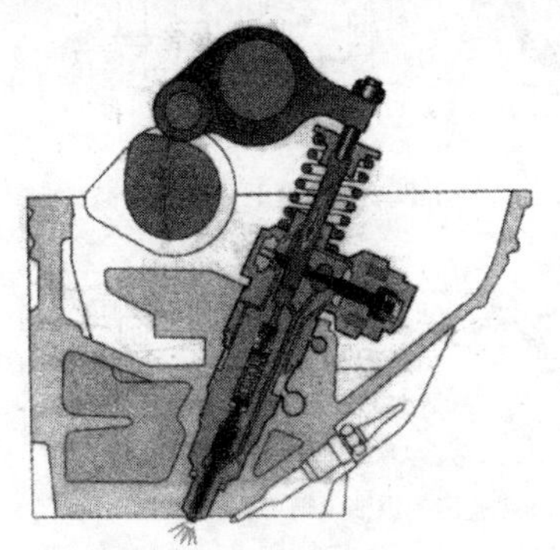

图 5-34 主喷油开始

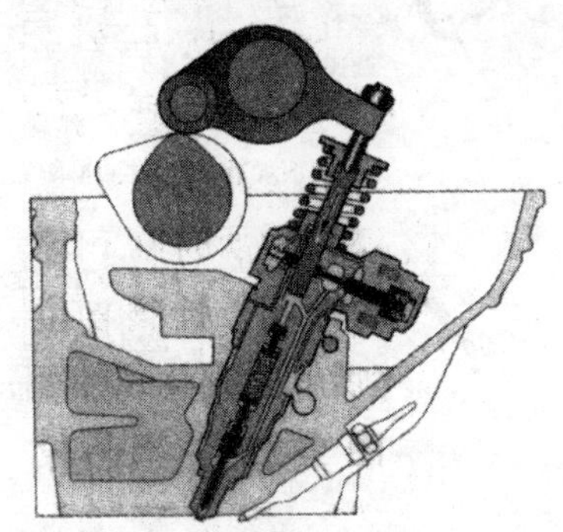

图 5-35 主喷油结束

⑤高压油腔进油（见图 5-36）。当凸轮的下降段与摇臂接触时，柱塞在泵喷嘴弹簧的作用下向上运动，高压油腔因体积增大而产生真空。这时，低压油道（与进油管相连接）内的燃油经泵喷嘴电磁阀流向高压油腔，直到充满高压油腔为止，从而为下一次喷油做好准备。

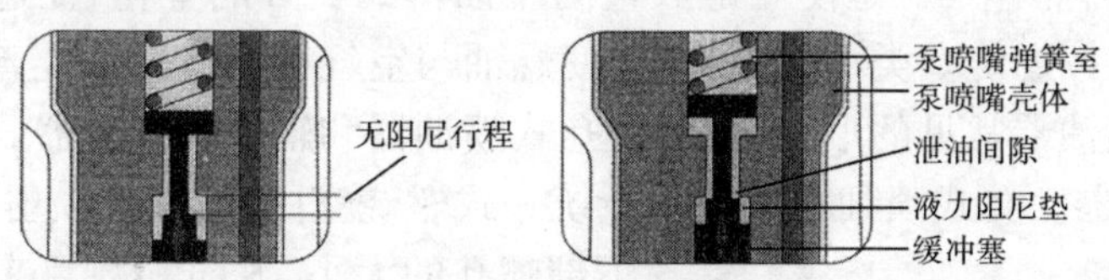

图 5-36 高压油腔进油

4. 调速器

调速器的作用是根据柴油机负荷的变化，自动地调节喷油泵的供油量，以保证柴油机在各种工况下稳定运转。喷油泵的一个显著特点是在加速踏板位置一定时，其循环供油量会随曲轴转速的变化而变化。当曲轴转速加快时，循环供油量增加，使曲轴转速进一步加快，循环供油量再增加，相互作用的结果将造成转速上升过快而出现超速现象（这种现象被称为“飞车”）。这不仅会造成燃烧恶化和排气冒烟，严重时会因运动件的惯性力过大而造成机器损坏。当曲轴转速减慢时，循环供油量减少，这样当柴油机在怠速工况下工作时，发动机易熄火。为避免飞车和怠速熄火现象的发生，车用柴油机一般都装有调速器，它可根据负荷的变化自动调节供油量，以达到稳定怠速、限制超速或保证发动机在工作转速范围内的任一选定的转速下稳定工作的目的。

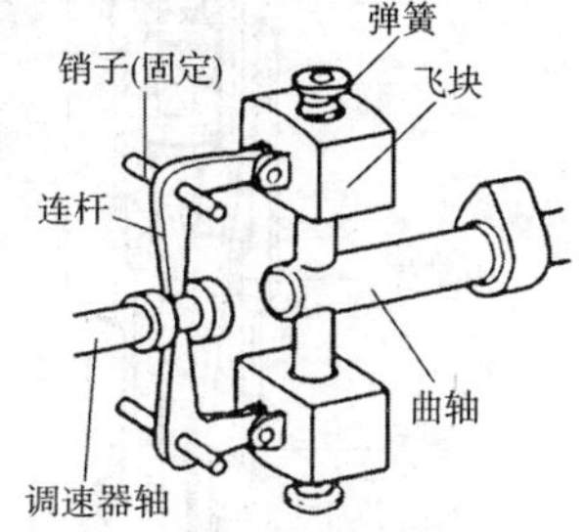

图 5-37 调速器结构示意图

目前，在车用柴油机上应用最广泛的是机械离心式调速器，其结构示意图如图 5-37 所示，工作原理如图 5-38 所示。

（1）踩下加速踏板，滑动杆推动油量调节齿条，使柱塞逆时会转动，供油量增加。

（2）继续踩下加速踏板，供油量增加使发动机转速上升，离心力使飞块向外张开，通过调速器轴使滑动杆向后运动，带动油量调节齿条向后运动，使柱塞顺时针转动，供油量减少，防止发动机飞车。

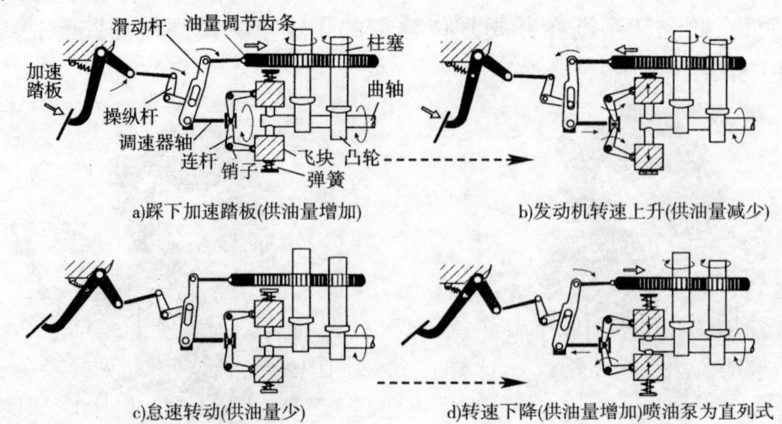

图 5-38　调速器工作原理

(3)怠速转动时喷射量少。

(4)转速下降时飞块的离心力减少,飞块向内收缩,使供油量增加,防止发动机熄火。

5. 喷油器

喷油器的功用有两个:一是使一定数量的燃油得到良好的雾化,促进燃油着火和燃烧;二是使燃油的喷射按燃烧室类型合理分布,使燃油与空气得到迅速而完善的混合,形成均匀的可燃混合气。喷油器常见的形式有两种:孔式喷油器和轴针式喷油器。

(1)孔式喷油器。孔式喷油器主要用于统一式燃烧室中,燃油的喷射状况主要由针阀体下部喷孔的大小、方向和数目来控制,并与燃烧室的形状、大小及空气涡流情况相适应。喷孔数目一般为 1 至 8 个,喷孔直径为 0.2 ~0.8mm。

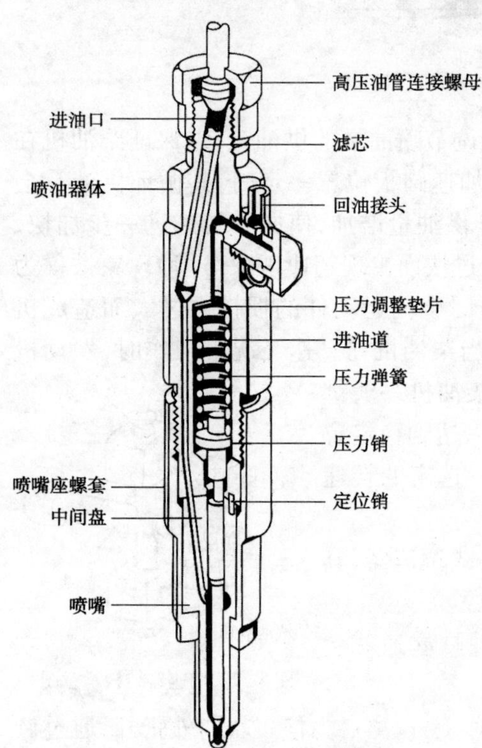

图 5-39　孔式喷油器的结构

孔式喷油器的结构如图 5-39 所示,主要由针阀、针阀体、顶杆、调压弹簧及喷油器体等零部件组成。针阀中部的锥面位于针阀体的环形油腔内以承受油压,称为承压锥面;针阀下端的锥面与针阀体上相应的内锥面配合,起密封作用,称为密封锥面。调压弹簧通过顶杆,将针阀的密封锥面压紧在针阀体的内锥面上,使喷孔关闭。

柴油机工作时,喷油泵供给的柴油经进油管接头、油道进入针阀体下部的环形油腔内。当油压升高到作用在针阀承压锥面上的轴向力大于调压弹簧的预紧力时,针阀开始向上移动,喷油器喷孔被打开,高压柴油通过喷孔喷入燃烧室,如图 5-40a)所示。当喷油泵停止供油时,油压突然下降,针阀在调压弹簧的作用下及时回位,将喷孔关闭,如图 5-40b)所示。喷油器的喷油压力与调压弹簧的预紧力有关,预紧力越大,喷油压力越高。调压弹簧的预紧力可通过调压螺钉来调整。喷油器工作时,会有少量柴油从针阀和针阀体的配合表面之间的间隙漏出,这部分柴油对针阀起密封作用,并沿顶杆周围的空隙上升,最后通过回油管螺栓进入回油管,流回柴油箱。

(2)轴针式喷油器。轴针式喷油器如图5-41所示,与孔式喷油器相比不同之处就是针阀下端的密封锥面以下还延伸出一个倒锥形或圆柱形的轴针,轴针伸出喷孔外,使喷孔成为圆环状的狭缝。这样,喷油时喷雾将呈空心的锥状或柱状。

如图5-42所示,轴针式喷油器与孔式喷油器的工作原理基本相同。轴针式喷油器一般只有一个喷孔(孔径为1~3mm),喷孔与轴针之间有微小的间隙(0.02~0.06mm)。当轴针刚升起时,由于轴针仍在喷孔中,喷出油量较少,直到轴针完全离开喷孔时,喷油量才达到最大;当喷油快结束时,情况正好相反。这样在备燃期内喷入燃烧室的油量较少,从而使发动机工作比较平稳。圆锥形轴针的喷油器在开始喷油时的喷油量比圆柱形轴针的喷油量更少,同时,不同角度的轴针还可以改变喷雾锥角的大小,以满足与燃烧室相配合的要求。因此,它适用于对喷雾质量要求不高的涡流室式燃烧室和预燃室式燃烧室。

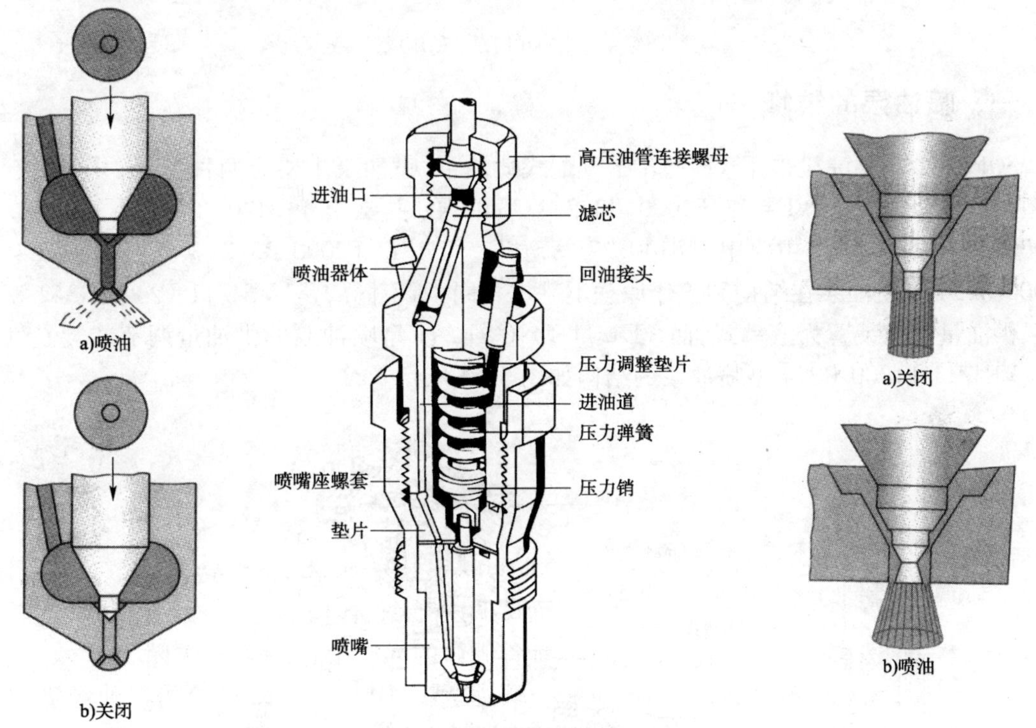

图5-40　孔式喷油器工作原理　　图5-41　轴针式喷油器的结构　　图5-42　轴针式喷油器工作原理

第二节　柴油机燃料供给系统的维修

本节以依维柯的索菲姆(SOFIM)8140系列柴油机燃料供给系统的维修为例进行说明。

索菲姆(SOFIM)8140系列柴油机是跃进汽车集团公司与意大利FIAT集团依维柯

(IVECO)公司合资生产的南京依维柯S系列轻型车的车用柴油机。SOFIM8140柴油机属于往复式、直列汽缸、水冷、顶置气门、顶置凸轮轴、四冲程、直喷式柴油机。

SOFIM8140柴油机燃料供给系统油路图,如图5-43所示。输油泵将柴油从柴油箱吸出,经柴油滤清器滤清后进入喷油泵的供油泵,供油泵将油压进一步加大后送入喷油泵,多余的燃油经调压阀回到柴油箱,调压阀用来调整、稳定喷油泵内的低压油压,喷油泵又将油压加大,并通过高压油管送入喷油器,喷油器将柴油喷入燃烧室。从喷油器工作间隙泄漏的极少量的柴油被回油阀回收,并流回油箱。燃油充满泵内,喷油泵利用燃油润滑。

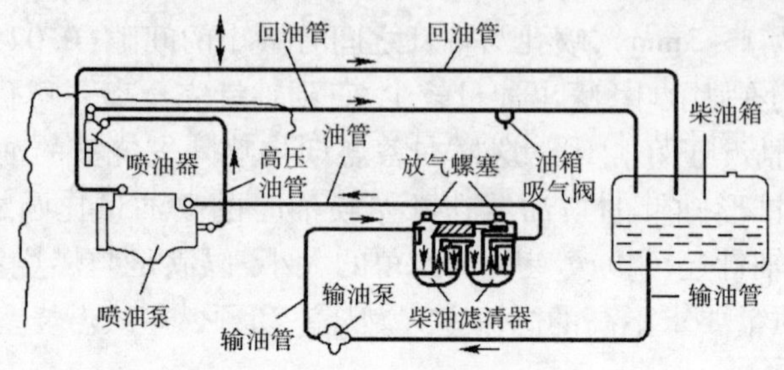

图5-43 燃料供给系统的组成

一、喷油泵的维修

SOFIM8140柴油机采用VE型转子分配式喷油泵,喷油泵主要有两种型号,分别用于不同型号的发动机上。VE4/11 F2000 R342型喷油泵,主要用于8140.07发动机;VE4/11 F1900 R294型喷油泵,主要用于8140.27发动机。VE4/11 F2000 R342型喷油泵与VE4/11 F1900 R294型喷油泵在结构和工作原理上基本相同,所不同的是:VE4/11 F2000 R342型喷油泵供油量调节装置为液动式,而VE4/11 F1900 R294型喷油泵的供油量调节装置是气动式。VE4/11 F1900 R294型喷油泵的结构如图5-44所示。

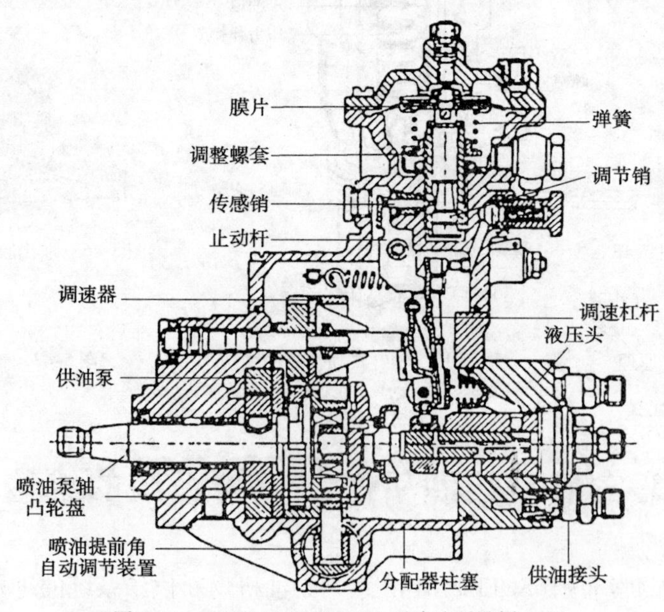

图5-44 VE4/11 F1900 R294型喷油泵纵剖面图

1. 实训器材

(1)车辆:依维柯汽车。

(2)普通工具:举升机、磁力护裙、转向盘护套、变速杆手柄套、脚垫和座位套、组合扳手、螺丝刀、钳子、扭力扳手、冲头、尖嘴钳。

(3)专用工具:专用拉具、专用螺丝刀、专用扳手。

(4)检测工具:塞尺、百分表、校平板、深度卡尺。

2. 作业准备

(1)汽车进入工位前,将工位清理干净,准备好相关的器材。

(2)将汽车停放在举升机中央位置。

(3)拉紧驻车制动器操纵杆,并将变速杆置于空挡或驻车挡(P 挡)位置(见图 1-19)。

(4)套上转向盘护套、变速杆手柄套和座位套,铺设脚垫。

(5)在车内拉动发动机舱盖手柄,在车外打开并支撑发动机舱盖(见图 1-20)。

(6)粘贴翼子板和前脸磁力护裙。

3. 操作步骤

1)喷油泵的拆卸(以 VE4/11 F1900 R294 为例)

(1)将喷油泵固定,从加速踏板杠杆上脱开复位弹簧。

(2)从加速踏板杠杆轴上拆下加速踏板杠杆总成,注意加速踏板杠杆轴和加速踏板杠杆之间的安装标记。拆下弹簧及弹簧座。

(3)如图 5-45 所示,拧下 LDA 装置上盖的螺钉,拆下 LDA 装置的上盖。在膜片和喷油泵盖上做上标记,以便正确安装。转动膜片(连带调节销),然后将它取出。去掉铅封,拆下最大加速踏板调节螺钉和最大供油量调节螺钉,拧下螺塞。

(4)如图 5-46 所示,转动膜片(带调节销),取出膜片。

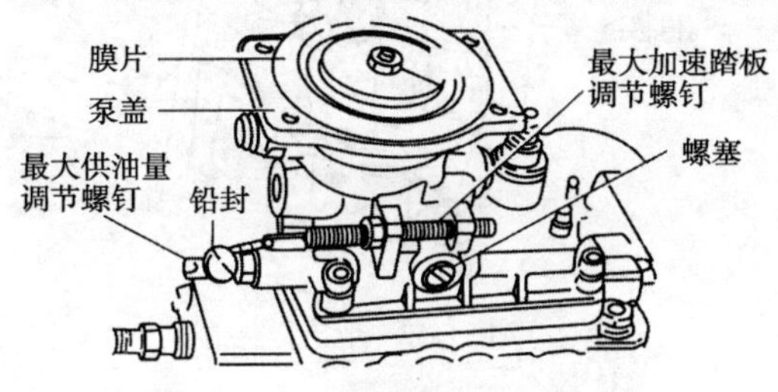

图 5-45　拆下最大供油量调节螺钉

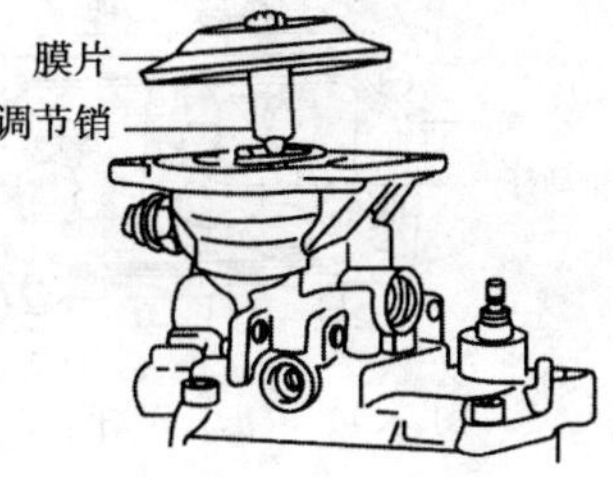

图 5-46　取出膜片

(5)如图 5-47 所示,拿出膜片复位弹簧和隔套。

(6)如图 5-48 所示,拧下弹簧预紧度调整螺塞。

(7)如图 5-49 所示,拧下密封螺塞和通气螺钉,拧下喷油泵盖的固定螺钉。

(8)拆下喷油泵盖,然后按图 5-50 箭头所示方向向下推出加速踏板杠杆轴,再从喷油泵盖上拆下密封垫。

(9)如图 5-51 所示,用冲头拆下止动杆轴,然后取出止动杆。

(10)如图 5-52 所示,用尖嘴钳取出传感销。

(11)如图 5-53 所示,从喷油器泵盖上拧下螺套,然后用专用拉具取出密封圈、导向套和密封圈。

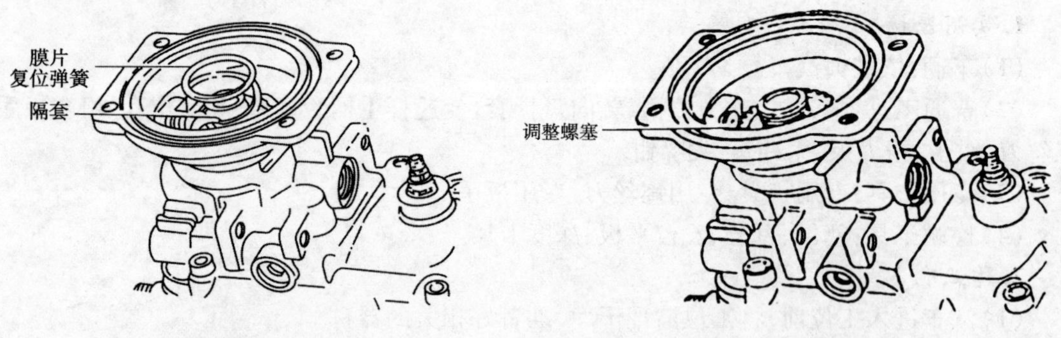

图 5-47　取出膜片复位弹簧　　图 5-48　拧下调整螺塞

(12)如图 5-54 所示,测量导向套顶部和泵盖表面之间的距离,并记录下来。拧下螺母,拆去弹性夹,然后拧下调节销的导向套。

通气螺钉
螺塞
螺钉

图 5-49　拧下通气螺钉

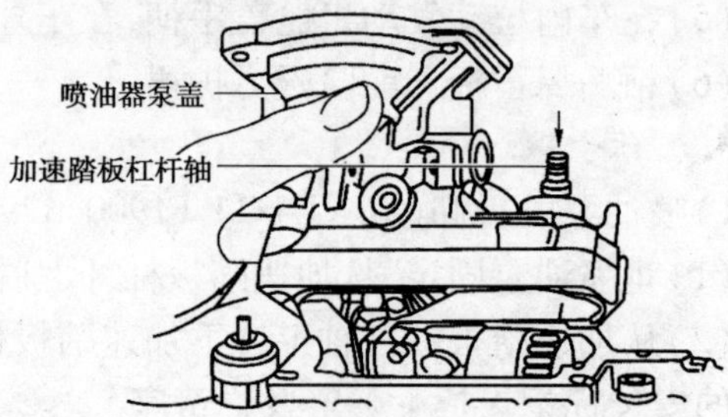

喷油器泵盖
加速踏板杠杆轴

图 5-50　拆下密封垫

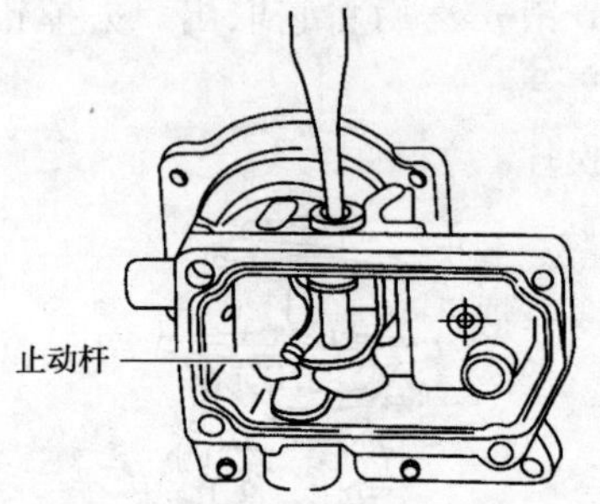

止动杆

图 5-51　取出止动杆

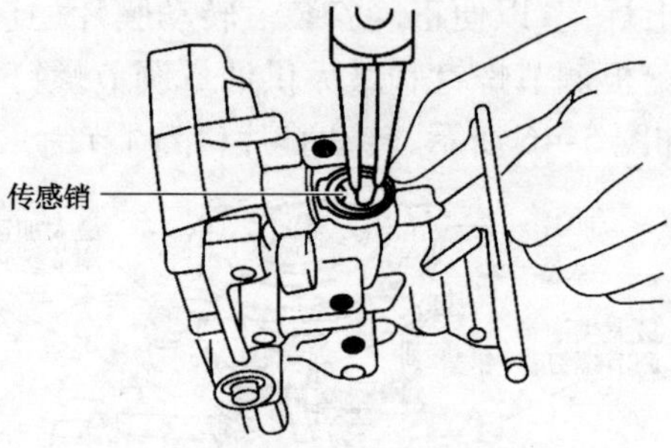

传感销

图 5-52　取出传感销

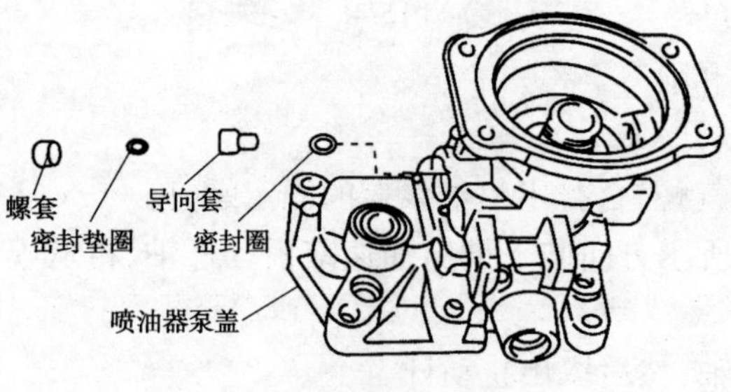

螺套
密封垫圈
导向套
密封圈
喷油器泵盖

图 5-53　取出导向套

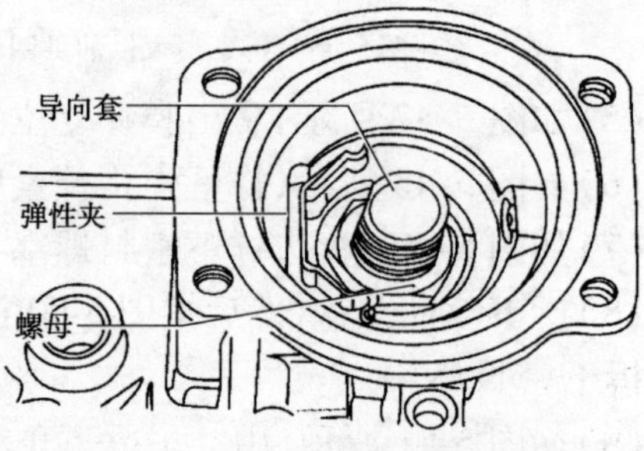

导向套
弹性夹
螺母

图 5-54　拧下调节销的导向套

(13)如图 5-55 所示,拆下加速踏板杠杆轴,从销钉上摘下弹簧。销钉上装有弹簧座和怠速弹簧。

(14)如图5-56所示,用扳手拆下调压阀。

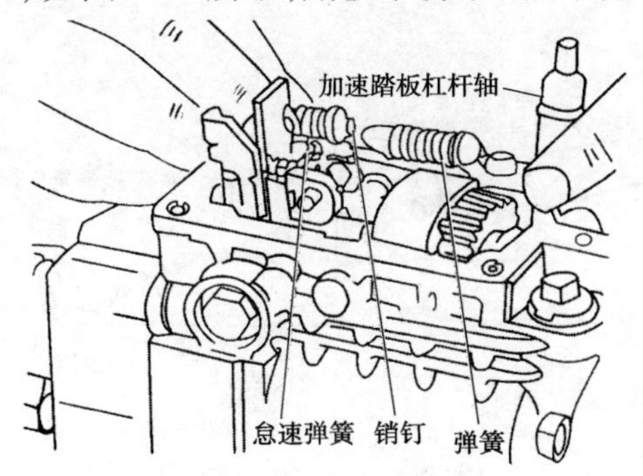

图5-55　拆下加速踏板杠杆轴

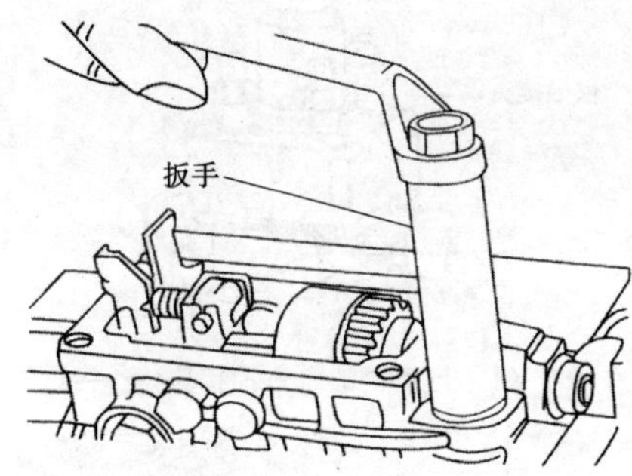

图5-56　拆下调压阀

(15)如图5-57所示,拧下锁紧螺母和垫圈,然后用内六角扳手拧下调速器轴。

(16)如图5-58所示,取出调速器总成、推力垫片和调整垫片。如图5-59所示,调速器总成包括:带调节帽和弹簧衬套的滑套、垫片和4个飞块。

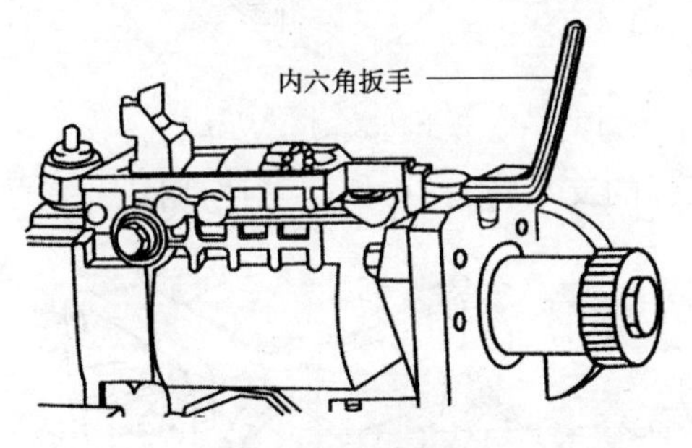

图5-57　拧下调速器轴

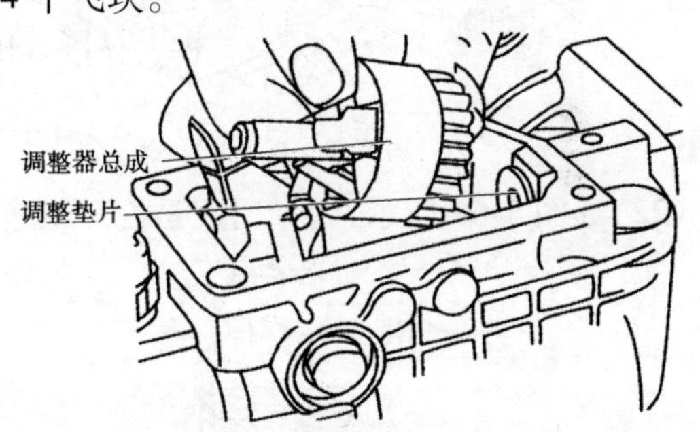

图5-58　取出调速器总成

(17)如图5-60所示,拆下熄火电磁阀、阀芯和弹簧。

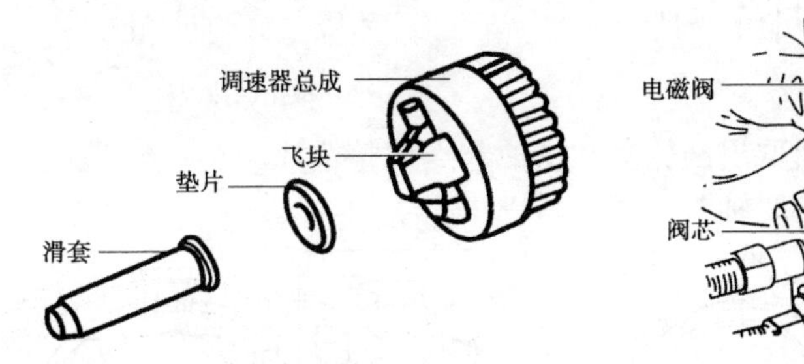

图5-59　调速器总成

图5-60　拆下熄火电磁阀

(18)如图5-61所示,翻转喷油泵,用扳手拧下液压头上的密封螺塞,拧下4个供油接头。供油接头分解图如图5-62所示。

(19)用专用螺丝刀拧下液压头固定螺钉,如图5-63所示,按住分配柱塞,拆下液压头。注意使导向销和调速杠杆回位弹簧仍保留在液压头里。

(20)如图5-64所示,从液压头上拆下分配器柱塞复位弹簧座、垫片、导向销、弹簧和密封圈。

(21)如图5-65所示,取出分配器柱塞、复位弹簧、溢流环、弹簧座、垫片和调整垫片。

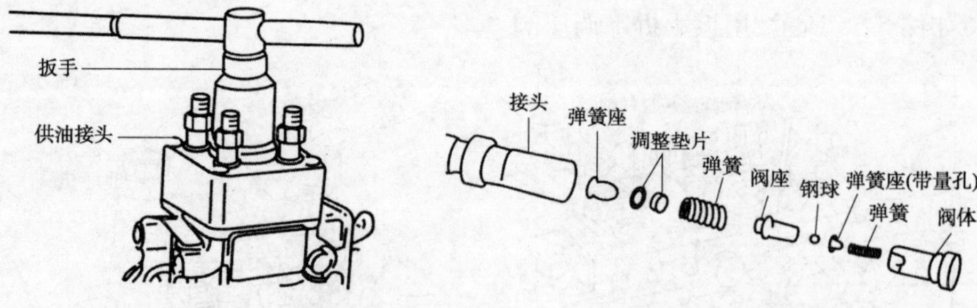

图 5-61　拧下喷油泵供油接头　　　图 5-62　供油接头

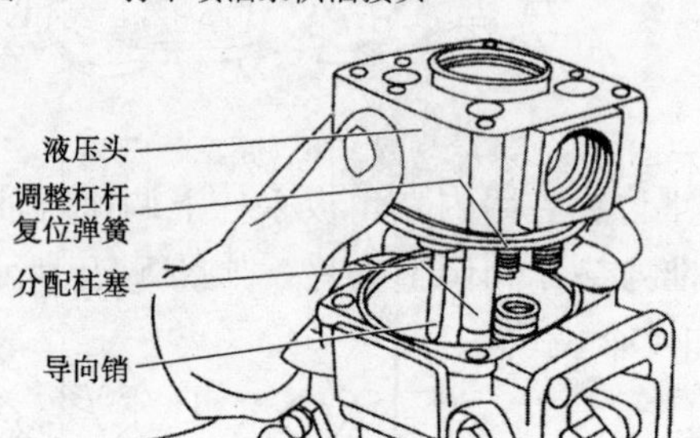

图 5-63　拆下液压头

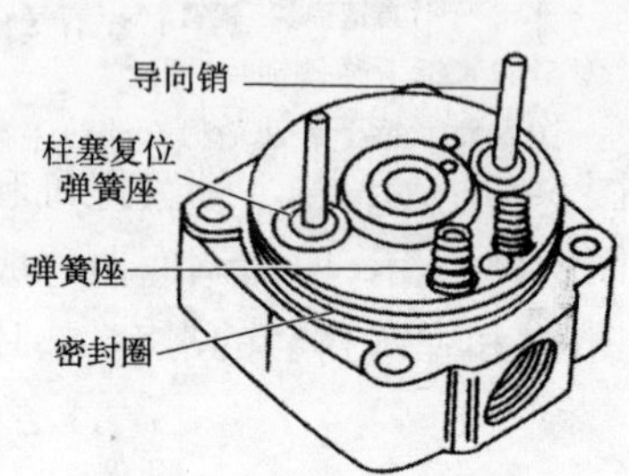

图 5-64　拆下柱塞复位弹簧座

(22)如图 5-66 所示,用专用扳手松开调速杠杆的支承螺钉,再取出调速杠杆。

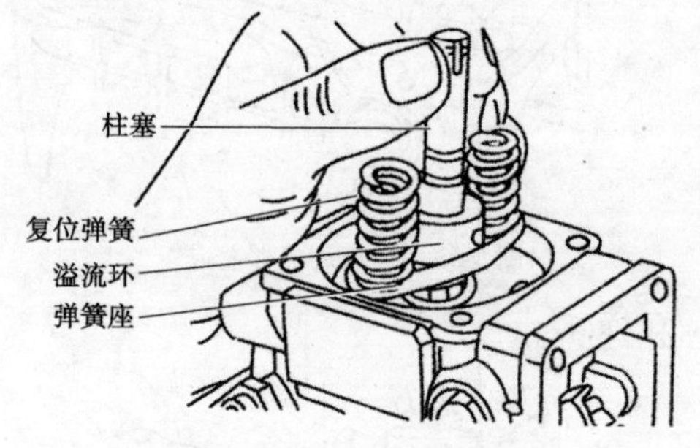

图 5-65　取出分配器柱塞

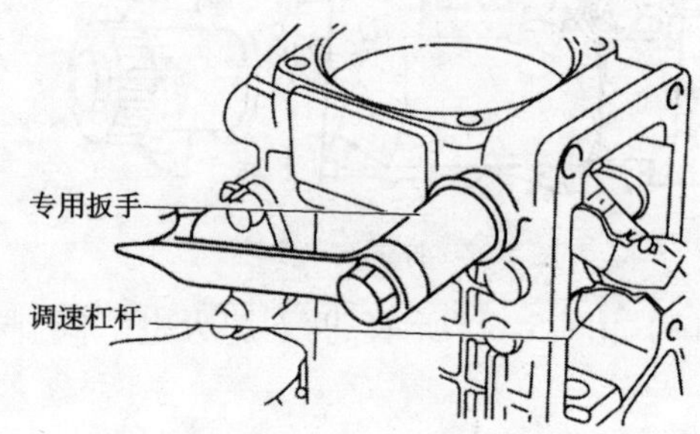

图 5-66　取出调速杠杆

(23)如图 5-67 所示,用尖嘴钳取出凸轮盘和供油起点调整垫片。

(24)如图 5-68 所示,拆下十字联轴节。

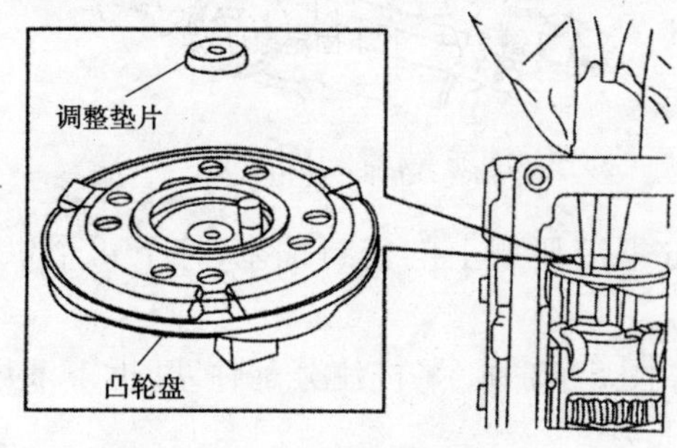

图 5-67　取出凸轮盘

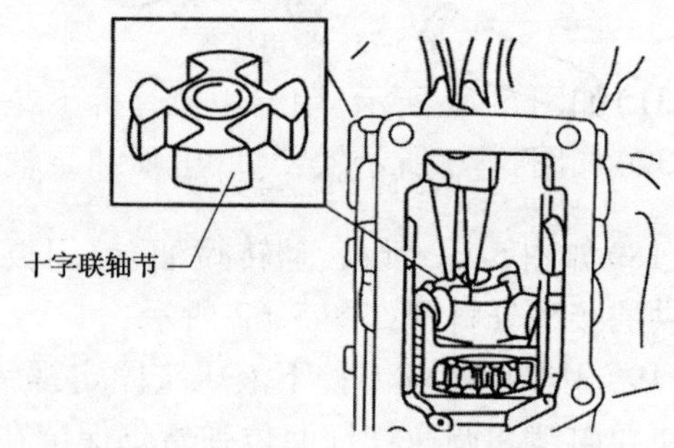

图 5-68　拆下十字联轴节

(25)如图 5-69 所示,拆下弹簧锁片和锁销。

(26)如图 5-70 所示,将喷油提前角自动调节装置的拔销向内移到滚轮架内部。

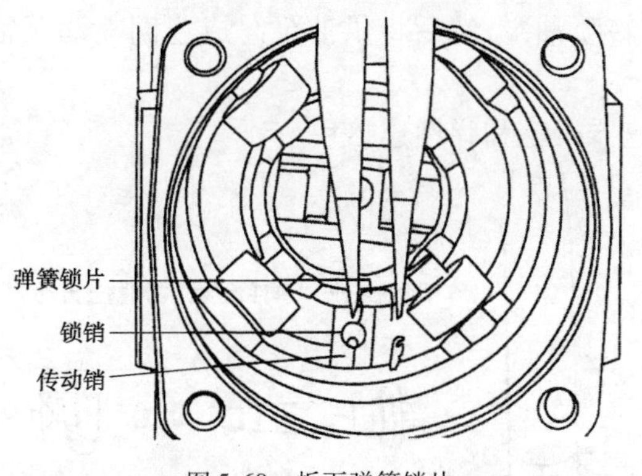

图 5-69 拆下弹簧锁片

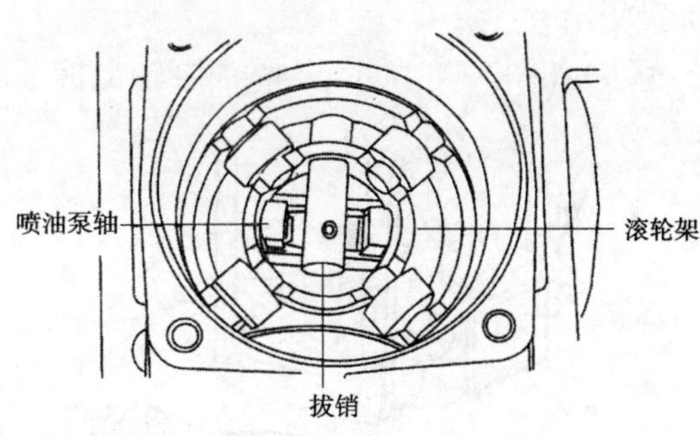

图 5-70 移动拔销

(27)如图 5-71 所示,取出滚轮架,注意不要改变滚轮在其上的位置。

(28)如图 5-72 所示,拆下喷油提前角自动调节装置两边的端盖。

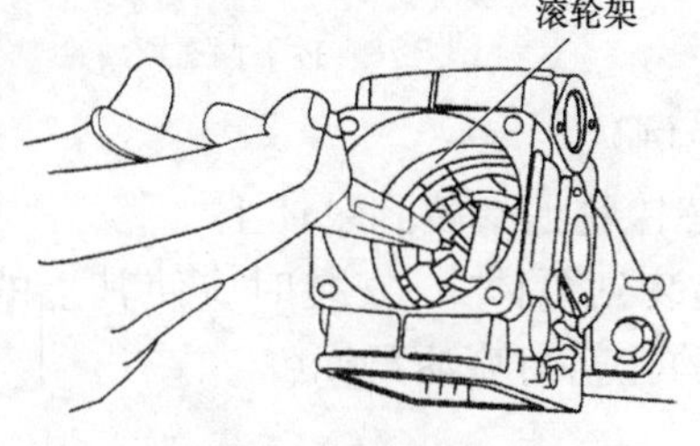

图 5-71 取出滚轮架

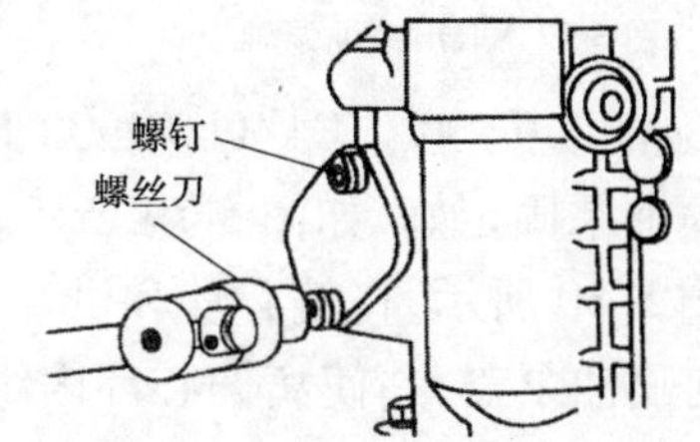

图 5-72 拆下端盖

(29)如图 5-73 所示,取出喷油提前角柱塞和弹簧。

(30)如图 5-74 所示,用专用扳手锁住喷油泵轴上的花键套,然后拧下其固定螺母。

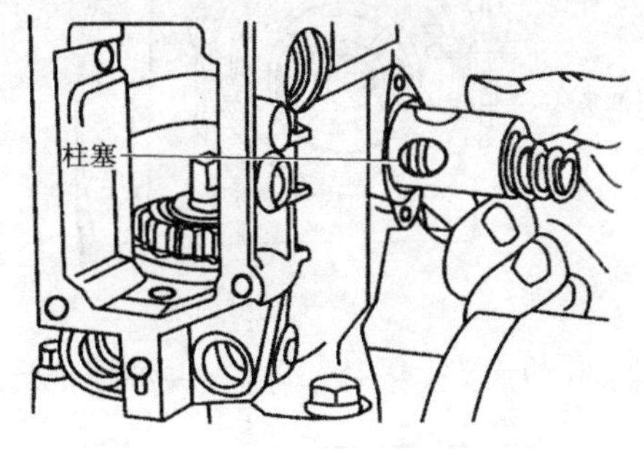

图 5-73 取出柱塞

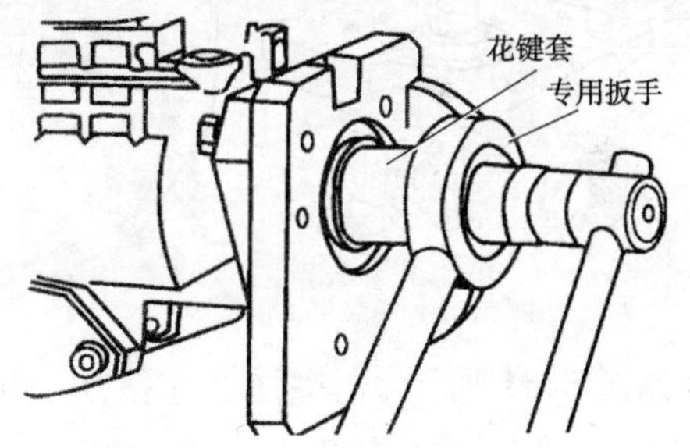

图 5-74 拧下固定螺母

(31)如图 5-75 所示,用专用拉具拆下花键套。

(32)如图 5-76 所示,暂时取出喷油泵轴,然后松开供油泵端盖的固定螺钉。

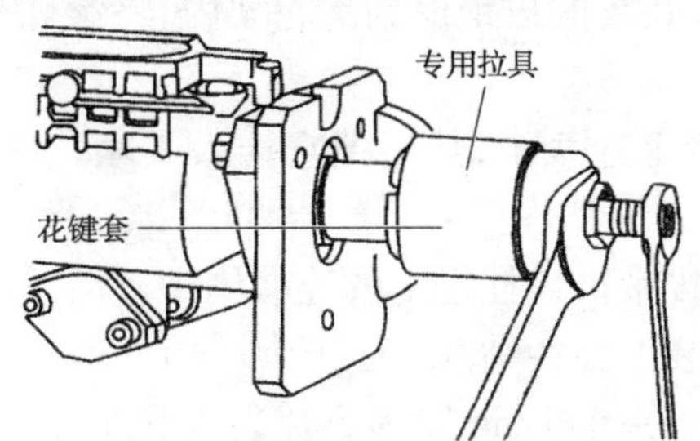

图 5-75 拆下花键套

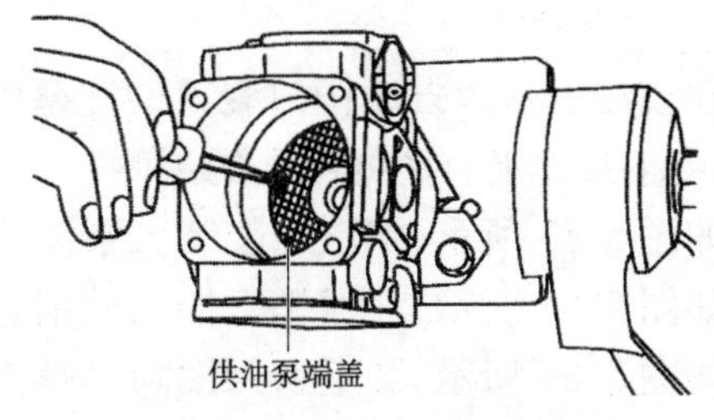

图 5-76 松开固定螺钉

(33)如图 5-77 所示,重新装上喷油泵轴,翻转喷油泵,然后将供油泵总成连同喷油泵轴一起取出。

(34)如图 5-78 所示,从喷油泵轴上拆下调速器齿轮和弹性连接块。

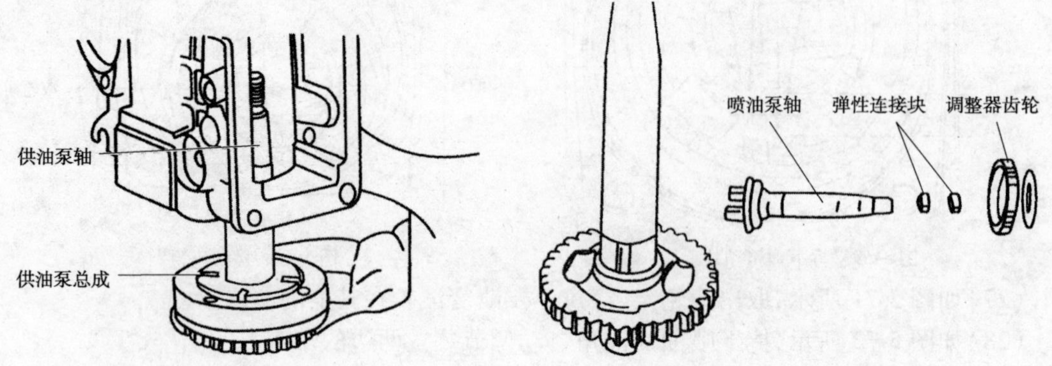

图 5-77　取出喷油泵轴　　图 5-78　拆下调速器齿轮

2)喷油泵的装配(以 VE4/11 F1900 R294 为例)

(1)将喷油泵固定好,如图 5-79 所示,利用芯棒将油封装到泵体上。

(2)如图 5-80 所示,将偏心环和供油泵一起装到泵体中,安装时应使其上的孔(供油泵出油孔)朝向喷油泵盖,并使离偏心环内缘较远的孔朝向喷油泵标牌。

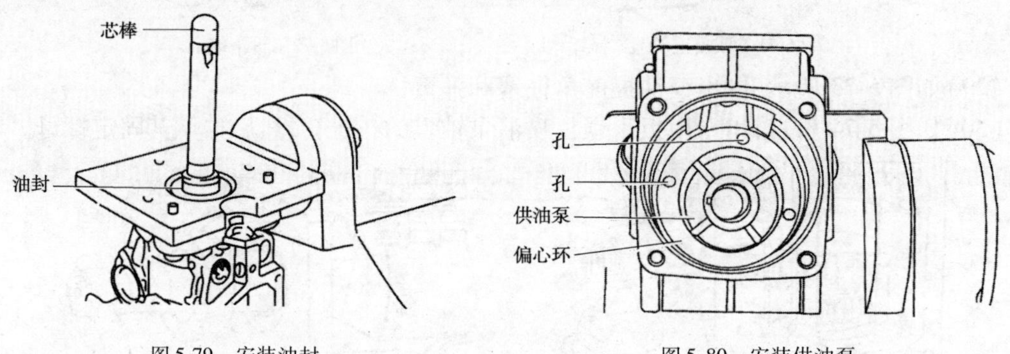

图 5-79　安装油封　　图 5-80　安装供油泵

(3)如图 5-81 所示,先将弹性连接块、调速器驱动齿轮、垫片、端盖、供油泵转子和偏心环装在喷油泵轴上,然后将它们一起装入泵体内。

(4)取出喷油泵轴,装上供油泵端盖,然后用螺钉拧紧。在喷油泵轴上装上连接键,然后将它装入泵体,注意使该键插入供油泵转子内的键槽中。

(5)如图 5-82 所示,把喷油提前角自动调节装置的拔销退到滚轮架内,将滚轮架装入泵体内。

(6)在喷油提前角自动调节装置的柱塞中装上连接销,然后把它插入其座孔中(柱塞的弹簧端应位于泵体上有防虹吸孔的一侧)。

(7)如图 5-83 所示,将滚轮架装入泵体,将拔销推入柱塞上的连接销中。

(8)如图 5-84 所示,在拔销上插入锁销,再装上弹性锁片。

(9)如图 5-85 所示,装上密封圈和平端盖,将一个 1mm 厚的垫片装入弹簧座,再装上弹簧。在端盖中装入一调整垫片(垫片的厚度将在试验台上确定)。

(10)如图5-86所示,装上十字联轴节。

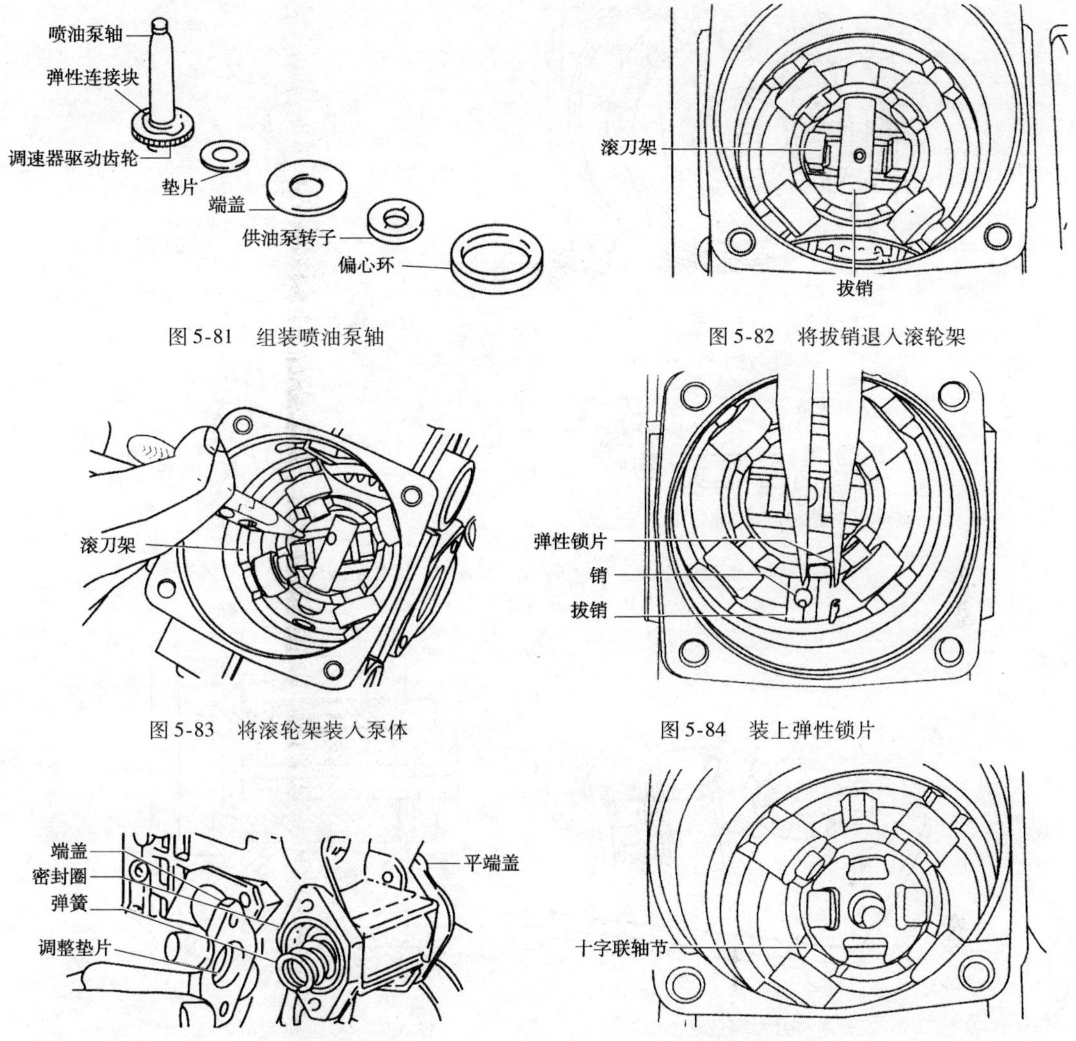

图5-81　组装喷油泵轴

图5-82　将拔销退入滚轮架

图5-83　将滚轮架装入泵体

图5-84　装上弹性锁片

图5-85　装入调整垫片

图5-86　装上十字联轴节

(11)如图5-87所示,装上凸轮盘,注意使其上的分配器柱塞传动销与喷油泵轴上的键槽处于同一侧,装上供油起点调整垫片。

(12)调整分配器柱塞复位弹簧预紧力(尺寸*KF*)。

①如图5-88所示,将一个百分表装在专用工具上,然后将它放在校平板上,以6mm的预行程调零。

②如图5-89所示,在液压头上装上弹簧导向销、调整垫片、弹簧座和弹簧。

③如图5-90所示,将分配器柱塞连同弹簧座和2个垫片装入液压头中。

④按图5-91所示的方式测量,不压缩弹簧时,*KF*(见图5-92)应为5.2~5.4mm,否则应更换调整垫片(在每个导向销上,只能安装一个同一尺寸的调整垫片)。

(13)将控制套筒装到分配器柱塞上,注意其上的润滑孔应朝向柱塞的大头。

(14)如图5-93所示,将分配器柱塞装入泵体中,注意使柱塞大头的缺口与凸轮盘上的传动销相啮合。

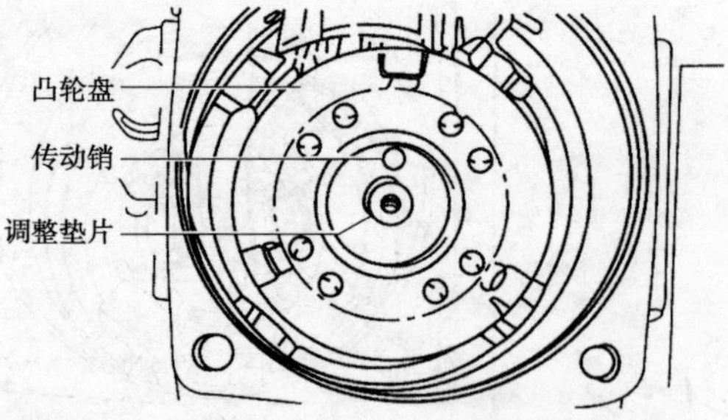

图 5-87　装上凸轮盘

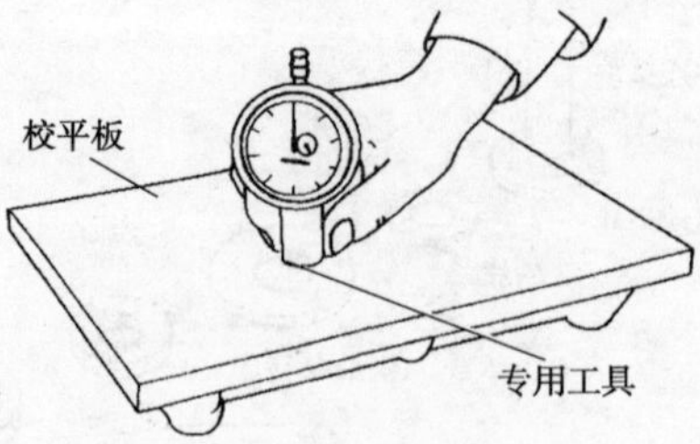

图 5-88　安装百分表

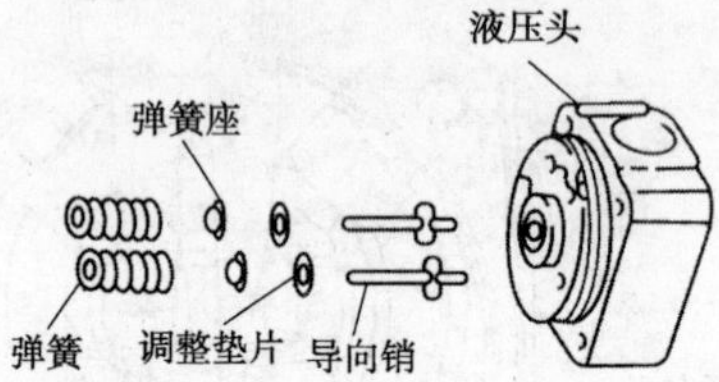

图 5-89　组装液压头

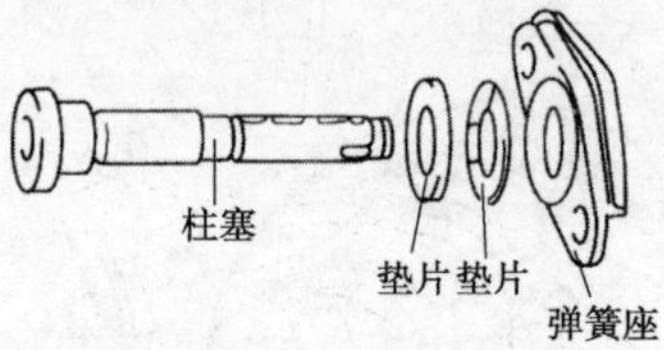

图 5-90　将分配器柱塞装入液压头

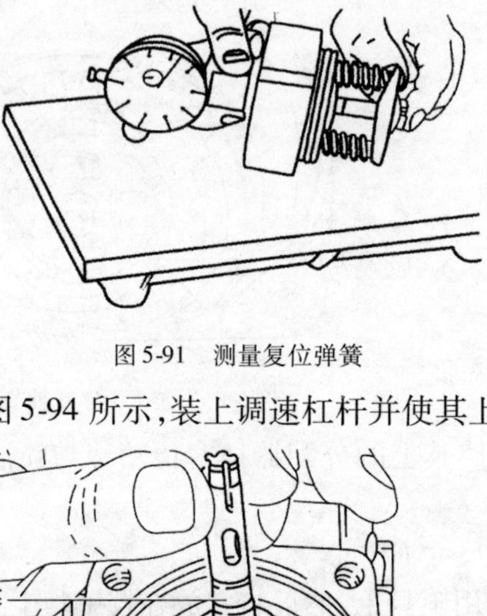

图 5-91　测量复位弹簧

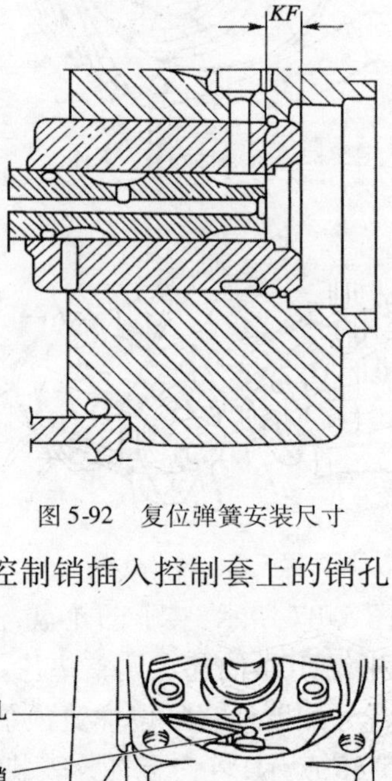

图 5-92　复位弹簧安装尺寸

(15)如图 5-94 所示,装上调速杠杆并使其上的控制销插入控制套上的销孔内。

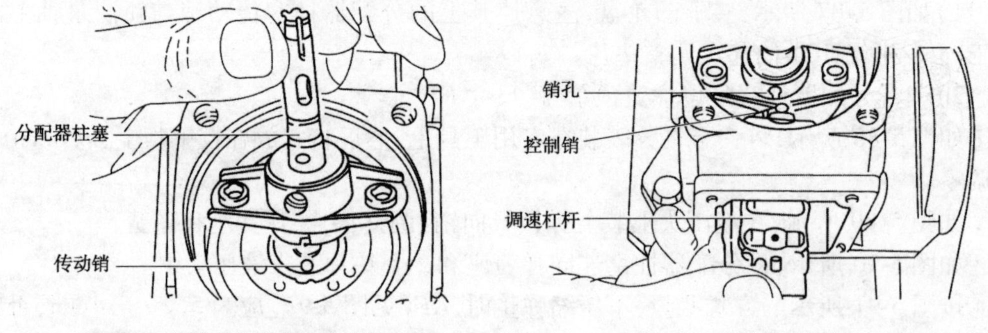

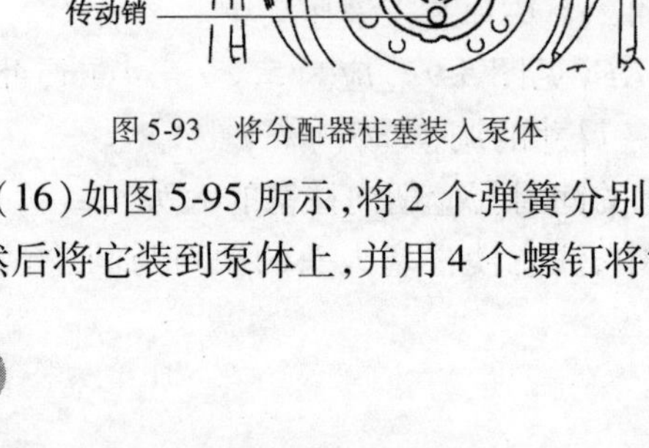

图 5-93　将分配器柱塞装入泵体

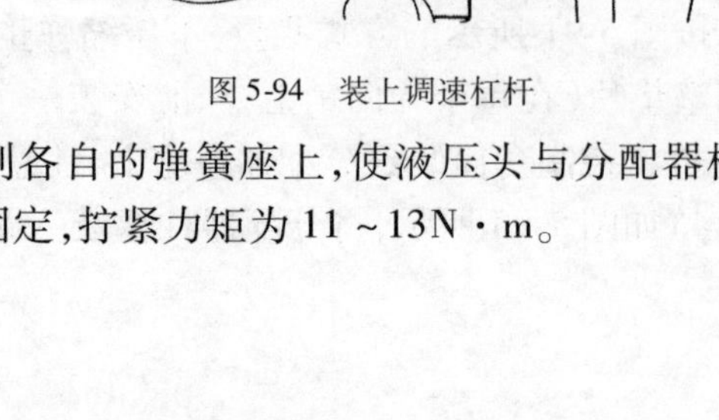

图 5-94　装上调速杠杆

(16)如图 5-95 所示,将 2 个弹簧分别装到各自的弹簧座上,使液压头与分配器柱塞对正,然后将它装到泵体上,并用 4 个螺钉将它固定,拧紧力矩为 11 ~13N · m。

(17)调整分配器柱塞位置(尺寸 K)。

①将百分表装在专用工具上,放在校平板上,以6mm 的预紧行程调零。

②如图5-96 所示,将带百分表的专用工具置于液压头上,测量尺寸 K(尺寸 K 为液压头的密封面与分配器柱塞顶端之间的距离,如图5-97 所示),其值应为3.3mm。如图5-98 所示,如果 K 值不合适,应更换分配器柱塞大头的调整垫片。

(18)如图5-99 所示,装上密封螺塞,并以60~80N·m 的力矩拧紧。装上出油阀和供油接头,并以35~45N·m 的力矩将它们拧紧,装上熄火电磁阀。

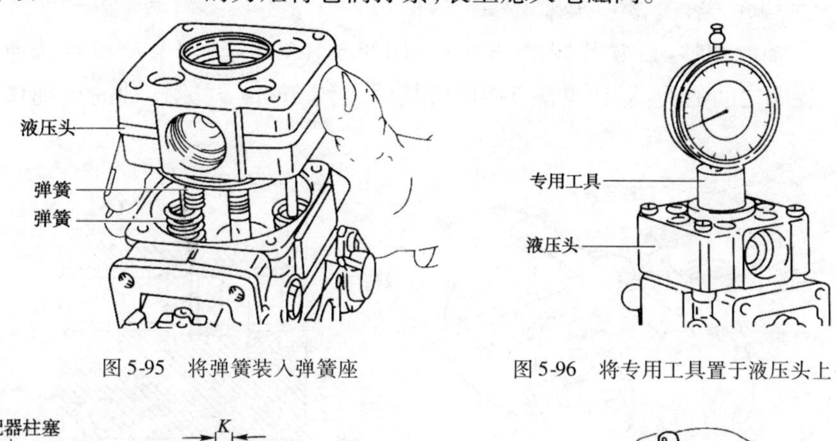

图5-95　将弹簧装入弹簧座　　图5-96　将专用工具置于液压头上

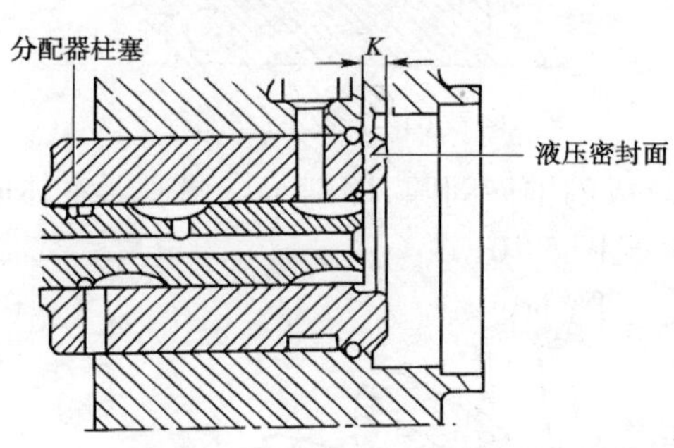

图5-97　测量分配器柱塞位置

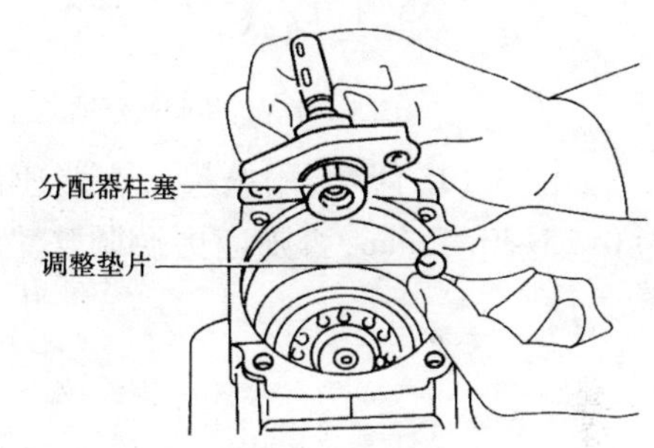

图5-98　更换调整垫片

(19)如图5-100 所示,将弹性衬套装到调整帽上,然后将它们装入滑套(调整帽的正确厚度将在调整尺寸 MS 时确定)。

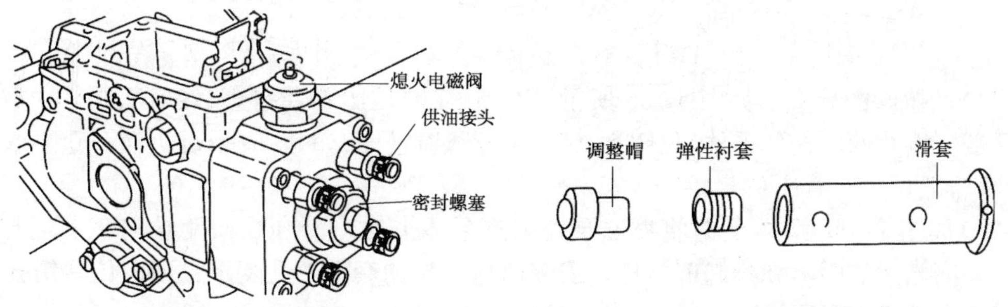

图5-99　装上电磁阀　　图5-100　将弹性衬套装到调整帽上

(20)如图5-101 所示,将调速器本体、2 个垫片和滑套连同调整垫片一起装入泵体内。

(21)如图5-102 所示,拧上调速器轴。

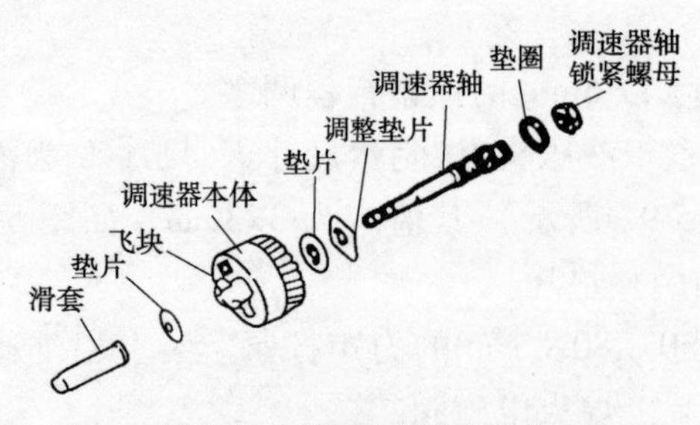

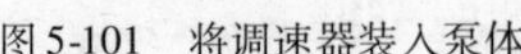
图 5-101　将调速器装入泵体

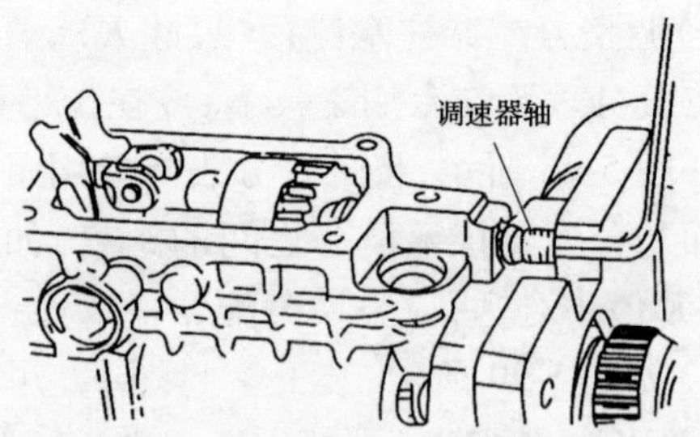

图 5-102　拧上调速器轴

(22)调速器轴的调整(LFB 装置的调整)。如图 5-103 所示,用卡尺检查调速器轴的端面与喷油泵安装面之间的距离 A(见图 5-104),其值大约 3mm(调速器轴的正确位置将在试验台上确定)。

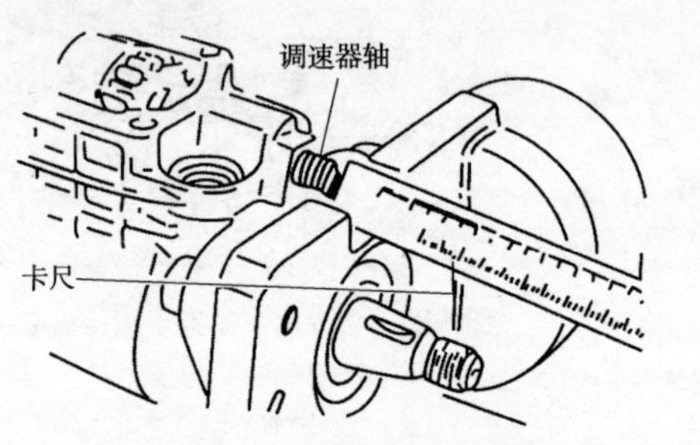

图 5-103　调整调速器轴

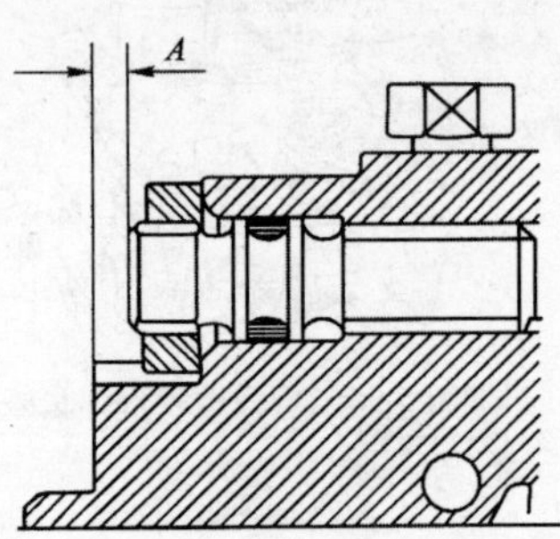

图 5-104　调速器安装尺寸

(23)如图 5-105 所示,用塞尺检查调速器总成的轴向间隙,即销子与调速器本体间的间隙,应为 0.25 ~ 0.45mm,否则应更换调整垫片(见图 5-101)。

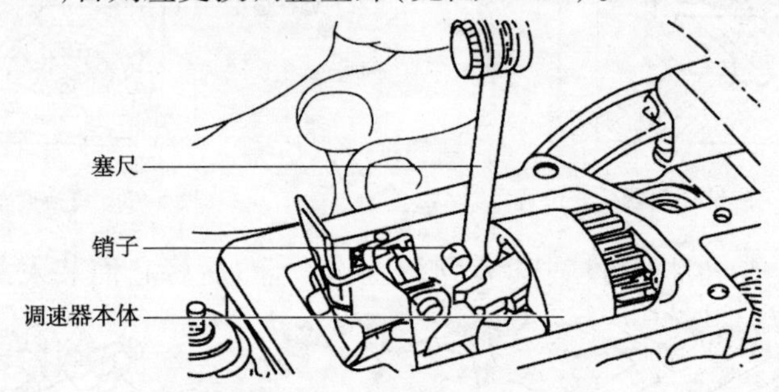

图 5-105　调整调速器轴向间隙

(24)调压阀的检查。如图 5-106 所示,用专用工具取出弹性衬套,然后从阀体中取出柱塞和弹簧。检查调压阀各零件(见图 5-107)是否磨损过度,如是,应予以更换。重新装好调压阀,然后把它装到喷油泵上。

(25)如图 5-108 所示,暂时将喷油泵盖装到泵体上,拧上导向套,使导向套上端与喷油泵盖上表面之间的距离和拆卸前一样。安装时应使导向套上的孔朝下且面向传感销孔。

(26)如图 5-109 所示,装上弹性夹。

(27)拧紧导向套锁紧螺母,紧固力矩:25 ~ 30N · m。

(28)预置调整螺套的位置。

①如图 5-110 所示,将调整螺套拧到导向套上,直至与下方零件接触。

②如图 5-111 所示，用深度卡尺测量螺套与喷油泵盖上表面间的距离，然后拧松螺套，使该距离减少 3mm（在试验台上进行精确的调整）。

图 5-106　取出弹性衬套

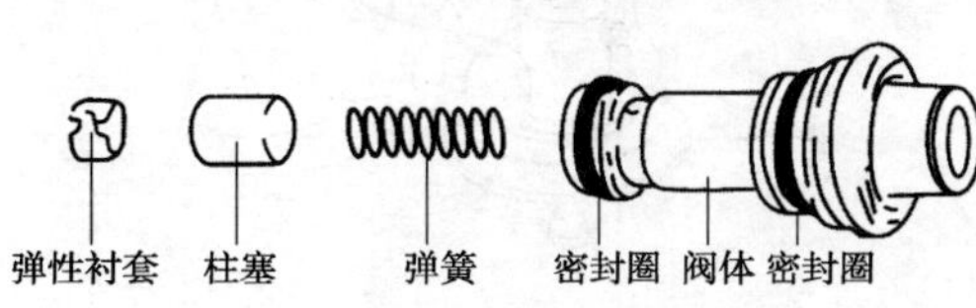

图 5-107　检查调压阀

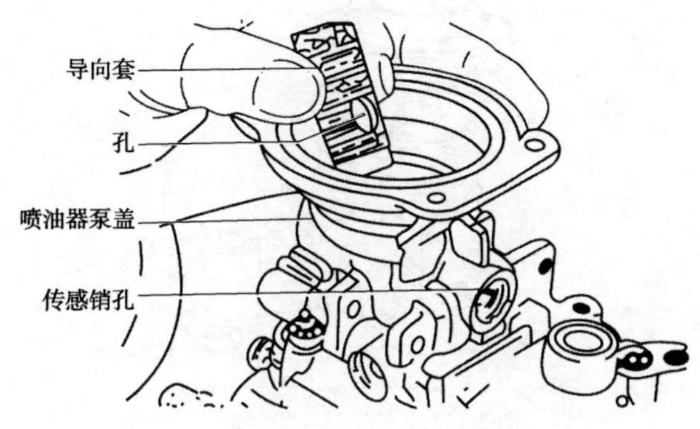

图 5-108　安装导向套

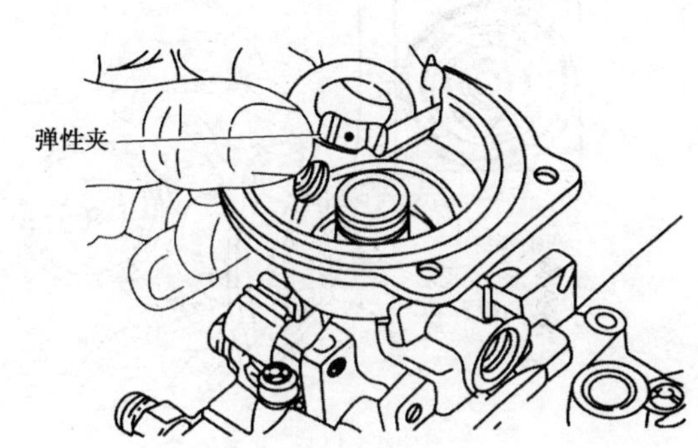

图 5-109　安装弹性夹

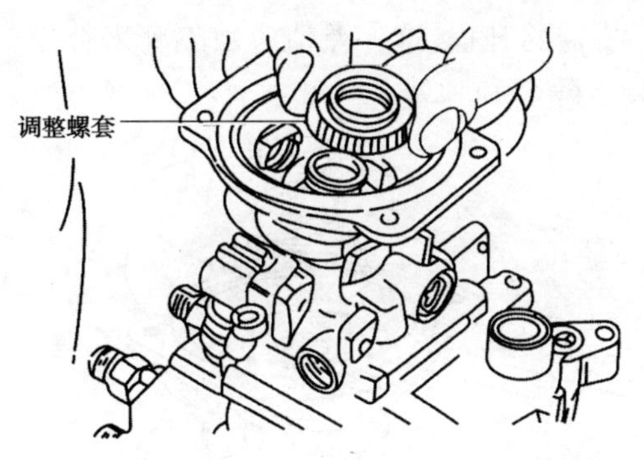

图 5-110　安装调整螺套

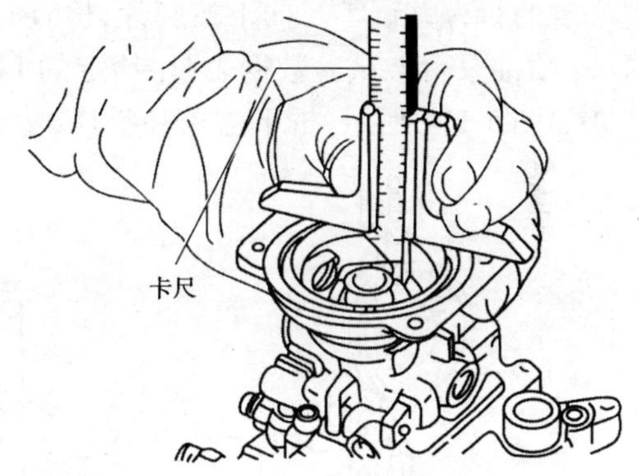

图 5-111　测量螺套与喷油泵盖上表面间距离

(29)在自然吸气状态下，LDA 装置调整螺钉的预调整（避免膜片压板与 LDA 装置上盖相接触）。

①将百分表装在专用工具上，然后以 10mm 的预行程调零。

②如图 5-112 所示，将测量装置放在膜片上，测量并记录尺寸 C。

③如图 5-113 所示，再将测量装置置于 LDA 装置上盖上，测量并记录尺寸 F，应为 $F = C - 1\text{mm}$。如图 5-114 所示，如果测量结果 F 与规定不符，可用内六角扳手调整螺钉。

(30)LDA 装置升程的调整。

①如图 5-115 所示，装上膜片（带调节销）和弹簧。

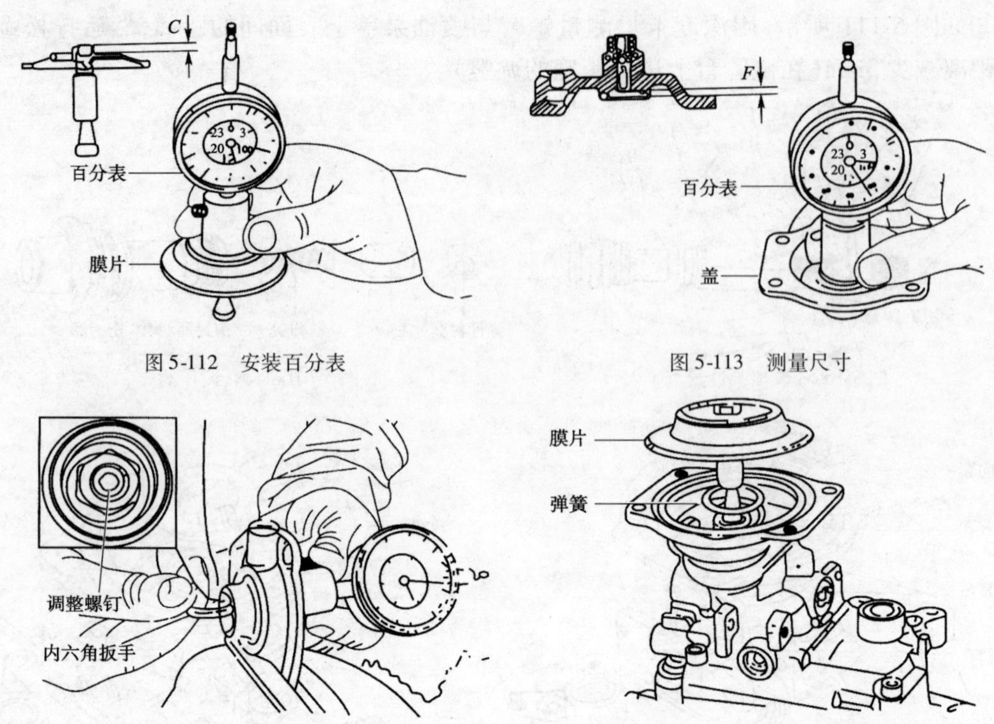

图 5-112　安装百分表

图 5-113　测量尺寸

图 5-114　调整尺寸

图 5-115　安装膜片和弹簧

②如图 5-116 所示，装上一个不带螺钉的剖开的盖子，将百分表的测量杆放在压板上，预置一定的行程并调零。向下按膜片，检查它的最大行程（LDA 装置的升程）。从测量结果中减去"喷油泵台架试验数据表"中给定的 LDA 装置的升程，这一差值应由隔套来补偿。

③如图 5-117 所示，拆下盖子和膜片，然后装上隔套和弹簧。

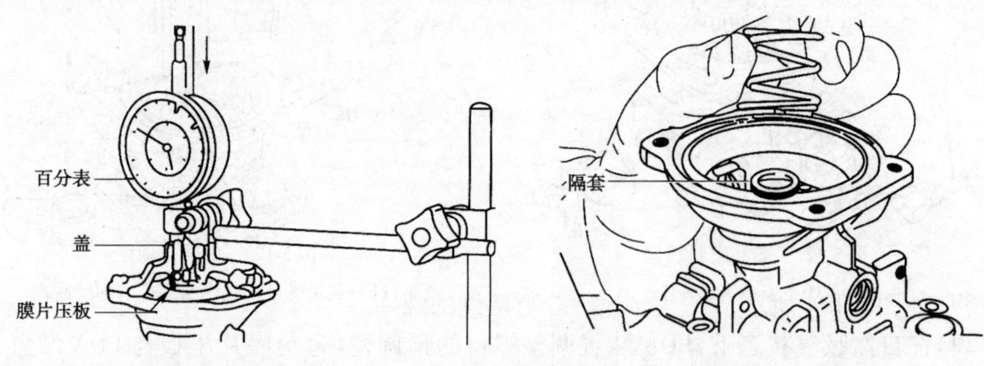

图 5-116　测量膜片行程

图 5-117　装上隔套

④如图 5-118 所示，装上膜片和调节销，并使拆卸时所做的标记仍相对应。

（31）更换膜片或喷油泵盖时，用以下方法确定膜片的位置：如图 5-119 所示，将专用工具置于喷油泵盖上，使其弯曲部分与止动杆接触。转动膜片，当感到有一定阻力时，为调节销的锥形部分已与传感销接触，这就是膜片的正确位置。

（32）装上 LDA 装置上盖，并用螺钉紧固。

（33）如图 5-120 所示，在专用工具上装上螺套、导向套以及密封圈和铜垫圈，然后将它们一起装入其座孔中。

(34)如图5-121所示,装上传感销,安装时使尖端向内。

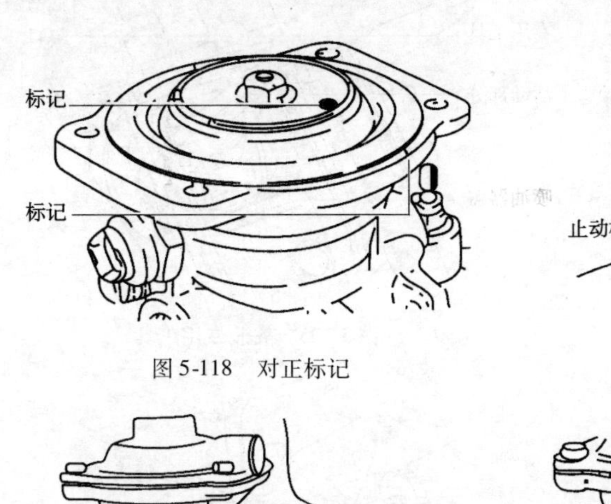

图5-118　对正标记

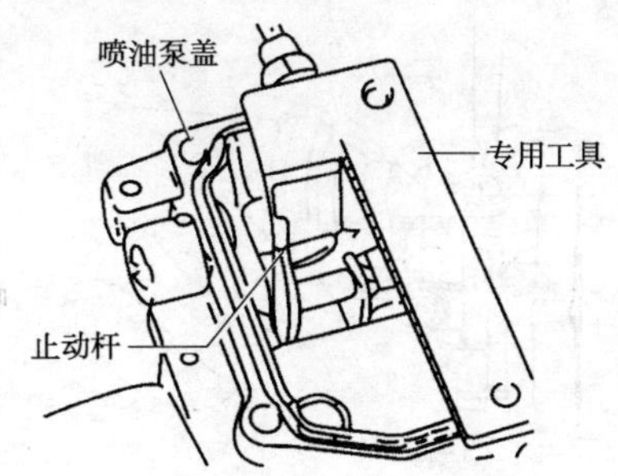

图5-119　确定膜片位置

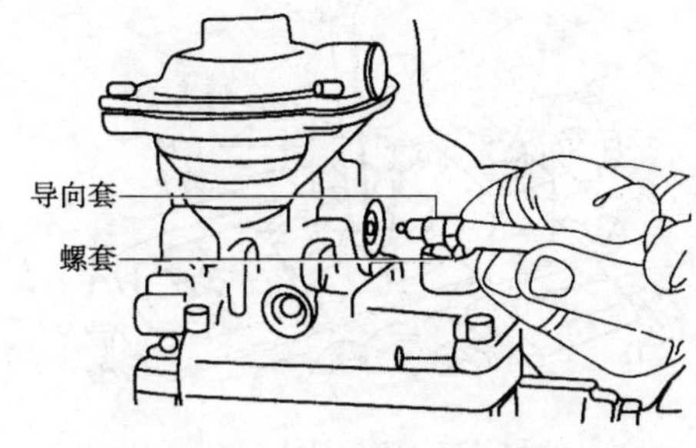

图5-120　将导向套装入座孔

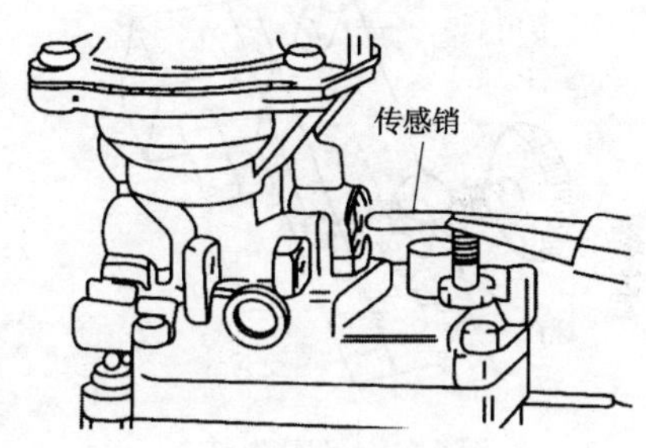

图5-121　安装传感销

(35)如图5-122所示,拧上密封螺塞。

(36)如图5-123所示,拆下喷油泵盖,装上止动杆,装上轴。

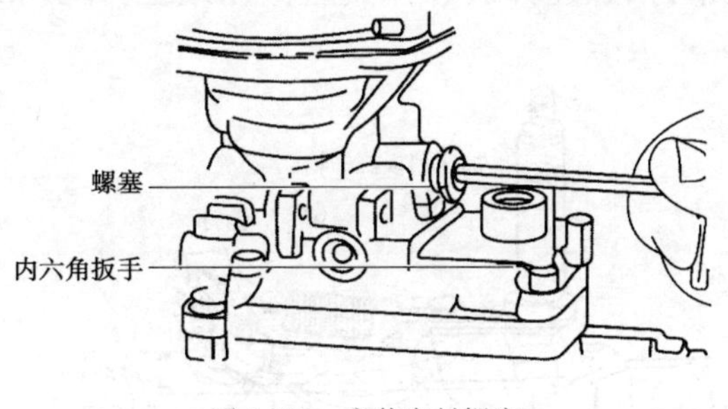

图5-122　安装密封螺塞

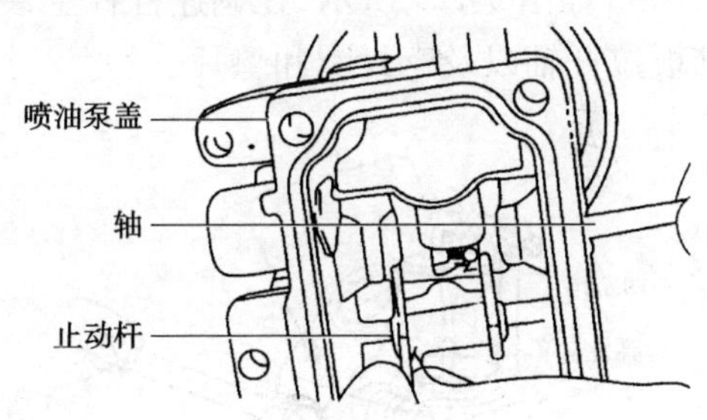

图5-123　安装止动杆

(37)如图5-124所示,装上密封圈,拧上两侧的螺塞。

(38)起动加浓装置的调整(尺寸 MS)。

①如图5-125所示,将专用工具置于喷油泵盖上,移动工具的活动部分,使它与最大供油量调节螺钉相接触,然后用螺钉将其固定在这一位置上。用卡尺测量专用工具的内侧与其活动部分的内侧之间距离 A(假定测量结果为 $A=11.5\text{mm}$)。

②如图5-126所示,调整专用工具上的螺钉,使其相对于工具内侧凸出的长度为 $C=A-B$。式中,A 为上图中的测量结果(11.5mm),B 是螺钉的中心线与工具内侧面之间的距离,已在制造中确定(9mm)。因此 $C=11.5-9=2.5(\text{mm})$。

③如图5-127所示,将专用工具装到泵体上,并用螺钉固定。使调速杠杆与销子保持接

触,再按图示方式插入塞尺,测量尺寸 MS 是否为 0.8~1.0mm。

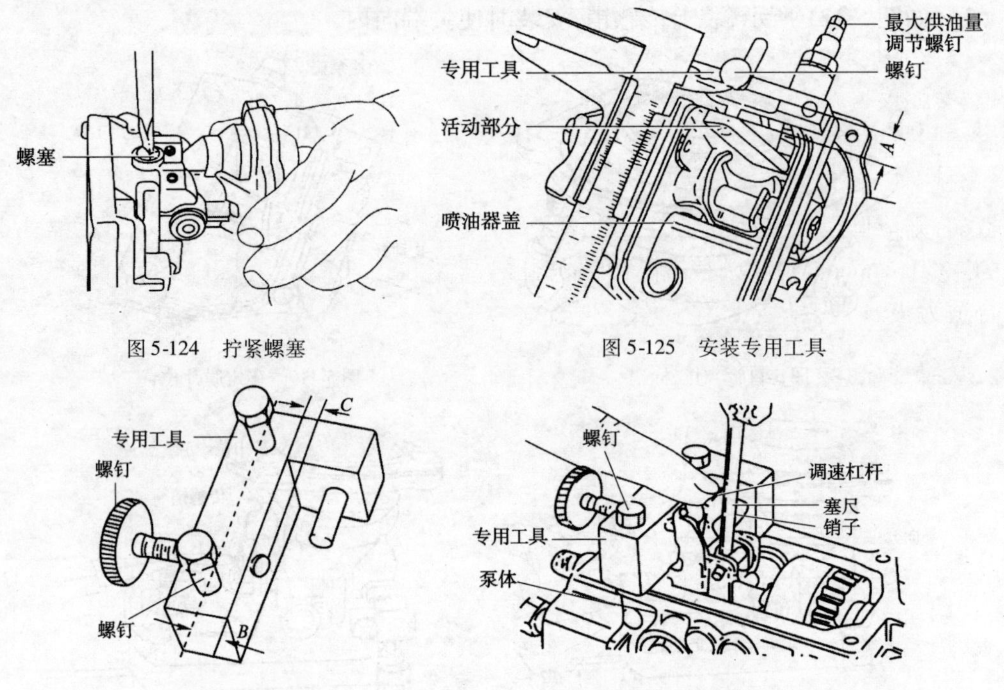

图 5-124　拧紧螺塞　　图 5-125　安装专用工具

图 5-126　调整螺钉　　图 5-127　测量尺寸

④如测量结果与规定值不符,应重新拆下调速器,取出滑套上的调整帽(见图 5-128),换上合适厚度的调整帽,然后再装上调速器。

(39)如图 5-129 所示,在调速杠杆上装上销钉、怠速弹簧和弹簧座,然后装上弹簧和加速踏板拉杆轴以及密封圈和垫片。

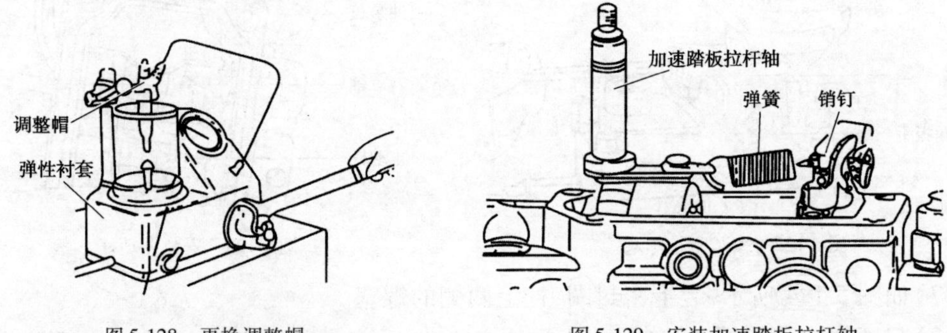

图 5-128　更换调整帽　　图 5-129　安装加速踏板拉杆轴

(40)将密封垫装在喷油泵盖上。

(41)装上喷油泵盖、通气阀、怠速、最大加速踏板调节螺钉、最大供油量调节螺钉。

(42)在加速踏板拉杆轴上装下弹簧座、弹簧、上弹簧座。

(43)装上加速踏板拉杆总成,并按照它和加速踏板拉杆轴上的标记,恢复拆卸前的相对位置,然后用螺母紧固。

(44)装上键、花键套和垫圈,然后用扭力扳手和专用工具拧紧固定螺母,拧紧力矩为 59N·m。

3)喷油泵的就车调整

起动发动机运转至冷却液温度正常,变速杆置于空挡。

(1)发动机怠速转速的调整。完全松开加速踏板,检查加速踏板杠杆是否接触到怠速调整螺钉,如果接触不到,调节加速拉杆。然后起动发动机,观察怠速转速是否为750r/min,否则应调整怠速调整螺钉。

(2)发动机最高转速的调整。将加速踏板踩到底,检查调节杆是否接触到最大转速调整螺钉,否则应调整加速踏板下的止动螺钉。然后起动发动机,把加速踏板踏到底,最高转速应为4650r/min,否则应调整最高转速调整螺钉,调整应在怠速下进行,然后再加速检查,直至合适为止。

二、输油泵的维修

SOFIM8140 柴油机采用膜片式输油泵,如图 5-130 所示。输油泵通过螺栓固定在附件箱上,发动机工作时,附件箱内的喷油泵驱动齿轮轴转动,其上的偏心轮通过推杆使输油泵的摇臂摆动,带动输油泵工作。

1. 实训器材

(1)发动机:依维柯汽车 SOFIM8140 柴油机。

(2)普通工具:组合扳手、螺丝刀、钳子、扭力扳手。

(3)检测工具:油压表、千分尺。

2. 操作步骤

检查输油泵是否有效工作,输油泵调节油压应为(250 ± 50)kPa,否则检查推杆行程是否为2.5 ~2.6mm,若推杆行程不在此范围内,应更换推杆,否则再更换输油泵。

三、喷油器的维修

SOFIM8140 柴油机采用孔式喷油器,如图 5-131 所示。SOFIM8140 自然吸气直喷发动机的喷油器有 4 个直径为 0.25mm 的喷孔,8140 增压式发动机的喷油器有 4 个直径为 0.296mm的喷孔,两种喷油器的喷孔角度也不相同。

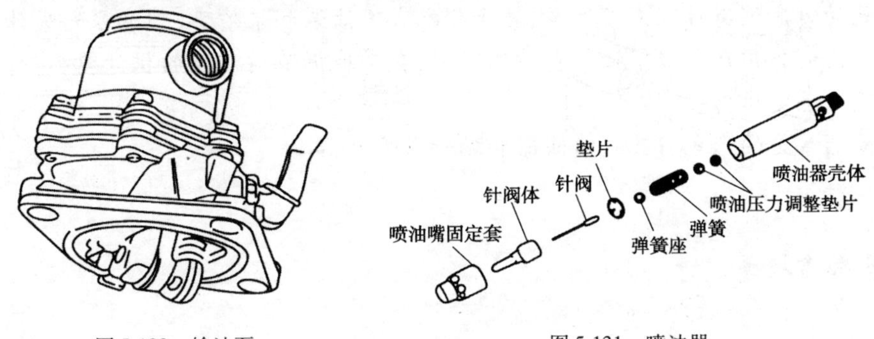

图 5-130　输油泵　　　　图 5-131　喷油器

1. 实训器材

(1)车辆:依维柯汽车 SOFIM8140 柴油机喷油器。

(2)检测工具:喷油器测试器。

2. 操作步骤

用喷油器测试器对喷油器进行检查和调整。

(1)检查喷油压力。将喷油器安装在测试器上,压动手柄排净系统内的空气,再快速压动手柄几次,清除喷油器内的积炭。然后慢慢压动手柄同时观察压力表,当喷油器喷射时,压力表指针会摆动,指针刚摆动时的压力值即为喷油压力,此值应符合 24.0 ~24.8MPa 的标准规定,否则应分解喷油器,更换调整垫片。

(2)检查密封性。将压力保持在低于喷油压力 1 ~2MPa 的状态下,保持 10s,喷油嘴处不应有油滴流出。

(3)检查喷雾质量。喷出的油束应细小均匀,不偏斜;各孔各自形成一个雾化良好的油雾束;喷射时可听到断续清脆的声音。

(4)喷油器的检修。将喷油器解体,检查喷油器底部有无烧蚀,针阀有无损坏,若有应更换喷油器。用柴油清洗各零件,针阀头上的积炭可用木棒清除。将喷油器倾斜 45°,将针阀拉出 1/3,放开针阀其能在自重作用下自由下滑,否则应更换喷油器。按顺序安装喷油器,并按规定扭矩拧紧。

小结

1. 柴油机燃料供给系统的功用是根据柴油机不同工况,定时、定压、定量地把柴油按一定规律喷入汽缸,与吸入汽缸的清洁空气迅速地混合燃烧,并将燃烧后生成的废气排到大气中。

2. 柴油机燃料供给系统一般由燃油供给装置(包括柴油箱、柴油粗滤器、输油泵、柴油细滤器、喷油泵、调速器、喷油器及油管等)、空气供给装置(包括空气滤清器、进气管和进气道等)、混合气形成装置(即为燃烧室)和废气排出装置(包括排气道、排气管和排气消声器等)组成。

3. 柴油的使用性能指标主要是发火性、蒸发性、黏度和凝点。

4. 柴油机燃烧室按结构形式的不同,分为统一式燃烧室和分隔式燃烧室。

5. 常见的喷油泵有柱塞式喷油泵、转子分配式喷油泵和泵喷嘴(喷油泵—喷油器)。

6. 调速器的作用是根据柴油机负荷的变化,自动地调节喷油泵的供油量,以保证柴油机在各种工况下稳定运转。

7. 喷油器常见的形式有孔式喷油器和轴针式喷油器。

复习思考题

一、简答题

1. 柴油机燃料供给系由哪几部分组成？各部分的功用是什么？

2. 如何选择柴油的牌号？

3. 输油泵是怎样工作的？

4. 柱塞式喷油泵是怎样工作的？其供油量是如何调整的？

5. 什么是供油提前角？柱塞式喷油泵用什么方式调整供油提前角？

6. 泵喷嘴的组成和工作原理是什么？

7. 喷油器是怎样工作的？

二、选择题

1. 柴油机混合气是在(　　)内完成的。

A. 进气管　　B. 燃烧室　　C. 化油器　　D. 喷油器

2. 喷油器工作间隙泄漏的极少量柴油经(　　)流回柴油箱。

A. 回油管　　B. 高压油管　　C. 低压油管　　D. 喷油管

3. 柴油的牌号是根据(　　)编定的。

A. 发火性　　B. 蒸发性　　C. 黏度　　D. 凝点

4. 某地最低气温为0℃，这个地区的柴油机应选择柴油的牌号为(　　)。

A. 10#柴油　　B. 5#柴油　　C. 0#柴油　　D. -10#柴油

5. 常见的喷油泵喷油压力最高的是(　　)。

A. 柱塞式喷油泵　　B. 转子分配式喷油泵　　C. 泵喷嘴

6. 喷油泵的泵油量取决于柱塞的有效行程，而改变有效行程可采用(　　)。

A. 改变喷油泵凸轮轴与曲轴的相对角位移　　B. 改变滚轮挺柱体的高度

C. 改变柱塞斜槽与柱塞套筒油孔的相对角位移　　D. 改变出油阀弹簧弹力

7. 旋进喷油器端部的调压螺钉，喷油器喷油开启压力(　　)。

A. 不变　　B. 升高　　C. 降低　　D. 忽高忽低

三、判断题

1. 柴油与空气在进气管中混合并进入汽缸中燃烧。　　(　　)

2. 柴油的发火性用十六烷值表示，车用柴油的十六烷值越高越好。　　(　　)

3. 统一式燃烧室要求燃油的喷射压力高，一般与孔式喷油器配合使用。　　(　　)

4. 涡流室式燃烧室的柴油机，在起动时一般用电热塞加热。　　(　　)

5. 柴油机输油泵的供油量可以自动调整。　　(　　)

6. 柴油机输油泵的作用是给喷油器提供高压柴油。　　(　　)

7. 喷油泵中柱塞和柱塞套、出油阀和阀座都是精密偶件。　　(　　)

8. 供油提前角调节装置可保证柴油机转速升高时，供油提前角也随之增大。　　(　　)

9. 调速器的作用是随着柴油机转速的升高，增加供油量。　　(　　)

10. 提高喷油器调压弹簧的预紧度可以减小喷油的开启压力。　　(　　)

第六章 润滑系统的构造与维修

1. 掌握润滑系统的功用、组成和工作原理；
2. 掌握机油的分类方法和选用原则；
3. 掌握常见机油泵的结构特点和工作原理；
4. 掌握机油滤清器的作用与工作原理；
5. 掌握检查机油液面高度的方法；
6. 了解曲轴箱强制通风工作原理；
7. 了解润滑系统维修的基本方法。

第一节 润滑系统的结构和工作原理

一、润滑系统的功用及组成

当发动机工作时，各运动部件都必须用发动机润滑油（俗称机油）来润滑。润滑系统的功用就是将机油输送到发动机各个需要润滑的部位，以达到提高发动机工作可靠性和耐久性的目的。

如图6-1所示，润滑系统主要由机油泵、机油滤清器、集滤器、油道等组成，另外包括机油压力开关、机油指示灯（在仪表板上）、机油冷却器等。

图6-2和图6-3分别为润滑系统示意图和方框图。机油泵由发动机驱动，将油底壳内的机油经集滤器、机油冷却器、机油滤清器输送到各润滑部位，润滑结束后的机油流回到油底壳中。经过汽缸体、汽缸盖上的油道，输送到曲轴轴颈、连杆轴颈、凸轮轴轴颈的机油，使轴浮在轴承（轴瓦）上旋转。旋转的曲轴曲柄飞溅起来的机油，在汽缸壁等金属表面形成油膜，以减小摩擦。

二、机油

1. 机油的功用

机油除了最基本的润滑作用外，还具有冷却、清洗、缓冲、密封和防锈等功能。

2. 机油的分类

国际上广泛采用SAE（美国工程师学会）黏度等级分类法和API（美国石油学会）使用性

能分类法对机油进行分类。

SAE 按照不同的黏度等级，将机油分为冬季用机油和非冬季用机油两类。冬季用机油有 6 种牌号：SAE0W、SAE5W、SAE10W、SAE15W、SAE20W 和 SAE25W，符号 W 代表冬季，W 前的数字越小，其低温黏度越小，低温流动性越好，适用的最低气温越低；非冬季用机油有 4 种牌号：SAE20、SAE30、SAE40 和 SAE50，数字越大，其黏度越大，适用的最高气温越高。

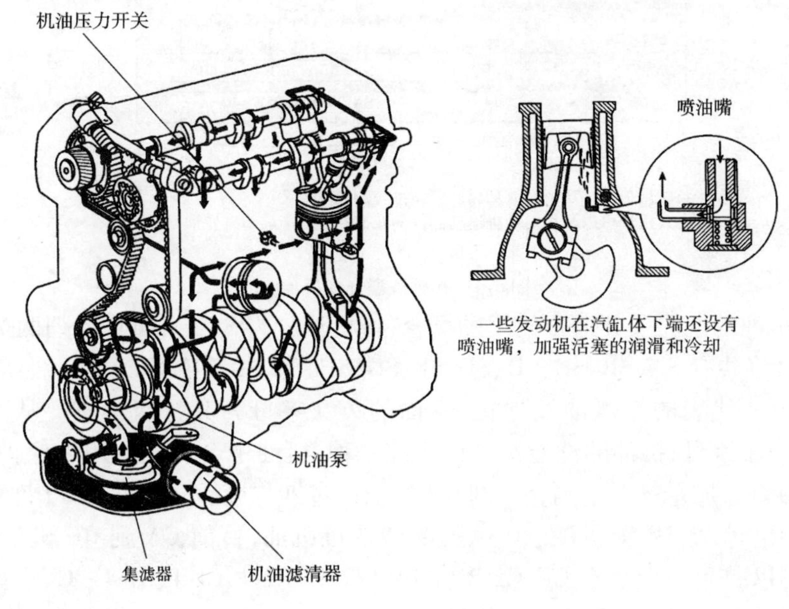

图 6-1　润滑系统的组成

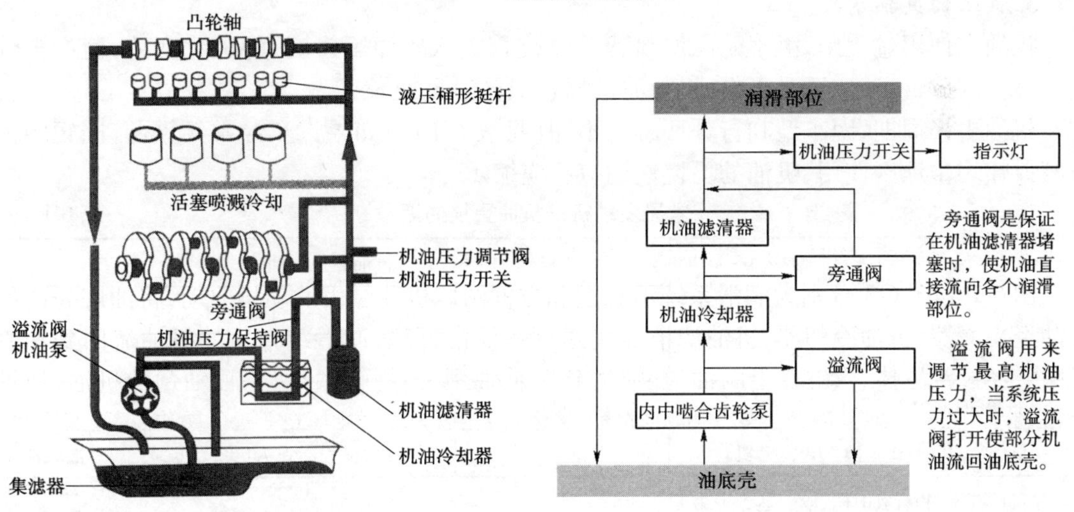

图 6-2　润滑系统示意图　　　　图 6-3　润滑系统方框图

如果使用上述牌号的单级机油，需要根据季节和气温的变化经常更换机油。目前普遍使用多级机油，例如桑塔纳 2000GSi 乘用车 AJR 发动机常用 SAE5W-30 机油，在低温下使用时黏度与 SAE5W 一样，在高温下使用时黏度又与 SAE30 相同，因此可以冬夏通用。可根据车辆所在地气温选择适当黏度的机油，如图 6-4 所示。

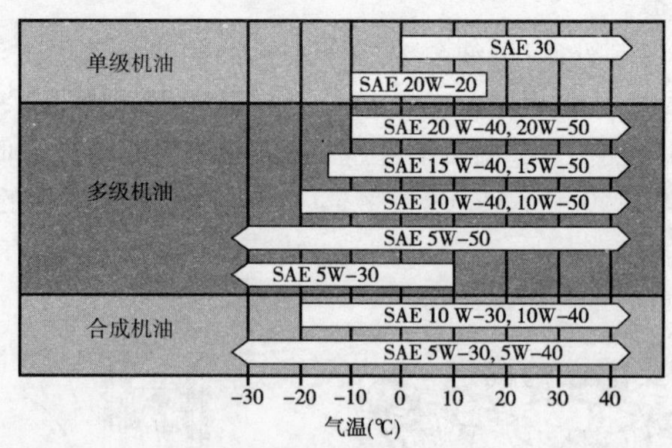

图 6-4　根据气温选择机油

API 根据机油的性能及其适合使用的场合，将机油分为 S 系列和 C 系列两类。S 系列为汽油机机油，目前共有 SA、SB、SC、SD、SE、SF、SG、SH、SJ、SL、SM、SN 这 12 种等级，其中 SN 等级为最新。S 所代表的是汽油发动机，后面的英文字母为其等级区别。从“SA”一直到“SN”，每递增一个字母，机油的性能都会优于前一种，机油中会有更多用来保护发动机的添加剂。字母越靠后，质量等级越高，SA 到 SH 机油已过期作废，不再拥有 API 许可。例如：卡罗拉乘用车采用 SL 或 SM 级机油。C 系列为柴油机机油，目前 CA 到 CE 机油已经过期作废，不再拥有 API 许可。余下有 CF、CF-2、CF-4、CG-4、CH-4、CI-4、CJ-4。C 所指的则是柴油发动机，后面的字母顺序越靠后所代表的等级越高。

3. 机油的更换周期

机油在使用过程中，由于受高温氧化及燃烧物混入等原因影响，将劣化变质，使润滑性能下降。因此，机油应适时更换，机油滤清器也应同时更换。

机油更换周期，因车型和行驶环境而不同（见表 6-1）。如果汽车经常频繁起动、短距离行驶或在多尘地区使用，机油的更换周期应相应缩短。

常见发动机的机油更换周期　　表 6-1

发动机型号	机油更换周期	
	行驶里程（km）	行驶时间（月）
卡罗拉（1.6L）车型发动机	5000	6
科鲁兹（1.6L）车型 LDE 发动机	5000	6
桑塔纳 2000GSi 车型 AJR 发动机	7500	年行驶里程不到 7500km，至少更换一次机油

注：行驶里程和行驶时间，以先达到者为准。

4. 环保和安全注意事项

1）环境保护

（1）机油会对水形成污染，不允许排入地表水域和下水道，作业时，只能在防渗的地面上进行。

（2）机油是易燃品，必须远离火源存放和作业。

（3）废机油要单独盛装，并妥善保管和回收利用。

（4）沾上机油的抹布或物品，不得作为生活垃圾处理。

2）安全措施

（1）机油对人皮肤有损害，作业时应戴上防护手套和防护服。

（2）沾上机油的衣服或鞋子，必须立即更换。

（3）皮肤上撒上机油，立即用水和肥皂清洗，勿用汽油或溶剂作为清洁品。

（4）眼睛接触到机油，用水认真冲洗，然后尽快去医院治疗。

三、润滑系统主要部件的构造

1. 机油泵

机油泵一般安装在汽缸体的下部，由发动机曲轴直接驱动，将机油输送到发动机各运动部件接触面。机油泵常见的结构形式有以下3种。

（1）外啮合齿轮式机油泵。如图6-5所示，两个互相啮合的齿轮高速旋转，在进油口处，由于两个轮齿逐渐脱离啮合而使进油腔容积增大，腔内产生一定的真空，机油经进油口被吸入进油腔，随后被齿轮带到出油腔。齿轮逐渐进入啮合而使出油腔的容积减小，使机油压力升高，机油经出油口被压入发动机内的润滑油道中。外啮合齿轮式机油泵由于驱动阻力最小，因此工作效率也较高。

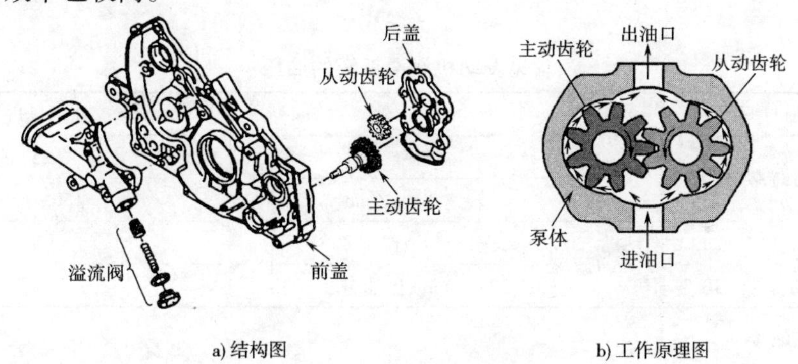

图6-5　外啮合齿轮式机油泵

（2）内啮合齿轮式机油泵。如图6-6所示，内齿轮套在曲轴前端，为主动齿轮，机油通过月牙形隔板左、右的间隙进行输送。由于这种机油泵内、外齿轮之间有多余空间，因此工作效率较低。

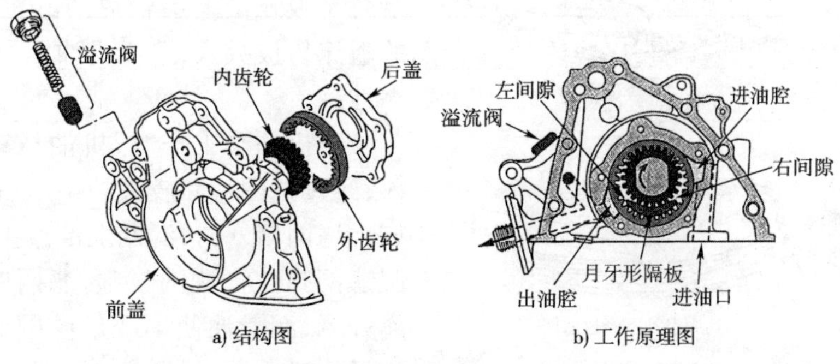

图6-6　内啮合齿轮式机油泵

(3)转子式机油泵。如图 6-7 所示,内转子为主动转子,内、外转子之间有一定的偏心距。内转子的凸齿比外转子的凹齿少 1 个,使得两转子之间存在转速差,旋转时两转子之间的工作腔容积不断变化,容积变大时吸油,变小时压油。这种机油泵供油压力高、噪声比较小。卡罗拉(1.6L)车型发动机和桑塔纳 2000GSi 车型 AJR 发动机的机油泵均采用转子式。

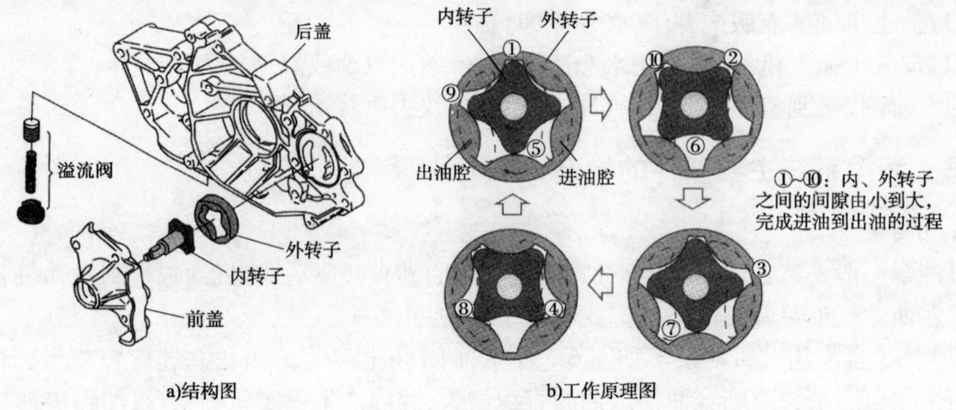

图 6-7 转子式机油泵

溢流阀(也称为安全阀或限压阀)安装在机油泵壳体上,控制润滑系统的最高油压,当油压达到规定值时,溢流阀自动开启使多余的机油流回油底壳。表 6-2 为常见发动机润滑系统的油压。

常见发动机润滑系统的油压 表 6-2

发动机型号	条　件	油压(kPa)
卡罗拉(1.6L)车型发动机	怠速	25
	转速 3000r/min	150 ~ 550
科鲁兹(1.6L)车型 LDE 或 LLU 发动机	怠速,冷却液温度 80℃	130
桑塔纳 2000GSi 车型 AJR 发动机	转速 2000r/min,机油温度 80℃	200

2. 机油集滤器

机油集滤器装在机油泵之前的吸油口端,多采用滤网式机油集滤器,防止大粒度杂质进入机油泵。汽车发动机使用的集滤器形式有浮式和固定式两种。

(1)浮式集滤器。浮式集滤器(见图 6-8)工作时漂浮于机油油面上,以保证机油泵总是吸入最上层较清洁的机油,但油面上的泡沫易被吸入,造成机油压力降低,润滑可靠性差。

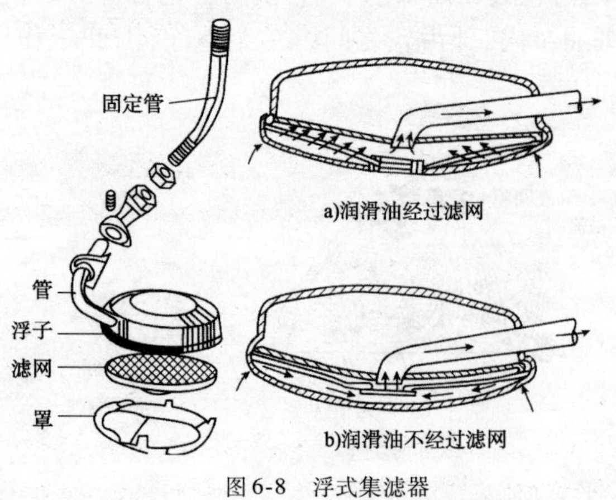

图 6-8 浮式集滤器

当机油泵工作时,机油从罩的边缘被吸入,经过滤网滤除较大的杂质后进入机油泵。如果滤网堵塞时,滤网上部产生真空,从而克服滤网弹性将滤网吸起,滤网中心处的环口离开罩,润滑油便不经过滤网而从环口直接被吸入机油泵,保证润滑不致中断。

(2)固定式集滤器。固定式集滤器(图6-9)装在机油油面下面,吸入的机油清洁度比浮式集滤器稍差,但可防止泡沫吸入,润滑可靠,结构简单,使用广泛。

3. 机油滤清器

机油滤清器的作用是滤除掉机油中的金属粉末、机油氧化物和燃烧物。为了防止滤清器堵塞失效,机油必须定期更换,一般在更换机油的同时也更换机油滤清器。

如图6-10所示,当滤清器没有及时更换或其他原因造成滤芯堵塞时,油压升高使旁通阀开启,机油将不通过滤芯直接进入汽缸体油道。

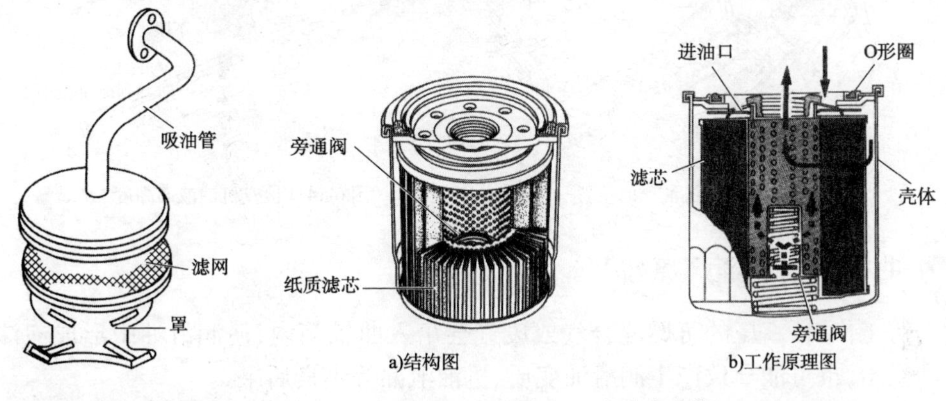

图6-9　固定式集滤器　　图6-10　机油滤清器

4. 机油散热器

在高性能大功率的强化发动机上,由于热负荷大,必须装设机油散热器,以对润滑油进行强制冷却。机油散热器布置在润滑油路中,有风冷式和水冷式两种形式。

(1)风冷式机油散热器。风冷式机油散热器(见图6-11)一般安装在发动机冷却系统散热器前面,利用冷却风扇的风力使机油冷却。

(2)水冷式机油散热器。水冷式机油散热器也被称为机油冷却器(见图6-12),当机油温度较高时,靠冷却液降温;而起动暖车期间油温较低时,则从冷却液吸热迅速提高机油温度。

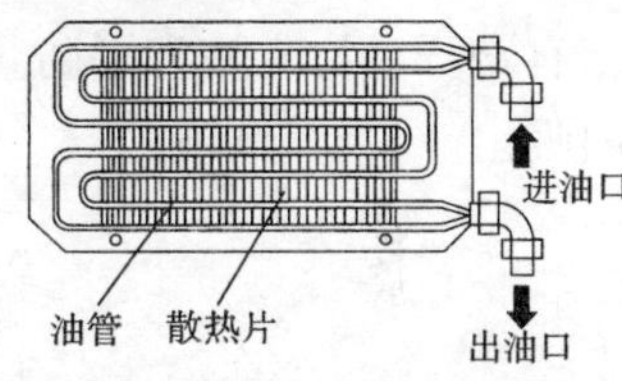

图6-11　风冷式机油散热器

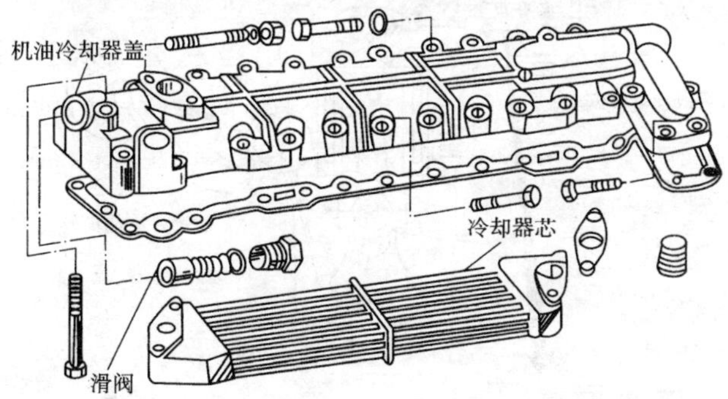

图6-12　水冷式机油散热器

5. 机油尺

油底壳内保持一定量的机油,是润滑系统正常工作的前提,因此要经常检查机油的液面高度。机油的液面是通过观察拔出的机油尺来检查的,如图 6-13 所示。

将汽车停放在平坦的地面上,起动发动机预热 3 ~ 5min(冷却液温度达到 60 ~ 70℃),停止发动机运转 2 ~ 3min 后拔出机油尺,如果机油处于上限(MAX 或 F 标记)、下限(MIN 或 L 标记)之间(见图 6-14),说明不缺少机油。

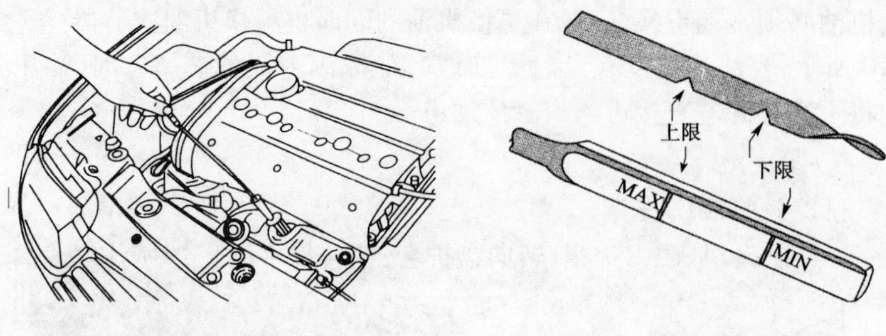

图 6-13　机油尺的位置　　　图 6-14　检查机油液面高度

四、曲轴箱强制通风系统

发动机工作时,高压的可燃混合气或废气会窜入曲轴箱内,使润滑油中形成泡沫,破坏润滑油的供给,也可能导致产生润滑油变质、机油泄漏等不良后果。

曲轴箱强制通风就是利用发动机进气管道的真空作用,使窜入曲轴箱内的气体被吸入汽缸。曲轴箱强制通风系统如图 6-15 所示。发动机工作时,在进气管内真空度作用下,窜入曲轴箱内的气体经钢丝网、曲轴箱通气软管和 PCV 阀被吸入到进气歧管并进入汽缸燃烧。新鲜空气经滤网和空气软管进入到曲轴箱内,形成不断的对流。在曲轴箱通气软管上装有 PCV 阀,这是为了防止在发动机低速小负荷时进气管的真空度太大而将机油从曲轴箱内吸出。

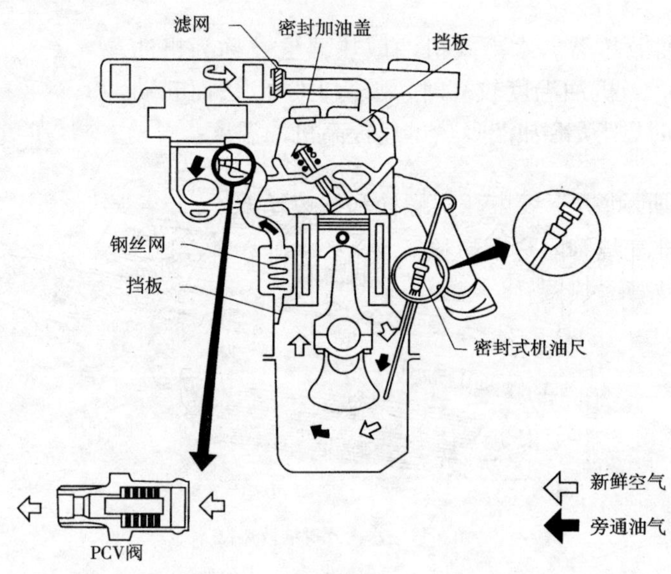

图 6-15　曲轴箱强制通风系统

第二节　润滑系统的维修

本节以科鲁兹(1.6L)车型发动机润滑系统的维修为例进行说明。

一、机油压力的测试

1. 实训器材

(1)车辆:科鲁兹(1.6L)车型。

(2)普通工具:举升机、磁力护裙、转向盘护套、变速杆手柄套、脚垫和座位套、组合扳手、螺丝刀、钳子、扭力扳手、干净的抹布。

(3)专用工具:EN-232 机油压力检查适配器。

(4)检测工具:EN-498-B 机油压力表。

(5)其他:发动机机油 SAE5W-30。

2. 作业准备

(1)汽车进入工位前,将工位清理干净,准备好相关的器材。

(2)将汽车停驻在举升机中央位置。

(3)拉紧驻车制动器操纵杆,并将变速杆置于空挡或驻车挡(P 挡)位置(见图 1-19)。

(4)套上转向盘护套、变速杆手柄套和座位套,铺设脚垫。

(5)在车内拉动发动机舱盖手柄,在车外打开并支撑发动机舱盖(见图 1-20)。

(6)粘贴翼子板和前脸磁力护裙。

3. 操作步骤

1)拆卸程序

(1)打开发动机舱盖。

(2)断开蓄电池负极电缆。

(3)断开加热型氧传感器线束插头。

(4)拆下机油尺套管。

(5)如图 6-16 所示,拆下线束托架螺栓和线束托架。

(6)拆下 2 个排气歧管隔热罩螺栓。

(7)拆下排气歧管隔热罩。

(8)如图 6-17 所示,拆下封闭螺栓。

(9)清洁螺纹。

2)测量程序

(1)如图 6-18 所示,安装 EN-498-B 机油压力表。

(2)安装 EN-232 机油压力检查适配器。

(3)起动发动机。

(4)检查机油压力。发动机怠速时,机油压力必须为至少 130kPa,且机油温度必须为 80℃或以上。

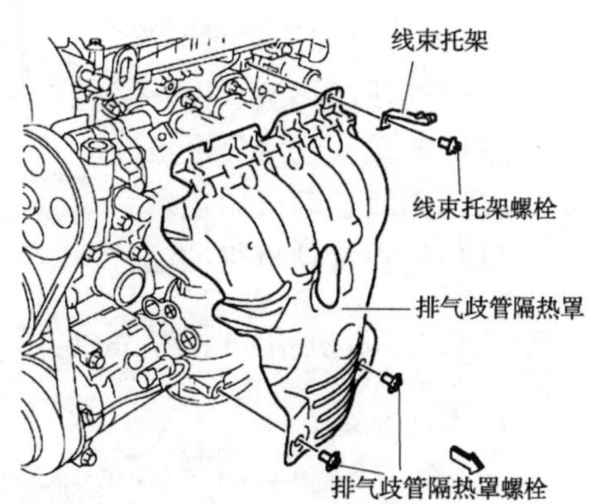

图 6-16　机油压力的测试(1)

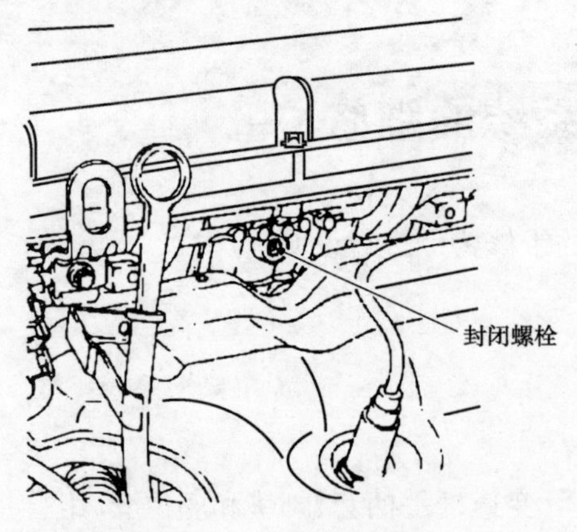

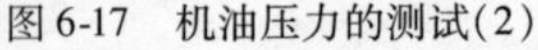

图 6-17　机油压力的测试(2)

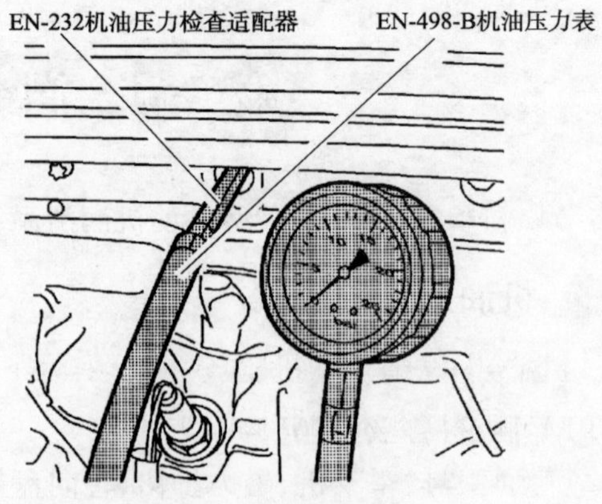

图 6-18　机油压力的测试(3)

3)安装程序

(1)关闭发动机。

(2)拆下 EN-232 机油压力检查适配器。

(3)拆下 EN-498-B 机油压力表。

(4)将新的封闭螺栓安装在汽缸盖内(见图 6-17)。

(5)将封闭螺栓紧固,力矩:15N · m。注意:所有紧固件应遵守《紧固件告诫》。《紧固件告诫》内容为:请在正确的位置使用正确的紧固件;替换紧固件的零件号必须正确;除非另有说明,否则不得在紧固件或紧固件连接表面上使用油漆、润滑剂或防蚀剂,这些涂层会影响紧固件的拧紧力矩和夹紧力并会损坏紧固件;安装紧固件时,务必使用正确的紧固顺序和紧固规格,以避免损坏零件和系统;使用直接装入塑料的紧固件时,务必小心不要剥去配套的塑料零件;只能使用手动工具,切勿使用任何冲击工具或电动工具;紧固件应该手动紧固,完全就位且不能脱落。

(6)安装排气歧管隔热罩(见图 6-16)。

(7)安装 2 个排气歧管隔热罩螺栓(见图 6-16),紧固力矩:8N · m。注意:所有紧固件应遵守《紧固件告诫》。

(8)安装线束托架和线束托架螺栓(见图 6-16),紧固力矩:15N · m。注意:所有紧固件应遵守《紧固件告诫》。

(9)安装机油尺套管。

(10)连接加热型氧传感器线束插头。

(11)连接蓄电池负极电缆。

(12)关闭发动机舱盖。

(13)检查发动机机油油位。

二、发动机机油和机油滤清器的更换

1. 实训器材

(1)车辆:科鲁兹(1.6L)车型。

(2)普通工具:举升机、磁力护裙、转向盘护套、变速杆手柄套、脚垫和座位套、组合扳手、螺丝刀、钳子、扭力扳手、干净的抹布、接液盘。

(3)其他:发动机机油 SAE5W-30,4.5L。

2. 作业准备

(1)汽车进入工位前,将工位清理干净,准备好相关的器材。

(2)将汽车停驻在举升机中央位置。

(3)拉紧驻车制动器操纵杆,并将变速杆置于空挡或驻车挡(P 挡)位置(见图 1-19)。

(4)套上转向盘护套、变速杆手柄套和座位套,铺设脚垫。

(5)在车内拉动发动机舱盖手柄,在车外打开并支撑发动机舱盖(见图 1-20)。

(6)粘贴翼子板和前脸磁力护裙。

3. 操作步骤

1)拆卸程序

(1)打开发动机舱盖。

(2)将一个接液盘置于下面。

(3)如图 6-19 所示,拆下机油滤清器盖。

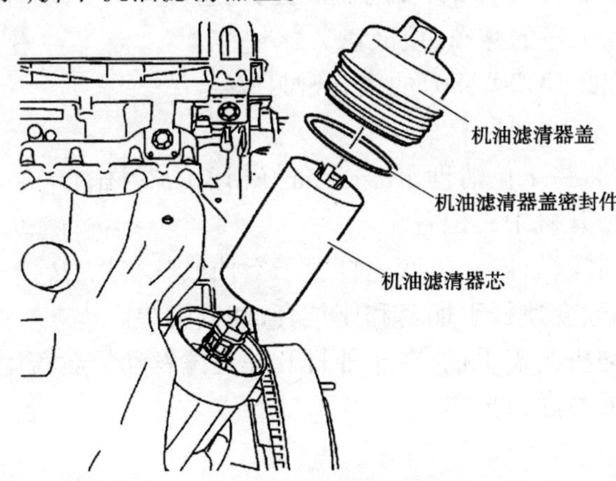

图 6-19　机油滤清器的拆卸

(4)拆下机油滤清器盖密封件。注意:本发动机使用专用高性能机油滤清器。使用任何其他滤清器都可能导致滤清器失效或发动机严重损坏。

(5)拆下并正确报废机油滤清器芯。

(6)举升和顶起车辆。

(7)拆下机油放油螺栓。

(8)将发动机机油排到接液盘中。

2)安装程序

(1)清洁放油螺栓螺纹和油底壳中的螺纹。

(2)将一个新的密封件安装到放油螺栓上。

(3)将放油螺栓安装到油底壳上并紧固至 14N · m。注意:所有紧固件应遵守《紧固件告诫》。

(4)降下车辆。

(5)安装新的机油滤清器滤芯(见图 6-19)。注意:给密封圈涂上新发动机机油。

(6)安装新的机油滤清器盖密封件(见图6-19)。注意:过度拧紧机油滤清器盖可能导致机油滤清器盖受损,从而导致漏油。

(7)安装机油滤清器盖(见图6-19),并紧固至25N·m。注意:使用任何非推荐黏度的发动机机油都可能造成发动机损坏,必须使用具有规定黏度等级的发动机机油。起动发动机并使其运转,直到机油压力控制指示灯熄灭。检查发动机机油油位。

(8)加注新发动机机油。发动机机油规格为SAE5W-30,更换机油(包括滤清器)容量为4.5L。

(9)关闭发动机舱盖。

(10)重新设置GM机油寿命系统。

三、油底壳的维修

1. 实训器材

(1)车辆:科鲁兹(1.6L)车型。

(2)普通工具:举升机、磁力护裙、转向盘护套、变速杆手柄套、脚垫和座位套、组合扳手、螺丝刀、钳子、扭力扳手、干净的抹布、接液盘。

(3)其他:发动机机油SAE5W-30、油底壳密封胶。

2. 作业准备

(1)汽车进入工位前,将工位清理干净,准备好相关的器材。

(2)将汽车停驻在举升机中央位置。

(3)拉紧驻车制动器操纵杆,并将变速杆置于空挡或驻车挡(P挡)位置(见图1-19)。

(4)套上转向盘护套、变速杆手柄套和座位套,铺设脚垫。

(5)在车内拉动发动机舱盖手柄,在车外打开并支撑发动机舱盖(见图1-20)。

(6)粘贴翼子板和前脸磁力护裙。

3. 操作步骤

1)拆卸程序

(1)将车辆举升至最大高度。

(2)将接液盘置于下面。

(3)拆下机油放油螺栓。

(4)收集发动机机油。

(5)安装新密封圈和放油螺栓,紧固力矩:14N·m。注意:所有紧固件应遵守《紧固件告诫》。

(6)完全降下车辆。

(7)拆下机油尺套管。

①打开发动机舱盖。

②拆下机油尺。注意:如果发动机机油油位处于最高位置,在取出机油尺套管时,一些机油可能会溢出。

③将接液盘置于下面。

④如图6-20所示,拆下机油尺套管螺栓。

⑤拆下机油尺套管和机油尺密封件。

(8)将车辆举升至最大高度。

(9)如图6-21所示,拆下前舱防溅罩。

(10)如图6-22所示,拆下前排气管。

(11)如图6-23所示,将2个油底壳螺栓从油底壳和变速器上拆下。注意:用合适的工具沿着周边均匀地拆下油底壳。

(12)如图6-24所示,拆下15个油底壳螺栓,使用螺丝刀或其他合适的工具拆下油底壳。

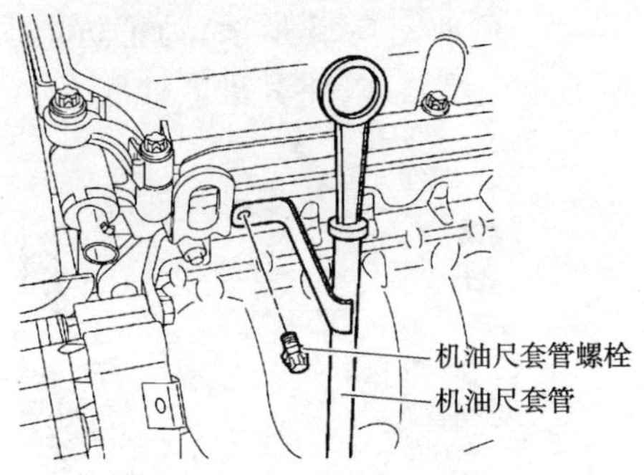

图6-20　油底壳的拆卸(1)

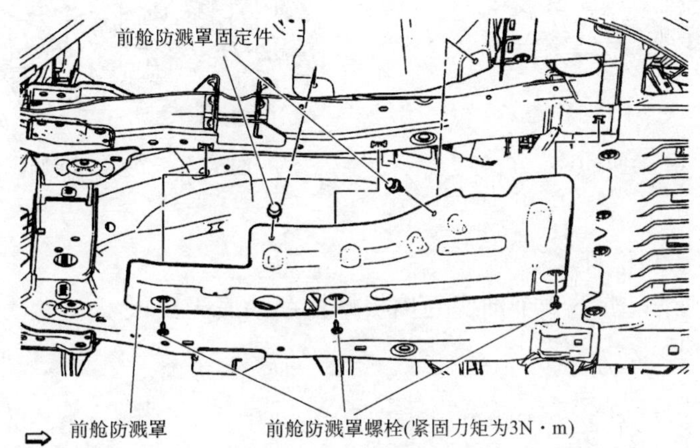

图6-21　油底壳的拆卸(2)

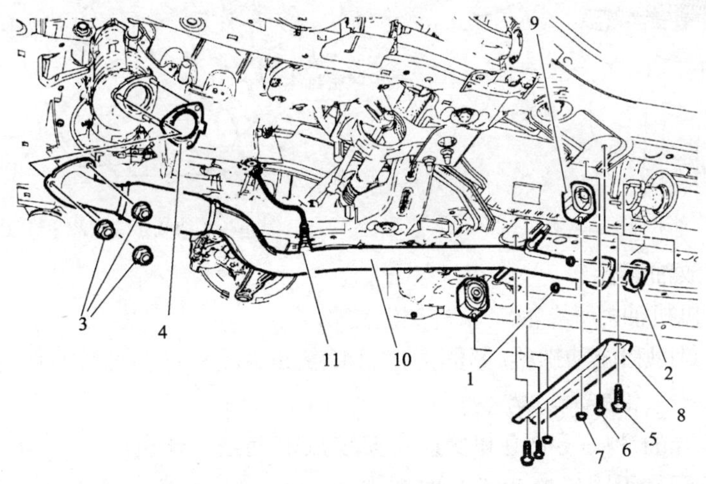

图6-22　油底壳的拆卸(3)

1-前排气管至排气消声器螺母(数量:2,紧固力矩为17N·m);2-前排气管至排气消声器衬垫;3-催化转化器至前排气管螺母(数量:3,紧固力矩为22N·m);4-催化转化器至前排气管衬垫;5-传动系统和前副车架支座螺栓M10(数量:2,紧固力矩为60N·m);6-排气管前吊架托架螺栓M8(数量:2,紧固力矩为22N·m);7-排气管前吊架隔振垫螺母(数量:2,紧固力矩为17N·m);8-排气管前吊架托架;9-排气消声器隔振垫(数量:2);10-前排气管;11-加热氧传感器(紧固力矩为42N·m)

(13)如图 6-25 所示,为了防止损坏机油滤网,确保机油滤网留在油底壳中。若机油滤网触碰到汽缸体,将其推入油底壳中。

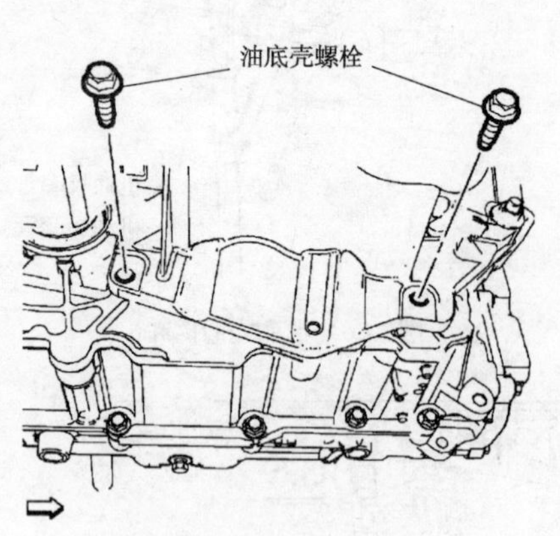

图 6-23 油底壳的拆卸(4)

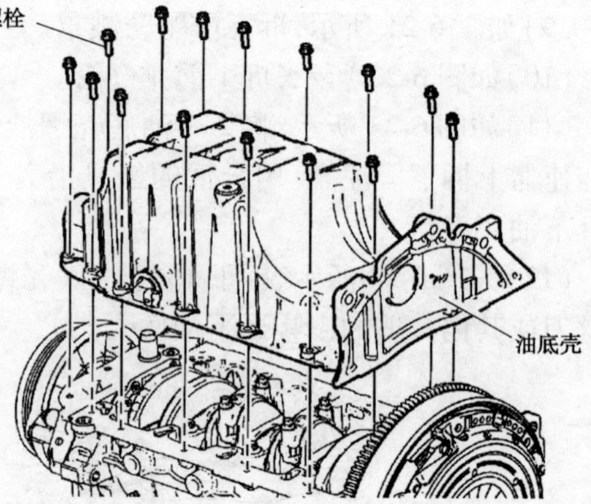

图 6-24 油底壳的拆卸(5)

(14)拆下油底壳。

2)油底壳的清洁和检查

(1)如图 6-26 所示,拆下 2 个油底壳挡板螺栓和油底壳挡板。

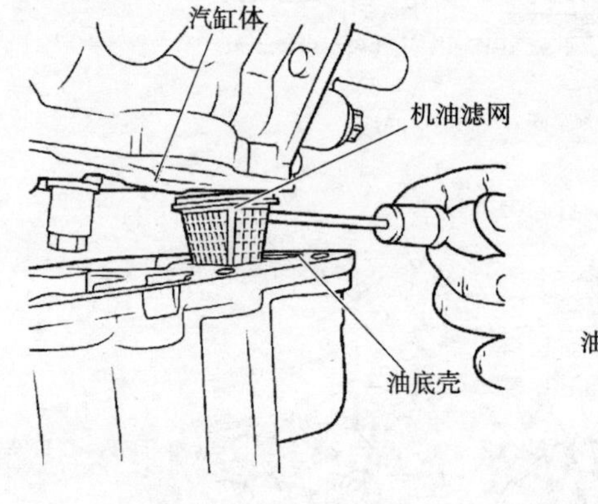

图 6-25 油底壳的拆卸(6)

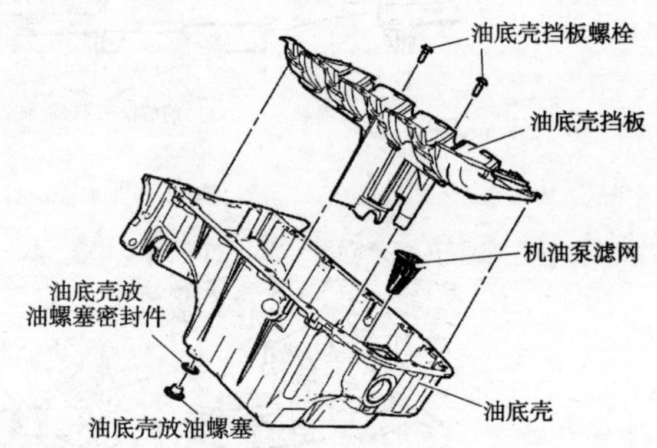

图 6-26 油底壳的清洁和检查

(2)拆下机油泵滤网。

(3)清洁油底壳,除去所有油泥和机油沉淀物。

(4)拆下油底壳放油螺塞和油底壳放油螺塞密封件。

(5)检查油底壳放油螺塞的螺纹。

(6)检查油底壳的油底壳油道和变速器安装点附近是否开裂。

(7)检查油底壳是否因碰撞或飞石而开裂。

(8)检查油底壳挡板和机油泵滤网。

(9)必要时,修理或更换油底壳。

3)安装程序

(1)清洁密封面。

(2)将约 3.5mm 厚的油底壳密封胶涂抹在连接处(图 6-27 箭头所示)。注意:装配时间

(包括紧固力矩检查)不得超过10min。

(3)如图6-28所示,涂上一层约3.5mm厚的油底壳密封胶。

(4)将15个油底壳螺栓安装到油底壳上(见图6-24),紧固力矩:10N·m。注意:所有紧固件应遵守《紧固件告诫》。

(5)将2个油底壳螺栓1安装到油底壳和变速器上(见图6-23),紧固力矩:58N·m。注意:所有紧固件应遵守《紧固件告诫》。

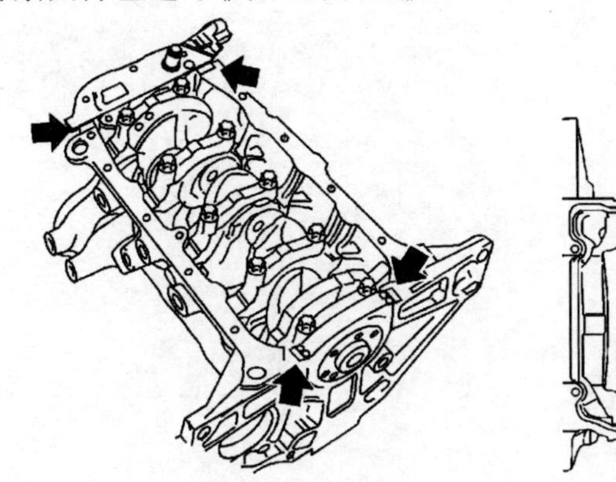

图6-27　油底壳的安装(1)

油底壳密封胶

图6-28　油底壳的安装(2)

(6)安装前排气管(见图6-22)。注意:安装新螺栓,切勿重复使用旧螺栓。

(7)安装前舱防溅罩(见图6-21),螺栓紧固力矩:3N·m。

(8)完全降下车辆。

(9)安装机油尺套管。

①安装机油尺导管(见图6-20)。

②安装新的机油尺套管衬垫。

③安装机油尺套管螺栓(见图6-20),紧固力矩:15N·m。注意:所有紧固件应遵守《紧固件告诫》。

④安装机油尺。

⑤关闭发动机舱盖。

(10)加注收集的发动机机油。

四、发动机前盖和机油泵的维修

1. 实训器材

(1)车辆:科鲁兹(1.6L)车型。

(2)普通工具:举升机、磁力护裙、转向盘护套、变速杆手柄套、脚垫和座位套、组合扳手、螺丝刀、钳子、扭力扳手、干净的抹布、接液盘。

(3)测量工具:直尺、塞尺。

(4)其他:发动机机油SAE5W-30。

2. 作业准备

(1)汽车进入工位前,将工位清理干净,准备好相关的器材。

(2)将汽车停驻在举升机中央位置。

(3)拉紧驻车制动器操纵杆,并将变速杆置于空挡或驻车挡(P 挡)位置(见图 1-19)。

(4)套上转向盘护套、变速杆手柄套和座位套,铺设脚垫。

(5)在车内拉动发动机舱盖手柄,在车外打开并支撑发动机舱盖(见图 1-20)。

(6)粘贴翼子板和前脸磁力护裙。

3. 操作步骤

1)拆卸程序

(1)打开发动机舱盖。

(2)断开蓄电池负极电缆。

(3)拆下排气歧管。

(4)排空冷却系统。

(5)拆卸空调压缩机。

(6)拆下发电机。

(7)拆下正时带后盖。

(8)拆下油底壳。

(9)将散热器出口软管从水泵上拆下。

(10)如图 6-29 所示,拆下发动机机油散热器进口管螺栓。

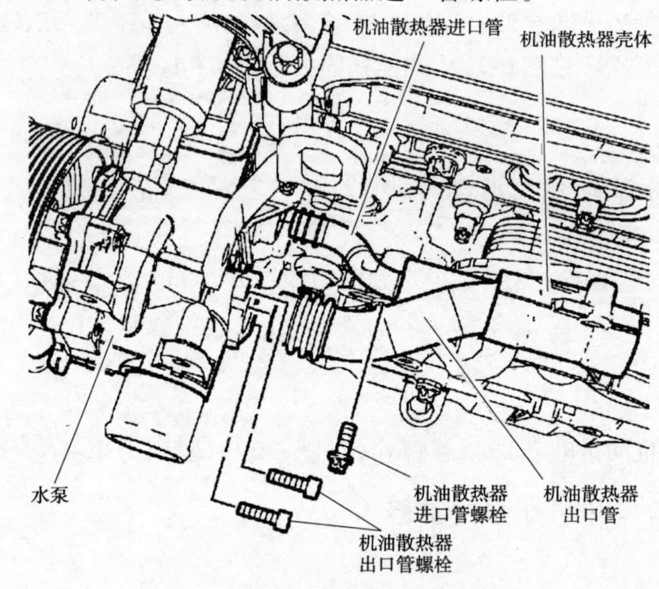

图 6-29 发动机前盖和机油泵的拆卸(1)

(11)将发动机机油散热器进口管推入发动机机油散热器壳体中。

(12)从水泵上拆下 2 个发动机机油散热器出口管螺栓。

(13)将发动机机油散热器出口管按入发动机机油散热器壳体中。

(14)如图 6-30 所示,拆下 8 个螺栓。注意:螺栓长度的不同。

(15)拆下带机油泵的发动机前盖。

(16)拆下发动机盖衬垫。注意:不要损坏密封表面。

(17)清洁密封面。

2)机油泵的清洁和检查

(1)将外转子和内转子一起拆下。

(2)目视检查部件。

(3)安装外转子和内转子。

(4)如图6-31所示,检查转子的轴向间隙,以便控制单元壳体上边缘。允许的测量值为0.02~0.058mm。

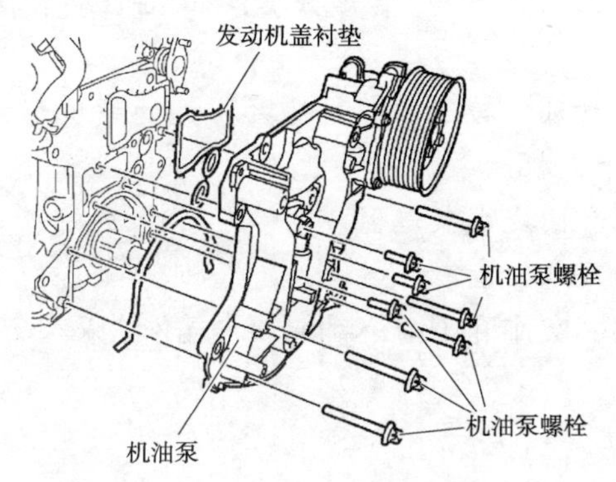

图6-30　发动机前盖和机油泵的拆卸(2)

图6-31　转子的轴向间隙的检查

3)安装程序

(1)清洁密封面。

(2)安装新的发动机盖衬垫(见图6-30)。

(3)安装带机油泵的发动机盖(见图6-30)。

(4)安装8个机油泵螺栓(见图6-30),紧固力矩:20N·m。注意:所有紧固件应遵守《紧固件告诫》。

(5)将发动机机油散热器出口管安装到水泵上(见图6-29)。

(6)安装发动机机油散热器出口管螺栓(见图6-29),紧固力矩:8N·m。注意:所有紧固件应遵守《紧固件告诫》。

(7)将发动机机油散热器进口管安装到水泵上(见图6-29)。

(8)安装发动机机油散热器进口管螺栓(见图6-29),紧固力矩:8N·m。注意:所有紧固件应遵守《紧固件告诫》。

(9)将散热器出口软管安装到水泵上。

(10)安装油底壳。

(11)安装正时带后盖。

(12)安装发电机。

(13)安装空调压缩机。

(14)安装排气歧管。

(15)连接蓄电池负极电缆。

(16)加注冷却系统。

(17)关闭发动机舱盖。

小结

1. 润滑系统的功用就是将机油输送到发动机各个需要润滑的部位,以达到提高发动机工作可靠性和耐久性的目的。

2. 润滑系统主要由机油泵、机油滤清器、集滤器、油道等组成,另外包括机油压力开关、机油指示灯(在仪表板上)、机油冷却器等。

3. 机油的分类,国际上广泛采用SAE(美国工程师学会)黏度分类法和API(美国石油学会)使用性能分类法。

4. 机油泵作用是将机油输送到发动机各运动部件接触面。机油泵常见的结构形式有外啮合齿轮式机油泵、内啮合齿轮式机油泵和转子式机油泵。

5. 汽车发动机使用的集滤器有浮式集滤器和固定式集滤器。

6. 机油的液面高度可通过观察拔出的机油尺来检查。

7. 曲轴箱强制通风是利用发动机进气管道的真空作用,使流入曲轴箱内气体被吸入汽缸。

复习思考题

一、简答题

1. 润滑系统的基本组成有哪些? 各有何功用?
2. 机油的选择原则是什么?
3. 转子式机油泵是如何工作的?
4. 如何检查机油液面高度?
5. 曲轴箱强制通风系统的组成和作用是什么?

二、选择题

1. 通常润滑系统的滤清器上装有旁通阀,当滤清器堵塞时,旁通阀打开(　　)。

A. 使机油不经滤芯,直接流回到油底壳　　B. 使机油流回机油泵

C. 使机油直接流入主油道

2. 由于主轴承及连杆轴承间隙量的增加,会发生下列哪一种情况?(　　)

A. 润滑油油压升高　　B. 润滑油油压降低　　C. 窜气减少　　D. 窜气增加

3. 哪个装置用来控制润滑系统的最高机油压力?(　　)

A. 溢流阀　　B. 集滤器　　C. 机油泵　　D. 油底壳

三、判断题

1. 润滑系统的功用主要是减少零件的摩擦与磨损。(　　)
2. 溢流阀的主要功用是控制机油压力。(　　)
3. 旁通阀的主要功用是控制机油压力。(　　)
4. 集滤器装在机油泵之前,防止直径较小的杂质进入机油泵。(　　)
5. 在热负荷较大的发动机上,除利用油底壳对发动机润滑油散热外,还专门设有机油散热器。(　　)
6. 主轴承及连杆轴承间隙过大,则机油压力会增高。(　　)

第七章 冷却系统的构造与维修

学习目标

1. 掌握冷却系统的功用、组成和工作原理；
2. 掌握冷却液的作用和选用原则；
3. 掌握水泵的结构特点和工作原理；
4. 掌握散热器的作用与工作原理；
5. 掌握膨胀水箱的作用和工作原理；
6. 掌握节温器的作用和工作原理；
7. 了解电动风扇的作用和工作原理；
8. 了解冷却系统维修的基本方法。

第一节 冷却系统的结构和工作原理

一、冷却系统功用和组成

发动机冷却系统的功用就是使工作中的发动机得到适度的冷却，从而保持发动机在最适宜的温度范围内工作。另外，冷却系统还为暖风系统提供热源。

现代汽车多采用封闭式强制循环水冷却系统，即用水泵强制使冷却液在冷却系统中循环流动，使发动机中高温零件的热量先传给冷却液，然后散发到大气中。

水冷却系统一般由水泵、散热器、节温器、冷却风扇、风扇控制机构、水套、膨胀水箱、温度指示器及报警灯等组成，如图7-1所示。

发动机工作时，水泵将冷却液压入发动机汽缸体水套，然后流入汽缸盖水套吸收机体的热量。此后冷却液分两路循环（见图7-2），一路为大循环，即冷却液流经散热器冷却后，进入装在机体水泵进口处的节温器，流向水泵进水口；另一路为小循环，即冷却液直接进入节温器后的水泵进水口，不经散热器冷却。当冷却液的温度低于85℃时，进行小循环；当冷却液高于85℃时，部分冷却液进行大循环；当冷却液温度达到（102 ± 3）℃时，流经散热器的冷却液全都参加大循环，而小循环是常开的，这样可使冷却系统的温度提高到一个较高的水平，改善发动机的热效率，同时可以确保冷却系统始终有冷却液在循环，保持发动机在最佳温度下工作。

为了提高燃油雾化程度，利用冷却液的热量对进入进气歧管内的混合气进行预热，车上的暖风装置利用冷却液带出的热量来达到取暖目的。当需要取暖时,打开暖气控制阀,从汽缸体水套流出的部分冷却液可流入暖风热交换器供暖,随后流回水泵。

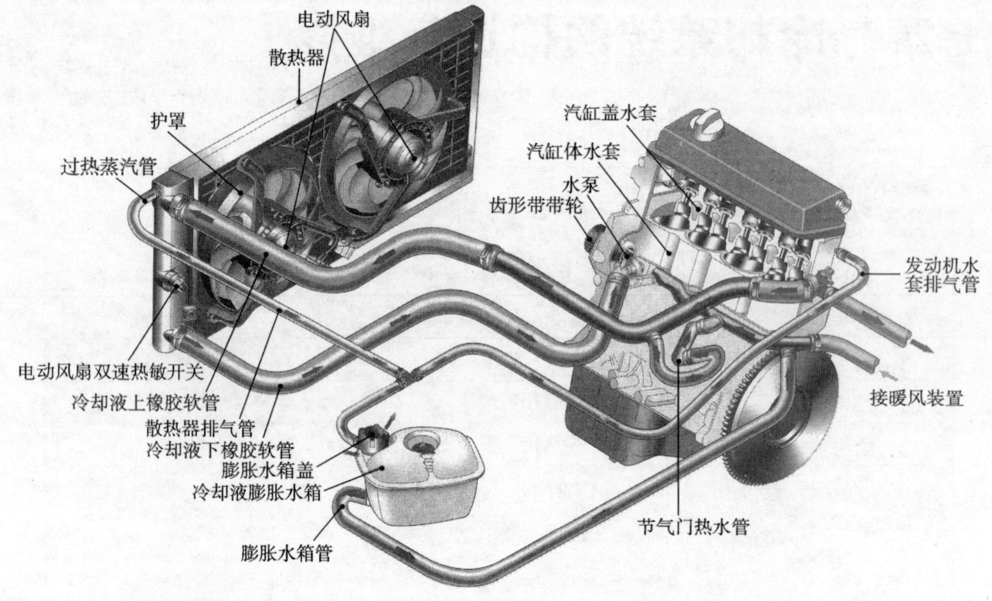

图 7-1　发动机水冷却系统布置图示意图

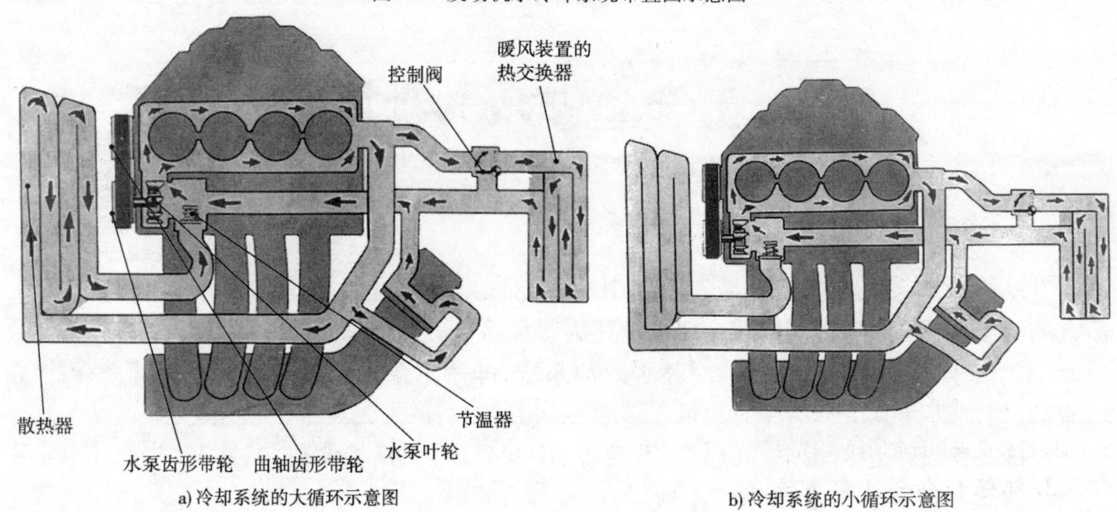

a) 冷却系统的大循环示意图　　b) 冷却系统的小循环示意图

图 7-2　冷却系统的循环示意图

二、冷却液

冷却液是发动机冷却系统中最重要的工作介质,汽车常用的冷却液有水冷却液及加有防冻剂的防冻冷却液。

1. 水冷却液

水冷却液是指直接用水作为冷却液,它具有取用简便和经济的优点。但是,水沸点低、易蒸发,需经常添加。水冷却液最好选用软水,即含盐分少的水,如雨水、雪水、自来水等。否则,水易在水套内形成水垢,从而降低汽缸盖和汽缸体的传热性能,使发动机过热。水在严寒冬季易结冰，过夜必须放水，否则会因为结冰时体积膨胀，造成胀裂汽缸体、汽缸盖的严重事故。

2. 防冻冷却液

防冻冷却液主要由防冻剂与水按一定比例混合而成，最常用的防冻剂是乙二醇，乙二醇可降低冰点和提高沸点。冷却液中水与乙二醇的比例不同，其冰点也不同（见表 7-1）。

冷却液的冰点与乙二醇质量分数的关系　　表 7-1

冷却液冰点（℃）	乙二醇的质量分数（%）	水的质量分数（%）
-10	26.4	73.6
-20	36.2	63.8
-30	45.6	54.4
-40	52.3	47.7
-50	58.0	42.0
-60	63.1	36.9

有些车型使用的防冻冷却液中还加添有添加剂，添加剂可防止冷却液腐蚀、沉积（水垢）、形成泡沫和过热的作用。

乙二醇型防冻冷却液有不同的牌号，应按汽车使用说明书的规定要求选用和定期更换防冻冷却液（见表 7-2）。注意：不同牌号的防冻冷却液不可混用。

常见发动机冷却液更换周期　　表 7-2

发动机型号	冷却液牌号	容量（L）	更换周期
卡罗拉（1.6L）车型发动机	Toyota Super Long Life Coolant（丰田高级长效冷却液）或类似的优质乙二烯乙醇型冷却液	5.6（手动变速器车型）或5.5（自动变速器车型）	第一次行驶 160000km，然后每行驶 80000km 更换一次
科鲁兹（1.6L）车型发动机	DEX - COOL®	6.5	每 240000km 或 5 年
桑塔纳 2000GSi 车型 AJR 发动机	NO52 774 BO 或改进型冷却液 NO52 774 CO	6.0	行驶 60000km 或两年

注：行驶里程和行驶时间，以先达到者为准。

3. 环保和安全注意事项

1）环境保护

（1）冷却液是一种污染液，属于对水有轻微污染的物质，因此不允许将冷却液排入地表水域和下水道，作业时，只能在防渗的地面上进行。

（2）废弃的冷却液必须单独盛装，并妥善保管和回收利用。

（3）沾上冷却液的抹布或物品，不得作为生活垃圾处理。

2）安全措施

（1）冷却液对人皮肤有损害，作业时应戴上个人防护装备。

（2）沾上冷却液的衣服或鞋子，必须立即脱下并更换。

（3）皮肤接触到冷却液，立即用水和肥皂清洗并彻底冲洗。

(4)眼睛接触到冷却液,应翻开眼皮并用流水冲洗眼睛几分钟。

(5)吸入冷却液,应立即漱口并喝下大量清水,然后尽快去医院治疗。

三、冷却系统主要部件的构造

1. 水泵

水泵具有对冷却液加压,强制冷却液在冷却系统中循环流动的作用。现代汽车通常采用离心式水泵。水泵一般在机体外安装,与风扇同轴驱动;也有装在机体内(内藏式)单独驱动的。

离心式水泵主要由泵壳、叶轮、泵盖、水泵轴、支承轴承、水封等组成,如图7-3a)所示。

如图7-3b)所示,当叶轮旋转时,水泵中的冷却液被叶轮带动一起旋转,并在离心力作用下向叶轮边缘甩出,经与叶轮成切线方向的出水管压送到发动机的水套内。与此同时,叶轮中心处造成一定的真空而将冷却液从进水管吸入,如此连续地作用,使冷却液在水路中不断地循环。

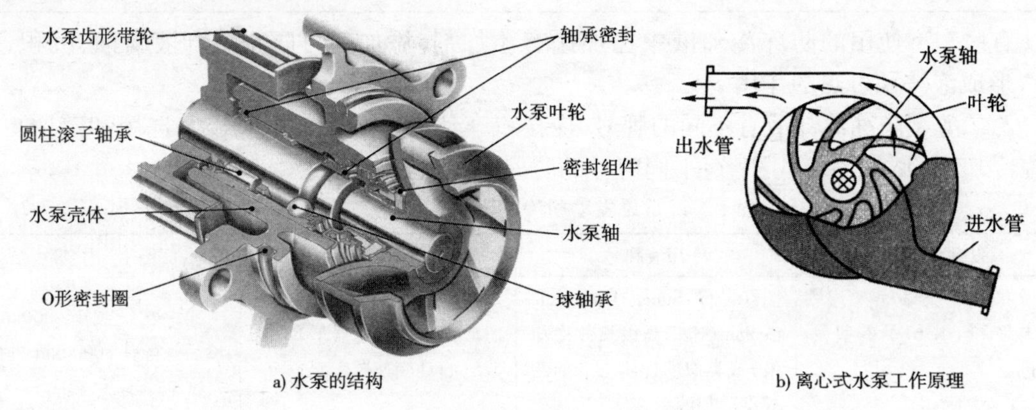

a) 水泵的结构　　b) 离心式水泵工作原理

图7-3　水泵

2. 散热器

散热器具有使水套中出来的热的冷却液得到迅速冷却,以保持发动机的正常冷却液温度的功用。散热器的主要组成为上储水室、下储水室、散热器芯(包括冷却管和散热带)和散热器盖等,如图7-4所示。

(1)上储水室和下储水室。上储水室顶部有加水口,平时用散热器盖盖住,并装有进水软管,与发动机上出水管相连。下储水室有出水管,用软管与水泵进水口相连。一般在下储水室中还装有放水阀。由发动机出水管流出的温度较高的热的冷却液进入上储水室,经散热器冷却管散热冷却后流入下储水室,由散热器出水管流出后被吸入水泵。

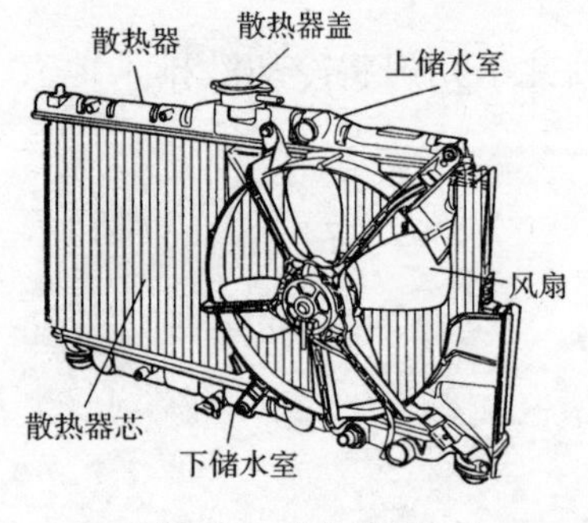

图7-4　散热器的组成

(2)散热器芯。散热器芯由许多扁圆形的冷却管和散热片组成。冷却管焊接在上、下储水室之间,作为冷却液的通道。空气吹过管的外表面,从而使管内流动的冷却液得到冷却。冷却管周围布置了很多散热片,用来增加散热面积,同时增加整个散热器的刚度和强度。

(3)散热器盖。现代汽车发动机多采用封闭式水冷却系统，这种冷却系统的散热器盖装有一个空气阀和一个蒸汽阀，对冷却系统有密封加压作用。发动机处于正常热态时，阀门关闭，可将冷却系统与大气隔开，防止蒸汽逸出，使系统内压力稍高于大气压力，从而可增高冷却液的沸点，保证发动机在较长时间及较高负荷下工作。如图 7-5 所示，当散热器中压力升高到一定压力时，蒸汽阀便开启，使蒸汽从通气孔排出，以防热膨胀压坏散热器芯管；当冷却液温度降低，冷却系统中蒸汽凝结为水，散热器内形成一定真空时，空气阀开启，空气从通气孔进入冷却系统，避免压力差将散热器芯管压瘪。

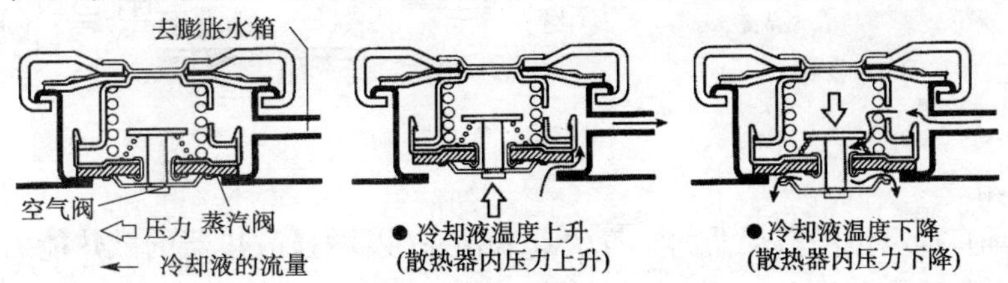

图 7-5　具有空气阀-蒸汽阀的散热器盖

3. 膨胀水箱

加注防锈、防冻液的汽车发动机常采用膨胀水箱（见图 7-6）。发动机工作使冷却液温度升高并膨胀，使散热器内压力上升。当压力达到规定值以上时，让一部分冷却液流回膨胀水箱以保持散热器内压力。停车时，冷却液温度降低，散热器内压力下降，膨胀水箱内的冷却液受大气压的作用流回散热器。

膨胀水箱多用半透明材料（如塑料）制成，透过箱体可直接观察到冷却液的液面高度，无须打开散热器盖，冷却液的液面高度应在 MAX 与 MIN 之间（见图 7-7）。

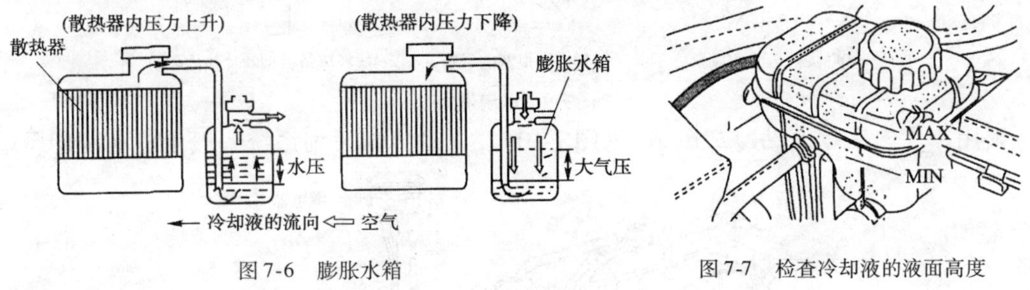

图 7-6　膨胀水箱

图 7-7　检查冷却液的液面高度

4. 节温器

节温器安装在冷却液循环的通路中（一般安装在汽缸盖的出水口处），根据发动机负荷的大小和冷却液温度的高低自动改变冷却液的循环流动路线，以达到调节冷却系统冷却强度的目的。

汽车发动机广泛采用蜡式节温器，见图 7-8a）。节温器推杆的一端固定于支架的中心处，另一端插入胶管的中心孔中。胶管与节温器外壳之间形成的腔体内装有精制石蜡。常温时，石蜡呈固态，阀门压在阀座上，这时阀门关闭了通往散热器的水路，来自发动机缸盖出水口的冷却液经水泵又流回汽缸体水套中进行小循环，见图 7-8b）。当发动机冷却液温度升高时，石蜡逐渐变成液态，体积随之增大，迫使橡胶管收缩，从而对推杆上端头产生向上的推力。由于推杆上端固定，故推杆对橡胶管、感应体产生向下的反推力，阀门开启。当发动机冷却液温度达到规定温度以上时，阀门全开，来自汽缸盖出水口的冷却液流向散热器，进行大循环，见图 7-8c）。

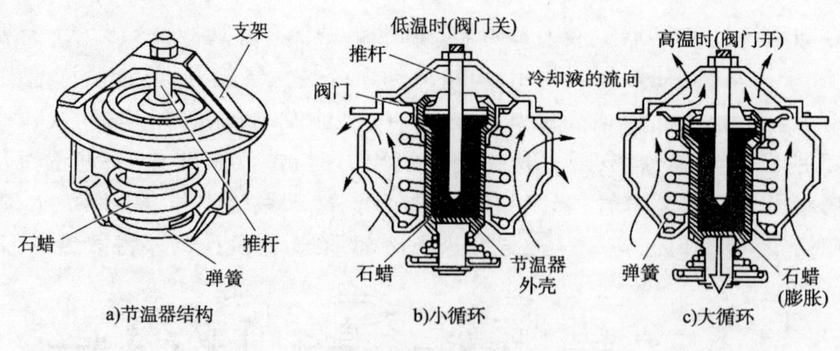

图7-8　节温器

5. 冷却风扇

冷却风扇具有提高流经散热器的空气流速和流量，以增强散热器的散热能力并冷却发动机附件的功用。冷却风扇多装在发动机与散热器之间，与水泵同轴驱动。这样，当风扇转动时，对空气产生轴向吸力，空气流从前到后通过散热器芯，从而使散热器芯中的冷却液加速冷却。

风扇的风量与风扇的直径、转速、叶片形状、叶片安装角度以及叶片数目有关。目前，车用水冷发动机大多数采用轴流式风扇（见图7-9）。

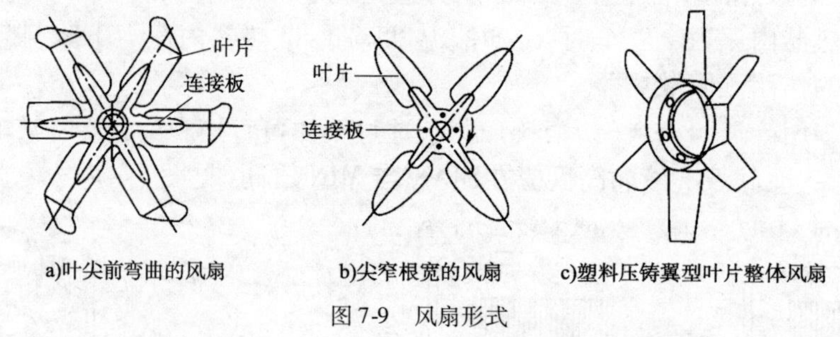

图7-9　风扇形式

乘用车大多采用电动冷却风扇（见图7-10）。电动冷却风扇系统一般由电动冷却风扇温

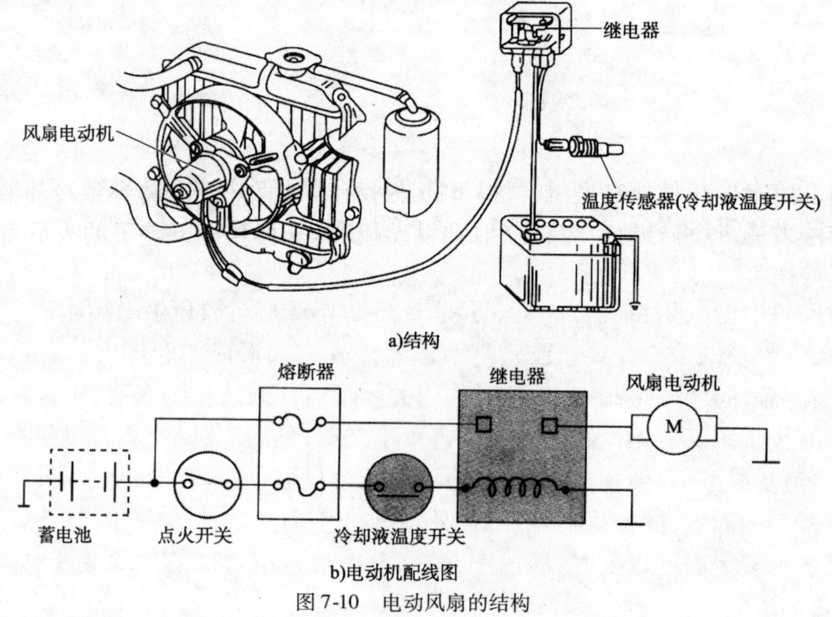

图7-10　电动风扇的结构

度传感器(冷却液温度开关)、风扇、电动机等组成。根据冷却液温度变化,使风扇断续工作,从而提高了整车的经济性能。另外,电动冷却风扇省去了风扇传动带轮同发电机轴的传动带的连接,风扇叶片尺寸和散热器等布置自由度大,具有能耗低、噪声小等优点。

第二节　冷却系统的维修

本节以科鲁兹(1.6L)车型发动机冷却系统的维修为例进行说明。

一、冷却液的排放和加注及冷却系统泄漏的测试

1. 实训器材

(1)车辆:科鲁兹(1.6L)车型。

(2)普通工具:举升机、磁力护裙、转向盘护套、变速杆手柄套、脚垫和座位套、组合扳手、螺丝刀、钳子、扭力扳手、冷却液回收盆、漏斗。

(3)专用工具:EN-471 适配器、EN-6327-A 冷却系统测试适配器。

(4)检测工具:冷却液系统测试仪。

(5)其他:科鲁兹(1.6L)车型专用冷却液。

2. 作业准备

(1)汽车进入工位前,将工位清理干净,准备好相关的器材。

(2)将汽车停驻在举升机中央位置。

(3)拉紧驻车制动器操纵杆,并将变速杆置于空挡或驻车挡(P 挡)位置(见图 1-19)。

(4)套上转向盘护套、变速杆手柄套和座位套,铺设脚垫。

(5)在车内拉动发动机舱盖手柄,在车外打开并支撑发动机舱盖(见图 1-20)。

(6)粘贴翼子板和前格栅磁力护裙。

3. 操作步骤

1)注意事项

(1)在有压力的冷却系统中,散热器内的冷却液温度比大气压力下冷却液的沸点高很多。当冷却系统未冷却且处在高压时,拆下膨胀水箱盖或散热器盖将导致冷却液瞬间沸腾,并产生爆炸性力量,这将导致冷却液喷射到发动机、翼子板和拆下盖子的人员身上,可能导致严重的人身伤害。

(2)仅能使用通用发行的防冻混合液,并确保冷却液与防冻液浓度比为 1∶1。防冻液不仅防止冷却系统冻结,还防止所有与冷却液接触的部件锈蚀与形成水垢沉淀物。因此,即使在热带地区,也务必要添加防冻液。任何时候都不推荐使用可燃的防冻剂(如酒精等),以免导致严重的火灾。

(3)除防冻液外,冷却液的质量也起着重要的作用。例如饮用自来水通常能满足该要求,再生海水的质量不适用。

(4)如果使用未经批准的防冻液,则可能会损坏发动机。

(5)如果已更换散热器、汽缸盖或汽缸盖密封件,则不能再使用旧的冷却液。

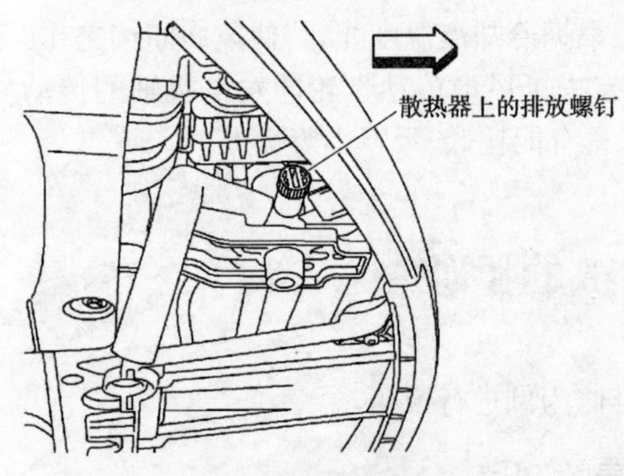

图 7-11　冷却液的排放

2)冷却液的排放

(1)打开冷却系统。拧开冷却液膨胀水箱盖。

(2)如图 7-11 所示,打开散热器上的排放螺钉以排放冷却液。

3)冷却液的加注

(1)带空调的车辆,应关闭空调。

(2)排放冷却液后,闭合散热器上的排放螺钉。

注意:当冷却液流出到松开的通风螺钉上时,闭合通风螺钉。

(3)如图 7-12 所示,拆下散热器上的通风螺钉。

(4)加满冷却液直到膨胀水箱上排气喷嘴的底线。当冷却液停止下降时,加注冷却液直到管口下方的底线,如图 7-13 所示黑色箭头。

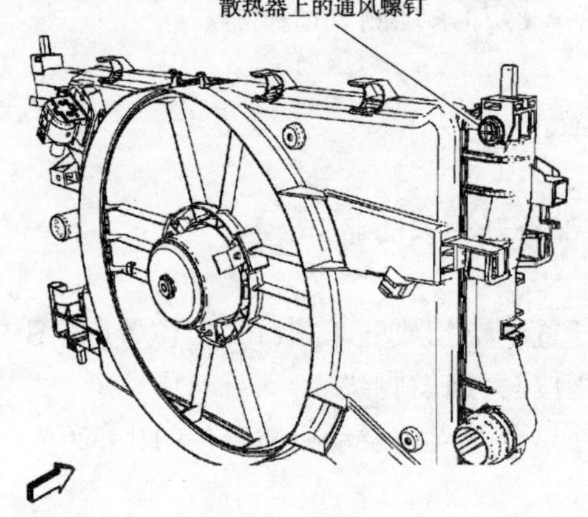

图 7-12　冷却液的加注(1)

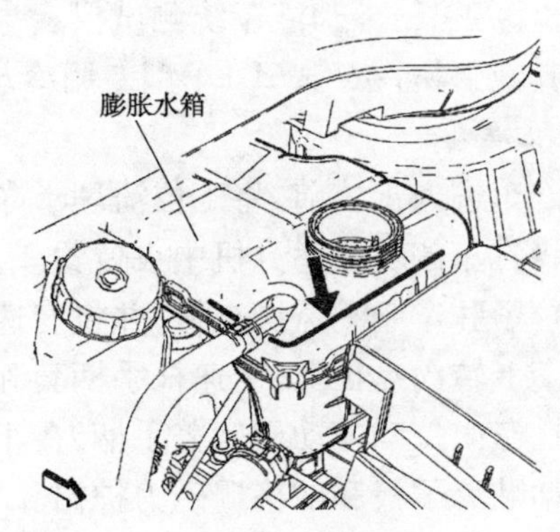

图 7-13　冷却液的加注(2)

(5)起动发动机。注意:在发动机起动后,立即加满冷却液至管口下方的底线(图 7-13 所示黑色箭头)并拧紧盖。拆下加热器芯(位于乘客室)后,立即踩下加速踏板 3 次,从而使发动机的转速不超过 2500r/min。

(6)预热发动机。在发动机转速高达 2500r/min 下,预热发动机,直到散热器风扇设置开关接通。注意:拆下加热器芯(位于乘客室)后,让发动机以 2000 ~ 2500r/min 的转速运转 2min,以确保冷却系统完全通风。

(7)通风冷却系统。踩下加速踏板 3 次,从而使发动机的转速不超过 2500r/min。

(8)关闭发动机,并使发动机冷却。

(9)必要时,检查冷却液液位并校正冷却液至焊接区域,如图 7-14 所示。

(10)测试行驶后,使发动机冷却并再次检查冷却液液位。如果需要,调整冷却液液位至焊接区域。

4)冷却系统泄漏的测试

(1)分离冷却液膨胀水箱封闭盖。

(2)检查冷却液液位。必要时,加满冷却液至“COLD(冷态)”标记处。

(3)朝蓄电池方向,将冷却液膨胀水箱从托架拉出。注意:遵循制造商的说明。

(4)如图7-15所示,将带EN-471适配器和EN-6327-A适配器的冷却液系统测试仪连接至冷却液膨胀水箱。

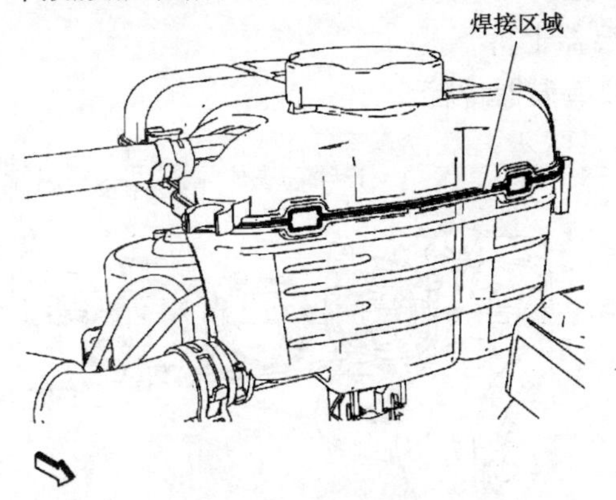

图7-14 冷却液的加注(3)

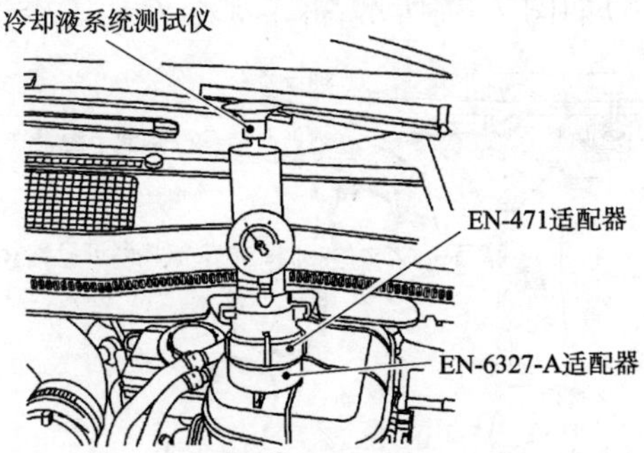

冷却液系统测试仪
EN-471适配器
EN-6327-A适配器

图7-15 冷却系统泄漏的测试

(5)向冷却系统施加约100kPa的压力。

(6)检查冷却系统是否泄漏。

(7)拆下冷却系统测试仪。

①卸去压力。

②拆下带有EN-471适配器的冷却系统测试仪。

(8)连接冷却液膨胀水箱封闭盖。

(9)将冷却液膨胀水箱滑到托架上。

二、节温器的维修

1. 实训器材

(1)车辆:科鲁兹(1.6L)车型。

(2)普通工具:举升机、磁力护裙、转向盘护套、变速杆手柄套、脚垫和座位套、组合扳手、螺丝刀、钳子、扭力扳手、冷却液回收盆、漏斗。

(3)检测工具:故障诊断仪。

(4)其他:科鲁兹(1.6L)车型专用冷却液。

2. 作业准备

(1)汽车进入工位前,将工位清理干净,准备好相关的器材。

(2)将汽车停驻在举升机中央位置。

(3)拉紧驻车制动器操纵杆,并将变速杆置于空挡或驻车挡(P挡)位置(见图1-19)。

(4)套上转向盘护套、变速杆手柄套和座位套,铺设脚垫。

(5)在车内拉动发动机舱盖手柄,在车外打开并支撑发动机舱盖(见图1-20)。

(6)粘贴翼子板和前脸磁力护裙。

3. 操作步骤

1)节温器的拆卸

(1)举升和顶起车辆。

(2)将冷却液回收盆置于车辆下方。

(3)排空冷却系统。

(4)如图 7-16 所示,松开散热器进口软管卡箍。

(5)将散热器进口软管从发动机冷却液节温器上拆下。

(6)如图 7-17 所示,拆下 4 个发动机冷却液节温器螺栓。

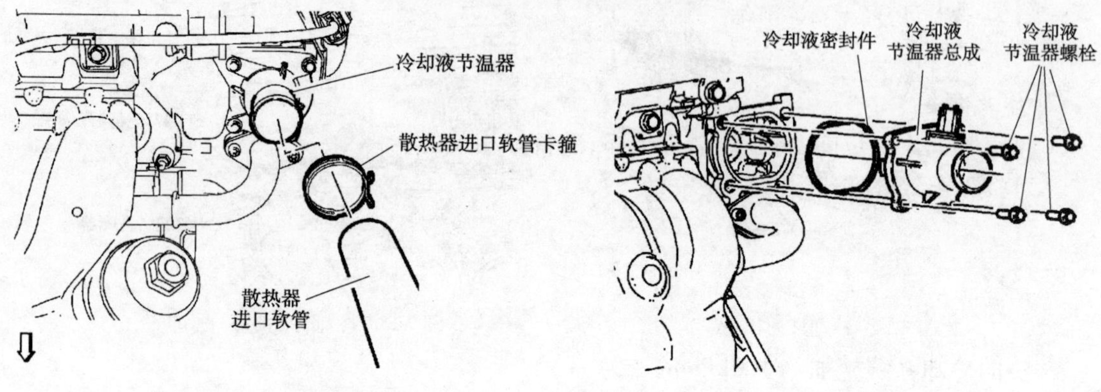

图 7-16　节温器的拆卸(1)

图 7-17　节温器的拆卸(2)

(7)拆下发动机冷却液节温器总成。

(8)拆下发动机冷却液密封件。

2)节温器的诊断

(1)对冷却系统进行压力测试,并检查散热器盖是否泄漏。

(2)在继续进行前,修理任何泄漏。发动机使用 90℃ 节温器。环境温度应在给出的规定范围内。

(3)将采暖通风与空调(HVAC)控制装置设置在“OFF”(关闭)位置。

(4)在检查发动机温度前,使冷态发动机在 20 ~ 22℃ 下怠速运转 15 ~ 20min。

(5)用故障诊断仪检查怠速时的发动机冷却液温度。

(6)发动机冷却液温度(ECT)应在 90 ~ 105℃ 之间。如果温度不在范围之内,视情况修理冷却系统部件或更换节温器。

3)节温器的安装

(1)清洁发动机冷却液密封面。

(2)安装发动机冷却液密封件(见图 7-17)。

(3)安装发动机冷却液节温器总成(见图 7-17)。

(4)安装 4 个发动机冷却液节温器螺栓(见图 7-17),紧固力矩:8N · m。注意:所有紧固件应遵守《紧固件告诫》。

(5)用散热器进口软管卡箍将散热器进口软管安装至发动机冷却液节温器(见图 7-16)。

(6)降下车辆。

(7)加注冷却液。

三、水泵的维修

1. 实训器材

(1)车辆:科鲁兹(1.6L)车型。

(2)普通工具:举升机、磁力护裙、转向盘护套、变速杆手柄套、脚垫和座位套、组合扳手、螺丝刀、钳子、扭力扳手、冷却液回收盆、漏斗。

(3)专用工具:EN6349 锁销。

(4)其他:科鲁兹(1.6L)车型专用冷却液。

2. 作业准备

(1)汽车进入工位前,将工位清理干净,准备好相关的器材。

(2)将汽车停驻在举升机中央位置。

(3)拉紧驻车制动器操纵杆,并将变速杆置于空挡或驻车挡(P 挡)位置(见图 1-19)。

(4)套上转向盘护套、变速杆手柄套和座位套,铺设脚垫。

(5)在车内拉动发动机舱盖手柄,在车外打开并支撑发动机舱盖(见图 1-20)。

(6)粘贴翼子板和前格栅磁力护裙。

3. 操作步骤

1)水泵的拆卸

(1)排空冷却系统。

(2)拆下水泵传动带轮。

①拆下空气滤清器壳体。

②如图 7-18 所示,松开 3 个水泵传动带轮螺栓。注意:反向支承曲轴扭转减振器螺栓。

③拆下传动带。

a. 如图 7-19 所示,逆时针转动偏心轮以释放传动带张紧器上的张力,并用 EN6349 销锁止。

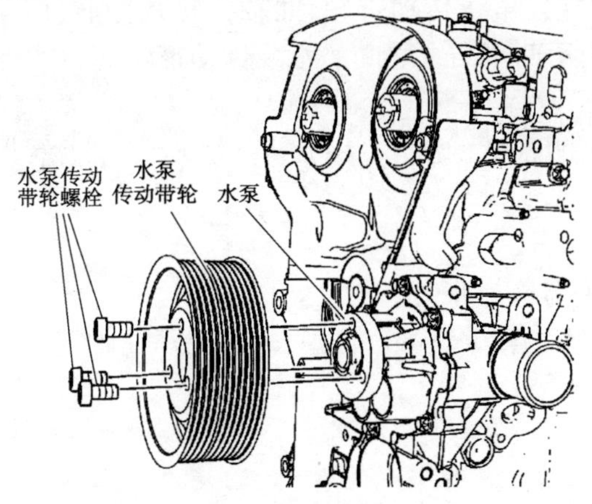

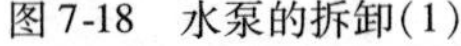
图 7-18　水泵的拆卸(1)

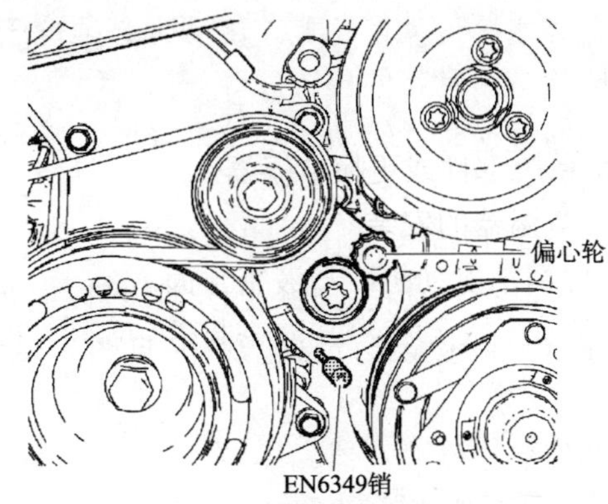

图 7-19　水泵的拆卸(2)

b. 如图 7-20 所示,拆下传动带。

④拆下 3 个水泵传动带轮螺栓(见图 7-18)。

⑤将水泵传动带轮从水泵上拆下(见图 7-18)。

(3)如图 7-21 所示,拆下 5 个水泵螺栓。

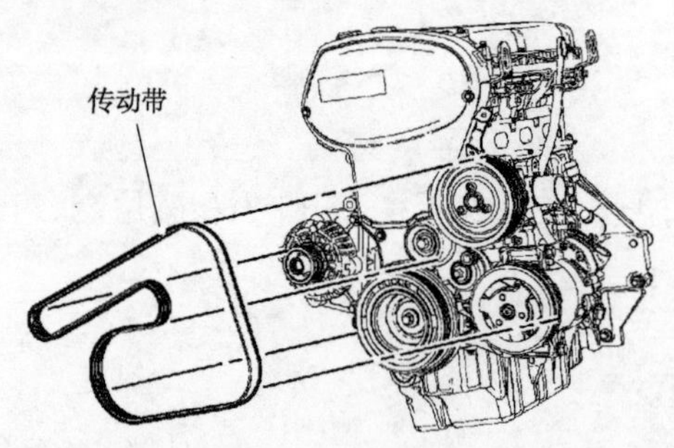

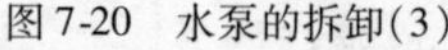

图 7-20 水泵的拆卸(3)

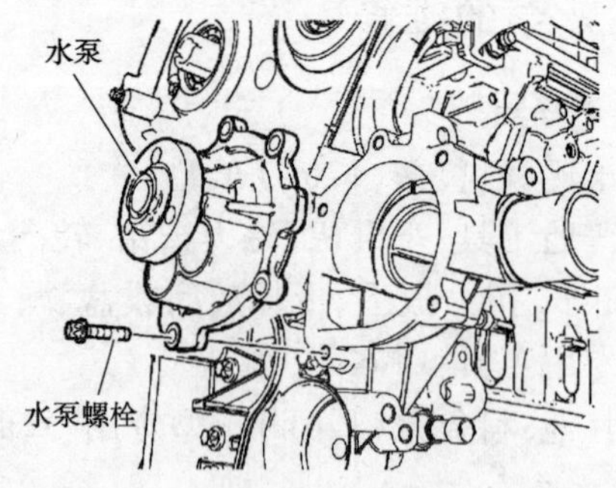

图 7-21 水泵的拆卸(4)

(4)拆下水泵。

(5)拆下并报废水泵密封圈。

2)水泵的安装

(1)清洁 5 个水泵螺栓的螺纹。

(2)清洁水泵密封面。

(3)插入新的水泵密封圈。

(4)安装水泵(见图 7-21)。

(5)安装 5 个水泵螺栓(见图 7-21),并紧固至 8N · m。注意:所有紧固件应遵守《紧固件告诫》。

(6)安装水泵传动带轮。

①将水泵传动带轮安装至水泵(见图 7-18)。

②安装 3 个水泵传动带轮螺栓(见图 7-18)。

③安装传动带。

a. 安装传动带(见图 7-20)。

注意:如图 7-22 所示,确保传动带被定位在发电机传动带轮、曲轴扭转减振器、传动带张紧器和水泵传动带轮上。传动带必须位于图示两个凸缘之间的水泵传动带轮上。

b. 检查传动带的位置。

c. 通过逆时针转动偏心轮来释放张紧器上的张力(见图 7-19)。注意:让张紧器缓慢滑回原位。

d. 拆下 EN6349 销(见图 7-19)。

e. 顺时针转动偏心轮(见图 7-19)以向张紧器施加张力。

④将 3 个水泵传动带轮螺栓(见图 7-18)紧固至 20N · m。注意:反向支承曲轴扭转减振器螺栓。

⑤安装空气滤清器壳体。

(7)重新加注冷却液。

四、散热器的维修

1. 实训器材

(1)车辆:科鲁兹(1.6L)车型。

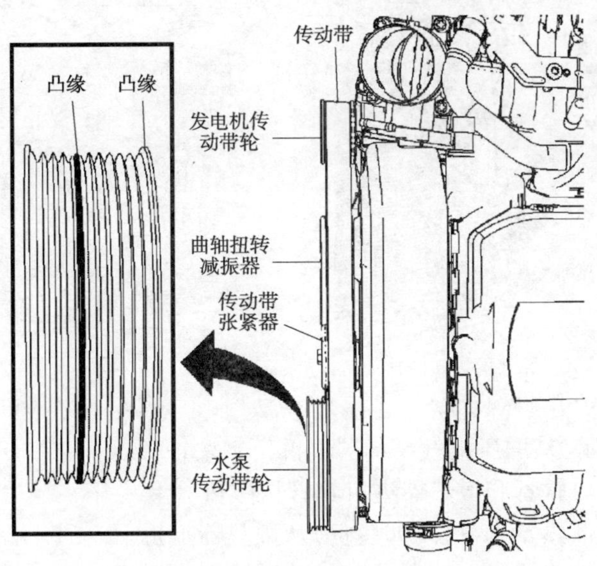

图 7-22　水泵的安装

(2)普通工具:举升机、磁力护裙、转向盘护套、变速杆手柄套、脚垫和座位套、组合扳手、螺丝刀、钳子、扭力扳手、冷却液回收盆、漏斗。

(3)专用工具:EN-471 适配器、EN-6327-A 冷却系统测试适配器。

(4)检测工具:冷却液系统测试仪。

(5)其他:科鲁兹(1.6L)车型专用冷却液。

2. 作业准备

(1)汽车进入工位前,将工位清理干净,准备好相关的器材。

(2)将汽车停驻在举升机中央位置。

(3)拉紧驻车制动器操纵杆,并将变速杆置于空挡或驻车挡(P 挡)位置(见图 1-19)。

(4)套上转向盘护套、变速杆手柄套和座位套,铺设脚垫。

(5)在车内拉动发动机舱盖手柄,在车外打开并支撑发动机舱盖(见图 1-20)。

(6)粘贴翼子板和前格栅磁力护裙。

3. 操作步骤

1)散热器的拆卸

(1)断开蓄电池负极电缆。

(2)拆下前保险杠蒙皮。

(3)排空冷却系统。

(4)拆下前进气管导流器。

(5)如图 7-23 所示,拆下前进气管螺栓。

(6)拆下前进气管。

(7)拆下散热器格栅固定框。

(8)如图 7-24 所示,断开空调压力传感器线束,并松开卡夹。

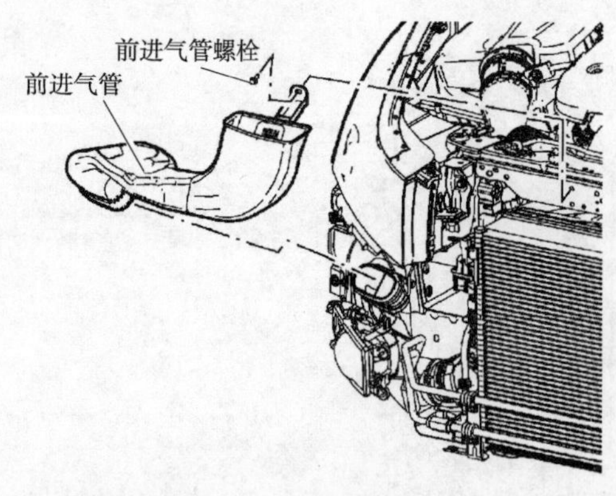

图 7-23　散热器的拆卸(1)

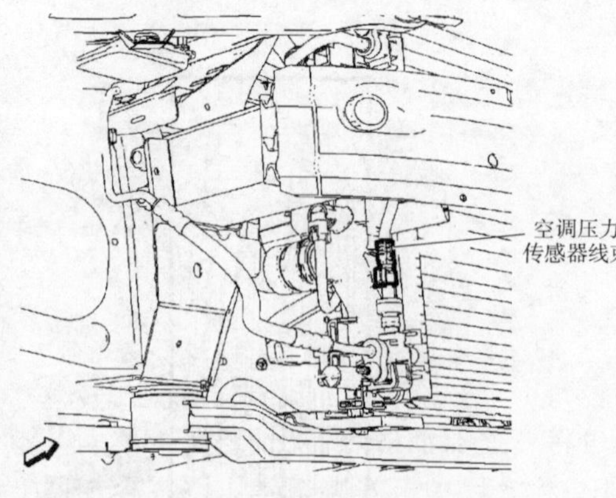

图 7-24　散热器的拆卸(2)

(9)如图 7-25 所示,从增压空气冷却器上拆下 2 块护板。

(10)将散热器出口软管和散热器进口软管从散热器上断开。

(11)将变速器油散热器进口管(如装备)从散热器上拆下。

(12)将变速器油散热器出口管(如装备)从散热器上拆下。

(13)如图 7-26 所示,拆下 2 个散热器上托架螺栓和 2 个散热器上托架。

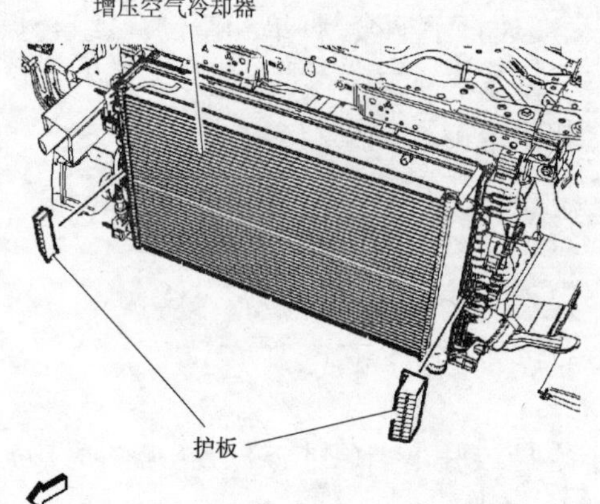

图 7-25　散热器的拆卸(3)

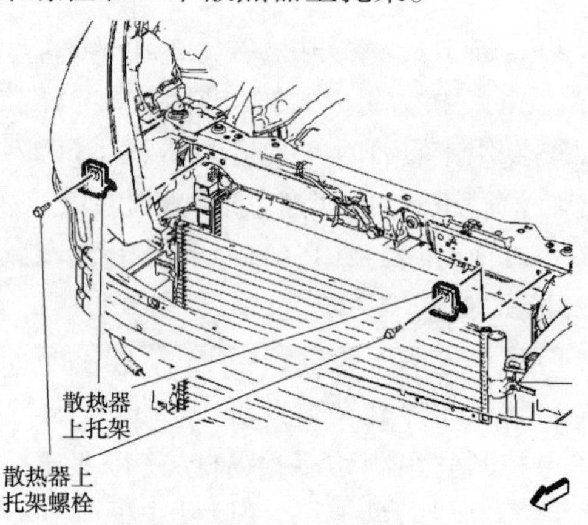

图 7-26　散热器的拆卸(4)

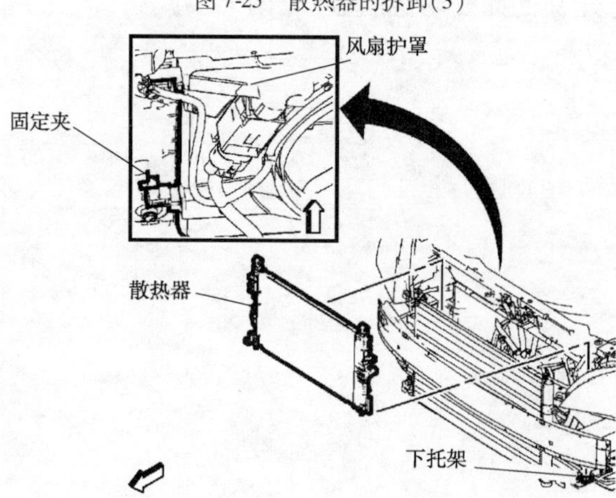

图 7-27　散热器的拆卸(5)

(14)如图 7-27 所示,从 2 个下托架上拆下散热器。

(15)按压固定夹,使风扇护罩从散热器上松开。

(16)小心使用并旋转散热器以获取更大的拆卸空间。

(17)小心使用并提升散热器远离车辆。

2)散热器的安装

(1)小心使用并安装散热器(见图 7-27)。

(2)小心使用并旋转散热器以获取更大

的安装空间。

(3)将散热器安装至2个下托架上(图7-27)。

(4)确保风扇护罩正确卡入固定夹中(图7-27)。

(5)安装2个散热器上托架(图7-26)。

(6)安装2个散热器上托架螺栓,紧固力矩:22N·m(图7-26)。注意:所有紧固件应遵守《紧固件告诫》。

(7)将散热器出口软管和散热器进口软管连接至散热器。

(8)将变速器油散热器进口管(如装备)安装至散热器。

(9)将变速器油散热器出口管(如装备)安装至散热器。

(10)将2块护板安装至增压空气冷却器上(图7-25)。

(11)连接并卡紧空调压力传感器线束(图7-24)。

(12)安装散热器格栅固定框。

(13)安装前进气管(图7-23)。

(14)安装前进气管螺栓(图7-23)。

(15)安装前进气管导流器。

(16)安装前保险杠蒙皮。

(17)连接蓄电池负极电缆。

(18)加注冷却系统并放气。

3)散热器盖的测试

注意:为避免烫伤,在发动机和散热器未冷却前,不得拆下散热器盖。如果散热器盖拆下得太早,可能会喷出滚烫的高压冷却液和蒸汽。

(1)拆下散热器盖。

(2)用水冲洗散热器盖接合面。

(3)将带EN-471适配器和EN-6327-A适配器的冷却液系统测试仪连接至冷却液膨胀水箱(图7-15)。对冷却液膨胀水箱加压,以便对散热器盖进行测试。

(4)测试散热器的相关参数是否正常。

①当冷却系统压力测试仪超过散热器盖的额定压力时,压力应释放。

②冷却系统保持额定压力至少10s。

③记录压力损失率。

(5)在以下情况下,需更换散热器盖:

①超过散热器盖的额定压力时,散热器盖没有释放压力。

②散热器盖不能保持额定压力。

小结

1.发动机冷却系统的功用就是使工作中的发动机得到适度的冷却,从而保持发动机在最适宜的温度范围内工作。另外,冷却系统还为暖风系统提供热源。

2.水冷却系统一般由水泵、散热器、节温器、冷却风扇、风扇控制机构、水套、膨胀水箱、温度指示器及报警灯等组成。

3. 冷却液是发动机冷却系统中最重要的工作介质，汽车常用的冷却液有水冷却液及加有防冻剂的防冻冷却液。

4. 水泵的作用是对冷却液加压，强制冷却液在冷却系统中循环流动。

5. 散热器的功用是使水套中出来的热的冷却液得到迅速冷却，以保持发动机的正常。

6. 节温器可根据发动机负荷的大小和冷却液温度的高低自动改变冷却液的循环流动路线，以达到调节冷却系统冷却强度的目的。

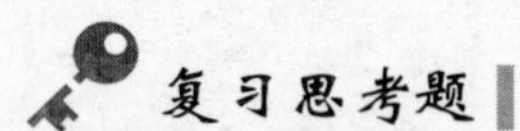

复习思考题

一、简答题

1. 冷却系统的功用是什么？冷却液是如何循环的？
2. 节温器有何功用？
3. 膨胀水箱有何功用？
4. 水泵有何功用？

二、选择题

1. 在发动机上拆除原有的节温器，则发动机工作时冷却液(　　)。

A. 只进行大循环　B. 只进行小循环　C. 大、小循环都存在　D. 水道被堵塞

2. 水冷却系中，冷却液的大小循环路线由(　　)控制。

A. 风扇　B. 水泵　C. 节温器　D. 膨胀水箱

3. 散热器盖的蒸汽阀弹簧过软，会使(　　)。

A. 散热器内气压过低　B. 散热器芯管容易被压坏

C. 散热器内气压过高　D. 冷却液不易沸腾

4. 关于节温器，下列哪种说法是正确的？(　　)

A. 任何时候都是打开的　B. 任何时候都是关闭的

C. 随温度的增加，打开的程度越来越大　D. 打开以使冷却液流向变速器

5. 下列哪一个不是冷却系统的作用？(　　)

A. 保持发动机温度尽可能低

B. 从发动机带走多余的热量

C. 使温度尽快达到工作范围

D. 使发动机在最好的工作温度下最高效地工作

6. 水泵一般采用的是(　　)泵。

A. 容积式　B. 离心式　C. 偏心式　D. 上述所有

7. 当发动机足够热时，汽车节温器(　　)。

A. 关闭　B. 打开　C. 堵塞散热器　D. 通知散热器关闭

8. 下列哪一个不是散热器的一部分？(　　)

A. 上储水室　B. 下储水室　C. 散热芯　D. 水泵

9. 当冷却系统使用膨胀水箱时,(　　)。

A. 从散热器盖溢出的冷却液进入膨胀水箱

B. 当发动机冷却时,冷却液被吸回散热器

C. 可向膨胀水箱添加冷却液

D. 上述所有

三、判断题

1. 冷却系统的功用是对发动机冷却,保证发动机在最适宜的温度下工作。　(　　)

2. 节温器的功用是控制冷却风扇的工作。　(　　)

3. 散热器的功用是帮助冷却液散热。　(　　)

4. 膨胀水箱的功用是储存冷却液。　(　　)

5. 水泵的功用是对冷却液加压,使冷却液在冷却系统内循环流动。　(　　)

6. 风扇传动带松会导致发动机过热。　(　　)

参考文献

[1] 黄靖雄.汽车原理[M].台北:全华图书股份有限公司,1995.
[2] 黄靖雄.汽车学Ⅰ(汽车发动机篇)[M].台北:全华图书股份有限公司,1995.
[3] 细川武志.汽车构造图册[M].北京:人民交通出版社,2009.
[4] GP企画センター.汽车发动机构造图册[M].北京:人民交通出版社,2005.
[5] 张立新.现代车用柴油机维修手册[M].北京:人民交通出版社,2004.
[6] 本书编写组.汽车维修快速入门图解[M].北京:人民交通出版社,2007.
[7] 张立新.汽车发动机及电器维修实训教程[M].北京:人民交通出版社,2009.
[8] 关文达.汽车构造[M].2版.北京:清华大学出版社,2009.
[9] 本书编写组.大众系列车型典型结构图册[M].北京:人民交通出版社,2010.